赋权型性教育丛书　　　方刚·总编

 亿方公益基金会　此书出版得到亿方公益基金会的资助

高中生性教育教学工具包 15~18岁

王艺　方刚·主编

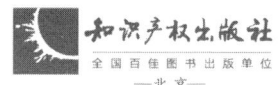

图书在版编目（CIP）数据

高中生性教育教学工具包：15~18岁/王艺，方刚主编.—北京：知识产权出版社，2020.11
ISBN 978-7-5130-7153-6

Ⅰ.①高… Ⅱ.①王… ②方… Ⅲ.①青春期—性教育—高中—教学参考资料 Ⅳ.①G479

中国版本图书馆 CIP 数据核字（2020）第 168441 号

内容提要

本书旨在为针对高中阶段 15~18 岁的青少年开展性教育的人们提供一套全面的、具有正确性教育理念的、真正促进学生人格全面成长的性教育教案库。全书采用赋权型性教育的理念，包括身体与身体权利、爱情与家庭、社会性别以及亲密关系的多样性四个章节，其中包括 42 个教案、8 个电影教学和 5 个讲座。

本书的适用对象为赋权型性教育讲师、民间性教育工作者、学校教师、心理咨询师和家长等。

责任编辑：张水华　　　　　　　　　责任校对：谷　洋
封面设计：王江风　熊仁丹　　　　　责任印制：刘译文

高中生性教育教学工具包（15~18岁）
主编　王艺　方刚

出版发行：	知识产权出版社有限责任公司	网　址：	http://www.ipph.cn
社　址：	北京市海淀区气象路 50 号院	邮　编：	100081
责编电话：	010-82000860 转 8389	责编邮箱：	46816202@qq.com
发行电话：	010-82000860 转 8101/8102	发行传真：	010-82000893/82005070/82000270
印　刷：	天津嘉恒印务有限公司	经　销：	各大网上书店、新华书店及相关专业书店
开　本：	720mm×1000mm　1/16	印　张：	23.75
版　次：	2020 年 11 月第 1 版	印　次：	2020 年 11 月第 1 次印刷
字　数：	440 千字	定　价：	99.00 元
ISBN 978-7-5130-7153-6			

出版权专有　　侵权必究
如有印装质量问题，本社负责调换。

编　委

(以下排名不分先后)：

王　艺　　方　刚　　马文燕　　王晓斌
刘　瑛　　李海琛　　李双双　　张琴琴
罗　扬　　赵　丹　　莫海琛

前言
FOREWORD

这本书是赋权型性教育系列工具包中的一本。赋权型性教育系列工具包，目前已经完成和出版了幼儿性教育系列绘本、小学年龄段教学工具包、初中及高中年龄段教学工具包、青春期性教育自修读本等。

赋权型性教育是方刚博士在 2013 年最早提出的，是目前中国唯一本土的性教育理论。截至 2020 年 6 月，经过方刚博士培训、取得赋权型性教育讲师证书的性教育工作者已经超过 400 人，并且在不断增加中。

与学校教师不同，赋权型性教育讲师主要在从事民间的、有偿的性教育。我们认为，至少在未来 30 年，中国校园体制内难以开展"好的"性教育，民间的、有偿的性教育才是中国性教育的发展方向。对此，我们已经在许多书籍和文章中分析，在此不再赘述。

但是，赋权型性教育系列工具包的使用对象，除了赋权型性教育讲师、民间性教育工作者之外，同样适合学校教师、心理咨询师、家长，以及其他有志于从事性教育工作的人士使用。

对于已经完成培训的赋权型性教育讲师，本书给您提供便利，提供合适的素材、活动组织方式、循序渐进的理论分析，使您可以快速地完成一节性教育课的设计和实施。

对于有志于推动性教育事业、填补学生们的性教育空白、正在性教育理论和教学学习中的老师、心理咨询师、社会工作者等，本书是一本很好的理论联系实际的工具书，有助于您理解赋权型性教育理论，也有助于您直接开展性教育方面的教学。

对于关注性教育的家长，本书也可以让您深入理解性教育的内容、原则、方法，方便您和孩子交流性教育方面的话题。

赋权型性教育反对"规训"式的教育，主张给受教育者增能、赋权，致力于通过性教育引导孩子人生观、价值观、性与亲密关系观念的成长，使他们具有做出对自己和他人最负责任的选择的态度和能力。

在这本工具包的编写中，我们一直奉行这一原则。我们不做简单的道德倡导和行为规训，而是促进受教育者的思考与成长。

赋权型性教育主张，教育者应该提供尽可能全面的信息给受教育者，他们有获得与自身有关的信息的权利，只有在拥有充分资讯的情况下，受教育者才能够得到充分的赋权。性教育的内容应该尽可能全面地呈现人类性与性别的所有知识与观念，包括相互冲突的知识与观念。

性教育应该是"全性"（sexuality）教育，凡是与人类性与性别相关的知识或观念都可被列为性教育的内容。我们编写性教育工具包时，分为身体与身体权利、爱情与家庭、社会性别、亲密关系的多样性几大类别。

本书主要是为针对高中阶段15~18岁的青少年开展性教育的人们而设计的，包括体验式教学课程、电影赏析教学和讲座三种不同的教学形式。

区别于很多教材，我们选择"工具包"的形式。工具包像一个性教育的"大型超市"，设计、提供大量的、多元的、丰富的"用品"，尽可能囊括性教育相关的所有内容；在设计过程中，我们也可以不考虑学时或课时的限制，尽可能全面地呈现性教育相关的所有内容。

不同地区、不同学校、不同的老师和学生，都存在很大的差异，所以不能简单地说几年级适合哪一节课，需要使用者根据本地区学生的实际情况进行选择和取舍。使用过程中可能会出现某一课程中的内容已经在其他课程中讲过了，比如生物课上讲过了青春期身体发育的内容，那么完全可以不讲这一节课而向下推进。

还有可能，由于出现一些情况，有的学生比教学计划提前接触到了一些事情，那么也要做出调整，将后面的内容提到前面来讲。比如按照计划，两个月之后才讲到"被性侵了之后怎么办"这样的内容，但是当地发生了"被性侵之后自杀"的事件，就要把相关内容提前讲。如果在学生中出现了一些性教育相关的问题或现象，比如有同学被大家议论进而认为ta是同性恋，或是学校里发生了校园欺凌事件，那么一定不要回避问题，而要将相关的内容及时拿到课堂上当作重点与大家讨论和分析，必要的话，还可以增加课时。

使用者还可以根据学生的性教育程度、学校课程体系和场地、时间等实际情况的不同，进行课程设计，书中不同的课程形式，可以根据需求自如切换。例如：同样的课程内容，可以根据场地和人数的不同，选择不同的游戏形式；可以跟随社会热点事件或流行动态，更换课程中的案例、素材；同样的理念及价值观之下，可以根据学生年龄和流行趋势选择不同的电影；可以将几节内容相关、程度递进的课程整合成为一个讲座，或将一个大的讲座拆分成几节课程；等等。

这样的灵活性本身也是赋权型性教育的一种体现。

本书所有的教案时间为 45/60 分钟，意思是教案内容足够支撑 60 分钟的教学和活动，讲师在使用过程中，可根据实际情况，进行适当的删减、压缩或拆分，做 45 分钟教学。

所有电影教学的时间，都是按照全部观影时间+讨论点评时间规划的，展现的是电影全部性教育点。讲师在使用过程中，可根据实际情况，自行选择片段观影+讨论、完整观影+讨论、提前观影+课堂讨论、课堂讨论+课后观影等形式。同时可以考虑，针对学生和课堂的实际情况，对电影中的性教育点进行取舍。

所有讲座时间按照 120 分钟规划，讲师根据实际情况进行内容增减和时间控制。

本书在书写过程中非常注意细节，措辞上充分考虑了对性别多元、性多元和青少年身心发展阶段特点的尊重，希望使用者事先具备这些性与性别的理念，在使用过程中也能同样注意。

例如：

考虑到对亲密关系多样性的尊重，不用"两性关系"，而用"亲密关系"；不用"喜欢异性"，而用"喜欢某人"；不用"夫妻"，而用"伴侣"。

考虑到对性别多元的尊重，不用"男女平等"，而用"性别平等"；不用"两性"，而用"性别"。

考虑到对多样性的尊重，不使用"××症""××癖"的说法。

考虑到尊重青少年的身心发展特点，不使用"叛逆""早恋""不听话"这样的说法；等等。

赋权型性教育尊重受教育者的权益。本书中的一些内容的讨论和分享，可能会涉及学生及其家庭的隐私，要在课堂上强调，讨论内容仅限于课堂，下课之后不得传播，更不可以散布谣言或以此为攻击目标。要提醒学生，尊重他人，就是尊重自己。

教学过程中会有很多案例，案例中的名字都是化名。上课前要提前了解学生的姓名，如有学生姓名与案例中的名字相同或相近，要更改案例中的化名，避免带来不必要的尴尬。

让我们一起努力，用赋权型性教育造福更多的青少年！

王艺　方刚

2020 年

目 录

第一章　身体与身体权利 ·················· 1
 教案：身体认知的科学与误区 ·················· 3
 教案：整治身体认知"迷思" ·················· 13
 教案：乳房是女性象征吗 ·················· 18
 教案：美丽与否，我说的算 ·················· 25
 教案：自慰何罪之有 ·················· 31
 教案：安全套套住的是什么 ·················· 37
 教案：正确对待意外怀孕 ·················· 43
 教案：生命诞生的科学、禁忌与迷信 ·················· 50
 教案：我的贞操不在阴道 ·················· 55
 教案：向性骚扰勇敢说"不" ·················· 63
 教案：性侵发生之后 ·················· 68
 教案：应对校园欺凌 ·················· 73
 教案：网络暴力就在一念之间 ·················· 78
 电影教学：《与敌共眠》 ·················· 86
 电影教学：《印度合伙人》 ·················· 92
 讲座：科学避孕 ·················· 98
 讲座：拒绝网络暴力 ·················· 105

第二章　爱情与家庭 ·················· 117
 教案：平等与尊重的爱情观 ·················· 119
 教案：爱 ta，要不要告诉 ta ·················· 125
 教案：恋爱了，要不要告诉家长 ·················· 129
 教案：爱情与成绩是天敌吗 ·················· 134
 教案：如何面对失恋 ·················· 140
 教案：是否要"性"，需要协商 ·················· 147
 教案：拒绝约会暴力 ·················· 154
 教案：我们来自不同的家庭 ·················· 165

教案：养育孩子是重大责任 ·········· 170
教案：向家人公开我的秘密 ·········· 178
教案：打是亲，骂是爱吗 ·········· 184
教案：父母成仇人，我该怎么办 ·········· 190
教案：我应该支持父母离婚吗 ·········· 195
电影教学：《完美陌生人》 ·········· 199
电影教学：《成长教育》 ·········· 205
讲座：原生家庭的影响 ·········· 209

第三章　社会性别　223
教案：打破性别刻板印象 ·········· 225
教案：影响性别角色的因素 ·········· 231
教案：性别如何影响选择 ·········· 235
教案：公共空间中的社会性别 ·········· 239
教案：变化中的性别角色 ·········· 243
教案：全职爸爸与全职妈妈之异同 ·········· 249
教案：性的双重道德标准 ·········· 254
教案：有关性、性别、婚姻的法律 ·········· 258
教案：校园性别暴力预防与处置 ·········· 265
电影教学：《丹麦女孩》 ·········· 271
电影教学：《性别之战》 ·········· 276
讲座：别让性别刻板印象伤害我 ·········· 283

第四章　亲密关系的多样性　295
教案：爱谁，是我与生俱来的权利 ·········· 297
教案："恐同症"，怕的到底是什么 ·········· 311
教案：向"恐艾"说"不" ·········· 318
教案：性玩具，谁可以用 ·········· 325
教案：网络上的爱与性 ·········· 332
教案：如何看待师生恋 ·········· 337
教案：残障者也有爱的权利 ·········· 341
电影教学：《请以你的名字呼唤我》 ·········· 347
电影教学：《绿洲》 ·········· 354
讲座：亲密关系，从暴力到尊重 ·········· 359

第一章

身体与身体权利

教案：身体认知的科学与误区

一、课名
身体认知的科学与误区

二、时长
45/60 分钟

三、教学目标
了解有关身体发育，尤其是性器官发育等生理方面的正确知识，分辨错误认知并分析其背后的原因，认识到对身体器官、发育等的错误认知、污名甚至羞辱会给身体带来疾病和损害，甚至可能在很长一段时间内持续产生负面的心理影响。

四、教具、材料
1. 课件、多媒体设备，课件中要准备好青春期男、女身体发育的图片；准备好活动 1 中需要的提示词语和讨论问题。
2. 多准备一些彩色纸条/便利贴，用于活动 1，也准备 1 个托盘或盒子用于收集纸条。

五、教学过程
（一）导入

在多媒体屏幕上展示一个男性和一个女性的身体的正面以及背面图片，图片上要指出青春期身体的基本发育变化。如果是曾经课程中展示、使用过的图片更好。

同学们都已经进入了青春期，大多也都学习过关于青春期身体发育的知识，但是我们从不同渠道学来的知识、家中长辈告诉我们的注意事项、同伴中口口相授的经验教训，真的是正确的吗？今天我们来看看，我们对自己的身体了解多少。

（二）活动

1. 活动 1

（1）活动名称：身体奥秘知多少

（2）活动步骤

A. 在多媒体屏幕或黑板上展示下列词语，可以酌情增减：

乳房、阴茎、阴道、腋毛、睾丸、月经、体重、性能力、遗精、自慰、青春痘、包皮、阴毛、经血、晨勃、身高、处女膜、喉结、精液

B. 将学生每4~6人分成一组，要保证每组既有男生又有女生，每组围坐。

C. 准备若干张彩色小纸条，发给学生，每个同学都尽可能多地在纸条上写下关于上面所列词语或其他身体器官的知识、自己的困惑、保持健康的注意事项、可能引起疾病的行为等，每张纸条上写一个问题。写完之后将纸条折叠，放在托盘或盒子里。

D. 将收到的纸条混合后，再平均分给各组，小组成员针对自己组分到的纸条内容进行讨论，对于纸条上的观点可选择同意、不同意或不确定。

E. 讲师基本按照从头到脚的顺序，在课件上展示出一个一个的问题，与某个器官或是某个问题相关，各组翻看自己组分到的小纸条，如果有相关的内容，就由小组成员发言，读出纸条上的内容，并发表自己组的观点。

F. 讲师有针对性地进行点评，对于集中的、有争议的困惑进行解释和讲解。一些容易引起困惑或争议但学生们没有提到的问题，讲师在点评时提出来，并加以说明。

(3) 学生讨论

可能有如下结果：

A. 身高的担忧。

a. 高中了，还会再长高吗？一般是女生先长男生后长。

b. 男生不怕高，女生不怕矮。或者说：男生矮不好找对象，女生高了也不好找男朋友。

c. 身高不够在专业、职业选择上都受限制。

B. 减肥，永恒的话题。

a. 一瘦遮百丑，一胖毁所有，不分男女。

b. 要么瘦，要么死。

c. 穿衣显瘦，脱衣有肉。

d. 健康就好。

C. 肌肉，在男人和女人身上，好像不是同一种东西。

a. 男生担心肌肉不够强壮，女生担心肌肉太明显。

b. 有些"肌肉男"看起来也很"恶心"。

c. 女人长肌肉太明显了，没有女人味。

d. 运动员的身体，不论男女，看起来都是很美的。

D. 头发、阴毛、腋毛、体毛、胸毛，绝对不一样。

a. 秃头是"中年油腻男"标配。

b. 男人体毛浓密有男子气，尤其是胸毛。

c. 体毛浓密看起来很"恶心",尤其是女的。

  d. 脱毛的各种方式——激光/蜜蜡/脱毛膏等。

 E. 长痘痘的烦恼。

  a. 都说"挤"不应该,但是忍不住。

  b. 青春期过去就好了。

  c. 长痘痘,是身体健康的标志。

 F. 胸多大算合适。

  a. 波涛"胸"涌、大"胸"器、事业线、飞机场、一马平川、A-G罩杯。

  b. 胸是/不是女人的象征。

  c. 乳腺癌。

 G. 阴茎大小、性能力与男子汉气概。

  a. 鼻子大说明阴茎大,性能力强。

  b. 保肾固肾,肾功能=性功能。

  c. 吃韭菜/生蚝/腰子等可以壮阳,对男人好。

 H. 遗精次数过多,就是好色吗?会导致肾衰吗?

  a. 遗精就是泄精,是肾虚的表现,次数越多越不好。

  b. 遗精是性能力强的表现。

  c. 遗精,说明很久没有性生活了。

 I. 精液有多宝贵?

  a. 精液大补/护肤。

  b. 精液宝贵,"一滴精十滴血"。

 J. 晨勃与性能力的关系。

  a. 晨勃强烈说明性能力强。

  b. 有时候白天不自觉地勃起,很尴尬。

 K. 包皮要不要挨一刀。

  a. 包皮过长就应该做手术。

  b. 做完包皮手术之后阴茎会长大,性能力会提升。

  c. 包皮过长容易生病。

 L. 月经的诸多代名词、禁忌、神秘现象。

  a. 月经——"大姨妈""倒霉""例假""来事儿"等。

  b. 手拿卫生巾、卫生棉条很尴尬,所以有了专用的"卫生巾包",商家专门用黑色小袋子装卫生巾,很贴心。

  c. 月经期间不能吃凉的,不能吃辣的,不能喝咖啡,不能洗澡,不能洗头，不能运动。

  d. 月经期间不能参加婚礼，不能看望新生儿。

  e. 月经期间不能有性生活。

  f. 月经期间不能拔牙，不能做手术。

  g. 女生宿舍月经传染。

  h. 月经期怎么大吃大喝都不胖。

  i. 月经就是排除身体里的废血，是一种自我保护。

 M. 乳晕/外阴部/阴茎颜色与性生活次数。

  a. "黑木耳"代表"熟女"。

  b. 乳晕/外阴部/阴茎颜色越深，表明性生活次数越多。

 N. 自慰多少次是适度、合理的。

  a. 一周不能超过一/二/三/四/五次，否则就过度了。

  b. 自慰过度会导致阳痿、早泄、失眠、多梦……甚至影响生育能力。

  c. 自慰的都是男生。

  d. 女生自慰很恶心/不自爱。

 O. 处女、处男与贞操。

  a. 第一次性交，女性阴道会出血，不出血就说明不是第一次性交，不是处女。

  b. 处女膜有可能因为运动、受伤等原因破裂，而不仅是因为性生活破裂。

  c. 处女有处女膜，处男却无法判断，不公平。

  d. 可以通过阴茎颜色/龟头颜色/射精方式/对女生的态度等来判断是否为"处男"。

 （4）讲师点评与参考

 A. 身高的担忧。

  a. 身材的高矮与遗传有很大关系，坚持锻炼、保持合理膳食营养和充足的睡眠、良好的心态都有利于促进骨骼的发育生长，可以一定程度上提高身高。一些内分泌疾病、基因性疾病或其他问题，比如矮小症、侏儒症、肢端肥大症、脑垂体瘤等会导致身高矮小或过高，如果身高明显低于或高于同龄人，建议去医院进行检查。

  b. 传统性别观念认为男性就应该高大健壮，或者说男生就应该比女生高，这实际上是一种根植于文化和传统的偏见，这样的偏见使得身材相对矮小的男生和身材高大的女生内心自卑，并在一些情景下受到歧视。个子高矮与男性气质或女性气质没有关系，应该消除内心的刻板印象，要以一个人的品质来判断一个人，而非其他。

c. 有一些专业或职业有特殊性，有一定的身高要求，如飞行员、舞蹈演员等，但是绝大多数的专业和职业是没有身高限制的。基于身高的区别对待，是一种歧视。

B. 减肥，永恒的话题。

a. 处于青春期的男生和女生，其身高、体重都会迅速增加，女生会表现出比男生相对更高的体脂率，这是发育的正常表现。此时如果不注意饮食，缺少运动，或压力过大，很容易发胖。现实情况是主流审美观"以瘦为美"，原先大多表现为对女性的要求，近年来，对男性、女性的体型标准都在向"瘦"这个方向发展。

b. 胖，往往与"笨""丑""懒"等词联系在一起，因而给处在青春期的同学们很大的压力。但是美丽的标准并不是一成不变的，而是随着社会的发展一直在变化，传统、文化、经济等因素都会对审美观造成影响。接纳自己，接纳多元，相互尊重，身心健康，才是根本。

c. 当然，每个人都有追求自己满意的身体形象的自由。如果减肥，要采取科学、正确的方法，过度节食、过度运动、服药、抽脂等有可能影响发育，甚至带来各种疾病和伤害，不适合青春期的同学们。更不要尝试寄生虫、三无微商药、催吐等绝对不科学、有害的方法。

d. 过胖和过瘦，都是非常不健康的，会造成很大的健康问题。

C. 肌肉，在男人和女人身上，好像不是同一种东西。

a. 传统性别气质中，男性要阳刚、健壮，女性要纤细、柔美，这使得男生往往充满了对肌肉的追求，而女生则是抗拒肌肉。

b. 不论男生还是女生，是否有强健的肌肉，甚至是否喜欢运动，都只是代表个人生活方式的选择，而与性别气质无关。适当进行体育锻炼，保持身体健康才是最重要的。

D. 头发、阴毛、腋毛、体毛、胸毛，绝对不一样。

a. 体毛浓密程度首先取决于遗传，不是每个男生都会有胸毛，也不是每个女生都皮肤光滑，健康是最重要的。体毛浓密程度与性别气质无关，男人体毛稀疏也不"娘"，女性体毛浓密也不是"男人婆"。

b. 如果要脱毛，请去正规有资质的医院、美容院，使用正规产品，保证健康最重要。

c. 如果体毛过度浓密或异常脱落，建议去医院进行检查。

E. 长痘痘的烦恼。

a. 青春痘主要是由于青春期激素的分泌而引起的一种皮脂腺的慢性炎症

性皮肤病，青春期后往往能自然减退、痊愈。生活中我们要多吃水果、蔬菜，多饮水；少食甜食、辛辣刺激性食物、高脂肪食物、油腻性食物；要保持充足的睡眠时间；不要用手挤痘痘，挤过之后可能会留下疤痕。长痘痘是青春期时皮肤的一种常见表现，不需要过度担心。若反复出现痘痘且严重，可去医院就诊，切忌自己乱用药物、化妆品。

b. 青春痘长在哪里跟身体器官的健康与否没有关系，所谓各种"预示"或"征兆"是伪科学，还有一些是保健品商为了推销产品而进行的捏造。

F. 胸多大算合适。

a. 班级中总是同时存在担心自己胸太大和担心自己胸太小的同学，这本身就很说明问题。每个人的审美观都不一样，实际上美丽的标准不是一成不变的，而是随着社会的发展一直在变化，传统、文化、经济等因素都会对审美观造成影响。接纳自己，接纳多元，相互尊重，身心健康，才是根本。

b. 乳房作为"女性的象征"，承载了过多的社会文化建构，再加上游戏、广告、影视等无处不在的社会审美的影响，胸大胸小的问题给女生带来很大的困扰和压力。要认识到"乳房问题"也与社会性别观念和传统文化因素有关，自己的身体自己做主，自己爱自己，才是正确的态度，而不是关注是否符合他人眼中的标准。

c. 当然，每个人都有改变和追求自己形象的自由，适当的锻炼、合理的饮食往往会带来健康的身体。手术丰胸、药物丰胸不一定适合青春期的学生，若有这方面的需求，要去正规医院咨询医生，一定不要相信和随便使用"三无"微商药，更不要去没有资质的美容院等处做手术。

d. 青春期40%~60%的男性会发生一过性的短期乳腺发育现象，大多数只有轻微的症状并且没有任何外观的影响，不需要担心。极个别的会因为内分泌等原因，造成乳腺较大的发育。如果有所担心，可以去正规医院进行检查。

e. 乳房自检方法：面对镜子双手下垂，仔细观察乳房两边是否大小对称，有无不正常凸起，皮肤及乳头是否有凹陷或湿疹。左手上提至头部后侧，用右手检查左乳，以手指之指腹轻压乳房，感觉是否有硬块，由乳头开始做环状顺时针方向检查，逐渐向外（约三四圈），至全部乳房检查完为止，用同样方法检查右边乳房。平躺下来，左肩下放一枕头，将右手弯曲至头下，重复"触"的方法，检查两侧乳房。除了乳房，亦须检查腋下有无淋巴肿大。最后再以大拇指和食指压挤乳头，注意有无异常分泌物。

f. 乳腺癌并不是女性的专利，男性也有可能患乳腺癌。

G. 阴茎大小、性能力与男子汉气概。

a. 阴茎大小、粗细，与男子气概、性能力、攻击性、性吸引力都没有关系，至于阴茎大小与手、脚、拇指、鼻子等器官的关联更是无稽之谈。除了极少数的极端情况外，阴茎大小与男性性能力和是否能满足伴侣的性需求都没有关系。

b. 任何食物都没有"壮阳"功能，要么是伪科学，要么就是剂量以"吨"计才有可能。

c. 肾属泌尿系统，阴茎属生殖系统，两者没什么影响。

d. 男性对于"强大"性能力的过度追求，才是焦虑的根源。

H. 遗精次数过多，就是好色吗？会肾衰吗？

a. 遗精是无性交状态下的精液排出，是一种正常的生理现象。大多数遗精发生在睡眠状态，往往伴随性梦，称为"梦遗"。一些因素会引起遗精，例如内裤太紧、太热，睡前看了与性有关的书籍或视频等，但是大多数的遗精是没有任何诱因的。另外，也有些男性从来没有遗精过，或者很少遗精，这也是正常的。

b. 遗精之后换洗内裤，保持卫生才是应该注意的事情。

c. 不能单纯用是否已经遗精来判断性发育是否正常。遗精与否、次数多少与"好色"没有关系，与性能力没有关系，更不会引起所谓的"肾衰"。

I. 精液有多宝贵？

a. 精液的主要成分是水，还有少量的蛋白质、糖分和无机盐，每次排出量2~3毫升，完全谈不上营养，更谈不上宝贵。所谓"一滴精十滴血"是没有任何科学根据的。

b. 传说可以护肤、大补的一切功效，都是无稽之谈。

J. 晨勃与性能力的关系。

a. 晨勃是指男性在早晨清醒前出现自发的、不受意识控制的阴茎勃起，是一种正常的生理现象。随着年龄增长，阴茎晨勃的次数和程度会逐渐减少。每个男性的晨勃状态都不尽相同，与性能力强弱无关。

b. 青春期的时候，阴茎会有不自主地无原因勃起，是正常现象，转移注意力不管它，一会儿就消失了。

K. 包皮过长对身体有害吗？是否需要做手术？

a. 包皮过长是指青春期发育阶段，包皮包裹住龟头，龟头不能完全外露。一般来说，如果用手上翻可以完全露出龟头，则不需手术，如果用手帮助上翻也不能将龟头完全露出，则需要手术。也有人选择只要包皮过长就进行手术。包皮环切手术是个小手术，但必须选择正规医院。

b. 要注意个人卫生，每天进行清洗，清洗时应将包皮外翻，露出龟头，避免包皮垢堆积，引起疾病。

c. 包茎或包皮外口狭小的包皮过长者，若将包皮强行上翻而又不能够及时复位时，狭小的包皮口会勒紧在阴茎上，阻碍包皮远端和阴茎头的血液回流，致使这些部位发生肿胀，这种情况称为包皮嵌顿。包皮嵌顿多因性交或自慰用力过猛引起，严重时可能导致阴茎头坏死。一旦发生要尽快到医院就诊，及时将其复位。

L. 月经的诸多代名词、禁忌、神秘现象。

a. 月经的诸多代名词，都代表月经不可直说，需要避讳，这成为现代女性约定俗成的"规矩"。卫生用品更是不能被看到、被提起，买、携带、使用都要隐蔽起来。这是男权社会长期以来对月经的污名，对女性的压制，甚至时间久到已经被女性接受，甚至认为自然而然。

b. 月经期间诸多的禁忌，大都没有科学根据，往往是认知水平很低的年代留下的陋习或以讹传讹，进而发展成为对女性的限制和歧视。但是月经期能不能拔牙，能不能做手术，请咨询医生再做决定。

c. 月经期阴道相对处于打开状态，并且血液是各种病原微生物的"优良培养基"，所以相对来讲，月经期容易受到感染。通常来讲，月经期是不鼓励性生活的。

d. 所谓"月经传染"是指共同居住的、关系亲密的女性会出现月经同步现象，已经被科学证实是不对的。

e. 生殖系统与消化系统的相互影响没有那么大，多吃，总是会胖的。月经之后体重下降，实际是月经期的水肿消退，而不是真的瘦了。

f. 月经与潮汐、月满月亏——都没关系。

g. 经血成分与血管内流淌的血液没有什么不同，都是健康的血液，经血中还会伴有一些脱落的子宫内膜。说经血是脏血、废血的说法，一是违背科学，二是对女性、月经的污名。

M. 乳晕/外阴部/阴茎颜色与性生活次数。

a. 乳晕/外阴部/阴茎颜色都是色素的堆积，与性生活次数无关，更不能由此判断性伙伴的多少。

b. 应该思考的是，提到男生"次数多"（强、猛、牛）和女生"次数多"（浪、贱、骚）心里的不同感受，以及形成这种不同感受的原因是什么。

N. 自慰多少次是适度、合理的。

a. 男生女生都可能自慰，自慰是一种正常的探索身体、舒缓性压力和愉悦自己的方式。

b. 掌握正确的自慰方式，自慰时注意个人卫生，只要注意这两点，自慰对身体无害。至于自慰是否过度，无法界定，每个人的情况都是不一样的，只要按照自己的身体情况掌握，就不存在"过度"问题。"自慰有害论"才是真正有害的，这种观点给自慰的人带来巨大的压力，正是这种压力，对身心有害。

　　O. 处女、处男与贞操。

　　a. "初夜流血"不能作为判断是否为处女的依据。处女膜有多种形状，也有人先天没有处女膜，也有人初夜处女膜不破裂，也有人因运动或意外导致处女膜破裂。

　　b. 对处女膜的种种"迷思"，主要源自对"处女"的一种"追求"，代表对女性的占有欲，对女性的物化。

　　c. 阴茎颜色、龟头颜色、射精方式、对女性的态度等都不能作为判断是否为"处男"的依据，没有任何靠谱的方式能够判断一个人是否是"处男"。

　　教学提示：

　　A. 提前了解是否有学生有相关的疾病，如果有，避免对学生造成可能的心理伤害。

　　B. 如果有涉及学生个人的或不愿意提起的事情，要保护学生隐私，并且要提醒和要求同学们也要这样做。

　　C. 如果有学生对于纸条上的内容表示"不好意思"读出来或进行分析，讲师要介入，并分析产生这种"不好意思"的原因，指出其是没必要的和不正确的。

　　（5）讲师过渡与总结

　　A. 每个人的身体形象都各有不同，发育进程也不尽相同，没有哪种外表、身材、尺寸或其他的测量标准是完美的，健康是第一位的。我们要悦纳自己，也要尊重他人。

　　B. 人类对于自身的结构、器官、发育和疾病等的认知一直在发展，很多知识都更新了，一些过去的认知被证实是错误的。我们也要注意知识的更新，持续地学习。

　　C. 这些种种"误区"，看起来是知识性的问题。但是，仅仅是生理知识需要更新吗？下面我们来看看，这些错误的认知有没有什么共性和特性？

　　2. 活动2

　　（1）活动名称：误区与误区大不同

　　（2）活动步骤

　　A. 将前面讨论过的全部问题写在课件当中，展示在大屏幕上。

　　B. 每组同学盘点手中的纸条以及自己小组的观点，并结合刚才讲师的点评，总结关于每个问题的认知误区。

C. 总结并找出这些"误区"的规律。

（3）讨论话题

针对同样一个问题的不同认知误区，是否存在性别差异。

（4）学生讨论

A. 没什么差别，都是不一样的误区。

B. 男女身体本来就不同，有不同的认知也很正常。

C. 老师的点评总是提到"父权社会""对女性的压抑和歧视"这样的话。

D. 对男性的错误认知，总是以更"强大""勇猛"为基础，而针对女性的错误认知，总是以"纯洁"为基础。

教学提示：

A. 允许学生自由讨论，如果学生意见出现价值观的偏差，看程度如何，讲师可以不进行纠正，但是一定要展示自己的观点。

B. 如果出现明显的攻击性、歧视性的语言，讲师一定要及时介入、干预和纠正。

（5）讲师过渡与总结

A. 青春期的身体发育、性冲动等现象，以及我们对这些现象的关注和社会、文化及传统因素的影响，会给我们带来一些压力和困惑。我们要认识到，这些压力和困惑都是正常的，并且伴随压力和困惑的是成长，以及成长带来的快乐、独立思想和成就感。

B. 同时我们也要认识到，很多所谓的生理知识，并不仅仅是生理知识，而是长久以来对性的压抑，对女性的限制和歧视。

3. 小结

（1）每个人的身体形象都各有不同，发育进程也不尽相同，没有哪种外表、身材、尺寸或其他的测量标准是完美的。健康是第一位的。我们要悦纳自己，也要尊重他人。

（2）人类对于自身的结构、器官、发育和疾病等的认知一直在发展，很多知识都更新了，很多过去的认知都被证实是错误的。我们也要注意知识的更新，持续地学习。

（3）一些错误认知是因为过去受教育的程度和知识水平都比较低，随着科学、医学的发展，知识逐渐更新，我们也要持续学习。还有一些错误认知来自保健品商的伪科普。

更多的错误认知来自男权社会对性的压抑❶以及女性的污名，要树立正确的价值观，破除污名，追求尊重与平等。打破这些污名，正确地认识和接纳自己的身体，才是勇敢做自己、追求美好幸福生活的基础。

教学提示：

高中生普遍已通过某些途径接受过青春期的生理知识教育，对身体发育有一定程度的了解，重点不要放在知识讲解上，而要将重点放在纠正一些错误认知和辨析造成错误认知的原因上。

执笔：王艺

教案：整治身体认知"迷思"

一、课名

整治身体认知"迷思"

二、时长

45/60 分钟

三、教学目标

了解有关身体发育，尤其是性器官发育等生理方面的正确知识，分辨社会上流行的错误认知，并分析其背后的原因；认识到对身体器官、发育等的错误认知、污名甚至羞辱会给身体带来疾病和损害，甚至可能在很长一段时间内持续产生负面的心理影响。

四、教具、材料

1. 课件、多媒体设备，课件中要准备好青春期男、女身体发育的图片。

2. 按照分组数，每组准备一张 A1 白纸；或按照人数给每人准备一张 A4 白纸；每人一支红色彩笔、一支绿色彩笔，或其他两种颜色的彩笔，对比明显即可。

五、教学过程

（一）导入

在多媒体屏幕上展示一个男性和一个女性的身体正面以及背面图片，图片上要指出青春期基本的身体发育变化。如果是曾经课程中展示、使用过的图片更好。

---

❶ 男权社会对性的压抑主要是指人们羞于表达对性的渴望和感受等。

同学们都已经进入了青春期，也都学习过关于青春期身体发育的知识，并且大多数同学已经亲身感受到了这些变化。我相信，大多数时候大家是接受并喜欢这些变化的，但是，不可否认的是，有些时候，这些变化也带来了很多困惑，甚至很多麻烦。

有同学跟我说过："老师，月经期间我妈就不让我吃雪糕，夏天热死了，可她怎么也不让吃。其实我背着她吃过，也没怎么样啊。"还有同学悄悄跟我说，他想去检查一下，是不是应该做个包皮手术，又怕有人笑话他。

为什么会有这么多的困扰和麻烦呢？是我们的身体不正常吗？又到底是什么带给我们这些困扰和麻烦呢？仅仅是身体本身吗？下面，我们就来探究一下。

（二）活动

1. 活动1

（1）活动名称：专治各种"迷思"

（2）活动步骤

A. 将学生每4~6人分成一组，要保证每组既有男生又有女生，每组围坐。

B. 每一组分得一张A1纸，分得一个下面列出的一个"迷思"，针对这一"迷思"，进行小组讨论，让学生列举所知道的各种错误的认知，讨论错误认知形成的原因，分析这样的错误认知会带给他们什么样的影响。在白纸上写成两列，一边是各种"迷思"，一边是错误认知形成的原因，然后做连线。完成后各组将自己组的结果贴在黑板上/周围墙上，各组同学和讲师一同查看。

小组讨论"迷思"列出如下，可根据实际情况适当增减。

月经禁忌迷思

月经影响力迷思

阴茎迷思

精液迷思

自慰迷思

处女膜迷思

……

"错误认知形成的原因"要列出科学知识水平、生活条件、女性污名、性污名、传统性别气质、保健品商制造概念等。

每组完成以下成果，以"月经禁忌迷思"为示例（仅做示例，实际由学生自行讨论得出）。

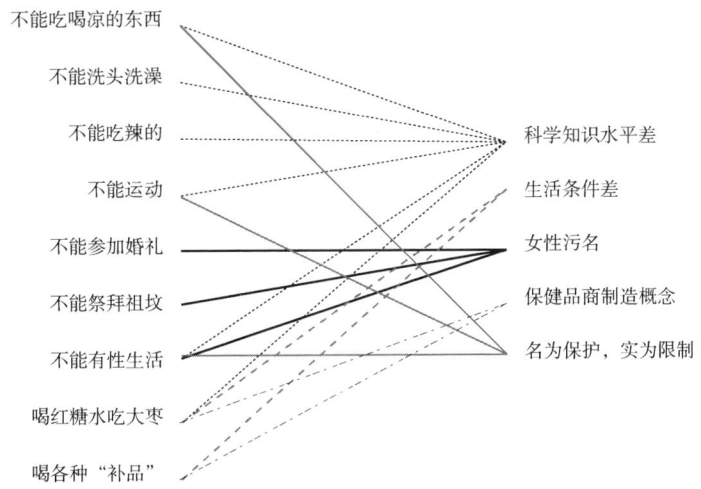

C. 讲师对各组讨论结果进行点评和过渡与总结。

（3）讨论话题与学生讨论

A. 为什么会有这样的种种"迷思"形成？

B. 为什么提到经血都是"脏""辟邪"这样的词，但是提到精液就是"宝贵""美容"这样的词呢（尽管都不对）？

C. 社会文化建构在这样的"迷思"形成中起到多大的作用？

D. 若现代社会人们还带着这样的"迷思"，是否对生活、对性格塑造、对关系处理带来影响？

教学提示：

A. 学生列出来的"迷思"有可能不是迷思，而是正确的，讲师要有足够的知识储备，能够分辨出来，例如"月经期间最好不要拔牙"就是正确的。

B. 可能会有学生说"我妈说……""电视上/报纸上说……""公众号说……"，很多的错误观点就是这样传播的。

C. 近年来保健品商、微商等对于一些谣言的传播起了很大的作用，要指出这一点。同时也要认清楚，这些谣言的传播固然有商家逐利的因素，但是也恰恰是长久以来文化建构的"土壤"，所以才能够被大众接受。

D. 有些同学会认为月经期的种种"限制"是对女性的照顾，破除这样的"迷思"是对女性的不公平。

将各种常见"迷思"列表如下，供讲师选择使用。错误认知形成的原因选项：①科学知识水平；②生活条件；③对女性的污名；④性污名；⑤传统性别气质；⑥保健品商制造概念。以下选择仅供参考，很多选择，并不是"非黑即白"，要具体分析才行。

月经禁忌"迷思"	月经影响力迷思
· 不能吃喝凉的东西①	· 经期大吃大喝也不会胖①
· 不能洗头洗澡①	· 月经期会情绪化/抑郁/易怒③⑤⑥
· 不能吃辣的①	· 经期减肥法①
· 不能运动①	· 月经传染①
· 不能有性生活③④	· 月经跟月亮周期有关系①
· 不能参加婚礼/看望新生儿③	· 经血脏、辟邪③④
· 不能祭拜祖坟③	· 卵巢/子宫保养⑥
· 喝红糖水吃大枣(各种补品)①②⑥	
阴茎迷思	精液迷思
· 大小、粗细、软硬与性能力的关系①④⑤	· 一滴精十滴血,宝贵①③
· 弯曲、颜色与性能力关系①④⑤	· 精液具有护肤、美容、美发功能①③⑥
· 包皮、是否手术与性能力关系①⑤	· 精液可以治疗失眠①⑥
· 各种增大增粗方法④⑤⑥	· 精液抗衰老①⑥
· 睾丸的大小、位置⑤⑥	
· 阴茎性状与是否同性恋的关系④⑤	
· 小便强度、远近、持续时间与性能力关系①④⑤	
自慰迷思	处女膜迷思
· 自慰还是"手淫"①④⑤	· 落红、守宫砂(常见武侠小说)①④
· 自慰过度①④	· 劈叉、骑自行车破坏处女膜④
· 自慰有害,自慰过度有害①④	· 处女、纯洁③④⑤
· 自慰导致阳痿①④	· 第一次性生活一定出血①
· 使用工具自慰下流③④	· 只有第一次性生活出血①
· 女生自慰下流③④⑤	· 希望男生也有"处男膜"③⑤
· 各种不当形式自慰导致的医院就诊案例①④	

(4) 讲师过渡与总结

A. 之所以出现一些错误认知是因为过去受教育程度和知识水平都比较低,随着科学、医学的发展,知识逐渐更新,我们也要持续学习。

B. 更多的错误认知来自男权社会对性的压抑,对女性的污名,要树立正确的价值观,破除污名,追求尊重与平等。

C. 还有一些错误认知来自保健品商的伪科普宣传。

2. 活动2

(1) 活动名称:嗨,朋友,你好!

(2) 活动步骤

A. 方案一:每个小组发一张 A1 白纸,上面横着并排画好两个相同的线条人形图，一个代表男生，一个代表女生。小组同学讨论这几年男生和女生身体和心理的变化，用红色笔写出这些变化带来的欣喜和快乐，用绿色笔写出这些变化带来的困扰和麻烦。然后结合上一个活动，讨论这些麻烦和困扰产生的原因和解决的办法。然后将小组讨论结果贴在黑板上或教室周围的墙上，跟大家分享。

B. 方案二：每个人发一张 A3 白纸，上面画好一个线条人形图。每个人在图中写出自己在青春期这几年身体和心理的变化，用红色笔写出这些变化带来的欣喜和快乐，用绿色笔写出这些变化带来的困扰和麻烦。然后结合上一个活动，思考这些麻烦和困扰产生的原因和解决的办法。是否将自己的成果分享给大家，自主决定。

C. 根据班级的实际情况，选择方案一或方案二当中的一个进行。

（3）讨论话题

A. 青春期这几年男生、女生身体和心理的变化，带来了什么样的欣喜和快乐。

B. 青春期这几年男生、女生身体和心理的变化，带来了什么样的困扰和麻烦。

C. 麻烦和困扰产生的原因和解决的办法。

（4）学生讨论

A. 快乐多，麻烦少；长高、发育、成熟、自信。

B. 跟家长吵架，对老师和学校不满。

C. 想长大，想独立，想走出家门去外面的世界看看，想挣很多钱。

D. 谈恋爱/想谈恋爱/失恋很难过。

E. 想变漂亮/帅气。

……

（5）讲师过渡与总结

青春期不可抗拒地到来，连同成长和快乐，连同困惑和焦虑，这都是生命的组成部分。爱自己，爱那些成长和快乐，也爱那些困惑和焦虑。当我们正面地接纳自己，就会发现，那些困扰也在慢慢解决。

3. 小结

（1）青春期给我们带来了很多变化，生理的、心理的，有些变化让我们很开心，但是也有些让我们不知所措，这些变化和感受，都是成长的一部分。

（2）人类对于自身的结构、器官、发育和疾病等的认知一直在发展，很多知识都更新了，很多过去的认知都被证实是错误的。我们也要注意知识的更新，持续学习。

（3）更多的错误认知来自男权社会对性的压抑，对女性的污名，要树立正确的价值观，破除污名，追求尊重与平等。

执笔：王艺

教案：乳房是女性象征吗

一、课名

乳房是女性象征吗

二、时长

45/60 分钟

三、教学目标

使学生了解乳房是一个器官，是自己身体的重要组成部分，有哺乳的功能，不是取悦男性的工具。了解乳房的基本保健知识和相关的文化含义，认识到，没有必要迎合某种"标准"而对自己的身体有焦虑或限制，保持健康、舒适就是最大的美丽和自由。

四、教具、材料

1. 课件；多媒体设备；课件中准备好《一分钟学会乳房自检》的视频❶和各种案例图片。

2. 打印案例；纸、笔等。

五、教学过程

（一）导入

（1）课前准备

将学生平均分成五组，分组搜集整理关于下面①~⑤的资料，做成PPT或海报的形式，以便在课上和全班分享，分享限时每组3分钟以内。

①丰胸和束胸对乳房的影响。

②如何正确地选择和佩戴胸罩。

③日常生活中如何保护乳房。

④乳腺疾病简要介绍。

⑤乳房自检的方法。

（2）导入

青春期女生会迎来乳房的发育。长久以来，乳房不仅是身体的一个器官，

---

❶ 本书中所有视频资料，均可在浏览器或各大视频网站通过搜索视频名称得到相关资料，或者根据课程主题和要呈现的内容，选择类似的关键词进行替换、搜索。

远古时代其就作为生命延续、母性延展的象征，现在更是成为女性的象征，被赋予了远远超越身体器官的意义。今天我们就一起来关注一下女性的乳房在青春期发育过程中的改变，并从更广的视角来探讨乳房作为一个文化符号所具有的意义。

（二）活动

1. 活动 1

（1）活动名称：乳房知识面面观

（2）活动步骤

A. 请每个小组分别派代表展示自己小组的调查结果。

B. 讲师进行点评与总结。

（3）讨论话题

A. 丰胸和束胸对乳房的影响。

B. 如何正确地选择和佩戴胸罩。

C. 日常生活中如何保护乳房。

D. 乳腺疾病简要介绍。

E. 乳房自检的方法。

（4）学生讨论

A. 丰胸的影响：变大，变挺；更好看，更自信；纠正先天或手术导致的畸形；口服药大多含有激素，小心使用；手术有风险；按摩没有用/按摩有效；健身可丰胸/练成强壮的胸肌……

B. 束胸的影响：早期欧洲等地妇女束胸；现在非洲仍有一些地方的习俗是女性要将胸部烫平，以避免被性侵；影响呼吸和骨骼发育；影响内脏；现代有些运动中，会一定程度束胸以避免胸部受伤或影响成绩……

C. 正确选择和佩戴乳罩：尽量选择棉质的，避免过敏；要选择合适的尺码，随着乳房发育及时更换；发育未完成时，不要选择有钢圈的；运动时候最好使用运动文胸；戴胸罩时间不宜过长，每天不应该超过 8 小时，睡觉时更不能戴着胸罩……

D. 日常生活中如何保护乳房：正确认识乳房发育是每位女性必经之路，乳房发育是正常的生理现象，不可自卑、害羞而含胸、驼背，更不能因为害羞而过紧地束胸；避免碰撞等外伤；发育期有胀痛和硬结是正常的，不要挤、捏等；营养均衡，保持卫生，适当锻炼；不要乱服药物；不舒服时及时与家长沟通，去医院检查；选择合适的文胸……

E. 乳腺疾病简要介绍：乳腺疾病是源于乳腺腺体、脂肪、淋巴、血管、乳头等乳腺相关组织的疾病；乳腺疾病包括乳腺炎症性疾病、乳腺良性病变、乳腺恶性肿瘤、先天发育异常及男性乳腺发育等；乳腺炎症性疾病包括急性乳腺炎、乳腺结核、乳腺脂肪坏死；乳腺良性病变可因感染（如浆细胞性乳腺炎）、卵巢功能失调（如乳腺囊性增生）、环境、射线以及遗传等因素而致，也有部分疾病目前病因尚不明确；乳腺恶性肿瘤大部分病因都不明确，可能与遗传、激素调节失衡及外界刺激有关。

F. 乳房自检的方法：通过"看、触、卧、拧"的方法自我检查，可以预防乳癌，以便及时治疗。月经正常的妇女，月经来潮后第9~11天是乳腺检查的最佳时间，此时雌激素对乳腺的影响最小，乳腺处于静止状态，容易发现病变。看——面对镜子，双手下垂，仔细观察乳房两边是否大小对称，有无不正常突起，皮肤及乳头是否有凹陷或湿疹；触——左手上提至头部后侧，用右手检查左乳，以手指指腹轻压乳房，感觉是否有硬块，由乳头开始做环状顺时针方向检查，逐渐向外（约三四圈），至全部乳房检查完为止，用同样方法检查右边乳房；卧——平躺下来，左肩下放一枕头，将右手弯曲至头下，重复"触"的方法，检查两侧乳房，除了乳房，亦须检查腋下有无淋巴肿大；拧——以大拇指和食指压拧乳头，注意有无异常分泌物。

教学提示：

A. 可能的话，尽量鼓励男生来分享。

B. 如果有学生询问"不愿意穿胸罩"可不可以，要告诉学生，只要自己没有不舒服，就完全可以；换而言之，自己怎样最舒服，就怎样选择。

C. 提醒学生，男生也有40%~60%的比例会发生一过性的乳房发育，大多数时候没有察觉，如果有感觉，也不用担心，一般会在1~6个月自行消失；如果有持续不适或担心，可去医院检查。

D. 男性也会得乳腺癌，尽管比例比较低，但一般恶性程度比较高，并且比较容易被忽视。

E. 时间允许的话，可以播放视频《一分钟学会乳房自检》。

（5）讲师过渡与总结

胸部、乳腺，其实是男女都有的器官，但是一般来说，女性乳腺会发育变大而男性不会，女性的乳房要承担哺乳的任务，从乳房这个名字就可以看出来——"乳汁的房子"。除了这些，乳房还是一个极为特殊的存在，大还是小，穿胸罩还是不穿，露还是不露，真是问题。这些问题，又反映了什么呢？我们来看一看。

2. 活动2

（1）活动名称：乳房的问题

（2）活动步骤

A. 展示各种案例，并将打印的案例发放给小组，保持刚才的分组，进行小组讨论。

B. 小组派代表分享本组观点，其他组进行补充，讲师点评与总结。

■ 案例一：

> 北京往事网站
> 昨天 19:26 来自Android客户端
>
> #北往FM# 【公共场所注意举止 不要裸露性器官】姑凉，你在地铁上这个样子真的好吗？哦对了，可能你忘记了这里是哪里了，那由我提醒你一下吧"这里是北京的地铁之上，不是你们村的公交车"你这么做真的好吗？？？via:@韩家小乖雪

北京地铁某女子给孩子哺乳

■ 案例二：

2017年6月22日，来自绿党的澳大利亚参议员拉里萨·沃特斯在议会大厦发表演讲时，为她的女儿亚丽亚·乔伊喂母乳。从这个事件中可以看到的是这位议员的勇敢和整个社会开放的态度以及对孩子的爱护。

■ 案例三：

海外网2018年8月13日电，现年38岁的新西兰女总理杰辛达·阿德恩，是全球首位带着刚出生的女儿一起上班的国家领导人，她的一举一动都备受瞩目。8月10日，刚刚休完产假不久的阿德恩在国会发表演说，宣布新西兰将禁用一次性塑胶袋。演说结束后，阿德恩便到场边哺乳，然而喂母乳的画面竟被新西兰电视台的记者偷拍并且播出。视频一经发布就引发网友不满，电视台最终删除并道歉。

■ 案例四：

2018年10月27日，新妈妈徐女士在某商场遇到了母婴室被男士占着玩手机而不能用的情况。徐女士三番五次请男子出去，男子偏偏不动，徐女士和商场的保洁人员都对男子无可奈何。

■ 案例五：

林女士今年34岁，从高中时起，她就背负着因平胸带来的自卑感。结婚生孩子后，林女士的胸部更加平坦，且一大一小。林女士称前夫经常讽刺她："你的胸部就像一个飞机场。"因为丈夫觉得她"没有女性最应该有的特征"，丈夫提出了离婚。

■ **案例六：**

《摩登家庭》中二姐的扮演者是阿芮尔·温特（Ariel Winter）。曾经娇小可爱的学霸二姐在短短3年时间内长成了"波霸"二姐，后来她对外宣布自己做了缩胸手术。Ariel打算买比基尼沙滩装，可是所有店铺都没有"塞"得下她的上装，另外她无法像正常的同龄孩子一样去做许多事。因为身材变形，这个十几岁的孩子曾被许多网民以"肥""恶心"等评价恶语抨击，不过内在成熟的Ariel始终挺胸抬头，在红地毯上微笑着呈现自己最好的一面。"（走红毯的时候）我曾对自己说，你必须自信挺拔，拍出最好的照片，因为所有人都会看到。我看起来非常自信，我是个演员，这是我必须要做的。但其实我的心里并不好受。"而Ariel之所以公开自己手术的事，是为了告诉更多像她一样的女孩，不要在意舆论压力，只要你的决定对你的人生、你的健康有所帮助，不会造成任何伤害，就大胆地去执行，你将从中获得更多快乐与勇气，所以不管什么样的乳房，自信的姑娘最美丽！

（3）讨论话题

A. "束胸"和"丰胸"，在其内涵上，有什么相同和不同之处？
B. 女人的胸到底是"大"好，还是"小"好？
C. 穿胸罩到底为了什么？不穿，可以吗？
D. 当众哺乳有多不堪？遇到有妈妈当众哺乳，我们可以怎么做？
E. 哺乳室脏乱差、被占用反映了什么？设置哺乳室，还是不设置？
F. 乳房到底有什么用？是女性象征吗？
G. 乳房到底属于谁？

（4）学生讨论

A. "束胸"和"丰胸"，一个是当时的审美，一个是现在的审美；一个是对女性的压抑和歧视；都是男性的品味；媒体导向很重要；估计都不舒服……

B. 不是越大越好；是为了满足男性的品味；是身体健康、生殖能力强的表现；吸引眼光；增加自信；大小适中最好；小有小的好；健康最好……

C. 穿胸罩为了防止乳房下垂；不穿有下坠感，不舒服；穿是为了防止乳房乱抖动；不穿做很多事情不方便；露点不好意思；被撞到会痛……

不穿胸衣：不舒服；不好意思；露点被笑话；很舒服；穿上又热又闷；不穿家长不同意……

D. 当众哺乳：取决于婴儿的需求；不是当众暴露，不应被非议；偷拍、嘲讽的人做得不对，不尊重人；这是母亲的权利；她们很辛苦；如果我们遇到，就把脸转过去；可能的话，帮她遮挡；提供她需要的帮助……

E. 不重视妈妈，歧视；那个男的素质太差；形同虚设，就像盲道一样；歧视女性；所以没有人愿意生孩子；女性的需求总是这样被忽视；设置哺乳室，安静、宽敞、方便，避免害羞；不设置不方便；就当众哺乳好了，无所谓……

F. 哺乳、喂奶；分男女；分正反面；美观；吸引人……

G. 属于婴儿；属于男人；属于女人自己；是个符号……

教学提示：

A. 对于学生的看法，讲师不要过多地给予评价，相反，应该鼓励多元观点的呈现。

B. 引导学生认识到，关于美、身材、丰满、性感的标准，各民族、各时期都是不同的，而这种变化的主导，从来不是女性自己。

C. 有学生会提到乳房的色情含义而不适合暴露，也有学生会提出对乳房去色情化，尤其在妈妈哺乳这个问题上，引导学生讨论和思考，尤其是思考乳房在女权运动中的角色。

（5）讲师过渡与总结

我们看到，所有这些乳房的问题，并不是器官、身体的问题，甚至不是健康问题，而是一个美学、文化、平权、认知的问题。作为长在女性身上的一个器官，却被以男性为主导的传统和文化赋予那么多"含义"，这当中不无对女性的压抑、规训和歧视。而女性自己的声音，在近些年开始发出，甚至越来越大声。

女性的乳房，应该还给女性自身，什么样子好看，要如何使用，是女性自己的事情。

3. 小结

乳房作为女人身体的一部分，却承载着不同于其他身体部分的社会和文化的期待，但它终究是女人自己的，女人应该爱护它，保护它！

六、知识与观点链接

1. 好莱坞女星安吉丽娜·朱莉（Angelina Jolie）切除乳腺

好莱坞女星安吉丽娜·朱莉为了降低罹癌风险，接受了预防性双乳房切除手术。当时，37岁的朱莉已是6个孩子的母亲，据她阐述，她的母亲与癌症搏斗了近10年，2007年死于卵巢癌，享年56岁。医生测试出朱莉带有一个"缺陷"基因，大大增加她患乳腺癌和卵巢癌的风险。于是为了预防可能的风险，她决定接受为期9周的复杂手术，切除双侧乳腺。术后，她患乳腺癌的概率会大大降低。

2. 我国乳腺癌患者切除手术后，进行乳房再造手术的不到10%

乳腺癌是我国女性第一高发癌症，手术切除往往是很多乳腺癌患者的首选，但是乳腺癌手术之后，只有不到10%的患者选择了乳房再造手术。选择乳房再造的患者中以年轻患者、学历在高中及以上、有工作以及经济状况较好的患者居多。而其他患者不愿意选择乳房再造的理由主要有：年龄大了、害怕二次手术伤害、害怕乳房再造术影响疾病预后、经济状况有限等。大部分患者都是综合考虑以上因素而做出决定的。大多数时候，是否选择乳房再造手术，配偶的想法是主导因素。

3. 女子乳腺手术后，勇敢拍摄"无胸"写真，微笑面对镜头

一名来自英国南威尔士的女摄影师洁-伊斯特伍德（Jai Eastwood）在切除乳房两年后，拍摄了一组"无胸"写真。在这些照片中，面带微笑的洁勇敢地露出上身，让人们看到她平坦的胸部，以此鼓励那些和她有同样遭遇、身患乳腺癌、切除乳房的女性，希望她们能自信、勇敢地面对术后生活。

4. 粉红丝带运动

粉红丝带运动即于1992年10月由雅诗兰黛集团资深副总裁伊芙琳·兰黛和美国《自我》杂志主编彭尼女士共同首创的以佩戴"粉红丝带"为标志的全球性乳腺癌防治运动。那年美国各地成千上万名妇女自豪地在胸前佩戴上了粉红丝带，在她们的倡导下，"粉红丝带"成为全球乳腺癌防治运动的标志，每年10月为世界乳腺癌防治月或警示月，每年10月18日为防乳癌宣传日，10月的第3个星期五定为"粉红丝带关爱日"。"及早预防、及早发现、及早治疗"是"粉红丝带"乳癌防治运动的宗旨。

5. 非洲女孩在10岁时必须把胸部烫平，可怕的是下手的竟是母亲

在非洲国家喀麦隆、尼日利亚与南非的一些地区，仍然保留"胸部熨烫"的习俗，其中大部分的施虐者都是女孩们的母亲。通常女孩们10岁左右就要忍受这样的酷刑。当地人认为，不招惹男性目光就能避免未婚怀孕，家族也不会蒙羞。

烫胸不仅会抑制胸部发育，还会给女孩们带来很多健康问题，比如癌症、高烧、脓肿、感染等。一名接受过烫胸仪式的女孩表示，这一习俗给自己带来了终身难以磨灭的创伤，她因为烫胸失去了哺乳能力。

执笔：王艺

教案：美丽与否，我说的算

一、课名

美丽与否，我说的算

二、时长

45/60 分钟

三、教学目标

让学生认识到美丽的多元性，正确评价和接受自己，并在此基础上讨论和学习让自己更美丽的方法，做到自我悦纳。

四、教具、材料

1. 多媒体设备、课件。

2. "我的美丽"任务单每人一张；A3 白纸每组一张；A4 白纸每人一张；《公主日记》变装部分视频。

五、教学过程

（一）导入

讲师用 PPT 展示中国首位"世界小姐"冠军张梓琳、"2018 全球最美女星 TOP10"中国唯一入围女明星沈月，以及迪丽热巴的照片，并提问：你觉得照片中的三位女性哪一位更美丽？

讲师提问：为什么你觉得她更美？

讲师导语：看到大家争论不休，有人觉得第一位美丽，有人觉得第二位美丽，有人觉得第三位美丽。我们先来认识一下她们。第一位是张梓琳，她是中国首位"世界小姐"冠军。1998 年，获北京市第十届运动会"女子 100 米栏"丙组冠军；1999 年，获全国少年田径分龄赛女子 100 米跨栏第四名，她曾与刘翔一起接受田径训练；2002 年，考入北京科技大学工商管理专业；2006 年，获选"中国十佳职业时装模特"；2007 年，获得第 57 届世界小姐选美大赛冠军，被称为东方第一美人。第二位是沈月，国外著名媒体 *Famous STAR 101* 曾宣布"2018 全球最美女星 TOP10"票选结果，中国只有一位女明星入选，这个人就是沈月，她以 207.25 万票位列第七。第三位是迪丽热巴，美国电影网站"TC Candler"评选的 2018"全球百大最美脸孔"名单出炉，迪丽热巴排在第 16 位，成为华人最美面孔。所以，她们好像都很美丽，那看一看，这三个人有哪些共同特征？身材苗条、高鼻梁、大眼睛、双眼皮、瓜子脸……我们之所以认为她们美，是因为她们符合当下的审美标准。同时，为了维持关注度，她们被迫时刻都要严格管理自己的身材和容貌，力求不偏离流行的审美标准。所以,很多明星都有专人负责饮食,专人帮助他们打造个人形象,甚至整容……但是,只有符合这个标准才美丽吗?美丽的标准是唯一的吗?今天,让我们一起来聊一聊美丽这个话题。

(二) 活动

1. 活动1

(1) 活动名称:我眼中的美丽

(2) 活动步骤

A. 将学生按每组4~6人分组,小组围坐,每组发一张A3白纸。

B. 请学生讨论并列出他们眼中男生帅气和女生美丽的标准。

	有什么特征	都有谁
帅气的男生		
美丽的女生		

C. 请学生讨论,除了外表美,一个人的其他方面可不可以也展现出美丽,例如自信、阳光、乐观、乐于助人等。

D. 将各小组讨论的结果收上来,并请两位同学在黑板上汇总各组的讨论结果。

E. 针对黑板上汇总的结果,引导学生进行讨论。

(3) 讨论话题

A. 什么是"美丽"?

B. 美女和帅哥的标准是什么?每个人眼中的"美丽"一样吗?你是否认同别人眼中的美女和帅哥?找找你和同学对于美女、帅哥和美丽特征认识的差异,思考下为什么会有这样的差异。

C. 是否只有外貌美才是美?一个人的美丽还可以体现在哪些方面?如果以此为标准,拥有哪些特征的人也算美女或帅哥?请在上面的表格中继续补充。

(4) 学生讨论

教学提示:

A. 美女、帅哥的标准,各组讨论汇总的结果可能如下表:

	有什么特征	都有谁
帅气的男生	个子高、英俊、肌肉发达、皮肤白、皮肤黑、清秀、瘦削、魁梧、浓眉大眼	易烊千玺、王源、杨洋、鹿晗、张艺兴、胡歌……

续表

	有什么特征	都有谁
美丽的女生	大眼睛、高鼻梁、大长腿、苗条、丰满、锥子脸、鹅蛋脸、丹凤眼、双眼皮、长发披肩、短发、皮肤白	刘雯、张梓琳、奚梦瑶、刘亦菲、赵丽颖、杨幂、迪丽热巴、张雨绮、林允、允儿、鞠婧祎、朱珠……

讲师根据表格内的记录，引导学生分析是否认同大家讨论出的每一个答案，认同哪些，不认同哪些，为什么每个人的想法会不一样。

讲师导语：通常情况下，每个人的审美都是不一样的。单从外貌来说，如果也要找一个统一的标准，那就是"平均"。来看下面两张照片，你觉得哪张图中的人更美丽呢？

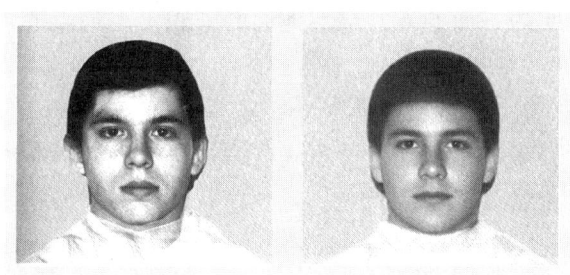

大多数人可能都会选择右图。心理学研究表明，当提到我们更喜欢哪张脸时，"平均化"会让我们印象更深刻。研究人员从若干人的照片提取面部特征并计算平均值，然后通过计算机技术得到一张复合脸，即平均后的脸。在偏好性测试中，这些高度平均的脸一直被认为是最具吸引力的（如上图中的右图）。而且，用于合成复合脸的面孔越多，相应的复合脸就越有吸引力。但在不同的年代，不同的文化背景下，对外表吸引力的认定是有差别的。例如，唐代丰满的女性被视为性感的象征，那时人们喜欢身材丰腴、面如满月的女性。现代人讲求A4腰、瓜子脸、八块腹肌加上"人鱼线"，常说"一白遮三丑，一胖毁所有"。亚洲人喜欢美白，美国人喜欢小麦色；亚洲人喜欢皮肤白皙、身材高挑瘦削的男生，而美国人更喜欢高大健壮的男性。所以，即使单说外貌，具体到细节，不同个体的审美也是有很大差异的。

教学提示：

A. 实际教学过程中，也会有学生选择左图，教师刚好可利用学生的回答得出审美的个体差异的结论。

B. 美丽体现在哪些方面：品格、学识、才艺、技能……

学生补充的结果可能如下表：

	有什么特征	都有谁
帅气的男生	知识渊博、乐于助人、有责任心、瘦高、认真专注、勇于奉献、有担当、博闻强识……	周恩来、梁启超、卢永根、廖俊波、刘锐、黄大年、卢丽安、吴斌、高铁成……
美丽的女生	善解人意、琴棋书画样样精通、爱国爱家、知书达理、聪明、情商高……	李清照、卓嘎和央宗、屠呦呦、张丽莉……

讲师导语：正如大家所讨论的，一个人不是只有外表有吸引力才算美丽，才华卓越、气质如兰和品格高尚等都可以被界定为美丽。例如"最美女教师"张丽莉、"最美司机"吴斌和"最美警卫战士"高铁成以及其他许许多多使我们看到社会光明的一面的人，虽然他们的外貌不是最美的，但他们一样也是最美丽的。

教学提示：

在这一部分，要鼓励学生将对外貌的关注转变到对内在心灵的关注，让学生认识到美丽不仅仅可以是外表，还可以是内在，从而让学生认识到美丽的多元性。

"最美教师"张丽莉：2012年5月8日晚，在黑龙江省佳木斯市第四中学门前，正当一群学生准备过马路时，一辆客车突然失控冲了过来，与前方停在路边的另一辆客车追尾相撞，被撞客车猛力冲向正要过马路的佳木斯十九中学女教师张丽莉和学生们。危急瞬间，本可以逃生的张丽莉奋不顾身去救学生，自己却被卷入车轮下，遭受重伤，致使双腿截肢。

"最美司机"吴斌：2012年5月29日中午，他驾驶着大型客车从无锡返回杭州，车上有24名乘客。11时40分左右，车行驶至锡宜高速公路宜兴方向阳山路段时，一块大铁片突然从天而降，在击碎挡风玻璃后，砸向吴斌的腹部和手臂。监控录像记录下短暂而令人震动的画面：被击中的一瞬间，吴斌看上去很痛苦，本能地用右手捂了一下腹部。但他没有紧急刹车或猛打方向盘，而是强忍着剧痛缓缓减速后将车停稳，并提醒车内24名乘客安全疏散及报警，保证了车上乘客的生命安全。而他因伤势过重抢救无效牺牲。

"最美警卫战士"高铁成：2012年5月18日18时30分，哈尔滨市南岗区春申街4号的一家餐馆后厨发生煤气泄漏爆燃事故。在事发现场，回家探亲的北京市卫戍区某部一级士官高铁成正在这里吃饭，混乱中，24岁的军人高铁成，不顾危险，快速往相反的方向——厨房跑去，关闭泄漏阀门，防止了更大悲剧的发生。高铁成先后3次返回火灾现场，在已经受伤的情况下，与工作人员共同关闭阀门,避免了危险再度发生。最终,他因烧伤及煤气中毒,被送往医院急救。

(5) 讲师过渡与总结

不同人看到的美丽也是不一样的,每个人的美丽也是不一样的,能体现美丽的方面也是很多的。

2. 活动2

(1) 活动名称:发现我的美丽

(2) 活动步骤

A. 每人发一张任务单,任务单如下:

我觉得不美,但是我同学觉得我美的地方	我和同学都觉得我美的地方
①	②
我和同学都觉得我不美的地方	我觉得我美,但同学不觉得我美的地方
③	④
讨论后我觉得我最美的地方	⑤

B. 请学生在8分钟内与班内任意同学讨论完成①~④空格。

C. 组织学生以小组为单位分享感受,并在讨论结束后随机抽取学生分享感受。

D. 请学生完成第⑤空格。

(3) 讨论话题

A. "我"觉得自己美的地方和别人认为"我"美的地方有哪些异同?

B. 不同的人对"我"美丽的地方的看法有哪些异同?

C. 通过活动,有哪些收获和感触?"我"的"美丽"是什么?

教学提示:

在活动过程中,要注意引导学生从积极的角度评价他人,不要借此机会嘲笑他人,鼓励学生发现自己和他人的优点。引导学生关注第①空格内的内容,引导学生换一个角度看问题。

(4) 讲师过渡与总结

通过活动你可能发现:其实,在每个人眼里,你都是不一样的。因此要善于从积极的方面认识自己,瘦弱矮小和娇小可爱在很大程度上是同一外貌特点的两面。当然,你可能也发现了,自己的外貌确实存在一些不足,面对这些不足,我们要学习用胸怀去接纳不能改变的,用勇气去改变可以改变的,从而让自己更自信、更美丽。

3. 活动3

(1) 活动名称:创造我的美丽

(2) 活动步骤

A. 呈现《公主日记》剧照,播放米亚变换装扮部分视频,从33′58″到40′1″,共6′3″;

B. 请学生讨论并记录结果;

C. 全班分享讨论。

(3) 讨论话题

A. 米亚做了哪些改变,让自己看上去美丽了很多?

B. 上一环节讨论出的你认为自己不美丽的地方,你觉得哪些是可以通过做些什么改变的?哪些是不能改变的?

C. 大家讨论的让自己变得更美丽的途径,哪些是可行的?哪些是不可行的?为什么?

(4) 学生讨论

米亚做的改变:化妆打扮,选择适合自己的发型,学习新技能,增加自己的才艺,更自信(从剧照中的表情可以明显看出),更开朗,更乐于助人,承担责任……

可以让自己变得更美丽的方式有:注意自己的着装,提高穿衣品位;保持干净整洁;整容;改变发型;加强体育运动;保持平和心态,因为"面由心生";注意休息;化妆;使用化妆品;多读书;多做好人好事;培养自身优良品质;自信……

以上除了整容以外,都是可行的方式。整容由于存在风险,而且目前存在很多争议,因此如果选择整容来改善形象,一定要十分慎重,做好各方面的准备。

4. 小结

爱美之心，人皆有之。人人都在创造着美，并且感受着美。每个人的外貌都是独一无二的，每个人的美丽也是独一无二的。在不同人的眼中，美丽是有差异的，美丽没有排名，每个人都有 ta 专属的美丽。美丽不仅体现在外貌，还体现在内涵，俗话说"腹有诗书气自华"，我们不仅要优化自己的外表，还要提升自己的内涵。希望通过今天的课，所有同学都能正确认识和评价自己，接纳自己的同时学习一些可行的方法，让自己变得更美。

教学提示：

自我悦纳是指个体能正确评价自己、接受自己，并在此基础上使自我得到良好的发展。美丽没有唯一标准，真正的自我悦纳是相信自己，建立自己的美丽标准。因此，本堂课的设计思路就是定义"美丽"，正确评价自己，在接纳现在的自己的基础上进行改善。

六、知识与观点链接

1. 《2018 感动中国十大人物事迹及颁奖词》（可上网搜索）
2. 《我们身边那些最美的人》（可上网搜索）

执笔：罗扬

教案：自慰何罪之有

一、课名

自慰何罪之有

二、时长

45/60 分钟

三、教学目标

了解自慰的相关知识，接纳自慰行为，建立对自慰的自然、科学、健康的态度；使学生了解自慰是正常现象，没有"过度"一说，但要采取正确安全的自慰方法，主观上要消除自慰罪错感。

四、教具、材料

1. 课件；多媒体设备等。
2. 给各组打印好两份案例；纸、笔等。

五、教学过程

（一）导入

自慰，就是不通过性交，自行解决性欲望、宣泄性能量，满足自己对性的要求，并获得性方面的快感和慰藉。自慰是正常的生理现象，人类的自慰现象广泛存在。

相比"自慰"，"手淫"的叫法广为流传，还有一些类似"打手枪""打飞机"这样的词来指代男性自慰。不过"手淫"这个词很有问题，一是自慰不是一定要用手，二是"淫"在中文里为贬义词，比如"淫荡""奸淫"等，用来指代一种性行为方式非常欠妥当，所以应该杜绝"手淫"的称谓，正确的说法应该是"自慰"。

一般很少有老师会大大方方地说出"性欲望""自慰"这样的词，我相信，大多数人，即使是你们同学之间，说起这一话题都是遮遮掩掩、吞吞吐吐的吧。

那么，为什么呢？为什么一个正常的生理现象，一个大多数人都做过的事情，会这么难以启齿呢？再想想性与性别相关的其他事情，好像我们一贯如此啊。很多同学都会在"自慰"这件事上遇到疑惑，今天我们来帮帮他们。

（二）活动

1. 活动1

（1）活动名称：我们来帮帮 ta 吧

（2）活动步骤

A. 将同学们分成五组，小组围坐一桌，发放打印好的案例和纸笔。

B. 小组对全部案例进行讨论，将本组结论记录下来。

C. 请第一组针对案例一分享观点，其他组同学补充，讲师点评与总结。

D. 照此类推，分析其余案例。

■ 案例一：

小明是个高中男生，一直住校，和宿舍的同学们一直相处得很好，直到最近，他遇到了一个问题。他的上铺，这几天好像"迷上"了自慰，总是夜深人静的时候，要来一次。他自慰的结果是，连在一起的上下铺就会晃得厉害，小明被晃醒好几次了，特别影响睡眠质量，还影响第二天学习。小明很生气，还很担心上铺这样做会影响身体。

小明的上铺有什么问题？

小明该怎么办，如何解决这个事情？你来帮帮他吧。

■ 案例二：

小文放暑假在家里，表哥来他家，神神秘秘地给了他一个 U 盘。晚上小文把 U 盘打开，可不得了，全是色情片。小文以前没看过，这一看，就有了欲望。他一晚上自慰了好几次，到后来，射出的都是透明的液体，甚至几乎不射精了。第二天，小文感觉很累，十分没精神，父母问他怎么了，他不好意思说。小文暗自担心,是不是会有后遗症啊,这样下去会不会"精尽人亡"啊。

小文这是怎么了?你帮帮他吧。

■ **案例三:**

自从进入青春期,小慧的妈妈就告诉她要注意卫生,每天用清水清洗阴部,尤其月经期更是要注意。一次,洗澡的时候,小慧拿手持花洒清洗阴部,突然有一种异常兴奋的感觉,很舒服。晚上躺在床上,她就尝试用手在阴部寻找洗澡时让她兴奋的地方。后来,她隔一段时间,就会这样做一次,感觉很舒服,尤其在学习忙、烦躁的时候,用手揉搓、抚摸阴部之后,就会平静下来,睡觉都会睡得特别好。但是她也有担心,这样会不会对身体不好啊?会不会受伤?会不会得什么病啊?别人也这样做吗?还是只有她一个人这样?这样是不是太丢人了?

你来帮她解答一下吧。

■ **案例四:**

小伟的爸爸是泌尿科的医生,一天下班回家,说在医院做了一个手术,一个青年人把电线、酒瓶塞到了肛门里,拿不出来了,只好看了急诊,幸亏来得及时,没有对身体造成大的伤害。爸爸说,以前也接触过这样的病人,塞乱七八糟的东西,造成身体伤害,丢掉性命的都有。爸爸跟小伟说:"我知道你青春期了,有时候会自慰,这没什么,但是要掌握好分寸,一定不要过度!"小伟有点不好意思了,说"我没有,我没有"就不再提这事了。实际上小伟有点害怕了,多少算过度啊,爸爸也不明说。

你来帮帮小伟吧,他爸爸说的是什么意思?

■ **案例五:**

小智和隔壁班的女孩交往有一阵了,他们很要好,有时候也会谈到"性"这个问题,虽然他们都觉得还没有准备好,但是聊聊也是很开心的。这一天他们不知怎么说起"性玩具"的事,女朋友说:"我有个按摩棒。"小智很震惊!女生怎么可以用这东西!那她就不是处女了吧!他对女朋友的好感因此大打折扣。

小智有道理吗?你来帮帮他吧。

(3)学生讨论

A. 案例一:

a. 小明的上铺自慰没有问题;会/不会影响身体;影响别人是不对的。

b. 小明应坦诚跟他沟通,要求他不要影响自己睡觉。

B. 案例二:会出血的;没事的;以后别这样了,对身体肯定不好;"精尽人亡"不至于吧。

C. 案例三：

a. 会/不会受伤；会/不会生病；会/不会对身体不好。

b. 当然有别的女生也这样；没什么丢人的；有点丢人。

D. 案例四：

a. 自慰无害，过度就有害；那个青年人就是"过度"了；那个青年人是用的错误方式。

b. 往身体里塞异物，是危险的。

E. 案例五：

a. 为什么女生不可以用，女生也可以用；女生用不好；女生用按摩棒太恶心了；容易损伤处女膜。

b. 处女不处女有什么关系；小智对女性不公平；小智太守旧了；小智是处男吗。

教学提示：

A. 自慰应该注重私密性。自慰是隐私。看到别人自慰，也不应该嘲笑。此外，自慰应选择在无人打扰也不打扰别人、私密的环境中进行，注意时间、地点与场合。

B. 储精囊里面的精液是有数的，精液连续射出，产生精液的速度跟不上，自然就没有精液射出了。至于第二天小文感觉累，就跟前一天运动过度会累的道理是一样的，休息一下就好了。年轻人切忌因为怀疑自己自慰过多造成肾虚、阳痿等问题而自己购买并服用肾保健品，很多保健品是骗人的，轻则无用，重则有害。

C. 案例三中，女生自慰就会比较担心"丢人"的问题，要强调，女生自慰也很正常，没有什么丢人不丢人的。传统观念中对性的双重道德标准，会压抑女性对性的需求，使得女性不敢表达或是被压抑到没有性欲。

D. 自慰次数不存在绝对的标准。判定自慰频率多少才合适，无法勃起了，自然就不能自慰了。不要在身体疲劳或生病时过多自慰就好。

但是自慰的方式有可能会"过度"，意思是自慰方式要得当，这才是案例四中小伟爸爸真正的意思。

男生最安全的自慰方式是用手握住阴茎撸动；女生最安全的自慰方式，是用指肚环状按摩阴蒂。自慰时身边可备些卫生纸、干净的毛巾、清洗干净的内裤，及时将分泌的液体擦拭干净。自慰时需要注意卫生、安全，比如小心过长的指甲弄伤自己，要选安全、健康、清洁的工具，建议给工具戴上安全套以保证卫生，注意不要把工具弄断在身体里面，要保证工具对自己的身体没有危险和伤害。避免使用不干净或可能对身体带来伤害的物体进行自慰（比如把笔、发夹、蔬菜等异物放入尿道口、肛门或者阴道口）；避免错误的自慰方式（比如把阴茎向下向后压迫，通过挤压追求快感）；避免为了追求刺激而造成窒息。

E. 只要注意安全、卫生，女生当然也可以使用性玩具。女生使用性玩具完全谈不上"羞耻""丢人"之类的。至于处女膜、处女，本来就是男权社会对女性身体的唯一所有权的"宣誓"，是对女性的歧视、压抑和污名。女性有没有过性行为，完全不影响她的人格和价值，所谓"不值钱了""没人要了"都是完全错误的认知。

（4）讲师过渡与总结

自慰是自己采用某种方式满足性欲望，对身体没有害处，自慰频率因人而异，但是自慰方式一定要得当，不要对自己造成伤害。

自慰是无害的。可是有些人，不仅认为自慰有害，还会给出很多自慰"过度"之后受害的案例，甚至医院也会收到这样的病例。更有甚者，认为自慰简直就是羞耻、邪恶的代名词。这又是怎么回事呢，到底是什么害了这些人？

2. 活动2

（1）活动名称：自慰哪里害人？

（2）活动步骤

A. 维持之前的分组，分发打印好的案例和纸笔。

B. 小组讨论案例，帮他们找出案例中伤害当事人的"元凶"。

C. 小组派代表发言，其他小组补充，讲师点评与总结。

■ **案例六**：

小刚在房间里自慰，用过的卫生纸没有收拾好，被妈妈看见了。妈妈追问他怎么回事，多长时间一次，小刚说差不多一周一次吧。妈妈又生气又伤心，"你怎么能这样伤身体啊""妈妈多心疼啊""以后可不能再这样了""会影响身体和学习的"之类的话说了很长时间，小刚听了很难受。在那之后，小刚就克制自己不自慰，可是有时候克制不住，有时候还越克制越想做。每次忍不住自慰了，就会特别内疚和担心。两个月之后，小刚经常失眠，上课精力不集中，做什么都没兴致，学习成绩也下降了。

■ **案例七**：

小亮青春期之后，有时候会自慰，都是用手，他觉得很舒服。后来他和同学聊天，得知还有一些其他的自慰方式，听同学说"很爽"，他也想试试。他拿了一根圆珠笔芯，轻轻往尿道口里塞，然后再拿出来，有点疼，但是可以忍,果然是一种很新奇的感受。小亮迷上了这种方式,自慰的时候就换各种各样的东西塞到尿道口里。一次,他拿了一根长长的电线,一点一点塞,想看看到底能塞多长,一直塞到疼得忍不住了,他想把电线拽出来,可是发现拽不动了,一拉电线就疼得钻心。他忍了两天,疼得受不了,连小便都便不出来了,才去了医院。

■ **案例八:**

小丽青春期了,妈妈给她讲了生理知识,带她去挑文胸,买卫生巾。小丽的妈妈非常关心女儿,每天接送小丽,将她"保护"得很好。妈妈经常跟小丽说,女孩子要洁身自好,不要"掉价"。电视上穿短裙的女孩、公交车里跟男朋友亲热的女生,被妈妈看到,妈妈都会说"不自爱"。就是去商场,看到漂亮的蕾丝文胸,小丽觉得好看,妈妈说"正经女孩谁穿那个"。一天晚上,小丽躺在床上准备睡了,感觉阴部有奇怪的感觉,她伸手挠了挠,好像很舒服,她就又接着摸索舒服的地方,渐渐地,她的阴道湿了。小丽吓坏了,她赶紧起来洗了手洗了阴部换了内裤,回到床上,不敢睡觉,感觉自己脏极了。第二天、第三天……小丽发现自己总是忘不掉那天晚上阴部的感受,她不敢跟任何人说,每天晚上睡觉用被子把身体裹得严严实实的,两只手却一定要放在外面,多冷都不放进被子里。小丽越来越消瘦,妈妈以为她是学习压力大,累的,可是她的成绩也越来越差。

(3) 讨论话题

是什么伤害了案例中的当事人?是自慰吗,还是别的什么?

(4) 学生讨论

A. 案例六:被吓的;妈妈不懂科学知识;妈妈观念落后。

B. 案例七:不能塞东西;吓人;要用正确的方式自慰。

C. 案例八:妈妈落伍;守旧;吓唬人。

教学提示:

案例六的"元凶"是"自慰有害论";案例七的"元凶"是错误的自慰方式;案例八的"元凶"是对性的"羞耻感"和"污名"。

(5) 讲师过渡与总结

掌握正确的方式,自慰不害人,"自慰有害论"才害人。总是担心,越是担心,就越摆脱不了焦虑和恐惧,时间久了,就真的出现了各种各样的症状。

若是自身没有对性的羞耻感,没有自慰之后的罪恶感,自慰一次,舒缓下压力,该睡觉睡觉,该学习学习,就什么都不会发生。

3. 小结

自慰是正常的生理现象，只要采取正确的自慰方式，是不会对身体造成伤害的。有人自慰次数多些，有人自慰次数少些，都没有关系，按照自己的需求和承受能力就可以。

我们要建立对自慰的自然、科学、健康的态度，消除对性的污名和羞耻感，消除自慰罪恶感，悦纳自己的身体和感受。

教学提示：

重点内容要在讨论、点评和总结过程中多次跟学生强调：

A. 学会正确的自慰方式。

B. 自慰次数不会过度，自慰方式可能不当，不正确的自慰方式会伤害自己。

C. "自慰有害论""性羞耻论"才是相当多的人出现担心、焦虑、恐慌等种种症状的根本原因。

执笔：王艺

教案：安全套套住的是什么

一、课名

安全套套住的是什么

二、时长

45/60 分钟

三、教学目标

认识到正确使用安全套是唯一同时避孕和预防性病、艾滋病的方法，所以要学习正确使用男用安全套和女用安全套的知识。让学生认识到，安全套的使用，不仅是个技术和技巧问题，更是一个性别尊重、共同承担的问题。

四、教具、材料

1. 课件；多媒体设备等；课件中准备好男用安全套和女用安全套的试用视频（可在视频网站找到）。

2. 男用安全套一只；女用安全套若干；安全套实用程序卡片（一组一套）；打印好的案例（一组一份）；获胜组的奖品（备选，不准备也不影响上课）。

五、教学过程

（一）导入

首先给大家播放两个视频资料：

杰士邦安全套广告（35″）

杜蕾斯广告（51″）

这样的广告，相信大家都不陌生，这两个广告是我比较喜欢的安全套广告，没有性感女郎，没有肌肉猛男，没有故作姿态的"诱惑"，画面中有些羞涩，更多的是美好。尤其是，传达的"男女共同使用"和"如要有性，提前备套"的理念，正是我们要强调的。

我们先来做个小游戏吧，考考大家，能不能快速准确地完成。

（二）活动

1. 活动1

（1）活动名称：安全套使用指南

（2）活动步骤

A. 将学生按照每组4~6人分组，小组围坐。

B. 将准备好的卡片分发给各个小组，卡片内容朝下，不让学生看到卡片内容。讲师喊"开始"并计时，各组开始将卡片翻过来，按照正确的顺序排好之后示意讲师。全部完成之后，讲师公布正确答案，并检查各组完成情况。完成得又快又准确的小组获胜。

卡片内容（下面为正确顺序，讲师准备时，将编号打乱即可。）

a. 选择有包装的安全套，检查有效期

b. 正确打开安全套包装（隔着包装将安全套轻推到一侧，从另一侧撕开包装，不要用牙咬，不要用锐器）

c. 向安全套里吹一口气，让储精囊（顶端小囊）充满空气，检查它是否有漏气，如果漏气则不能使用

d. 挤出安全套储精囊中的空气

e. 按正确的方向，将安全套套在阴茎的龟头上

f. 将安全套沿勃起的阴茎卷到根部

g. 射精后在根部按住安全套，抽出阴茎

h. 再次检查储精囊是否破裂

i. 将安全套打结，用纸巾包好扔到垃圾箱里

j. 安全套不可重复使用，如果再次性交，需打开另一个新的安全套

C. 如果各组都能正确完成排序，或者只有微小错误，则直接进入下一步骤。如果有多组出现严重错误，则讲师拿出安全套做一遍示范。

D. 如果准备了奖品，给获胜组发奖。

（3）讲师过渡与总结

使用安全套是唯一一种能够同时避孕和预防性病、艾滋病的方法，并且

价格便宜，容易获得，使用方便，对身体没有任何损伤，是很多人的首选避孕方式，也是针对青少年性行为优先推荐的避孕方式。

刚才视频中展示的和活动中学习的，都是男用安全套，大家知道还有女用安全套吗？

A. 如果有同学说"知道"，请 ta 分享 ta 所知道的信息，然后进行下一环节。

B. 如果没有同学表示"知道"，直接进入下一环节。

2. 活动2

（1）活动名称：女用安全套

（2）活动步骤

A. 维持刚才的分组，每组分发一只女用安全套。

B. 播放视频资料

《女用避孕套，女性自主避孕并预防性病的唯一方式》（4′48″）

C. 请各小组将女用安全套打开，回想视频内容，传阅、感受一下。

D. 各小组进行话题讨论，将讨论结果记录下来。

E. 小组派代表分享本组观点，讲师点评与总结。

（3）讨论话题

A. 假如你和伴侣打算发生性行为，你更愿意使用男用安全套还是女用安全套？

B. 相比男用安全套，女用安全套有什么优点和缺点？

C. 女用安全套的历史比男用安全套短得多，既然已经有了非常方便、好用的男用安全套，你认为发明女用安全套的初衷是什么？

D. 女性选择使用女用安全套的原因可能有哪些？

（4）学生讨论

A. 男用/女用（大概率讲，女生都说愿意用男用的，男生可能两种回答都有）。

B. 缺点：贵；不容易买到；使用不方便，容易失败（可以通过多次练习改进）；心里不舒服；影响感受（程度很低）；会被笑话"饥渴""丢人"之类的……优点：女性自主；可以提前放置，不会中断性生活过程；遇到男性不肯使用安全套的情况女性可以自主使用。

C. 为了女性自主性避孕，男性不愿意使用安全套时，女性也有避孕方法；提供多种体验……

D. 男性不愿意使用安全套时，女性也可以保证避孕和预防疾病；有自主性……

教学提示：

A. 要引导学生讨论，为什么大家都能想到"男性不愿意使用安全套"这一点。

B. 要引导学生讨论，为什么会有男性不愿意使用安全套，并且不是少数。

　　a. 男性更看重自己的性体验。

　　b. 一旦怀孕，痛苦、受伤害的是女性。

　　c. 认为女性在性生活中就应该是"听从""服务"于男性的。

（5）讲师过渡与总结

女用安全套是唯一一种女性自主避孕和预防性病、艾滋病的避孕方式。尽管从价格、便利性等方面，女用安全套相比男用安全套有明显劣势，但是，它给了女性另一种选择，给了女性自主权。由于传统性别刻板印象和性别不平等，在"性"这个问题上，女性经常要做出妥协，女用安全套的存在让女性有了保护自己的自主性。

3. 活动3

（1）活动名称：一起来帮助他们

（2）活动步骤

A. 维持刚才的分组，将案例发放给小组。

B. 小组讨论案例中伴侣的情况，找到帮助他们的方法。

C. 讲师在课件上呈现案例，询问各小组的解决方法，如果有不正确或不完整的，进行点评与讲解。

以下是没有正确使用安全套的九个案例，想一想可以怎样帮助他们，可能的解决方法如下（可以多选）：

解决方法①：学习正确使用安全套

解决方法②：树立性别平等、共同承担避孕责任的意识

解决方法③：学习更好的交流、沟通方法

解决方法④：了解如何获得、购买安全套

解决方法⑤：学习避孕和预防性病、艾滋病的知识

解决方法⑥：增进感情，加强交流。

解决方法⑦：学习一些关于"性"的知识

解决方法⑧：其他（小组讨论，提出其他的解决方法）

■ **案例一：**

伴侣性交时，使用了安全套。男孩射精后，静躺了五分钟。他的阴茎开始松软变小，滑出了女孩的阴道。男孩吃惊地发现部分精液从安全套流入了

女孩的阴道口。

■ 案例二：

伴侣决定发生性行为，他们计划使用安全套。其中一个去了超市，但是没有找到售卖安全套的柜台，又不好意思问。另一个以为学校诊所会有，但是护士说没有。他和她都希望对方能找到安全套。他们约会时，都觉得告诉对方自己寻找安全套而不得的经历很尴尬，于是避而不谈，在没有安全套的情况下发生了性行为。

■ 案例三：

一对伴侣想要做爱，女孩说，她准备安全套了。男生说："那样很不舒服的。"女孩想坚持，男孩生气了，说："你是不是不爱我？"女孩放弃了，没有再坚持，他们没有使用安全套就做爱了。

■ 案例四：

伴侣决定发生性行为，他们计划使用安全套。到了要使用安全套的时候，男孩撕开安全套的包装，勃起失败了，他们没有做爱。当他们再一次约会时，男生拒绝使用安全套，说安全套破坏了气氛。他们在没有使用安全套的情况下发生了性行为。

■ 案例五：

伴侣决定发生性行为，他们都认为应该使用安全套，但是他们谁也不好意思从自己嘴里说出"安全套"三个字，担心会因此让对方认为自己"经验丰富"。他们在没有使用安全套的情况下发生了性行为。

■ 案例六：

两个男孩决定发生性行为，他们认为反正没有怀孕的风险，就不需要使用安全套。他们不是没有考虑过艾滋病病毒感染的问题，但是都认为对方看起来很健康，应该没有问题。他们在没有使用安全套的情况下发生了性行为。

■ 案例七：

一对年轻人决定发生性行为。男生问女生，是不是应该采取措施避孕。女生说自己月经刚刚结束，不会怀孕的。他们在没有使用安全套的情况下发生了性行为。

■ 案例八：

一对年轻人打算发生性行为。男生要使用安全套，女生说："那多不舒服啊！就这一次不会怀孕的，再说'三分钟无痛'什么都不影响。"他们在没有使用安全套的情况下发生了性行为。

■ 案例九：

女孩的男朋友是个"富二代"，经常给她买礼物，他们一般是会用安全套的，这一次他没有带，说刚好用完了，没来得及去买。女孩认为应该在有安全套的时候再做爱，男生说"刚刚看到一条裙子非常适合你"，女生想到男友经常送礼物，认为自己不能拒绝。他们在没有使用安全套的情况下发生了性行为。

教学提示：

A. 参考答案：

案例一：①（使用方法不正确，射精后应立刻在根部按住安全套，抽出阴茎）。

案例二：③④（加强沟通，并且应该了解如何获得安全套，在超市里"不好意思问"也是应该克服的）。

案例三：②③（将使用安全套和"爱不爱我"联系在一起，是常见的借口和强加之词，并且带有性别不平等的意识，要求女性服从）。

案例四：③⑥⑦（偶尔一次的勃起失败是非常正常的，不用担心也不用难堪，第二次说"安全套破坏了气氛"是没有根据的。好好沟通，表示理解，坚持使用安全套）。

案例五：③⑤（去除对"性"的污名，好好沟通，学习知识）。

案例六：⑤（艾滋病病毒感染者并不一定有症状）。

案例七：⑤（这种避孕方式并不靠谱，失败率很高）。

案例八：⑤（"三分钟无痛"只是手术当时不感觉疼痛，但是身体伤害并不能避免，将人流手术作为避孕手段，是不科学的，对身体伤害很大）。

案例九：②（在决策的时候，要避免金钱和物质的影响，并且案例中有男性拿钱、女性服从的性别刻板印象和不平等）。

B. 以上答案是主要的解决方法，学生可能提出不同的方案，讲师可灵活处理，但至少保证将以上答案包含进去。

C. 针对案例三和案例九，要重点讨论，因为这两个案例涉及性别不平等的因素。

D. 如果时间来得及的话，可以不给备选的选项和提示，让学生分组讨论。

（3）讲师过渡与总结

从这些案例中，同学们能了解到在性生活过程中，使用安全套可能遇到的障碍，并思索如何应对。要学习正确使用安全套，了解在哪里可以获得或购买，要在对方不愿意使用的时候坚持"不带套，不做爱"的原则，并且警惕在这一过程中金钱、物质、权利和性别的影响。

4. 小结

小小一只安全套,并不仅仅是避孕和预防性病、艾滋病的工具,更是性别博弈、权利较量的媒介。安全套里面套住的不仅仅是几毫升的精液,还有对女性身体的爱护,对双方健康的保障,以及共同承担避孕和保护健康的责任。

执笔:王艺

教案:正确对待意外怀孕

一、课名

正确对待意外怀孕

二、时长

45/60 分钟

三、教学目标

带领学生正确认识意外怀孕事件,学会处理意外怀孕危机;去除对"未婚先孕"的道德污名,不歧视怀孕或怀孕过的同学;同时跟同学们强调,怀孕这件事不是一个人可以完成的,男生也要对怀孕有负责任的态度,并且对后续的事情处理采取负责任的行为。

四、教具、材料

1. 课件、多媒体设备等。
2. 打印好的案例卡片、纸、笔等。

五、教学过程

(一)导入

进入青春期后,我们的身体,尤其是生殖系统开始快速发育,男生开始出现遗精,女生开始月经来潮,这标志着我们已经拥有了孕育生命的能力。同时,性心理也开始萌动,比如开始对他人产生爱慕之情。虽然,绝大多数的家长、教师等人,都普遍认为未成年人不宜发生性行为,但是,可能还是会有一些同学想进一步体验性爱的行为。

性爱行为+成熟的身体,就意味着会怀孕。不在计划内的怀孕,就是意外怀孕,原因一是没有避孕,二是避孕失败,这肯定会给当事人带来伤害和麻烦。同时,女生还可能因为遭遇不情愿的性,比如性骚扰、性侵犯、强奸等而意外怀孕。今天我们来讨论"如何正确对待意外怀孕"这个问题。这对于处于青春期的同学很重要，提前储备这方面的知识和摆正态度是必要的。

（二）活动

1. 活动1

（1）活动名称：意外怀孕知多少

（2）活动步骤

A. 将全班同学平均分成四组，保证每组都同时有男生和女生，围坐一桌，发放纸、笔。

B. 小组同学对讲师提出的问题进行讨论，将结论写在纸上。

C. 小组派代表分享本组的观点，讲师点评与总结。

（3）讨论话题

A. 青少年意外怀孕之后，可以有哪些选择？

B. 你知道哪些终止妊娠的方法？

C. 你知道哪些获取医疗资源和医疗帮助的方法？

（4）学生讨论

A. 流产；打掉；跳楼。

B. 药物流产；人工流产；三分钟无痛流产。

C. 百度；街头广告；寻求父母帮助；找同学、朋友等帮忙。

教学提示：

A. 不论发生什么事情，生命都是最宝贵的，永远不要以伤害身体和生命的方法来解决问题。

B. 意外怀孕之后，将孩子生下来也是一种可能的选择，尽管这样选择的比较少。另外，如果胎儿周数过大或是一些孕妇自身的身体原因，是不适合做流产或引产的。

C. 从末次月经的第一天开始，到当天，即为怀孕时间。一般来讲，怀孕7周以内可以做药物流产，7~10周可以做负压吸宫术；10~14周可以进行子宫扩刮术；终止14周以上28周以内的妊娠为中期引产。每一种终止妊娠的方法都有一定的风险，一般来说对身体的伤害从大到小依次为：中期引产>手术流产>药物流产。

D. 要去有资质的医院找医生进行检查。这个时候，寻求父母或其他可以信赖的成年人的帮助是必要和必须的。

（5）讲师过渡与总结

大家对于青少年意外怀孕的态度几乎是一致的，都选择了终止妊娠。我们遇到这样的情况，要综合评估，应选择对自己最有利的方式。大多数时候人工流产是这个时候的最佳选择，在正规的医院和医生的处理下，人工流产是相当安全的，但是仍然存在一些风险。

另外，要提醒大家，查询医疗信息、寻求医疗帮助，最好寻求父母或其他可以信赖的成年人的帮助，去正规医院。

2. 活动2

（1）活动名称：角色置换

（2）活动步骤

A. 将打印好的四个案例分别发给四个小组，每个小组就案例以及其后的问题进行讨论，将讨论结果记录在纸上。

B. 请第一组派一名女同学将本组案例读给大家听，然后请本组另一同学分享小组意见。

C. 其他小组的同学针对第一组的意见进行发言，讲师进行点评及总结。

D. 重复以上环节，进行案例二、案例三和案例四（读出本组案例的同学，第二、四组为女生，第三组为男生）的讨论。

■ **案例一：**

我叫阿宁，今年18岁，高三，就要高考了。我男朋友25岁，他是我妈妈朋友的孩子，我们几乎是一起长大的。我服用避孕药，但是上个月有几天避孕药吃完了，没有及时去买，然后，我发现自己怀孕了。我告诉了男朋友，我们一起商量了几天。他希望我把这个孩子生下来，他说，他可以去我家里跟我的父母解释清楚，我休学一年，生完孩子之后再回学校上课。他负责养育这个孩子，等我到结婚年龄我们就结婚。

阿宁现在的心情怎么样？

阿宁是坏女孩吗？

阿宁应不应该把孩子生下来？为什么？

你怎么评价阿宁的男友？

阿宁怀孕这件事是不是可以避免？

事件发生之后可以找谁帮忙？

■ **案例二：**

我叫可萌，今年17岁，我和隔壁班的体育健将是"一对"。我们发生性关系有两三个月了。学习紧张，我们在一起的次数不多，有时候用安全套，有时候没有买，就没有用。我想着，没那么容易怀孕吧。没想到，越担心事情就越是来了，我一向准时的月经已经推迟一周了。我买了验孕试纸，结果是怀孕了。我把男朋友找出来，问他怎么办，他脸都吓白了，那一刻，我发现，我也没有那么喜欢他。问题是，该怎么办？

可萌现在的心情怎么样？
可萌是坏女孩吗？
可萌现在该怎么办？
你怎么评价可萌的男朋友？
可萌怀孕这件事是不是可以避免？
事件发生之后可以找谁帮忙？

■ **案例三**：

我叫中良，我高二了。在知道女朋友怀孕的一瞬间，我有一点点为自己的生育能力自豪，但是很快，无法言说的情绪就淹没了我，震惊、害怕、懊恼、焦虑、后悔、惊讶、不知所措……但是，这是个不得不面对、无法逃避的问题。我和女朋友一样大，我知道，流产几乎是唯一的选择。我们去了医院，咨询了做流产的事情。医生态度很好，什么都没有多问，只给做了身体检查，告诉我们，做人工流产的话必须有女朋友的父母陪同签字。我回家跟父母说了，父母很生气，但是第二天，还是跟我一起去了女朋友家……女朋友手术已经做完了，身体也恢复得很好，但是我仍然感觉很遗憾、很抱歉，再也不要有第二次了。

怎样评价中良？中良是坏男孩吗？
中良的女朋友是坏女孩吗？
怎样评价中良的父母？
这件事情是可以避免的吗？
事件发生之后可以找谁帮忙？

■ **案例四**：

我叫立新，今年16岁，刚上高一。我怀孕了，我不知道该怎么办，我每天用长长的围巾使劲缠自己的肚子。结果还是被妈妈发现了，妈妈非常生气，打了我，还骂我。那是在寒假里，我在姑姑家住了一段时间，跟表姐一个房间，一天姑姑和表姐出去了，我一个人在家睡着了，表姐的未婚夫来了，上了我的床……他说他认错了，把我当成表姐了，求我不要告诉别人，说他们就快结婚了。就那一次！妈妈领我去做了手术，医生说，有点晚了，不过手术做得还好，不会对以后的身体有太大的影响。

怎样评价立新？她是坏女孩吗？立新对这件事处理得合适吗？
怎样评价立新的妈妈？她为什么会打骂立新？
这件事情是可以避免的吗？
事件发生之后可以找谁帮忙？

（3）学生讨论

A. 案例一：

a. 阿宁很害怕、不知所措、担心被妈妈骂、担心被人瞧不起、担心跟男朋友的未来、也许会分手……

b. 不是坏女孩；不自爱；被骗了……

c. 生出来也可以，有人养；也是个小生命；不能生；太早当妈妈了；责任重大……

d. 阿宁的男朋友不负责任；很负责任；欺骗小女孩；当阿宁是生育工具……

e. 按时吃避孕药，或没有避孕药就不发生性生活，是可以避免的。

f. 父母（会生气，会心疼，也会帮忙）；老师；亲近的亲戚；朋友……

B. 案例二：

a. 可萌很害怕、不知所措、担心被妈妈骂、担心被人瞧不起、担心跟男朋友的未来、也许会分手……

b. 不是坏女孩；不自爱；太不小心了；无知；幼稚……

c. 去买药，药物流产；去医院检查，防止是宫外孕；告诉家人，挨骂也要告诉；找别人冒充家长；找个不要求家长陪同签字的小医院……

d. 可萌的男朋友幼稚；没担当；胆小鬼；不负责任；应该分手……

e. 每次性行为都带安全套；没有安全套不进行性行为，就可以避免这件事的发生。

f. 父母（会生气，会心疼，也会帮忙）；老师；亲近的亲戚；朋友……

C. 案例三：

a. 中良不负责任；负责任；不爱护女朋友……

b. 中良的女朋友不自爱；不是坏女孩；只是不小心……

c. 中良的父母还算可以；对中良加强教育……

d. 不了解具体情况；也许可以避免；完全按照标准做，也有避孕失败的可能性……

e. 父母（会生气，会心疼，也会帮忙）；老师；亲近的亲戚；朋友……

D. 案例四：

a. 立新不是坏女孩；不是立新的错；是坏人的错；应该告诉家人，报警，让他受惩罚；不能让他和姐姐结婚；太傻了，怎么藏得住；多危险……

b. 立新的妈妈不应该打骂立新；认为立新丢人；觉得立新学坏了；还带立新去做了手术；应该更关心立新是不是有心理伤害……

c. 坏人无法预测，但是应该马上去医院体检，并服用紧急避孕药，是可以避免怀孕的。

　　d. 父母（会生气，会心疼，也会帮忙）；老师；亲近的亲戚；朋友……

教学提示：

　　A. 案例呈现特意采用了第一人称，希望学生们可以感受当事人的心情。

　　B. 警惕学生对青少年性生活、青少年怀孕的污名和歧视，如果出现的话，要及时引导学生就此展开讨论。

　　（5）讲师过渡与总结

　　A. 发现意外怀孕不要慌，不要采取任何可能对身体造成伤害的措施。与伴侣商量，找父母或其他可以信赖的成年人帮助，尽早去医院，听取医生的意见。多方权衡之后，采取合适的处理方式。性生活、怀孕，都是生理现象，与是不是"坏女孩"没有关系，要去除对青少年性生活和怀孕的污名和道德判断。

　　B. 怀孕这件事不是一个人可以完成的，男生也要对怀孕有负责任的态度，并且对后续的事情处理采取负责任的行为。

　　3. 小结

　　这些年来，青少年意外怀孕的案例时时能在新闻中看到，但是让人痛心的是，这样的新闻往往伴随着父母打骂、黑诊所、大出血、一年堕胎四次这样的字样。想想也有道理，得到恰当处理的案例就不会成为新闻，就是这样"惊悚的"才会上新闻。但是，真心希望，这样的事会少一点，大家都学学性教育，了解科学有效的避孕方法，才是根本的解决办法。

　　但是不论怎样，总有意外，一旦发生，我们要诚心接纳他人，传递理解、尊重。我们在行为上表现出积极的支持，并能帮助她或他找到最好的解决办法，能让当事人内心更有力量去面对和解决问题；否则，会让当事人的内心感到更加无助和无力，进而造成更大的伤害。

　　六、知识与观点链接

　　1. 早孕症状

　　A. 月经过期10日或以上，应疑为妊娠。停经可能是妊娠最早与最重要的症状。但需注意停经不一定就是妊娠。

　　B. 早孕反应：约半数女性于停经6周左右出现的畏寒、头晕、乏力、嗜睡、流涎、食欲不振、喜食酸物或厌恶油腻、恶心、晨起呕吐等症状。早孕反应大多于妊娠12周左右自行消失。

　　C. 尿频：于妊娠早期出现尿频，系增大的前倾子宫在盆腔内压迫膀胱所致。约在妊娠12周以后，当宫体进入腹腔不再压迫膀胱时，尿频症状自然消失。

D. 乳房的变化：自妊娠 8 周起，乳房逐渐增大。孕妇自觉乳房轻度胀痛及乳头疼痛，检查见乳头及其周围皮肤（乳晕）颜色加深，乳晕周围有蒙氏结节显现。

E. 生殖器官的变化：于妊娠 6~8 周进行阴道窥器检查，可见阴道壁及宫颈充血，呈紫蓝色。随妊娠进展，宫体增大变软，当宫底超出骨盆腔时，可在耻骨联合上方触及。

2. 终止妊娠方法

A. 采取任何终止妊娠的方法之前，都必须去医院进行检查，确保没有发生宫外孕。如果是宫外孕的话必须及时治疗，否则会引起大出血等严重后果，甚至危及生命。

B. 药物流产：适用于终止 49 天以内的妊娠，就是使用药物后身体内的孕酮活力下降，引起流产，再通过药物使子宫发生强烈收缩，迫使妊娠组织排出体外。在这个过程中，妊娠者因子宫收缩自觉下腹部疼痛，这种疼痛感因个人耐受程度不同是有所差异的。

用药 8 天后未见胎囊排出，经 B 超检查证实宫中仍有妊娠物，这种情况必须去医院做清宫手术。

药物流产还有可能出现失血过多和药物副作用等并发症。药物流产必须在有正规抢救条件的医疗机构进行。药物流产有很强的适应证，私自买药的人如不了解这些适应证是十分危险的。不适合药物流产的人自己买药堕胎也非常危险。

C. 手术流产：妊娠 3 个月内用手术方法终止妊娠称为早期妊娠终止。用来作为避孕失败导致意外妊娠的补救措施，也用于因疾病不宜继续妊娠、为预防先天性畸形或遗传性疾病而需终止妊娠者。常用的方法有负压吸引人工流产术、钳刮人工流产术和药物流产术。

D. 引产：是指妊娠 14 周后，因母体或胎儿方面的原因，须用人工方法诱发子宫收缩而结束妊娠。根据引产时孕周，可分为中期引产（14~28 周）和晚期妊娠引产（28 周以后）。

E. 不论哪一种终止妊娠的方法，都有一定的风险，例如大出血、子宫穿孔、子宫黏连、妇科炎症、不孕等，必须去正规且有资质的医院，在医生监护下进行，并进行复查和随诊。

执笔：王艺

教案：生命诞生的科学、禁忌与迷信

一、课名

生命诞生的科学、禁忌与迷信

二、时长

45/60 分钟

三、教学目标

了解有关怀孕、生产和产褥期的正确知识，分辨错误认知并分析其背后的原因；认识到对怀孕、生产和产褥期的错误认知、污名甚至羞辱，会给身体带来疾病和损害，还可能在很长一段时间内让人持续产生负面心理影响。

四、教具、材料

1. 课件、多媒体设备。
2. 骰子、彩色便利贴、活动中获胜组的小奖品。

五、教学过程

（一）导入

同学们是以独生子女居多还是有兄弟姐妹的居多呢？家里有弟弟妹妹的同学请举手。那你们还记得妈妈怀孕、生孩子、坐月子的情景吗？你们问过自己的爸爸妈妈，你在妈妈肚子里时的情况吗？你听爷爷、奶奶、姥姥（外婆）、姥爷（外公）说起过，或是身边有人亲身实践过怀孕、生孩子、坐月子时候的种种注意事项吗？你对那些注意事项有什么想法？你认为它们正确吗？

每一个人都是精卵结合之后在母体中孕育出来的，大多数的女性都会经历怀孕、生孩子、坐月子这样的过程，大多数的男性都会经历自己的伴侣怀孕、生孩子、坐月子的过程，所有种族、民族的人世世代代都是这样过来的。但是，关于怀孕、生孩子、坐月子，很多传统的认知并不正确。

首先，纠正一个概念，中国人通常将女性生完孩子之后的一个月称为"月子"，将女性在这一个月的经历称为"坐月子"，实际上，这个名词是中国特有的，更加科学的说法是"产褥期"。产褥期也不是一个月，根据母亲和婴儿的身体状况大概为42~56天，也就是6~8周，"坐月子"准确的说法应该叫作"产褥期保健"。

今天我们就来一一破除种种禁忌和迷信，打破经由这些禁忌加在人尤其是女人身上的压制、歧视和枷锁，学习正确、科学地对待这一过程。

教学提示：

如果有同学愿意分享，可以请1~2名同学简单分享下自己的经历。

(二) 活动

1. 活动1

(1) 活动名称：科学健康 VS 禁忌迷信

(2) 活动步骤

A. 将同学们按照人数平均分成六组，各组分别围坐一桌，并选出一个组长，将小组编号为1、2、3、4、5、6，每组发若干便利贴。每组学生讨论，将你知道的、听说的各种有关"怀孕、生孩子、产褥期"的注意事项、禁忌、规矩、说法、神秘现象写在便利贴上，一张便利贴写一条，尽可能多写。

B. 在教室中间摆一张桌子，请各组组长围坐，讲师拿出一个骰子，由讲师先掷骰子，掷出几号，就由该组的同学说出一条"禁忌"，同时将写着这条禁忌的便利贴交给讲师，讲师将它贴在黑板上。然后由这一组的组长掷骰子，掷出下一个号码，由这个号码对应的小组答题——拿便利贴给讲师——讲师贴黑板上，但是新提出来的"禁忌"不可以与之前的重复。依此类推，玩若干轮，直至各组手里写好的便利贴基本都贴完。如果某一组已经答题两次，再掷到这一组，这一组就停一轮不答题，直接由组长掷骰子寻找下一组答题，同时这组之前的答题次数清零，再掷到这一组，则不再受限制。

如果可以的话，可以对贴到黑板上便利贴最多的一组进行奖励，每个组员发一个小奖品。

C. 讲师对贴在黑板上的便利贴内容，一一与学生讨论，询问学生的意见，是否正确，并说明原因，必要的时候或者学生有说错的地方进行点评。讲师点评的同时将便利贴按照内容"正确""不正确"和"不一定"分成三类重新贴在黑板上。

以下是学生讨论的可能结果，如果有比较重要且学生没有讨论到的内容，讲师要补充。如果有的学生出现错误认识，讲师要及时纠正。

注意事项、禁忌、规矩	是否正确
怀孕一定会吐	不一定，个人反应不同
怀孕不能吃药	生病看医生，不要乱吃药，也不要该吃的药不吃
怀孕不能有性生活	可以有，动作需轻柔，前三月及后三月适当减少
怀孕要避免各种辐射	错误。日常辐射对孕妇和胎儿无害
怀孕忌口/进补	是否需要"补药"应咨询医生，不能乱吃，饮食如常即可，所谓的"滑胎"食品、吃什么会导致婴儿白或黑之类的大多没有科学依据，合理膳食，营养搭配，就是最好的

续表

注意事项、禁忌、规矩	是否正确
怀孕不能工作/做家务/运动	避免过度劳累和剧烈运动就行
怀孕不能饮酒、茶、咖啡	不能饮酒，茶和咖啡可以少量
孕妇不能看望新生儿	无稽之谈
孕妇不能祭祖/拜神/上坟	荒谬，对女性的污名化
剖宫产比自然生产安全	不一定，请医生判断
剖宫产不疼	没有生产前宫缩痛，但产后伤口会痛
无痛生产打麻药对胎儿有害	医生监护下，现有麻醉药品种类和剂量是安全的
第一胎若实行剖宫产不利于生第二胎	不一定，看个人的恢复情况。相较第一胎顺产而言，剖宫产子宫恢复期较长，且第二胎需剖宫产概率更大
第一胎剖宫产，第二胎就一定要剖宫产	不一定
妈妈有乙肝/艾滋病会传染给孩子	不一定，及时干预，有安全的阻断措施
"坐月子"不能洗头洗澡	能洗，注意保温，避免跌倒，保持卫生才健康
"坐月子"不能哭，不能看书、看电视	要保护眼睛，但不用完全禁止
"坐月子"不能吃盐	适量，对任何人来说多吃都不利健康
"坐月子"不能吃凉性/热性的东西	和平常一样即可
"坐月子"不能吃凉的东西	和平常一样即可
"坐月子"不能刷牙	当然能刷，而且必须刷，保护牙齿很重要啊
"坐月子"不能下地走动	当然可以，而且鼓励适当走动、运动，预防下肢静脉血栓，利于恢复
"坐月子"不能用空调，不能吹风	可以，避免过低温度，避免直吹。产后中暑是中国特色病
"坐月子"不能有性生活	对，恶露没有排净，阴道、子宫都没有恢复
哺乳妈妈要忌口/进补	"进补"要谨慎，忌口看种类，谨遵医嘱即可
"月子"坐不好会得"月子病"	"月子病"并无科学依据

（3）讨论话题

针对同学们提出来的种种"注意事项"，尤其是错误的"注意事项"，讨论为什么会产生这样的认知。

各种错误认知产生的原因可能有：科学进步、生活水平提高、社会发展、传统文化、对女性的污名化、弱化女性、性别刻板印象等。

（4）学生讨论

A. 从前生活水平不高，条件差，有些限制有保护意义。

B. 什么不能参加婚礼、不能出席重大场合，完全是歧视。

C. 科学怀孕，科学生产，科学坐月子。

D. 看人家英国王妃，生完孩子几小时，就光腿穿裙子。

E. 还是注意点好，为了身体，还是"宁可信其有"。

教学提示：

A. 学生的部分认知可能来自影视剧、文学作品、自媒体甚至保健品商的影响，不要忽视。

B. 有一些是正确的，有一些是错误的，讲师要有足够的知识储备。如果遇到不太清楚的专业问题，可以先放下这个问题，课后查了资料或咨询了专业人士再来跟学生反馈。

（5）讲师过渡与总结

A. 怀孕、生孩子、产褥期，是孕育生命、繁衍后代的正常生理现象，不是生病。虽然特殊时期，会有一些身体的不适，会有一些风险，但是总体来讲，在现代医学的保护下，安全性很高。

B. 很多禁忌是由于过去知识水平低，生活条件差，迫不得已采取那样的手段，在当时的条件下有一定的积极意义，给母亲和孩子都提供了一定程度的保护和照顾。现在看来，很多做法和认知比较愚昧。

C. 很多禁忌，已经脱离了卫生、营养、健康的范畴，脱离了保护母婴的初衷，而成为对女性的压抑和限制，甚至歧视，充斥着对女性的污名化。

D. 还有一些做法需要同学们提高警惕，某些做法表面上是"照顾"女性，实际是在"弱化"女性，出发点是设定女性就是柔弱的，怀孕、生孩子时期更是弱不禁风的，结果就是强化了女性对男性的依附和顺从。

2. 活动2

（1）活动名称：孕育生命，男人在哪里

（2）活动步骤

A. 保持刚才的分组，组内进行讨论。按照怀孕时期、生产过程、产褥期三个阶段，讨论男人可以做些什么，应该做些什么，一条一条地写在便利贴上。

B. 讲师将黑板分成三个区域，分别写上"怀孕期""生产过程""产褥期"，请各组轮流说一条自己组的讨论结果，然后分别贴到对应的地方。每一组的内容，不可以与之前的重复。

C. 讲师在各组发言、贴便利贴的时候，随时进行点评。

（3）讨论话题

A. 孕育生命不是一个人，而是两个人的事情，为什么刚才所提到的种种"注意事项"全部是针对女性,而没有针对男性的?仅仅是因为生理差别吗?

B. 怀孕、生孩子、产褥期,是孕育生命、繁衍后代的正常生理现象,不是生病,但是的确会有一些身体的不适,会有一些风险。女性特有的生理功能,男性不能替代,男性可以为自己的伴侣做些什么?

(4) 学生讨论

A. 女人怀孕、生孩子很辛苦,男人在生理上替代不了,要多些陪伴,多些精神支持。

B. 男人应该陪伴女人做每一次产检。

C. 男人要多做家务,忍耐女人的情绪波动,哄女人开心。

D. 男人要主动带孩子,夜里起来喂奶。

E. 男人要多挣钱,养孩子花费大。

F. 可能的话,男人陪女人进产房。

G. 女人天生就会做家务、带孩子。

H. 男人工作忙,挣钱为主,家务事自然会少干。

I. 男人去妇产科不方便,总请假也耽误工作。

J. 男人不会做家务、带孩子。

K. 男人进产房会害怕。

L. 可以请父母帮忙,或者雇人做。

教学提示:

可能会有维护性别刻板印象的声音,也可能会有其他的同学反驳、纠正。如果没有,就让同学们自行讨论,如果有,讲师要介入干预。

(5) 讲师过渡与总结

A. 孕育生命不是一个人的事,而是两个人共同承担责任的事情。

B. 有些事情由于生理原因,男性无法替代女性承担,但是生理功能之外,男人应该在怀孕、生孩子、产褥期直至孩子的成长全过程中,精神上支持和爱护伴侣,行动上主动承担家务、带孩子,尽量陪伴每一次产检,陪伴生产,陪伴孩子成长。

C. 男人、女人共同承担孕育生命的大事,有利于增进感情,加强亲子连接,利于孩子的成长。

D. 如果因为学习、工作等原因,造成双方分居或时间上不匹配,也要想各种办法尽量弥补,用各种方式实现共同参与。

3. 小结

(1) 怀孕、生孩子、产褥期,是孕育生命、繁衍后代的正常生理现象,不是生病。虽然特殊时期，会有一些身体的不适，会有一些风险，但是总体来讲，在现代医学的保护下，安全性很高，并不需要太多的禁忌。

（2）很多的禁忌，已经脱离了卫生、营养、健康的范畴，脱离了保护母婴的初衷，而成为对女性的压抑和限制，甚至歧视，充斥着对女性的污名。

还有一些做法需要同学们提高警惕，这些做法表面上是"照顾"女性，实际是在"弱化"女性，出发点是设定女性就是柔弱的，怀孕、生孩子时期更是弱不禁风的，结果就是强化了女性对男性的依附和顺从。

（3）孕育生命不是女人单方面的事情，是两个人共同的责任。男人、女人共同承担孕育生命的大事，有利于增进感情，加强亲子连接，利于孩子的成长。

执笔：王艺

教案：我的贞操不在阴道

一、课名

我的贞操不在阴道

二、时长

60 分钟

三、教学目标

认识到"贞操观"是社会经济、文化的产物，是随着社会发展而改变的，无论什么时代，生命高于一切；认识到"处女情结"背后是男女双重标准的价值观；审视自己对处女情结的想法，女性的价值与是否为处女无关。

四、教具、材料

1. 课件、多媒体教学设备。
2. 粉色、蓝色的纸；各个活动所需的案例；笔。

五、教学过程

（一）导入

《探清水河》是流行于北京市海淀区的叙事歌曲，讲述了清末民初发生在火器营村的一个爱情悲剧。歌中讲的是松老三16岁的女儿大莲和本村青年佟小六偷偷相爱，在一次约会时，被松老三发现了，他认为女儿这样的行为失去了贞操，辱没祖宗，败坏门庭，就用皮鞭子把大莲打得皮开肉绽，给她一把菜刀、一根绳子、一把剪子叫她自裁，最后大莲被逼无奈，一狠心就跳了门口的清水河。为纪念这个忠贞不渝的爱情故事，后来有人编成了小曲到处传唱。

大家听完这个故事有什么感受要分享吗？松老三为什么觉得女儿的贞操比生命更重要？究竟是什么逼死了大莲呢？大家知道什么是"牌坊"吗？你听说过的牌坊有哪些？

讲师归纳：牌坊，是中华特色建筑文化，是封建社会为表彰功勋、科第、德政以及忠孝节义所立的建筑物，昭示家族先人的高尚美德和丰功伟绩，兼有祭祖的功能。但有一种牌坊叫"贞节牌坊"，是过去表彰节妇烈女的，被表彰的都是"丈夫死了一辈子不改嫁""为了贞洁拼死抗争"的女性。所谓"饿死事小，失节事大"，把女人的贞操置于生命之上，这样的封建思想至今仍有着根深蒂固的影响，对此，我们该怎么看呢？女性的价值和贞操有无关系？我们一起来聊一聊这个话题。

教学提示：

组织者也可以根据实际教学时间，选择大家都熟悉且与贞操有关的影视作品或者新闻事件导入。

（二）活动

1. 活动1

（1）活动名称：我眼中的她/他

（2）活动步骤

A. 将全班同学分成四组：单一男生组，两组；单一女生组，两组；让男生组和女生组分坐两端，保证他们不能听到对方讨论的声音。

B. 给男生组提供两张粉色纸，给女生组提供两张蓝色纸。

C. 将两份"小雅的故事"发给一组男生、一组女生，将两份"小凯的故事"发给另一组男生、另一组女生。读完故事，思考并与小组成员讨论问题，将讨论结果写在纸上。然后将成果展示给全班分享。

■ **小雅的故事**

小雅是个高中生，她有了一个男朋友，交往了几个月，他们的关系已经很亲密。有一天，小雅的父母不在家，她邀请男朋友去家里。在家里放松的环境中，两个人情动，于是有了第一次性关系，两人都觉得很幸福、甜蜜。

■ **小凯的故事**

小凯是个高中生，他有了一个女朋友，交往了几个月，他们的关系已经很亲密。有一天，小凯的父母不在家，他邀请女朋友去家里。在家里放松的环境中，两个人情动，于是有了第一次性关系，两人都觉得很幸福、甜蜜。

D. 请各组同学分别阅读故事，小组讨论并发言，全班分享。

（3）讨论话题

①你们认为小雅和男朋友的未来会怎样？小凯和女朋友的未来会怎样？

②男生组和女生组对问题的看法有差异吗？造成差异的原因是什么？

③这种男女双重标准的根源在哪里？

教学提示：

当各组把讨论第一个问题的结果贴在黑板上并解释后，让学生通过PPT了解一下两个故事除了性别外，其余都相同。然后请同学们再讨论上述第二个和第三个问题。

（4）学生讨论

A. 有关话题①，学生可能的讨论结果如下：

a. 认为小雅和男朋友的未来不会好，小雅不够慎重，这样随便发生第一次性关系太亏了。

b. 认为即使将来小雅不和男朋友在一起，也不存在亏不亏的问题。

c. 认为小雅可以自主决定自己要不要和男朋友发生性关系，这和她未来的伴侣没关系。

d. 认为小雅不应该和还不确定是否与自己结婚的男友发生性关系，这对自己和未来的伴侣不负责任。

e. 小雅可以和男友长久幸福地在一起。

f. 认为小凯无论是否和女友发生关系，对自己来说都没什么损失。

g. 认为小凯不应该轻易和女友发生关系，既然已经发生了就应该对女友的未来负责到底。

h. 认为小凯只需要对自己负责，而不需要对女友的未来负责，女友应该自己对自己负责。

i. 小凯可能会对女友负责一辈子。

……

B. 有关话题②，学生可能的讨论结果如下：

a. 有差异：在第一次发生性行为这件事情上，可能有些同学对男性更宽容，而认为女生的"第一次"更珍贵，轻易发生会"吃亏""不够慎重"等。

b. 差异的原因：性别不平等，"物化"女生性别；男尊女卑的封建思想；父权文化体制下根深蒂固的影响；男、女的生理基础不同。

C. 有关话题③，学生可能的讨论结果如下：

这种双重标准其实是非常不公平的，是对女性人身自由的极大限制，更是对女性人权的剥夺，同时暗含着女性的身体属于其未来的伴侣的意义，社会性别严重不平等。

教学提示：

尽可能全面地列举出学生可能出现的不同观点，当讨论过程中呈现出对小雅或小凯的负面评价时，组织者要有意识地引导学生尝试正面地理解他们。

（5）讲师过渡与总结

人的一生中，有非常多的第一次：第一次开口说话、第一次蹒跚学步、第一次离开家、第一次做饭、第一次牵手、第一次拥抱、第一次亲吻、第一次坐火车……有很多第一次我们都忘记了，为什么"第一次"性交就被看得那么重要呢？这背后其实是强烈的贞操观在作祟。"贞操观"是社会经济、文化的产物，关于伦理道德的认识，是随着社会发展而改变的。人类在群婚杂交的时代是没有处女情结的，社会生产力的发展带来的文化变迁，使得男性女性的社会分工、社会地位以及社会关系都发生了变化，女子逐步沦为男子的附属品，处女情结开始形成，并一度成为社会礼教的一部分，无数女性（也有很多男性）为此付出了生命的代价。可以说，人类摆脱处女情结的过程，也是社会文明进步的过程。即使在今天，处女情结依然在一些人的头脑里根深蒂固，依旧需要我们去根除它。

2. 活动 2

（1）活动名称：处女情结对对碰

（2）活动步骤

A. 保持第一个活动中单一男生组和单一女生组的状态。

B. 给男生组提供两张粉色纸，给女生组提供两张蓝色纸。

C. 给男生女生分别提供案例一和案例二；读完案例，针对讨论话题思考，与小组成员讨论问题，并将讨论结果写在纸上。然后将成果展示给全班分享。

D. 全班分享讨论结果。

■ **案例一：**

子涵是一个 21 岁的女孩，在大学三年级时与男友恋爱，受家庭教育的影响她是一个信奉婚前守贞的女孩。在与男友交往近一年时，两人关系如胶似漆，男友多次要求发生性爱关系，否则就说子涵不爱他，子涵为了证明自己对男友的真爱，在男友的坚持下发生了第一次性行为。后来子涵发现男友不像以前那样爱自己了，时不时地会疏远、躲避自己，询问男友原因，男友明确地说"我已经不爱你了，咱们分手吧"，子涵坚决不同意，理由是："我的第一次必须给我的丈夫，既然你已经要了我的第一次，就必须娶我，你可以不爱我，但是必须和我结婚，哪怕是闪结闪离也可以。"

■ 案例二：

奇睿是一个 26 岁的大男孩，公务员，与女友恋爱两年多，两人志趣相投，相互欣赏，十分相爱，计划着不久的将来一起步入婚姻的殿堂。一次两人去看电影时，女友告诉奇睿，小时候由于她特别喜欢运动，在一次运动时不慎受伤，导致处女膜破裂，自己已经不是处女了，问奇睿还愿意像以前那样爱自己吗？奇睿听后大惊失色，内心非常纠结、痛苦，他清楚地知道自己真心爱女友，也知道女友是个好女孩且非常爱自己，但是基于父母、家庭和传统思想的影响，认为将来的妻子必须是处女。经过几个月的苦苦挣扎，最终他向女友提出了分手，但他心里一直思念前女友，虽然分手已经近两年，但仍无法与他人建立新的亲密关系。

（3）讨论话题

A. 男生组的讨论话题：爱上一个人，不是处女怎么办？对于奇睿的分手行为你有什么看法？

B. 女生组的讨论话题：你会喜欢一个有处女情结的男人吗？对于子涵要求和男友结婚的行为你有什么看法？

C. 男生女生共同讨论：你自己是一个有处女情结的人吗？影响因素是什么？

（4）学生讨论

A. 男生可能的观点：

a. 爱一个人是爱她的全部，爱上一个人就要接纳她的一切，奇睿不应该提分手。

b. 会纠结，可能会继续爱下去，也可能会放弃；要给自己和对方更多时间，慢慢相处，了解具体原因，如果是不得已或者只是和一个男生恋爱时有了性行为，可能纠结但会谅解和接纳；奇睿的分手行为太武断了。

c. 会放弃，并坚持找处女；不能接受自己喜欢的女人和别人恋爱过，希望彼此完整拥有；这不仅仅是处女膜的问题，而是判断一个女孩综合品质的标准。这些女孩子可能自我控制能力不强，没有主见，不自尊，不自爱，没有责任心，不能以身作则地教育下一代，不利于未来的婚姻和夫妻感情；同意奇睿的做法。

B. 女生可能的观点：

a. 奇睿的女友怎么不是处女了？当然是。

b. 不喜欢一个有处女情结的男人。将女人的道德品质和是否是处女联系起来，是一种偏见，更是一种无能的表现。这样的男人内心极不自信；其实相知、相爱和相守才重要，只在乎那层膜的人太肤浅了；这种男人占有欲、控制欲太强了，如果只要求女生这样，自己却放纵而为，更是一种大男子主义的自负表现。

c. 子涵要求不爱自己的男友娶自己为妻是愚蠢的行为。

d. 要综合其他方面考虑是否说喜欢；要看能力、品行这些综合条件，要是条件好、能力强，有处女情结也无可厚非；不能把这个人是否有处女情结作为判断喜欢与否的条件，那是他自己的价值观和个人自由，别人无权干涉……子涵的结婚要求不合理。

e. 喜欢一个有处女情结的男人，喜欢公开自己想法和意见的人，这样有大男子主义的男人更阳刚、更有力量；追求女性完整的男人也会注重自己的德行；今天的社会依旧还是男权社会，有这样情结的人还是很多的，不想以卵击石；男人有这样的要求，女性可能会更自重，社会风气可能会更好，反正我是处女我不怕……子涵要求和男友结婚的行为可以理解，而且支持她的行为和要求。

f. 自己有或者无处女情结，影响因素：社会主流价值观的影响；父母和家庭教育的影响；一些影视剧产生的影响等。

教学提示：

A. 可以穿插介绍和探讨关于处女膜破裂的具体原因和多重可能性：除了性交，剧烈的体育运动、过度劳动、偶然异物进入体内（女子从树上跳下，被地下的树枝扎到）等都可能导致处女膜破裂；有的女性是因为被强奸，所以也不是主动发生性行为导致的；作为成年人，双方自愿选择和自己相爱的恋人发生性关系是很美好的事情，只要是彼此负责，感受愉悦，这便是一种深刻地表达爱的方式。

B. 需要特别注意的是，强调这些不因性关系而导致处女膜破裂的原因，可能还是在强调内心的"贞洁"，即虽然身体"破处"了但内心还是"处女"。而我们反对的，恰恰更是这种内心的"处女情结"，所以，组织者在此处需要强调的是，"处女情结"本身是一种腐朽的男性物化女性、剥夺女性权利的旧观念，其侵犯了女性的身体自主权。

C. 现代医学已可以做处女膜修复技术，这对重视处女膜的人来说真是一种讽刺。

(5) 讲师过渡与总结

同学们，我想现在大家都了解"贞操"是怎么回事儿了，那么在自己或者亲朋好友遭遇意外事件时，比如遇到了性侵犯或者性骚扰，我们该如何选择，又该以怎样的态度对待他们呢？贞操和生命，究竟孰轻孰重？

3. 活动 3

（1）活动名称：处女膜与生命

（2）活动步骤

将单一男生组和单一女生组一半的人数进行互换，使小组内男女生各占一半。

学生进行话题讨论并在全班分享。

■ **案例：**

陈洁是高三女孩，从小在农村长大，父母均是农民，思想观念传统。在某个下雨的晚上，陈洁在下晚自习的路上不幸遇到了坏人，遭遇了强奸，回家告诉父母后，父母都觉得像是天塌了，认为这是一件不得了的事情，认为女儿被玷污、被糟蹋了，不再是一个纯洁的姑娘，将来的人生一定不会幸福，他们特别痛苦，每天长吁短叹的，周围其他人也一直在用类似的话语谈论她。后来，陈洁的情绪崩溃了，她痛苦、无助地选择了自杀……

（3）讨论话题

女生的处女膜破裂，她的一生就贬值了吗？陈洁如果坚强地活下来，将来会拥有幸福的人生吗？

（4）学生讨论（可能的观点）

A．贬值了：因为女生的"第一次"弥足珍贵，处女代表着是纯真、圣洁和美好，没了处女膜就不值得被爱了；陈洁如果活下来，她的人生几乎不可能幸福。

B．视情况而定：要看处女膜破裂的具体原因，不能一概而论，如果处于无知和不负责任的态度导致性行为泛滥就会贬值，除此之外的其他因素，都不会贬值；陈洁如果活下来，通过专业的心理咨询辅导和帮助，将来仍然可以获得幸福。

C．没贬值：女孩的价值、道德与人生幸福并不能由处女膜的存在与否来决定。陈洁是个受害者，她没有任何错，如果她活下来，通过专业的心理咨询辅导和帮助，她将来一定会获得幸福。

（5）讲师过渡与总结

通过这节课的学习，我想大家都已经非常明白女孩的贞操不在阴道，而在于她是否是一个对自己行为负责的人。我们不能用所谓的"处女"身份来衡量一个女孩的品行，更不可以据此判断一个女孩的价值和其人生幸福与否。更为关键的一点是，无论在什么情况下，生命都是最重要的。

4. 小结

恩格斯曾经说过，"一切以往的道德归根到底都是当时社会经济状况的产物"，贞操观也不例外，那么随着社会的发展，时代的变迁，永恒不变的贞操观念是根本不存在的，认识到"贞操观"是社会经济、文化的产物，无论什么时代，生命皆高于一切；认识到"处女情结"背后是父权文化体制下性的双重标准的体现。

六、知识与观点链接

1. 处女情结的形成与发展

偶婚制婚姻制度建立后，男女共夫共妻的现象开始消隐，杂乱的性交关系受到较为严格的限制，性交关系开始限定在偶居的男女之间，家庭开始逐步形成，私有制开始产生，以男性为中心的父系社会开始产生，子女的父系血缘也越来越重要。为了确定子女的父系亲缘（告别母系氏族时代只知其母不知其父的文化），与之相对应的社会规范和道德准则开始产生，对女性性行为的约束产生贞操观念，处女情结形成，其目的在于巩固父系家庭。男性在家庭中的主宰地位得以确立，女性进一步成为男性的附属品。封建社会形成后，宗法制度的确立将这种针对女性的贞操文化发挥到极致。

2. 贞操观的背后

在古代甚至现在的一些地区，很多女子把贞操看得比生命还重要。一个女子失贞，包括婚前性行为、婚外性行为、再嫁和遭到强奸等，都要承受来自社会、家庭和自身的多重压力，有的甚至还遭遇惩罚，其家族也会一并受到制度和道德上的惩罚；反之，守贞的女性，其本人和家族都将得到极大的道德、声誉和社会地位方面的褒扬。这样的贞操观的背后就是男女双重道德标准和严重的性别不平等。

3. 中国"贞操"观的历史渊源与发展

在中国历史的大多数时期，中国人的性观念比西方人要开放得多，而贞操观念也淡薄得多。在宋朝以前的历史记载中发现，那个时期的妇女拥有相当大的人身自由权，女人改嫁是一种很常见的现象，并不存在被社会歧视的问题。真正从社会制度、礼教上重视女子的贞洁是源于宋代理学家朱熹的"三从四德"，其奠定了中国道德文化的根基，明清时期道德观念比前代更趋保守，至今也有着深远的影响。随着中国近现代女权主义运动的兴起，人们对"贞操观""处女情结"等价值观进行了探究和批判，积极倡导和促进社会性别平等，构建和谐社会。

执笔：王宏云　姜玲玲

教案：向性骚扰勇敢说"不"

一、课名
向性骚扰勇敢说"不"

二、时长
45/60分钟

三、教学目标
认识到性骚扰的本质是一种权力施加的关系，是利用权力使受害者难以反抗或者逃脱的一种骚扰行为，因此利用智慧和勇气进行反击、建立权力平衡甚至反转权力关系才是应对性骚扰的基础；要明白建立反性骚扰的社会环境需要人人参与，学会辨识人权、尊重人权，进一步强化性别平等的意识。

四、教具、材料
1. 课件、多媒体设备等，课件中准备好要播放的视频。
2. 打印好要表演的情景剧卡片、纸、笔等。

五、教学过程

（一）导入

性骚扰这个话题，相信大家并不会感到特别陌生，什么公交地铁咸猪手啦、公园小路上的露阴癖啦，大家都曾经有过耳闻，甚至经历过。全社会也呈现出对这类事件越来越关注的态势，"性骚扰出没，人人喊打"似乎已经成为共识，"女大学生公交车上遭遇咸猪手，众人出手相助"好像也不时出现，这个社会，真的比以前安全了吗？

"这些被潜规则的男星们，有的送医院，有的抑郁自杀""××大学，女研究生不堪导师骚扰自杀""男博士自杀，是心理有病还是不堪女导师性骚扰""××律师事务所合伙人性骚扰女实习生"，以"性骚扰+职场/学校/老师/娱乐"为关键词搜索，搜出来的资讯数量，数不胜数。

每当看到这样的信息，总会有人评论"ta为什么不走开，退学也比死强啊！""ta是有所图才忍着的""自己也不是什么好东西""人家权高位重，没办法的"，这样的评论，有道理吗？你们又是如何看待的呢？有多少人现在在想，如果我遇到那种情况一定不会忍耐？

（二）活动

1. 活动1

（1）活动名称：他们为什么不说"不"？

（2）活动步骤

A. 将同学按每4~6人一组分组，小组围坐。

B. 播放视频片段。

视频资料：❶

《老板》这就是性骚扰（总4′40″，可选择1′45″~4′10″）

《同事》这就是性骚扰（总3′47″，可选择0′21″~3′16″）

《演员》这就是性骚扰（总5′29″，可选择1′30″~4′59″）

《医生》这就是性骚扰（总4′22″，可选择0′40″~3′50″）

C. 小组针对视频和讲师提出的问题进行讨论，将讨论结果记录下来。

D. 各小组派代表分享本组观点，讲师点评与总结。

（3）讨论话题

A. 视频中受害者如果在当时就说"不"，就反抗，会有什么结果？

B. 视频中受害者如果在事后找上级领导、监管机构、执法机关之类的去投诉，会有什么结果？

C. 将视频中的男女性别反转，会有什么不同？

D. 视频中的骚扰者，其目的，有多大程度就是"好色"？有多大程度在于"性"本身？

教学提示：

A. 课堂上不一定能有时间播放完整视频，可按照提示，只播放关键片段。

B. 如果没有足够时间播放每一个视频，按照排序从前往后播放视频，至少播放前三个。

（4）学生讨论

A. 视频中受害者如果在当时就说"不"：骚扰者会说我开玩笑的/我是为了工作之类的；可能会失去工作；担心失去工作；被嘲笑"假正经"；被羞辱"自找的""引诱我"……

B. 视频中受害者如果在事后投诉：骚扰者会找各种借口开脱；无法举证；不构成犯罪；受害者被取笑和羞辱；被更多人知道，受到取笑和羞辱……

C. 将视频中的男女性别反转：感觉难以置信；被骚扰者更难以得到支持；性别刻板印象反转……

D. 视频中的骚扰者的目的：享受被骚扰者的难堪和慌乱；显示自己的优

---

❶ 以下视频资料均可在优酷、腾讯或哔哩哔哩网站找到。

越感；有控制力；有权力；得意……

（5）讲师过渡与总结

A. 和"地铁咸猪手"相比，发生在职场、学校、应酬这样的场所，面对的是有上下级、师生、金钱关系的性骚扰，一方面更隐蔽，另一方面骚扰者也更嚣张。骚扰者更容易以各种借口开脱自己，而被骚扰者却往往由于各种顾虑无法拒绝、反抗和逃脱，甚至会受到污名和羞辱而导致更大的精神伤害。再加上性的男女双重标准，使得这些问题的解决变得更加困难。

B. 但是，我们应该意识到，性骚扰的本质并不在于"性"，而在于"骚扰"，其本质是一种权力施加的关系，目的是彰显权力与控制力。

C. 所以，真正的反抗性骚扰的方式是，认清这种权力施加关系，利用智慧与勇气，建立权力平衡，进而反转权力关系。

2. 活动2

（1）活动名称：我们如何说"不"

（2）活动步骤

A. 维持刚才的分组，各组抽签，抽取情景剧卡片，按照卡片提示，自行发展剧情，进行剧本编写、角色分配，然后进行表演。要求每组的表演至少有一个骚扰者、一个被骚扰者和两个帮助者，被骚扰者身份不限。

B. 小组一起观看其他组的表演，并讨论话题。

■ **情景剧一：职场**

安盈大学毕业了，进了一家很好的公司。她所在的部门大多是新人，都很年轻，大家很谈得来。不知道从什么时候开始，午饭后的休息时间总是有几个人聚在一起，讲"黄段子"，你一句我一句，谁讲的新颖，能博得大家哄笑，就好像很得意的样子。即使他们压低声音，但是同在一个大办公室，想不听他们的声音都很难。安盈婉转地说过一次："中午想休息一下，睡一会，能不能不要讲了！"结果被人问："你不是大学都毕业了，不能还没经过'事'吧？"又引起一阵笑声。安盈不敢再说了，每天忍着，其实她知道，其他同事也很反感，有男有女，都在忍着。

■ **情景剧二：师生**

大路学习很好，一路重点中学、重点大学走过来，毫不意外地读博士。他选择了一个传说十分严厉但是水平很高的导师，他跟导师说："我能够吃苦，能钻研，只想做出点成果来。"上课、查资料、做实验，每周一次的"课题组会"必不可少，日子忙碌而平淡。导师的微信里，时不时会要求"来一下，给我做个PPT""你挺能干啊""给我办公室整理一下"，后来又增加了"太热了，带两个雪糕上来，我爱吃草莓味的""跟你一起做事真开心""我累了，你帮我洗几件衣服""我大姨妈到访，给我买包卫生巾""我好累啊，给我按摩一下脖子和肩膀"，导师找他的地点也从办公室，到饭店，到家里……

■ **情景剧三：男生**

成明长得眉清目秀，言谈有礼貌，举止温柔。不知从什么时候开始，大家说他是同性恋。总有男生故意从他旁边走，搂他、抱他，还说"你不就是喜欢这样吗"。女生也一样，总有女生发些男模的照片给他，问哪一个合他的口味。

■ **情景剧四：追求**

欢欢是一个快乐的高中生，她发现，隔壁班的一个男生好像喜欢她。她总能在各个地方与那个男生偶遇，操场、音乐教室、食堂、图书馆……后来，她在学校外面也能看到那个男生的影子，公园、上学路上、电影院……那个男生也从远远地看她一眼，到过来打个招呼，再到直接跟她一起。后来，每天接她一起上学、放学、送礼物，欢欢跟那个男生说了好几次，要考大学不想交男朋友，那个男生就像听不懂似的。后来更是高调地在学校送花、周末去她家里敲门要陪她学习，同学们已经把他们俩看成"一对"了。

■ **情景剧五：公交车**

乾军是一名高中生，周末的时候，他坐公交车去图书馆。公交车上，他发现一个女孩很奇怪，换了好几次位置。再仔细看，有一个男人，每次女孩换位置时他都跟在女孩后面，紧贴着，女孩神情紧张，浑身僵硬，好像要哭了。眼看着，男子的手放在了女孩脖子上，然后往下滑去……还有一些人也看到了。

（3）讨论话题

A. 情景剧中当事人应该如何处理他们遭遇的事情？还有哪些其他的处理方法？

B. 应对性骚扰事件的关键是什么？

C. 如果当事人一直忍耐，会怎么样？

教学提示：

A. 讲师引导学生讨论应对方法会不会伤害自己或他人、是不是有可行性。

B. 关键是引导学生思考其中的权力关系，相信自己可以说"不"，有权力拒绝本身就是很大的权力；有外部支持；依靠权力关系的制衡来应对，例如被曝光的威胁、换工作的可能、其他竞争者之间的关注等。

C. 其中情景四、五看起来没有明显的权力关系，但其目的，正是为了获得权力感。

D. 另一个关键点是，为什么被骚扰者会害怕被人知道，被骚扰者的羞耻感是怎么来的，一旦战胜这种感觉，那么害怕的就会是骚扰者了。

E. 我们鼓励被骚扰者明确、及时表达界限，表示拒绝，拒绝的态度要明确、平静、清楚地告知对方你的不悦，请对方尊重你，也请 ta 自尊自爱。在拒绝骚扰者时，要注意下列要点：言语——简单直接，"不好""不行""走开""停止"；声调——大声、坚决；动作——抬头直视、摇头拒绝；神情——愤怒憎厌；行动——保护自己前提下的反击、转身离去或利用周围人的帮助。

F. 引导学生讨论，在性骚扰事件之后，如何帮助被骚扰者——安慰、陪伴、告诉他/她不是他/她的错；他/她没有什么羞耻的……

G. 根据学生的实际情况和时间安排，可以对情景剧的数量适当增减。

(4) 讲师过渡与总结

讲师再次强调，性骚扰的本质并不在于"性"，而在于"骚扰"，其本质是一种权力施加的关系，目的是彰显权力与控制力。所以，真正反抗性骚扰的方式是，认清这种权力施加关系，利用智慧与勇气，建立权力平衡，进而反转权力关系。

从大家的表演中，我看到了同学们的正义和善良，在日常生活中，我们可以做些什么，从而帮助建立一个反性骚扰的社会环境呢？

3. 活动3

(1) 活动名称：我可以做到

(2) 活动步骤

A. 每个人一张纸，一支笔，回想自己从前做过的对人不礼貌甚至有性骚扰"嫌疑"的事情，或者是看到、知道身边其他人做过的类似事情，将事件写在纸上。

B. 看看自己写下的内容，想一想，下一次再有这样的事情，自己可以怎样做。

C. 请1~2名同学自愿分享。

D. 再看一遍自己写下的内容，将纸折叠起来，撕碎，扔到垃圾桶里，对待性骚扰，我们就是这个态度。

4. 小结

王尔德说，这世界上所有的事情都与性有关。除了性本身，性是与权力相关的。

看到"性骚扰"这个题目，不知道有没有女生很紧张，担心自己会遇上，不知道男生心中是不是暗暗放心，觉得自己与这事没有关系。

看到"性骚扰"这个题目，看到我播放的视频，不知道大家在心痛和气愤的同时，是不是都在担心，自己会遇到这样的事情吗？但是有多少同学，会检讨自己从前的意识和言行，是不是有不合适的地方呢？有多少人在告诫自己不要这样做呢？

我们要学会辨识人权，尊重人权，进一步强化性别平等的意识，人人参与，建立一个反性骚扰的社会环境。

六、知识与观点链接

日常生活中常遭遇的性骚扰行为可分为以下五个等级。

A. 性别骚扰：举凡一切强化"女性是次等性别"印象的言行，包括各种带有性意涵、性别歧视或偏见的言论，以及侮辱、贬抑或敌视女性或同性恋者的言辞或态度，都在此之列。

B. 性挑逗：包含一切不受欢迎、不合宜或带有攻击性的口头或肢体上的行为。包括公开展示色情图片，讲黄色笑话，或掀裙子、抚摸女性的胸部或其他私密处，以及暴露性器官等。

C. 性贿赂：以同意性服务作为交换利益的手段。男性上司（教师）以要求约会或占性便宜作为允诺加薪、升迁或加分、及格等的条件。

D. 性要挟：以威胁或霸王硬上弓的手段强迫性行为或性服务。这不仅包括校园或工作场合中男性对女性的胁迫，也包括约会或夫妻关系中，在对方不愿意的情形下强吻、强留或强行性行为。

E. 性攻击：强奸以及任何造成肢体伤害的暴力动作或异常性行为。

当有上列任何一种或其他情节的性骚扰行为发生时，不论它多么轻微，只要你感到一丝的不舒服、不愉快，都应该毫不犹豫地加以制止，并说出自己的感受，否则这些性骚扰行为将会再次发生，甚至演变成情节更严重的性侵犯行为，造成更大的困扰与伤害。

执笔：王艺

教案：性侵发生之后

一、课名

性侵发生之后

二、时长

45 分钟

三、教学目标

让学生意识到性侵不是受害者的错,认同生命的价值不是由身体是否被侵犯决定,给予性侵受害者关心和支持。

四、教具、材料

教学 PPT、彩色记事贴、白板纸数张(每小组一张)、A4 纸(每人 2 张)、笔(学生自备)。

五、教学过程

(一)导入

根据班级人数,将全班按每组 4~6 人分组。

导语:在上课之前,我想邀请一位同学为我们朗读一首诗的片段。看大屏幕,这首诗是著名诗人席慕蓉写的《左岸是忘记,右岸是铭记》,哪位同学愿意读一下?

《左岸是忘记,右岸是铭记》
——席慕蓉

生命是一条奔流不息的河,我们都是过河的人。
在生命之河的左岸是忘记,右岸是铭记。
我们乘着各自的船,在左岸与右岸间穿梭,
才明白——
忘记该忘记的,铭记该铭记的!

我们每个人的生命都是珍贵的,每个生命的轨迹是不一样的,但有一样是相同的,那就是我们的生命是有限的。在有限的时光里,有值得我们铭记于心的,也有需要我们忘记的。

接下来,让我们来绘制一下自己的生命线。

(二)活动

1. 活动 1

(1)活动名称:绘我·生命线

(2)活动步骤

A. 画图

a. 请同学们将手中的 A4 纸横向放置,在 A4 纸上从左至右画出一条直线,左边是起点,代表出生时,最右边是终点,代表死亡时。在直线上方,写上"某某某(自己名字)的生命线"。

b. 在直线上标出表示年龄的刻度,至少包含"出生、现在(标上年龄)、参加工作时(标上年龄和职业)、死亡(标上年龄)"。

B. 标记

a. 在出生和现在之间，标记两个时间点，写下两件记忆深刻的事件（可以是正面的事件，也可以是负面的事件）。

b. 在写出的事件旁，标记出"想铭记"或者"想遗忘"。

（3）讨论话题

那些让我记忆深刻的事件是正面的（让人愉快的）还是负面的（让人伤心的）。

（4）学生讨论

A. 想忘记的事件都是让自己不愉快的，想记住的是让自己开心的、以后还希望发生的。

B. 有些想记住的事件是让自己不愉快的，这样能避免再次发生这样的错误。

C. 需要记住快乐的事情，忘记悲伤的事情，但事实上那些不愉快的还是会时不时地冒出来。

……

教学提示：

活动中，注意保护同学们的隐私，如果有人不愿意展开说曾经的事情，要尊重。

（5）讲师过渡与总结

在生命线上，我们会看到目前我们所处的阶段，也看到我们未来的梦想，并重新为自己定位。

在今天上课之前，都属于过去。在过去的时光里，有令我们难过的，也有让我们开心的事情。那些不愉快的事情，虽然有些人不会想起，但有些时候也会出现在我们的脑海里。是选择铭记在心，还是遗忘脑后，每个人可能会做出不同的选择，建议大家尽量选一个有利于自己、让自己身心舒服的选择。

下面，让我们一起为另一位同学绘制出她的生命线。

2. 活动2

（1）活动名称：绘她·生命线

（2）活动步骤

A. 案例展示

2017年7月的一天，李医生（化名）坐诊的时候，一个中年男子抱着一个小女孩进门，女孩昏迷着，裤子上沾满血渍。中年男子姓杨，自称是女孩的父亲，支支吾吾地告诉医生孩子是摔伤的。但当李医生为女孩清理创口时，发现女孩流血不止的原因，竟是下体撕裂。这样的伤情绝不可能是摔伤造成的，再看杨某神色慌张，说话漏洞百出。出于一名职业医生的良知与警觉，李医生偷偷用值班电话拨打了110……经查，受伤的女孩名叫小华（化名），她的父母在南方打工，12岁的小华一直和奶奶、大伯一起生活。这个中年男子是小华的邻居，经常关心她，会给她买零食，带她玩。正是这样一位小华信任的人，在一年多时间里，一次次用各种手段对她实施性侵，导致其下体撕裂、轻伤二级。2018年杨某被判刑。而小华也被妈妈带去看心理医生。

B. 为小华绘制生命线

小华12岁了，她的生命线是怎么样的呢？让我们一起为小华绘制一条生命线，绘制规则同活动1。

（3）讨论话题

与活动1绘制的生命线相比，"绘她·生命线"上，也有小华的现在和未来。虽然她遭遇性侵事件，但她依然和我们一样可以去实现自己的理想。

如果请大家对现在的小华说一句话，大家会说什么呢？

（4）学生讨论

A. 小华，我们愿意做你的太阳，给你温暖！

B. 小华，发生这样的事情，是坏人的错，不是你的错！

C. 小华，犯人已经判刑，你可以安心生活了！

D. 小华，这是一个令人伤心的事情，忘记不愉快吧！

……

（5）讲师过渡与总结

大家给小华的都是正能量，都是爱。

案例中，12岁的小华遭遇了性侵事件，性侵她的是熟人（邻居）。小华的生殖器官受伤了。我们知道：生殖器官是我们身体的一部分，和身体的其他部位同等重要。生殖器官受伤了，这和身体其他部位受到伤害是一样的。我们需要告诉信任的人（家人或老师等），寻求他们的帮助。

不过，每个人的价值观不同，对同一件事情也会有不同的看法，信任的人和周围人的态度也会有所不同。这些不同的态度，都会对小华的生活产生积极或消极的影响。

如何让小华早点走出阴影？我们现在来绘制一个能量圈，通过能量的给予，帮助小华重新开始快乐的生活。

3. 活动3

(1) 活动名称：爱的能量圈

(2) 活动步骤

A. 绘制能量圈

每人一张便利贴，在便利贴上画上三个同心圆，最中间画一个大圆点代表小华，离小华越近，给予的能量越强，越能帮助小华。

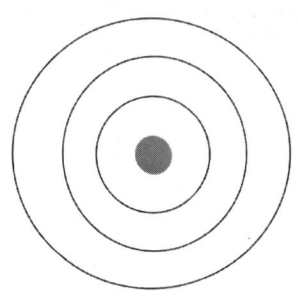

B. 标注能量源

请在每个圈中写上能量源，即谁给"小华"这个能量？谁给"小华"的能量最强？

C. 小组呈现

小组的每个同学把便利贴贴在本组的白板纸上。

每个小组派代表进行展示：通过每组的能量圈呈现，让同学们了解"大家都给小华哪些能量源来帮助她？"

教学提示：

第一次绘制生命线，是让学生们自己回顾自己的过往，同时也思考一下自己未来的梦想。

第二次绘制生命线，是想让学生知道：即使遭遇性侵，也和大家一样，可以有梦想，可以和大家的生命轨迹相似，因为生命对所有人来说都很重要。而生命的价值并不是用身体衡量的。

最后绘制同心圆，是想让学生们知道，若身边有性侵事件受害者的话，周围人、家人等都会以什么样的态度来对待？一个受伤的人，被"爱的能量圈"包围着，ta一定会幸福地生活下去！

(3) 讲师过渡与总结

仁者见仁，智者见智。每个人都可能有不同的理解，有人觉得受害者自己给予的能量最强，有人觉得是ta的父母，有人觉得是ta周围的人，比如同学、邻居等。

如果小华自己给予自己力量，相信这不是自己的错，原谅自己，同时父母也能给予保护，周围的人少一些风言碎语，多一些关爱，在学校里，师生用正常的眼光来看待，能多给小华一些关爱，我们相信，小华一定会生活得很开心。

4. 小结

本节课通过绘制两次生命线，我们知道：不管一个人遭遇过什么样的事情，ta 和我们一样有机会实现自己的梦想。即使发生性侵事件，我们也知道这不是 ta（受害人）的错，是坏人的错，坏人会受到法律的严惩。每个人的价值都不是由身体权利的完整性决定的。价值的实现，掌握在我们每个人的手中。只要我们自己把握现在，着眼未来的目标，我们相信，每个人都不会在生命线上迷失自己，都能做更好的自己。

最后让我们一起再次朗读这节诗歌来结束今天的课：

《左岸是忘记，右岸是铭记》

——席慕蓉

生命是一条奔流不息的河，我们都是过河的人。

在生命之河的左岸是忘记，右岸是铭记。

我们乘着各自的船，在左岸与右岸间穿梭，

才明白——

忘记该忘记的，铭记该铭记的！

执笔：包俊娟

教案：应对校园欺凌

一、课名

应对校园欺凌

二、时长

45/60 分钟

三、教学目标

了解校园欺凌的形式和危害，掌握遭遇欺凌的应对方式，既要学会自我保护，也要懂得适当地帮助他人，共同遏制校园欺凌。

四、教具、材料

1. 课件、多媒体设备。
2. 课件中准备好活动中使用的"场景"的描述。

五、教学过程

（一）导入

校园欺凌是一种严重的校园暴力形式，每一个经历校园欺凌的当事人，不论是欺凌者、被欺凌者，还是旁观者，欺凌事件都会给 ta 的身心留下深远影响。校园欺凌有不同的类型，有直接欺凌，比如身体欺凌、言语欺凌，有间接欺凌，比如社交欺凌、网络欺凌。此外，还有两种特殊的欺凌，即性欺凌和"同意"的欺凌。有些时候，欺凌事件呈现出单一形式，更多时候，各种欺凌方式混杂在一起，还有些时候，严重欺凌发展到犯罪的程度。

（二）活动

1. 活动 1

（1）活动名称："火眼金睛"识欺凌

（2）活动步骤

A. 在黑板上或是多媒体设备上呈现下面列举的场景，让学生判断，分别属于哪种欺凌方式。

B. 将每一个场景继续向下发展，列出甲、乙、丙、丁不同角色的不同想法和做法，让学生们判断是否合适。"四指握拳，大拇指朝上"代表同意/支持，"四指握拳，大拇指朝下"代表不同意/不支持，"手掌平摊开"代表无法确定/不发表意见。要让讲师看到全体同学的反应，也要让同学们看到其他同学的选择。

■ **场景一：**

同学 A 体型胖，行动慢，体育课上总是跟不上班级的节奏，经常被同学叫作"狗熊""肥猪"等，还总有同学故意去踢 ta 一下、打 ta 一下就跑开，然后回头笑："死胖子，追不上吧。"（言语欺凌、身体欺凌）

甲：胖子就是胖子，体型都管理不好的人怎么能管理好自己的人生。活该！

乙：这就是开个玩笑，不用当真。

丙：你们不要这样，再这样我去告诉老师了。

■ **场景二：**

同学 B 家庭条件不好，父母都在外地打工，身材瘦小，穿着打扮都不入时，文具用品也明显比大多数同学差，课间、放学后同学们都不跟 ta 玩，说 ta "脏""有病"。（言语欺凌、社交欺凌）

甲：ta 就是看起来邋里邋遢的，谁愿意理他！

乙：ta 家庭条件不好，邋遢也是有原因的，但我还是不愿意理他。

丙：ta 家庭条件不好，父母也不在身边，邋遢也是有原因的，我可以帮帮 ta。

■ 场景三：

同学 C 家庭条件比较好，穿着打扮都很入时，跟家长去过很多地方旅游，见识也很广，大家都很喜欢 ta。不知从什么时候开始，学校的论坛上有人匿名发布一些 ta 的照片，照片上的 ta 要么被涂抹丑化，要么被 PS 上各种恶心的东西或场景，渐渐地，还有一些照片，被 PS 成头是 ta 的头，身体却穿着暴露。同学 C 很生气，也不知道是谁干的，时间长了，各种传闻不胫而走。（言语欺凌、网络欺凌、性欺凌）

甲：那些人就是妒忌。

乙：我又不是故意要看的，照片自己弹出来我有什么办法。

丙：又不是我发出来的照片，我只是跟同学一起看看，图个乐呵。

丁：最初发照片的人和转发照片的人都不对，但是网络上的事，也没有办法。

■ 场景四：

同学 D 经常跟一些外校的或社会上的人一起打游戏、去 KTV 唱歌、吃饭喝酒什么的，时间长了自己的零花钱不够用了，就向同学借，借了之后很长时间不还。最初"借钱"的时候还好言好语，后来就演变成 D 和几个人一起将某个同学围住"借钱"，谁不借他们就骂谁、打谁，有几个同学成为"重灾区"，连午饭钱都被"借"走了，经常饿肚子。（身体欺凌、言语欺凌）

甲：这伙人惹不起，离远点。

乙：会不会有一天他们欺负到我头上，那我可怎么办。

丙：我很想帮那些同学一下，我去告诉老师吧。

丁：我要是帮那些同学，会不会落得同样的下场？

（3）讨论话题

A. 被欺凌是因为自身有缺点吗？（胖、瘦小、脆弱、脏等）

B. 自己不欺负人就是无辜的吗？

C. "离远点"就是安全的吗？

D. 网络谣言，谁是发起人，谁是传播者，有什么区别？

E. 帮助别人，却伤害到自己怎么办？

（4）学生讨论

A. 每一个场景、每一个角色的想法和做法都有可能引发同学们的不同意见。

B. 同学们针对其他同学的不同意见，可能会有争论。

C. "事不关己，高高挂起"和自我保护，如何区分界定，会引发讨论。

教学提示：

A. 提前了解学生中是否出现过欺凌事件，如果有，可以有针对性地设计场景。

B. 警惕可能出现的归咎于被欺凌者的观点，要明确地指出，不论任何情况，没有人是活该受到欺凌的。

C. 可能会出现"以暴制暴"的观点，并且很可能会获得学生们的支持，要及时介入，任何时候，暴力只会制造更多的问题，而不会解决问题。另外还要区分"以暴制暴"和"正当防卫"的区别。

（5）讲师过渡与总结（教师承前启后地交代，可以包括有该活动的小结）

A. 每一次欺凌事件往往是多种欺凌形式的组合，并且会逐渐发展，愈演愈烈。

B. "明哲保身"未必能够自保，如果不被制止，欺凌会向着更大范围发展。

C. 谣言的制造和传播者，都会给人造成伤害。

D. 帮助被欺凌者要注意方法，保护自己同样重要。

2. 活动2

（1）活动名称：校园欺凌止于我

（2）活动步骤

讲师根据学生实际情况和时间安排，选择方案一或二进行活动。

■ **方案一：**

将同学们分成四组，将上述四种情景表演成情景剧。角色要求至少有一个被欺凌者、一个欺凌者、一个协作者、一个旁观者和一个捍卫者。剧情要求以欺凌被制止、欺凌者得到惩罚、被欺凌者得到支持和保护为结局。

然后各组同学针对表演进行讨论。

■ **方案二：**

将同学们分成四组，针对上述四种情景，小组同学进行讨论，作为事件的被欺凌者、欺凌者、协作者、旁观者、捍卫者，如何做能够制止暴力，减少伤害，可以向哪些人求助，如何求助，以及如何避免此类事件的再次发生。

每一组派出一名或几名代表（代表不同角色）进行发言，各组同学针对发言进行讨论。

（3）讨论话题

A. 被欺凌者、欺凌者、协作者、旁观者、捍卫者的角色是否一成不变？

B. 制止暴力与自我保护是否矛盾？

C. 寻求老师等人的帮助和"告密"有什么区别？

（4）学生讨论

A. 欺凌与被欺凌、欺凌与协助、欺凌与旁观、旁观与保护，存在转换。

B. 出声、出面或出手制止，能起到多大作用。

C. 网络上如何制止暴力。

教学提示：

A. 如果有同学不愿意扮演被欺凌者，可以用一个玩偶、一把椅子之类的物品代替。不过尽量鼓励由同学扮演，可以在表演过程中，真实地感受到被欺凌的心情。

B. 如果学生中欺凌事件曾经出现过或正在进行中，组织活动时要小心谨慎。

C. 鼓励学生多想办法，但是要以确保自身安全为前提。如果学生提起不太合适、可能伤害自己或他人的方法，也不必急于否认，可用类似"会有什么效果""会带来什么风险"这类的追问，引发学生进一步思考和讨论。

（5）讲师过渡与总结

A. 越是在欺凌事件初露苗头的时候，越是容易制止欺凌。

B. 被欺凌者、欺凌者、协作者、旁观者、捍卫者的角色可能会随着事态的发展，在不同时间、地点发生转换。

C. 面对校园欺凌，要注意灵活应对，不要硬碰硬，要学会自我保护。

D. 积极求助同学、家长、老师或相关社会机构，是十分必要的，并不丢人，也不是"告密"。

3. 小结

（1）每个人都有可能遇到欺凌事件，在欺凌事件中，你可能是被欺凌者、欺凌者、协作者、旁观者或捍卫者。

（2）任何人，都要学习用正确的态度和方法面对和处理欺凌事件，反对校园欺凌，对欺凌零容忍。

（3）没有主动地反抗、干涉或制止，欺凌是不会自行停止的。越是在欺凌事件发生之初，暴力越是容易被制止，伤害也会相应地降至最低。

（4）制止暴力要注意方式、方法，要学会自我保护。

（5）欺凌很有可能发展成为故意伤害、诽谤、抢劫等犯罪。

教学提示：

A. 讲师应该提前了解学生的情况，了解学生中是否曾经出现过欺凌事件，如果有，是如何处理的，事件是否已经平息，便于在活动环节控制场面。

B. 活动环节可能涉及学生隐私或不愿提起的部分，讲师在学生分享、讨论等过程中，要特别关注学生的情绪反应，避免造成二次伤害。

C. 可能会有"归咎于被欺凌者""以暴制暴""事不关己高高挂起"等观点，要及时介入引导。

六、知识与观点链接

1. 2017年11月，教育部等十一部门印发的《加强中小学生欺凌综合治理方案》明确了学生欺凌的界定：中小学生欺凌是发生在校园（包括中小学校和中等职业学校）内外、学生之间，一方（个体或群体）单次或多次蓄意或恶意通过肢体、语言及网络等手段实施欺负、侮辱，造成另一方（个体或群体）身体伤害、财产损失或精神损害等的事件。

2. 加拿大"粉红色衬衫日"（又叫反校园欺凌日）

2月27日，是加拿大"粉红色衬衫日"，又叫反校园欺凌日。这天加拿大所有中小学生都要穿粉红色的衣服（衬衫、T恤衫、围巾、夹克……）到学校，以表示自己决不能容忍欺负人的行为，而学校方面也会组织一些活动来强化学生们反对欺凌（anti-bullying）的意识。这个运动是2007年由加拿大新斯科舍省（Nova Scotia）两个十二年级的男生——大卫（David Shepherd）和特拉维斯（Travis Price）发起的。事情的起因是，一个就读于新斯科舍省剑桥中央国王中学（Central Kings Rural High School）九年级的男孩，因为在开学的第一天穿了一件粉红色的保罗衫而被一些男孩子取笑，被看作同性恋，并因此受到欺负和恐吓。大卫和特拉维斯知道这个事情后，觉得必须做点什么来制止这种不能容忍的事情。他们马上到附近的打折店买了50件粉红色的T恤衫，然后上网发布信息让同学们第二天穿粉红色衣服上学，营造一个"粉红色的海洋"，以此来制止校园欺凌行为。大家接到这个消息后，非常支持这个运动，又纷纷向自己认识的朋友转发了这个信息，这个运动很快也得到了校方和官方的支持，后来这一运动席卷整个北美，于是2月27日被定成Pink Shirt Day，即粉红色衬衫日——反校园欺凌日。

执笔：王艺

教案：网络暴力就在一念之间

一、课名

网络暴力就在一念之间

二、时长

45/60分钟

三、教学目标

了解网络暴力及其表现形式，提高独立思考和辨识能力，不参与网络暴力事件，学习积极应对网络暴力的方式和技能。

四、教具、材料

1. 课件、多媒体设备等。
2. 情景模拟卡片、便利贴、笔。

五、教学过程

（一）导入

讲师导语： 在当今信息时代，网络的应用越来越普及，我们的日常生活、学习、工作和娱乐几乎都离不开网络，网络在为我们带来便利的同时，一些违背道德伦理的网络暴力事件也频繁发生，我们今天就来谈谈网络暴力。了解网络暴力是什么的同学请举手，谁愿意向同学们简单介绍一下网络暴力？

教学提示：

根据学生给出的答案，强调网络暴力中的"网络"和"暴力"两个关键元素。然后通过后面的活动深入理解这个概念，如果没有人举手，也可以直接进入后面的活动。

（二）活动

1. 活动1

（1）活动名称：认识网络暴力

（2）活动步骤

让学生报数1、2、3，报1的为一组，报2的为一组，报3的为一组，分为A、B、C三组，请同学们看看下面的案例，在小组内讨论一下是否属于网络暴力，明确判断的依据。

课件展示案例，投放在大屏幕上。

■ **案例一：**

2018年8月一则"女医生受不了舆论压力自杀身亡"的消息在微博中传播。事情的经过是这样的，2018年8月20日，四川德阳的安医生和丈夫去泳池游泳，泳池里两个13岁的男孩冒犯了安医生，安医生让他们道歉，男孩子却朝她吐口水、做鬼脸，这时安医生的丈夫与男孩发生肢体冲突，之后男孩的家属打了安医生，双方报警。安医生的丈夫当场给男孩道歉了，但第二天对方闹到安医生夫妻俩的单位去，还要求领导开除他们。事发后一些媒体在不明真相的情况下捏造事实，发微博煽动舆论，以博取网友关注，不实信息瞬间得到大量关注和转发，致使安医生身心健康受到严重影响，8月25日不堪重负的安医生选择用自杀证明自己，经抢救无效身亡。之后，微博舆论反转，又开始"人肉"搜索攻击两个男孩及其家人。

■ **案例二：**

高一女孩小立与同班同学李强发生冲突，李强随后在网上下载一女性的裸体照片，通过 PS 技术，将裸体照片与小立的头像拼在一起，并将拼好的照片发布在班级的 QQ 群里，声称照片是小立的裸体照，同学们对此议论纷纷，在 QQ 上发布侮辱性评论，在班级里也窃窃私语，导致小立情绪抑郁、精神紧张、失眠，不敢上学，甚至不敢出家门，一个月后被诊断为抑郁症。

■ **案例三：**

2016 年 9 月 16 日，艺人乔任梁在上海某住宅楼内自杀身亡，其经纪人表示乔任梁生前患有严重的抑郁症，长期的失眠一直困扰着他，特别是死前一段时间，网络上充斥着对他的诽谤和传言，给他造成很大的心理伤害，导致他病情加重，最后他身心俱疲选择了自杀。就在乔任梁尸骨未寒时，网民们又对其好友陈乔恩、与其合作的徐璐进行道德谴责，原因是他们没有在乔任梁去世后及时在社交平台上表示哀悼，使二人陷入舆论漩涡。

(3) 讨论话题

A. 说一说上述几个案例中"网络暴力"的表现形式具体有哪些？

B. 谁能用几个词语描述一下当事人的感受或者情绪？

C. 自己或者身边的人曾遭受过怎样的网络暴力呢？

(4) 学生讨论

A. 言语暴力；捏造事实；网络攻击；散布不实图片；人肉搜索；侮辱性评论；诽谤和传言……

B. 委屈、沮丧、焦虑、紧张、恐惧、屈辱……

教学提示：

讲师也可以让学生列举近年来发生在自己身边或者自己关注过的网络暴力事件、案例；尽可能全面地列举出学生可能出现的不同观点，以及针对不同观点的应对。

(5) 讲师过渡与总结

谁愿意分享讨论内容？（有人愿意分享则分享，如果没有则表示尊重）同学们是否意识到以上其实都是网络暴力行为呢？

课件展示网络暴力的基本概念。

A. 网络暴力：是网民在网络上的暴力行为，是社会暴力在网络上的延伸。它是一类在网络上发表具有伤害性、侮辱性和煽动性的言语、图片、视频的行为现象，这些言论、图片、视频的发表者，往往是一定规模数量的网民们，借助网络的虚拟空间对人进行伤害与诬蔑。是一种危害严重、影响恶劣的暴力形式，人们习惯称之为"网络暴力"。网络暴力能对当事人造成名誉损害，而且它已经打破了道德底线，往往也伴随着侵权行为和违法犯罪行为，亟待运用教育、道德约束、法律等手段进行规范。

B. 网络暴力的特点：传播速度快，传播范围广泛，发表者匿名，施暴者众多，施暴行为容易且代价小，危害无形且重大。

C. 网络暴力的表现形式：

a. 网民对未经证实或已经证实的网络事件，在网上发表具有伤害性、侮辱性和煽动性的失实言论，造成当事人名誉损害；如通过短信、微信、QQ 或在微博、贴吧、微信群、微信朋友圈、QQ 群、QQ 空间等社交平台公开威胁、侮辱、诽谤他人。

b. 在网上公开当事人现实生活中的个人隐私，侵犯其隐私权；如在上述社交平台传播或公开可能令他人受到威胁、伤害、侮辱或尴尬的文字、照片、图像、音频和视频等。

c. 对当事人及其亲友的正常生活进行行为和言论侵扰，致使其人身权利和名誉受损等，如"人肉搜索"当事人，在社交平台上侮辱、诽谤当事人及其家人、朋友。

网络暴力给受暴者的身心健康带来很大的创伤，会产生非常严重的负面影响，致使他们无法正常地生活、工作和学习，那么面对网络暴力我们应该如何应对呢？

2. 活动 2

（1）活动名称：应对网络暴力

（2）活动步骤

头脑风暴：让同学们尽可能多地说出应对网络暴力的方式、方法，A、B、C 三组同学比赛，看哪组想到的多，由讲师把答案归纳出来。

（3）讨论话题

面对网络暴力的影响，有的人患了抑郁症，有的人选择用自杀来证明自己，有人说"不就是被说了几句吗，至于自杀吗""自己想死别怪别人，什么网络暴力，都是自己玻璃心，心理素质太差"。如果同样的网络暴力发生在你身上，你有何感受？我们怎样做才可以更好地应对网络暴力？

（4）学生讨论

A. 置之不理，时间久了就会过去；反击；骂回去；找出来是谁骂的……

B. 截屏留证据；拍照；复制……

C. 找家长、老师、警察、律师、心理咨询师……

（5）讲师过渡与总结

由于网络信息表达有限，有时候我们会为了宣泄自己的情绪、表达自己的观点，不自觉地采用一些过激的语言来强化自我表现力。但是大家要记住，每一个昵称背后都是一个鲜活的生命，ta 有感受、有思想、有家人、有朋友、有他人所不知道的成长经历，看到恶意的辱骂和嘲讽，ta 会伤心、痛苦、难过、无助。与此同时，匿名的攻击信息让 ta 无法还击，ta 只能无可奈何地忍受，这种精神创伤甚至比直接的肢体暴力带来的伤害更为严重。所以，接下来我们思考一下如何应对网络暴力。

推荐应对网络暴力的方法——SCBT 法，即停止（stop）、拷贝（copy）、拦截（block）以及告诉一位值得信赖的成年人（tell a trusted adult）。具体步骤如下：

A. 停止。当面对网络暴力时，不回应施暴者是最明智的选择。

B. 拷贝。冷静地将你可以想到的证据收集起来，以备日后维权需要，要相信你将来会用自己的智慧和证据换回自己的名誉。

C. 拦截。通过即时通信软件的通讯录、电子邮件或其他设置过滤资讯，或屏蔽施暴者发送的各类信息。远离这些信息更容易让自己冷静下来，不被这些信息伤害。

D. 告诉值得信赖的成年人。可以给予你支持的家长、老师、亲友均可，如果愿意也可以报警，用法律来维权；还可以向专业的心理咨询师求助，倾诉自己的委屈、压抑、无奈和苦闷，得到专业的心理援助和支持，让自己的心理创伤得以疗愈。

3. 活动 3

（1）活动名称：倡议——不做施暴者

（2）活动步骤

A. 将同学们分成三组，发给他们提前打印好的情景卡片，每组派志愿者上前模拟表演卡片上的事件，自愿分配角色，分别扮演当事人和网民。

B. 其他同学在贴纸上匿名写下对该事件及当事人的评论，讲师准备一个盒子来收集学生的评论贴纸，然后将收集到的评论贴纸贴到黑板上，让志愿者站到讲台上背对同学阅读黑板上的评论，阅读完毕后分享自己看到评论时的感受，哪些话让自己感受到温暖、安慰、鼓励？哪些话让自己感到伤心、难过、愤怒？为什么？

■ 情景一：

你感冒发烧了，向老师请了两天假去医院打针，此时与你一直关系不和的同班同学小明趁机造谣生事，在你们班级的 QQ 群里发布消息，说："×××

(你的名字)得了乙肝,这种疾病有很大的传染性,和他说话都会被传染,大家以后都别和他一起玩了,小心自己被他传染乙肝。"看到信息你会有怎样的感受?你想如何回复信息?

■ **情景二:**

你在刷微博时看到女生A发了条:大家快来@这个绿茶婊。配图是一个男孩(女生A的前男友)和你的好闺蜜的暧昧聊天记录截图。看完后你忍不住想要评论……

■ **情景三:**

寒假里,你在刷微信朋友圈的时候,看到以前的同班同学刚发的信息:"×××(被骂人)我怼你咋了,你长得丑还不让人说吗?一点自知之明都没有,整天穿得不三不四的,你以为大家都喜欢你啊?你看清楚了,老子就是有胆不匿名,你有本事打我啊!"而这被骂的人是你的双胞胎姐姐,你会怎么办?

C. 网络暴力无处不在,我们每个人都可能成为网络暴力的受暴者,要想避免被网络暴力伤害,我们就要坚决反对各种形式的暴力行为,坚决不做施暴者。那么怎样做才可以不让自己成为网络暴力的施暴者呢?大家集思广益,讲师把学生的答案归纳到白板上,最后号召学生在"坚决不做网络暴力施暴者倡议书"上签名,以示承诺。

坚决不做网络暴力施暴者倡议书

同学们,我们是祖国的未来,是民族的希望,是社会主义现代化事业的建设者和接班人,我们肩负着重大的社会责任。但是,由于受社会不良风气的影响,加之缺少相应的法律常识,在某些学校出现了网络暴力事件,严重影响了学生们的正常学习和生活,危害了我们的身心健康。为了预防此类事件的发生,×××学校××年级×班发出如下倡议:

拒绝网络暴力,坚决不做网络暴力的施暴者,坚定、勇敢地向网络暴力说"不"。

人人为我,我为人人,让我们从我做起,从现在做起,用自己的实际行动反对网络暴力,远离网络暴力,争做文明学生,文明交往,文明上网,积极构建平安、和谐校园!

签名:×× ××× ×××

教学提示:

"坚决不做网络暴力施暴者倡议书"仅为示例,内容也可以由同学们拟定。可以将这倡议书做成海报,放在班级或学校海报栏,分享给全体同学。

（3）讨论话题

网络暴力是一把杀人不见血的刀，我们如何做才能不让自己成为网络暴力的施暴者呢？

（4）学生讨论

文明上网，不骂人，不攻击；保持理智，不跟风；不造谣，不传谣；不进行人肉搜索；不轻易评价别人……

（5）讲师过渡与总结

俗话说"三人成虎"，网络暴力危害之所以如此严重，正是因为施暴者众多，盲目跟从者多，许多网民缺乏独立思考和判断的意识，一味跟风，宣泄情绪，他们所认为的"为正义发声""替天行道"无形中成了网络暴力施暴者的帮凶。现实生活中，很多网络新闻事件的报道在网上反转再反转，我们确实很难辨别某个事件的真伪，但是我们可以做到不乱站队、不乱评论，可以做到不去指责别人、不去伤害别人，我们没有权利站在道德的制高点上评判别人，我们要时刻反省、审视自己的言行，不做施暴者，不做为网络暴力推波助澜的那双手，不做压死骆驼的最后一根稻草。

刚刚大家想到了很多不做施暴者的办法，由此我们可以看出，了解网络暴力的概念、特点和表现形式是减少、杜绝网络暴力的第一步，当我们每个人都清楚地知道哪些行为属于网络暴力，这些行为会产生怎样的危害时，我们就可以更好地保护自己，同时也约束自己的行为，以免在不知不觉中成为网络暴力的施暴者。那么最后，我们来进行"坚决不做施暴者"的倡议活动，请同学们在"坚决不做网络暴力施暴者倡议书"上亲自签名，摁上自己的手印，以示承诺，彼此监督。

避免网络暴力的建议：

①在使用网络社交软件时注意保护隐私。

②树立独立思考和判断的意识，不盲目跟风、从众。

③避免使用脏话，慎用讽刺。

④沟通中尽量少使用反问句，多使用陈述句。

⑤不做"动机揣测"，如"想出名想疯了"。

⑥不使用"资格论"，如"等你也能……时再来跟我说吧"。

⑦换位思考，对事不对人。

⑧及时表达自己的感谢。

⑨知错就改，诚恳地承认自己的错误。

⑩时刻审视自己的言行，为自己的行为及其引发的后果负责。

4. 小结

网络信息技术的普及和应用原本是想让大家通过高科技来感受世界的美好，方便人们及时沟通和交流的，可未曾想，言论自由与网络便捷竟然演变成了网络暴力，成为杀人于无形之中的最锋利的凶器。

在信息大爆炸时代，我们每个人都可能成为网络暴力的受害者和施暴者，善恶就在一念之间，所以"勿以善小而不为，勿以恶小而为之"，大家要保持冷静的态度，树立独立思考和判断的意识，不要人云亦云，盲目跟风。一个人的话语或许影响力不大，但中国有几亿网民，你一言我一语，成千上万的恶语相加就形成了杀人的刀子，"雪崩的时候，没有一片雪花是无辜的"。希望我们用眼睛去看，用耳朵去听，用头脑去思考，用心去感受，文明上网，让网络世界里多些鲜花和掌声，多些温暖和鼓励。

六、知识与观点链接

1. 推荐电视剧《全网公敌》

推荐学生课下看一下有关网络暴力的电视剧，《黑镜》（*Black Mirror*）第三季第6集《全网公敌》（*Hated in the Nation*）。

有网友如是说："《全网公敌》这集中，让我最受触动的，是一个因为网络暴力而试图割腕自杀的女孩，在被救之后对警方说的话——这就像是整个气候系统都在与你为敌，一条接一条的辱骂留言，一刻都不中断地发过来，你难以形容它对你的大脑造成的影响。突然间出现几百万个隐形人，这些人都在谈论他们怎么鄙视你，简直就像一种精神疾病。我知道我自己犯了一个错误，但是人们那种享受贬低我的样子，才是真正让我无法忍受的……"

一个故事永远都有多重现实（multiple realities），没有哪个人的视角是"绝对正确"的。而如果我们真的想让这个世界变好，我们要做的，就不是一味地惩罚和指责，而是看到故事的多重性，让多元故事并存，而不是站到道德高地上制造恶人。

网络越发达，与之伴随的隐患也越大。现在的人工智能技术已经能够帮助自动删除一些"不雅"的词频了，可这最多可以帮助缓解一下网络暴力。想真正治愈这些互联网上的暴徒，解药绝不在于技术，而在于树立正确的价值观。

2. 积极关注网络暴力的施暴者

网络暴力的施暴者也不是天生品行就坏，很多施暴者本身也是受害者，他们的施暴行为也是在日常生活和学习环境中习得的，且与其所受的家庭教育、学校教育和社会教育有关，他们自身有需要成长、学习和改善的地方，我们要做的是更多地去关注他们的真实需要，给予更多理解、宽容、关照、鼓励和爱，给予更多积极、正面的教育和帮助，而不是站在道德制高点上去指责、批评他们。我们在与施暴者沟通交流、建立关系时，要警惕自己是否陷入暴力行为的循环中，要给予施暴者积极正面的关注。抵制网络暴力，需要我们一起努力，每个人都时刻审视自己的言行，强化自己的社会责任感，防微杜渐。

参考文献

[1] 芭芭拉·科卢梭. 如何应对校园欺凌 [M]. 肖飒, 译. 上海：华东师范大学出版社, 2017: 208.

[2] 方刚. 让欺凌归"零" [M]. 北京：中国社会科学出版社, 2018.

执笔：姜玲玲

电影教学：《与敌共眠》

一、课名

《与敌共眠》赏析

二、时长

观影时间 97 分钟，讨论点评 30~60 分钟。

三、教学目标

通过电影赏析，让学生懂得即使在亲密的关系里，个人的人格尊严依然是神圣不可侵犯的，为了尊严，我们要学习对暴力零容忍的能力。

四、教具、材料

电影《与敌共眠》视频。

五、教学过程

1. 电影放映

（1）电影简介

美国二十世纪福斯电影公司 1991 年出品家庭惊悚剧情片 *Sleeping with the Enemy*，中文译名叫《与敌共眠》，由约瑟夫·鲁本执导。女主角劳拉由好莱坞著名影星茱莉娅·罗伯茨饰演，男主角马丁由帕特里克·博金饰演。

（2）剧情梗概

劳拉和丈夫马丁结婚三年七个月，蜜月之后，表面看着温文尔雅的丈夫便开始家暴。他不仅有强迫行为，还爱妄想，他随时施行的肉体和精神的双重家暴，让劳拉身心遭受巨大的伤痛。劳拉决定摆脱马丁控制的魔掌。一次在与丈夫、邻居共同出海时，遭遇大风浪的她借机坠海，制造了死亡的假象。其实她潜游回到了岸上的家，取好早已准备好的钱物远走他乡，在一个小镇开始了新的生活。

不曾想，马丁却从一个游泳训练馆打来的电话中嗅到了蛛丝马迹，他相信劳拉没有死。他疯狂地在家中寻找劳拉没死的证据，终于在马桶里他看到了没有冲走的劳拉的婚戒。于是他坚信劳拉活着，并开始前往劳拉母亲所在的养老院打探消息，结果发现劳拉母亲已经出院。他一路寻迹找到劳拉失明的母亲的现居地，以警察身份骗得了劳拉的地址。最终，他入侵了劳拉的新家，在一场新的暴力冲突中，劳拉愤而自卫，将暴力狂魔马丁击毙。

2. 观影前思考题

A. 本片涉及了什么类型的暴力呢？

B. 男主角马丁的暴力行为有哪些表现？

C. 女主角劳拉在遭受暴力时有什么表现？

D. 劳拉是如何从家暴中自救的？是什么力量让她能够奋起反抗暴力？

3. 赏析活动1：伴侣之间应该相互尊重吗？

（1）讨论话题

A. 赴宴前，丈夫笑着要求劳拉换上黑色露背晚装，劳拉说可能会冷，但最终还是穿着露背装赴宴了。你认为劳拉有权利选择自己喜欢的服装吗？

B. 赴宴中，丈夫给了劳拉一个眼色，劳拉就离开人群跟丈夫回家了。你认为劳拉可以自主决定社交的时间吗？

C. 大风中两人回到家，衣着单薄的劳拉回到家中刚想补充些食物，喘口气，丈夫却突然强行与劳拉亲热起来。你觉得劳拉是乐意的吗？

D. 赴宴前后这场戏里，丈夫马丁与妻子劳拉之间的关系是平等的吗？

（2）学生讨论

A. 劳拉担心晚上会冷，她有权利做出让自己舒适的选择。

B. 同样，劳拉也可以根据自己的意愿，决定社交的时间。并且，丈夫如果想离开，应该与劳拉商量后再一起离开，而不是单方面决定。这是伴侣之间应该有的相互尊重。

C. 返回家后，丈夫要与劳拉亲热，也应该尊重劳拉的意愿。爱是彼此都愿意，而不是一方热烈，另一方被动顺从。

教学提示：

A. 人与人建立关系以彼此尊重为基础。夫妻伴侣关系，是人与人之间最亲密的一种关系。伴侣之间不应该因为关系亲密而失去对彼此的基本尊重。

B. 丈夫应该尊重妻子的意愿，不能单方面强势做任何一个决定。伴侣之间也需要在尊重的基础上做出沟通、协商。

C. 作为妻子,劳拉有权利获得丈夫的尊重,凡事能有平等的沟通,可以拒绝违背自己意愿的事情。

(3) 讲师过渡与总结

每个人都有独立的人格尊严,都应该被尊重。所以,伴侣之间也应该相互尊重。

4. 赏析活动2:妻子不是丈夫的私有财产

(1) 讨论话题

A. 丈夫马丁不支持劳拉外出工作,认为妻子应该全心在家。他的做法对吗?

B. 丈夫马丁发现毛巾没有挂整齐,他转身把准备餐食的劳拉拉到毛巾架旁,并暗示她该怎么做。劳拉摆弄好毛巾还得向高傲的马丁表示感谢。从这里,大家看到了什么?

C. 一旦劳拉对厨房物品的摆放不够整齐,就会招致马丁的毒打。这又说明什么?

D. 因为得知新来的邻居医生多看了几眼玻璃窗后的妻子劳拉,马丁便对劳拉一顿羞辱和暴打。在劳拉受伤流血后,马丁又是拥吻又是献花,并给劳拉送上漂亮的礼服,然后再强行实施性爱。马丁的这些行为又说明什么呢?

(2) 学生讨论

A. 马丁没有权利不让妻子外出工作。

B. 马丁自己就可以把毛巾摆弄整齐,但他不做,反而要把劳拉叫来摆弄好,还让劳拉对他的提醒表示感谢。这说明他根本没把妻子放在应该平等相待的位置,而觉得妻子低他一等,是理应伺候他的。

C. 马丁有强迫症、妄想症,对劳拉没有信任感。他不尊重也不信任劳拉,随意羞辱和暴虐劳拉,他不是真的爱劳拉,他只是爱他自己。

D. 性暴力,有强奸嫌疑。

教学提示:

A. 马丁对劳拉是不尊重的,他对劳拉实施了家庭暴力,他们之间的这种暴力也可以称为伴侣暴力。

B. 伴侣暴力的特点:以"爱"的名义对伴侣进行精神上和身体上的控制。

C. 马丁对物品有着强烈的控制欲,表现在对毛巾和罐头等物品的摆放要绝对整齐划一。而他的这种控制欲不仅对物品也对劳拉,因此,劳拉也被他物化了,他对劳拉随时都要做出随心所欲的控制。

D. 马丁和劳拉的关系是一种失衡的伴侣关系,是病态的。随处可见的貌似温馨甜蜜的爱的细节与残暴无情、冷漠的肢体和精神暴力交织在一起。

E. 他们的"爱"是没有尊重、没有信任的"爱",是一方把另一方当作私有财产的"爱"。

F. 马丁给劳拉的并不是爱,而是发生在伴侣之间的暴力,是一种家庭暴力。它的本质是控制,是拿对方发泄自己的一切欲望!

G. 马丁的施暴侵犯了劳拉的独立人权。

(3) 讲师总结和过渡

从影片这部分剧情中,观众看到马丁对劳拉的伴侣暴力,鲜明地体现了家庭暴力的很多特点,以爱的名义实施精神控制、肢体暴力。

我们看到伴侣暴力循环的路径:示爱、控制、妄想失控、再控制、施暴、再示爱,循环反复。这样的伴侣暴力会给受控制和被暴力的一方带来肉体和精神上的巨大打击。劳拉失声痛哭的样子就让我们体会到她内心的压抑和痛苦。

生活中,我们能看到有的人会在周而复始的伴侣暴力里变成习得性无助,无力挣脱,直至彻底被暴力控制。也有的人选择自杀来逃避。但是,影片中的劳拉,却是另一种女性。她没有因此而自我放弃,而是选择了用智慧远离这种暴力,自救重生。

5. 赏析活动3:远离暴力,拥有你自己

(1) 讨论话题

A. 在马丁的淫威下,劳拉又一次不得不违背意愿搭邻居医生的游艇夜游,但在暴风雨中劳拉落水失踪了。后来得知,劳拉借机逃离了这个充斥着暴力的家。而她为此精心准备了好几个月。看到这里,你会怎么想呢?

B. 在婚后的三年多时间里,劳拉一直遭受着惨烈的家庭暴力。这期间,她报过警却无法有效制止暴力,马丁还威胁如果她敢逃跑将受到更严厉的毒打,甚至伤害她失明的母亲……影片故事发生在美国,一个法律严明的国度,为什么也会有这样的家暴呢?

C. 如果遭受的家暴持续时间长,程度又重,受暴者应该怎么自救?

(2) 学生讨论

A. 劳拉精心策划了逃跑计划并获得成功,这说明劳拉是很有主见的女性,她不甘心人生就这样被暴力控制。她想过正常的生活,她懂得自爱,内心足够独立和强大。

B. 劳拉是用理性和智慧在自救。

C. 不管在哪个国家,人都是一样的人,有好人,也有坏人。施暴者哪里都有。

D. 想自救,一定要内心足够强大,否则很难。

E. 还是要从小养成独立自主的人格,遇事沉着冷静。不要轻易放弃自己的人格尊严,要敢于对伴侣暴力零容忍。

教学提示:

A. 人性是复杂多样的,而健康的亲密关系应该以"尊重、信任"为原则。

B. 无论什么国别和种族,以暴力为特征的施暴行为,施暴者对受暴者的控制手段,都具有很强的共性,几乎全世界都一样,都有这样的案例发生,都有这样的人群存在。

C. 影片中的施暴者马丁,就是一个集合了冷暴力、精神虐待、肢体暴力和性暴力的人。他有着非常态的妄想人格,还有着偏执人格。

D. 但是,马丁不打妻子的时候,就像一个温文尔雅的绅士,在职场上竟是一个非常出色的投资经纪人。如果说他的暴力源于他的病,这个病就是父权制下的控制欲!他的错就在于,把劳拉当成了私有财产的"物"。可劳拉是人,不是物。她有独立的人格,与生俱来,他人不可代为支配,所以,对劳拉施暴,就是侵犯了劳拉的身体自主权,侵犯了劳拉的人权!

E. 虽然影片的开篇让我们看到了一个遭受家庭暴力的女性,也看到了她敏感、抑郁、紧张惶恐、谨小慎微的样子,甚至也看到,她在逃离魔掌后遇到一位真诚热情的大学戏剧教师时表现出的对异性、对新的亲密关系的恐惧和怀疑态度,但是,劳拉的内心是强大的,是独立的。正如她的妈妈在镜头前说的那句话:"你会没事的,因为你有一个天赋,任何人都无法消灭它——你拥有你自己。"换句话说就是:劳拉,你有着天赋人权,谁也无法夺走你支配自己的权利!是的,这才是这部电影的核心价值所在,也是影片令人精神为之一振、得到升华的地方。这也是影片的宣言:人啊,你是你自己的,你要爱自己,你可以对暴力零容忍!你有至高无上的人格尊严,谁也不能任意剥夺……

(3) 讲师总结和过渡

隐姓埋名、蜗居小镇的劳拉在戏剧老师的影响下,敞开了心,接纳新的爱情、新的生活。她自信而灿烂地笑开了颜。这是影片要传达给观众的另一个信息:受暴者,完全可以与过去的悲惨决裂,用自信的力量,自我康复,开始新生活。

6. 赏析活动4：认清暴力本质，受暴者能对暴力零容忍

（1）讨论话题

A. 影片结尾，劳拉用面对面的方式，彻底解决了寻踪而来的纠缠不休的马丁。她奋起反击，夺过马丁的枪自卫，将疯狂的暴力狂徒马丁击毙。你认为劳拉的防卫过当了吗？马丁毕竟是劳拉的丈夫，他罪该至死吗？

B. 这个故事的结尾，对生活在中国的我们有什么借鉴意义呢？

C. 你认为伴侣暴力的本质是什么？你见过的社会文化中，是不是常见这种暴力？

D. 通过赏析影片，想一想，能否找出我们对伴侣暴力的认识误区？

（2）学生讨论

A. 劳拉为了保全自己的生命，在面临马丁致命威胁的时候夺枪击毙他，是合理的。马丁虽然在法律上是劳拉的丈夫，但是他却在身体和精神上对劳拉经常实施暴力虐待，他的行为已经侵犯了劳拉的人权，是犯罪。而他被击毙，是劳拉自卫的结果。所以，马丁是咎由自取。

B. 中国公民不允许使用枪支，所以用枪自卫是不合中国国情的。但是，用一切合法的自卫手段拒绝暴力是可以的。这就是劳拉反抗暴力的借鉴意义。

C. 伴侣暴力的本质就是控制，是对伴侣的一种权力控制意识。我们的社会文化里很常见这种权力控制意识，比如阳刚的男人对弱小的女人。

D. 在性别多元社会里，伴侣暴力不只是影片中这种男方对女方的暴力，伴侣暴力应该包含任何一方对另一方的暴力。

教学提示：

A. 影片结尾，劳拉以正当防卫击毙马丁，获得精神和肉体的解脱和救赎。有人说劳拉防卫过当，这算是一种缺少社会性别意识的判断。因为，长期受到施暴者虐待的女性，当施暴者明显要再次施暴时，她是无法清楚判断对方实施暴力的程度的。她的正当防卫更没有办法有效地控制在一个"合适的度"上，更不用说"合适的度"可能根本无法阻止施暴者。就如影片里，马丁身材高大，孔武有力，又带着枪，瘦弱的劳拉能抢到枪支也不能保证就是安全的。所以，在报警后，她已经在判断，最终才选择了开枪。在这种危急关头，受暴者的自我防卫是理应受到鼓励的。劳拉的勇敢，解救了她自己！

B. 家庭暴力的特点：普遍性，隐蔽性，习得性，反复持续，周期循环，高度容忍，习得性无助。伴侣暴力也是家庭暴力的一种，特点基本一致。

C. 对家庭暴力的认识误区的纠正：

a. 家庭暴力不是个人隐私；

b. 家庭暴力不只发生在落后地区和没文化的人身上；

c. 受害者没有过错；

d. 受害者不是没用的弱者；

e. 施暴者不是因为"有病"而"失控"打人，ta 的病是"控制欲"；

f. 干预家暴最重要的目标和原则并非维护家庭和谐，而是制止暴力再发生。

7. 小结

（1）受暴者的智慧、胆识，对于逃脱施暴者的魔掌，多么重要！

（2）在性别多元的社会里，伴侣暴力不单指男人对女人的暴力，应该指伴侣之间任何一方对另一方的暴力。

（3）任何暴力行为，都应该零容忍。

（4）我们的社会要消除性别歧视，尊重性别多元，提倡性别平等！

执笔：方刚　杨东

电影教学：《印度合伙人》

一、课名

《印度合伙人》（又名：护垫侠）赏析

二、时长

观影时间 132 分钟，讨论点评 30~60 分钟。

三、教学目标

学习关于月经的科学知识，认识到月经只是一种正常的生理现象，对月经的种种限制和污名是没有科学根据的，是不公平的；女人要勇敢地站出来，大大方方地使用卫生巾、卫生棉，男人也要做个兼性气质的人，关爱女性；不论男生女生，都要勇敢地坚持信念与梦想，成就自己的美好生活。

四、教具、材料

电影视频，纸、笔等。

五、教学过程

1. 电影放映

（1）电影简介

《印度合伙人》是 R. 巴尔基执导的喜剧片，由阿克谢·库玛尔主演，于 2018 年 1 月 26 日在印度上映，2018 年 12 月 14 日在中国大陆上映。该片根据印度草根企业家阿鲁纳恰拉姆·穆鲁加南萨姆的真实事迹改编，讲述主人公拉克希米冲破阻力，发明低成本的卫生巾生产机，为印度农村的经期卫生观念带来变革的故事。本片的制片人就是故事的原型草根企业家阿鲁纳恰拉姆·穆鲁加南萨姆，当然，现在他已经是印度有名的企业家和慈善家了。

（2）剧情梗概

印度是一个贫穷的国度，女性的社会地位极低，2012年印度仍有80%以上的女性在生理期无法使用卫生用品。主人公拉克希米结婚了，他非常爱妻子葛雅特莉，尽他所能关爱她，希望她幸福健康。虽然只有初中文化程度，但他热爱生活，积极健身，心灵手巧。为了妻子的健康，拉克希米先是去药店买卫生巾，但因为关税高昂，卫生巾非常贵，虽然买下了，但妻子不舍得用并坚决要求他去退货。于是，他就尝试了各种方法寻找低成本的卫生巾的生产方法，这个过程漫长且艰辛，他也因此被全村人视为变态、疯子，亲人不认他，妻子回娘家。他承受着巨大的屈辱，远走大城市新德里。不畏艰难险阻的他最终选择踏上一条拯救生理期、解放思想意识的创业之旅。他遇到了生命中最重要的美女合伙人帕里，最终发明了低成本卫生巾生产机器，并开放专利，为印度全国对女性经期卫生观念带来变革，一定程度上改变了印度女性的命运。

2. 观影之前思考题

（1）为什么女人的月经有那么多的忌讳和限制？

（2）传统的力量有多强大？

3. 赏析活动1：月经"迷思"

（1）讨论话题

A. 电影中女人来月经的时候要做什么？怎么处理？

B. 你还知道哪些月经时候要注意的事情？关于月经期间的禁忌你知道多少？你还知道世界各地月经期的哪些"古怪"习俗？

C. 这些注意事项、禁忌和习俗是正确的、合理的吗？你认为其形成的原因是什么？

（2）学生讨论

A. 女人月经，五天不能进房间；不能靠近别人；要住在外面；用一块破布；那块布很脏；那块布还要藏起来晾；不能跟人说起月经的事。

B. 月经期间：不能吃喝凉的东西；不能运动；不能吃辣的；不能看望新生儿；不能参加婚礼/葬礼；不能祭拜祖坟；不能进祠堂；尼泊尔的"月经小屋"；《圣经》中说月经不洁，被月经来潮的女人碰到的东西都不洁；月经魔力；经血辟邪……

C. 有的正确，有的不正确；不让干这干那简直是胡扯；怎么就不洁了；科学水平低；害怕出血；生活水平低；担心生病；适当减少运动是保护……

教学提示：

A. 引导学生从科学知识水平、生活条件、女性污名、性污名、传统性别气质、保健品商制造概念等方面思考形成这些"迷思"的原因。

B. 讲师要有足够的知识储备，能分辨学生的错误认知，能解答学生的问题。

C. 下图为月经"迷思"可能的讨论结果及形成原因，仅供参考，实际上学生的讨论内容可能更丰富。

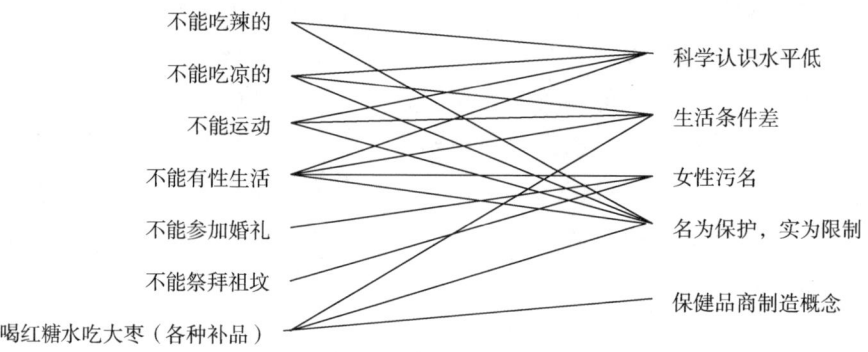

（3）讲师过渡与总结

A. 世界各国都有或曾经有过很多对女人月经期间的种种限制，有些在一些国家和地区废除了，有些地方种种禁忌还根深蒂固，给女人、给家庭都带来巨大的阴影和伤害，有时候甚至付出生命的代价。其实在我们国家，卫生巾普及，也就是这三四十年的事情，五十年前、六十年前或者更早之前的女人月经期用的就是炉灰、破布、棉花等东西。

B. 除了科学水平、认知水平的原因，针对月经的种种禁忌，还有什么其他的原因吗？我们来看看电影中的女人们，从她们身上找找原因。

4. 赏析活动2：传统的力量

（1）讨论话题

A. 电影中的女人，对月经、卫生棉的态度如何？男主角为她们的卫生和健康努力，她们的态度如何？

B. 电影中的女人为什么是这样的态度？

C. 如何看待传统？

（2）学生讨论

A. 电影中的女人认为月经、卫生棉特别羞耻；宁可得病死掉，"作为女人，没有任何疾病比羞辱更严重"；认为男主角做了非常耻辱的事情……

B. 愚昧、无知；没文化；传统就是对的；祖祖辈辈都这样；被人笑话是很严重的事情；一生都生活在限制之中；都习惯了……

C. 传统有好有坏，好的发扬光大，不好的要摒弃；很难区分，好坏掺杂在一起……

教学提示：

A. 引导学生思考和讨论——对女人限制的"规则"是男人制定的；女人愚昧、无知、读书少，也是男人限制的；通过这样的种种"规则"压制女性，如月经污名、女性污名，强化的是男性的地位、权威和权力。

B. 引导学生思考和讨论——传统的力量是很强大的，一项陋习的废除，需要很多人，甚至几代人的学习、宣传、努力和顶住压力。但是，有些不科学的传统不是不能改变的。回想我们国家这一百年来，女人不是不用裹小脚了吗，不是可以读书了吗，不是可以工作了吗？我们的权利要自己努力去争取。

（3）讲师过渡与总结

总有人抱着"传统的都是好的""老祖宗留下来的东西不能丢"的态度，但是都过去几千年了，"传统"自身从未停止改变，我们固守的传统到底是哪一个？要用科学的态度，从性别平等、人人平等的角度，做自己的思考和判断。

5. 赏析活动3：勇敢、坚定地追求梦想

（1）讨论话题

A. 电影中都有谁在追求梦想？实现了吗？怎样实现的？

B. 你的梦想是什么？你打算为了实现自己的梦想做点什么努力呢？

（2）学生讨论

A. 男主角：面对歧视、侮辱、妻子打算和他离婚、母亲和妹妹离家，所有人都不理解、不支持，甚至谩骂和驱逐，仍然坚持梦想，多方学习，多次试验，坚持不懈。

B. 帕里：受到男主角感召，学以致用，帮助男主角实现梦想的同时也实现了自我价值。

C. 被酗酒丈夫家暴的女人，在男主角和帕里的帮助下，有了工作和收入；还有很多女性，在他们的帮助下，有了自己的事业和收入，改变了自己的生活。

(3) 讲师过渡与总结

"做人如果没有梦想,那和咸鱼有什么区别?"人都是要有梦想的,但是梦想不是做梦梦出来的,而是努力奋斗得来的。祝愿大家都有自己的梦想,并愿意为实现梦想努力奋斗,追求美好的人生。

6. 赏析活动 4:兼性气质最迷人

电影中的男人女人,性别刻板印象无处不在,就不一一指出了。但是也有一些人物,展现出迷人的兼性气质,我们可以把 ta 找出来。

(1) 讨论话题

A. 哪些人物的哪些表现展现出兼性气质?

B. 你喜欢他们身上的兼性气质吗?你身上有哪些兼性气质?

(2) 学生讨论

A. 帕里的爸爸,大学教授,照顾女儿,给女儿卷头发,学烹饪;男主角,挣钱养家,坚定地追求梦想,对妻子、妈妈、妹妹都超级好,温暖;帕里,美丽,MBA 毕业,坚定地支持男主角和那些女人,坚强、乐观,没有爱情至上,放手,成全,自尊。

B. 喜欢,气质怎么分男性女性;无论男女,都有好品质的人和坏品质的人;我身上……

教学提示:

A. 电影里,帕里的父亲说:"一个好父亲应该学会做母亲,就像一个好男人也应该有自己女人的一面。"

B. 可以适当地举一些兼性气质的例子,鼓励学生做兼性气质的人。

(3) 讲师过渡与总结

传统性别气质总是要求男人阳刚,女人阴柔。现在是 21 世纪,越来越多的人开始挣脱传统性别气质的束缚,认识自己,悦纳自己,做自己,厨房里的男人、太空船上的女人,都散发着迷人的魅力。

7. 赏析活动 5:爱情的样子

(1) 讨论话题

A. 电影中不同的人物对爱情的态度和选择有什么不同?

B. 你心中的爱情是什么样子的?

(2) 学生讨论

A. 男主角:爱自己的妻子,疼自己的妻子,尽管被妻子误解,仍然爱她;虽然感受到美丽、能干又理解、支持自己的帕里的感情,还是坚定地回到妻子身边。男主角的妻子:传统观念非常重,很爱自己的丈夫,但是羞辱感让她离开,内心非常不舍,仍然爱男主角。帕里:一起工作的过程中被男主角的信念、情怀吸引，爱上了男主角，但是很清楚男主角的心在妻子身上，另外她也不忍心自己的学历、家世等带给男主角压力（有刻板印象），于是她选择了离开。

B. 我的爱情……

教学提示：

A. 引导学生思考和讨论，爱情中什么是重要的，如何做选择。

B. 引导学生意识到，每个人对爱情都有不同的认知，世界是多元的，爱情也是多元的，我们应该尊重他人对爱情的选择；同时看清自己的内心，经营好自己的爱情。

C. 赏析活动3、4、5，比较发散，讲师可根据实际的时间安排，来控制讨论话题、发言人数和点评总结的深度。

（3）讲师过渡与总结

爱情的样子，一百个人，就会有一百种样子。每个人都可以按照自己的需求和心愿，选择最适合自己的爱情。

8. 赏析活动6：护垫侠

这个电影在国外上映的时候，名字叫作《护垫侠》，在我国上映时名字叫作《印度合伙人》。电影海报国外版男主角手里拿的是一片卫生棉，国内版男主角手里拿的是一张纸。你怎么看待这样的变化？

教学提示：

这个话题，可以做，也可以不做，也可以作为一个花絮介绍给学生。

9. 小结

（1）没有女人的月经，就没有人类的繁衍，这是一个不争的事实。但是长久以来，存在大量的对月经的污名，其实就是对女性的污名、压制和歧视，这是男权社会的陋习。每个女性，都有权利在月经期获得卫生、健康又舒适的月经用品，有权利做自己想做的事情，而不应该受到限制。

（2）我们要爱护女性，尊重女性，打破传统观念强加在女性身上的枷锁，也打破每个人身上的枷锁。

执笔：王艺

讲座：科学避孕

一、讲座名

科学避孕

二、时长

90/120 分钟

三、教学目标

1. 使学生了解怀孕的征兆、常用避孕方法、常见堕胎方式；了解未成年人怀孕、堕胎对身心的影响。

2. 知道遇到重大困难时要及时向信任的老师、家长求助。

3. 增强学生自我保护意识，强化对爱与性的认真负责态度，珍爱生命健康与生育的权利。

四、讲座内容

引入：生活当中难免发生意外。很多青春偶像剧、言情剧中，男女主人公相遇、相爱，接下来的情节就是怀孕、堕胎……甚至有人说"无堕胎不青春"。我们今天要交流的话题就是：怀孕、避孕与流产。

■ **案例一：**

男生小明和女生小丽是初中生，相恋已经半年了。某天，两人一时冲动，发生了性行为。情急之下，也没有采取避孕措施。此后，小丽天天提心吊胆，害怕怀孕。

如果是成年已婚男女，当他们正期待有一个宝宝，发现怀孕后双方当然会感到很幸福，很有成就感。可未成年人没有考虑好后果就发生性行为，就会后悔、内疚、自责。女生会更担心，害怕怀孕。我们必须要了解一些怀孕与避孕的知识，以应对意外。

1. 怀孕

（1）怀孕的征兆

如何判断是否怀孕？怀孕的重要征兆是停经。平时月经很有规律，发生性行为后，若月经推迟了 7~10 天还没有来，就可能是怀孕了。停经 40 天左右时还可能会出现恶心、呕吐、疲劳乏力、尿频、乳房胀痛、乳晕发黑或刺痛、偏食、嗜睡等情况。

想知道是否怀孕，可以用早孕试纸、验孕棒检验，这是目前比较方便的测孕方法，一般药店、医院都出售。由于使用不当或者试纸变质，会造成误差，所以要确诊，最好到正规医院检测。

（2）怀孕的影响

未成年人的内脏器官（心脏、肺、骨骼、肾等）还未完全发育成熟，怀孕后身体会优先保障胎儿营养供应，内脏要担负两个人的代谢，怀孕会严重影响未成年孕妇的身体发育。

怀孕不仅会影响身体，还会影响当事人的心理状况。女生非意愿怀孕，一般会感到恐慌、无助、羞耻，也有人会怨恨男友。男生，不会那么担心怀孕，有时会有一丝得意，也会有对未来的恐慌。

■ **案例一续：**

小丽买了试孕纸，检测到没有怀孕，后来，她的月经也来了，她松了一口气，小明也松了一口气。后来，小明又提出性行为的要求。

这一次，她该怎么办？学生回答后教师归纳。

2. 避孕

（1）避孕的历史

人类避孕的历史有上千年了，真正有效的避孕方法伴随着医学的进步才诞生不过一百多年。

半个世纪前，在美国，避孕方法和工具仍作为淫秽物品只能从非法途径传播。美国女性玛格丽特·桑格（1879—1966）为改变这种状况做出巨大努力，被大家称为避孕先驱。

她早年从事护士工作，看到很多妇女因多生子女而痛苦，家庭生活艰难，还有妇女因私自打胎而造成不幸，她决心倡导计划生育。1914年她发行《女反抗者》杂志（后改名《节制生育评论》），给妇女传授避孕知识，首次提出了"计划生育"和"避孕"的概念。1916年她在布鲁克林开办了美国第一家计划生育诊所，对妇女的避孕和生育提供从知识到技术的全方位指导。但这家诊所开业仅10天，就被查封，因为美国《康斯托克法》规定禁止向美国的母亲们传授避孕应用知识，并规定避孕药具也属于淫秽品。她因"用公共邮政传递关于避孕和堕胎的资料"的罪名被劳教30天。在安全套这么容易得到的今天，估计很多人都想不到，一百多年前，有人会因为宣传避孕而进监狱。1921年她创立美国节制生育联盟，后更名为"美国计划生育联盟"。1922年，她出席了在伦敦举行的第一次国际限制生育大会。1927年，她组织了日内瓦第一次世界人口大会。1953年，她牵头创立了国际计划生育联合会，并曾来中国北京、上海等地传播计划生育思想的种子。

经过很多人很多年的努力，目前避孕为大多数国家法律所允许。在我国，计划生育还成为基本国策，为保障妇女健康、提高人口质量、提升生活品质做出重大贡献。避孕是现代人得之不易的重要权利。

（2）常用避孕方法

人类怀孕的原理是，女性卵子在输卵管遇到精子后受精，在输卵管里发育成胚胎，然后移动到子宫里着床生长。而避孕就是通过阻断其中的任何一个步骤而实现的。常用避孕方法主要分为物理类和化学类。

A. 化学类：通过药物改变生殖系统状况。

a. 女性用避孕药，多由雌激素和孕激素配伍而成，能抑制排卵和干扰着床，从而达到避孕的目的。避孕药的激素对未成年人发育有副作用，也会影响月经周期。

b. 男性用避孕药主要目的是杀死精子，或者降低精子活力，目前还没有满意的药物。

B. 物理类：阻止精子与卵子相遇。安全套、子宫帽、体外射精、安全期避孕、上环、结扎都属于此类。

a. 体外射精是指性交时不在阴道里射精。这种避孕方法没有科学依据，非常不可靠。男性高潮射精之前，也会有少量精子随着前列腺液等分泌物排出，即使一个精子游进了子宫，也可能导致怀孕。

b. 安全期避孕法是指性交时避开女性的排卵期前后三天。因为卵子一般能存活三天。这种方法有一定的科学依据，但非常不安全。因为未成年人本身排卵往往很不规律，排卵期不好预测。即使排卵很有规律的人，受情绪波动的影响，也很可能因额外排卵而导致怀孕。

c. 上环是指子宫腔内放进节育器，是需要到医院进行的小手术，由医生把宫内节育器放入子宫，使子宫的环境不利于受精卵着床。一次上环可避孕长达5年以上，一般是长期避孕采取的措施。需要生育时可以到医院取出节育环。这种避孕方法副作用小，成功率高。但偶然情况下，节育环会位置偏移，影响避孕效果。

d. 结扎也是要到医院做的小手术，医生在输卵管或输精管相应的位置切开小口，用特殊的线，将输卵管或输精管扎住，以阻止排出卵子或精子。结扎在医学界被普遍公认避孕效果好，一般是不想生育的人采用的方法，也称为绝育手术。如果结扎后想恢复生育功能，需要更复杂的复通术。

e. 从价钱、方便程度、效果来看，对未成年人最合适的避孕方法是安全套。在性交时使用安全套不但能避孕，还可以防范性病、艾滋病的传播。大多数安全套是天然橡胶材质，有少数人对橡胶过敏，则需要使用其他材质的安全套。

（3）安全套的正确使用方法

讲师用香蕉和安全套展示安全套正确使用方法。

强调：撕开包装要避免硬物、指甲划破安全套，不能用牙齿咬。购买时要确认安全套大小合适。性器官接触前就要戴上，要先挤出前面小囊中的空气。射精后要在根部捏住安全套，及时取走。不正确使用，会导致安全套破裂，精液外流导致避孕失败。

没有100%可靠的避孕方法。万一常规避孕失败，要采取紧急避孕措施。

（4）紧急避孕

A. 紧急避孕药是一种补救性质的避孕药物，适用于女性遭受性侵、进行了无避孕措施的性生活或其他避孕方式失败（如避孕套意外破裂）等情况，可在事后72小时内服用以避免意外怀孕。常见的紧急避孕药，如毓婷，在一般药店都可以买到。

B. 紧急避孕药，主要成分为大量孕激素，容易造成女性内分泌紊乱、月经周期改变。因此，紧急避孕药的使用越少越好。不适合作为日常避孕手段。已经怀孕再服用紧急避孕药，是没有流产作用的。

C. 常见副作用：有人在服用后，有轻微的头晕、头痛和恶心、呕吐、不规则子宫出血、月经紊乱、乳房胀痛、乏力等症状。若在服药后1小时内发生呕吐，应立即补服相同剂量的药物。

D. 紧急避孕药极易受到各类因素的影响。疾病干扰：服药时患有感冒、发烧、肠胃炎；其他药物干扰：同时服用抗生素、抗结核、抗病毒、抗惊厥等药物；不良习惯的干扰：大量吸烟、喝酒和咖啡等都会影响效果。服用过多可能会导致不育。

■ 案例一续（穿插提问）：

小明买了避孕套，小丽同意了性行为。有一次，避孕套用完了。小明提出碰碰运气。（对，还是错？碰运气，是对双方都不负责的行为）小丽没有拒绝，想到可以事后用紧急避孕药。小丽不好意思去买，让小明去买。（对，还是错？避孕是谁的责任？双方都有责任）结果连续两天小明都忘记了。第三天小明买来紧急避孕药，小丽吃了，呕吐之后也没有补服。（对，还是错？应该及时补服）过了一段时间小丽停经，测孕试纸显示怀孕了。

讨论：小丽为什么会怀孕？应该怎么办？

讲师归纳：可能的原因有吃药迟、吃药前已经怀孕、呕吐后没补服、其他因素干扰药效等。紧急避孕药也不是100%有效。据统计，失败率为15%。

未成年人避孕失败，大多数会选择堕胎。因为对未成年人来说，把孩子生下来对身体伤害更大。而且，未成年人没有收入，缺乏成熟的心态、足够的精力去照顾婴儿。

当然也有一些人认为生命为大，选择顺其自然，把孩子生下来，送人抚养，或者两人同居自己养。自己带孩子，对未成年妈妈来说，基本就意味着要放弃上学了，同时找能兼顾孩子的工作也比较难。不够法定结婚年龄，两人的结合没有法律保障。孩子今后的户口、入园、入学等也有困难。

所以说，性行为真不只是两个人的事。

3. 堕胎

（1）堕胎方法

堕胎也称人工流产，有药物流产、刮宫手术、引产等几种。

A. 药物流产是通过口服一些药物，让受精卵无法发育，然后坏死、脱落，最终达到终止妊娠的效果。药流对子宫的伤害最小，但是不适合所有人，只适用于怀孕 49 天之内的女性。有过人工流产史或剖宫产史、子宫畸形或合并子宫肌瘤等情况的女性，皆不适宜做药流。如果超过 49 天，或者说孕囊直径大于 2cm 是不可以做药流的。药流之后，要住院观察孕囊是否排出，出血是否正常。如果排出不彻底，还必须再进行清宫处理。

B. 刮宫手术，是指刮取子宫内膜或宫腔内容物的手术。刮宫手术，适用于怀孕 50 天到三个月的女性。越早做，伤害越小。手术过程中，操作不熟练有可能引发大出血。手术后两周内会有阴道出血，创口易感染细菌，引发慢性的妇科病。未成年人子宫更容易受伤害，甚至失去生育功能。手术后需要卧床休息至少两周，保证营养，俗称"坐小月子"。

■ **案例一续：**

小丽和小明积蓄不多，没有去正规医院，决定到附近的小诊所问问。（对，还是错？到小诊所是极不负责的做法）小诊所的医生推荐了药物流产，说按时吃药，不影响上课，要多运动，流些血，三天之内白色的孕囊掉下来就没事了。（真的假的？药流没这么简单。会有一些意外情况出现）小丽照着说明书吃药，照常到学校上课，阴道有些出血，体育课她比往常都更卖力地运动。（对，还是错？子宫出血是危险的信号，应该及时就医）放学后，小丽感到腹痛难忍，出血不止，越来越虚弱，昏倒在教室。小明和同学抬着她送到医务室。老师叫了急救车，送到医院，查出小丽是宫外孕导致的腹腔大出血。医院做了紧急手术，切除了一侧输卵管。小丽保住了性命，未来生育能力会受影响。

C. 什么是宫外孕？

宫外孕又叫异位妊娠，是指受精卵在子宫体腔外的部位着床发育的异常妊娠过程。按部位不同有输卵管妊娠、卵巢妊娠、腹腔妊娠、宫颈妊娠等之分。最常见的部位在输卵管，亦可能在子宫颈，很少在腹腔。常导致流产、输卵管破裂，伴有腹痛、阴道出血，甚至休克。

（2）堕胎的危害

A. 身体危害

堕胎对女性身体的伤害非常大：可能导致月经失调，少数患者月经周期不规则，经期延长，较多的患者堕胎术后出现经量增多的情况；可能导致子宫腔内感染；可能导致日后习惯性流产；等等。

当然，在正规医院进行的堕胎是比较安全的。未成年人，由于经济原因或是不愿意告诉家里，选择无资质的小诊所，是对生命非常不负责的做法。

B. 心理影响

堕胎还对双方的心理、亲密关系有深远影响。很多情侣经历堕胎后信任感和亲密度下降，会分手。现代科技这么发达，有药物可以堕胎，可以止痛，却没有一种药能够治疗心灵的伤口，黏合爱情的裂痕。如果自己不会调整，有可能会影响后来的婚恋，心理阴影甚至会伴随一生。

提问：你认为小明爱小丽吗？小丽爱自己吗？

4. 爱与性的原则

■ **故事：男孩与玫瑰**

春天的花园里，一个男孩在忙碌着，松土，浇水，施肥，剪枝，捉虫，锄草……另一个男孩路过花园问他：你在忙什么？一起去踢球吧。他说：我在种玫瑰，没空去踢球。一天天过去，玫瑰长出了花蕾。男孩每天更精心地照看，汗水一滴滴掉在土里。太阳大的时候，他会为玫瑰挡上防晒网。终于玫瑰开出了美丽的花。爱踢球的男孩路过花园时，看到了美丽的花，他高兴地向种花男孩请求：给我一朵吧！我要把它插在花瓶里。种花的男孩说：不，剪下来花会疼的。晚上，趁花园没人，踢球的男孩偷偷剪了一枝花。放在花瓶里，看了几天，花枯萎了，他把花扔进了垃圾桶。谁是爱玫瑰？谁是喜欢玫瑰？

（1）爱，就要既对自己负责，也对对方负责

如果相爱，就不要让爱变成伤害。避孕，不只是保护女孩，也是保护男孩。这是为未来的幸福留下更多选择的余地。避孕是双方的责任与权利。

■ **案例一续：**

事后，小丽家长约见了小明及其家长，并未提出经济赔偿，而是提出，小丽既然已经因为小明而可能失去生育能力，要求小明写下字据，将来必须和小丽结婚。

小明答应还是不答应？小丽该怎么办？小明答应的话，是否能保证两人的幸福？不答应的话，如何面对他人的指责与自己的良心？真是一个难题。爱与性，是必须要考虑责任与承诺的。承诺最好等到有能力承担时再做出。

讲师点评：看得出来，小丽的家长非常爱小丽。小丽迫不得已放弃胎儿的生命，可她父母却没有放弃她，努力想安排她的幸福。可和小明结婚，不一定就能幸福。经受了这场磨难，小丽更需要思考她追求的是什么。

（2）要以长远的幸福为目标

是不是经历了堕胎，人生就完了呢？

■ **案例二：**

女生小娟是高二学生，从农村转学到大城市来，成绩有些跟不上。班上男生小勇和小娟家相距不远，有时小娟忘记带钥匙，就到小勇家写作业。在小勇的帮助下，小娟成绩提高很快，她非常感激小勇。某天在小勇家写作业时，小勇忍不住拥抱亲吻了小娟，冲动之下，两人发生了性行为。事后两人都不知如何面对，干脆回避着见面，形同路人。过了两周，小娟月经没有来，还经常想呕吐。小娟没有勇气告诉小勇，想自己借钱偷偷做人流手术，细心的妈妈却发现了她身体的变化。妈妈带小娟到正规医院检查，果真是怀孕了。妈妈陪她做了人流手术，并给她请了两周假，让她卧床休息，自己也请了假在家照顾她，天天炖鸡汤做好吃的，小娟身体恢复得很快。妈妈还教育她要学会和男孩子保持距离，并且告诉她此事要对所有人保密。小娟吸取了教训，在交往中学会把握分寸。后来，小娟考上大学。毕业后，找到爱人，组建了幸福的家庭。

同样是未成年人怀孕、堕胎，为什么小娟和小丽的结果大不相同？

（3）遇到困难，及时向家长或信任的人求助

父母无论如何也是爱孩子、愿意支持孩子的。

人生没有后悔药。了解别人的故事，我们可以从中学习经验。如果人生可以重新选择，小明、小丽、小娟、小勇可以用哪些做法避免或者减少伤害？

请学生回答后讲师归纳：小娟可以选择保持距离、事后吃紧急避孕药，及时向家长求助。小丽可以选择拒绝性行为，坚持避孕，或者自己购买紧急避孕药，怀孕后向家长求助，到正规医院堕胎等。他们都可以选择不发生性行为。

人生的路是由无数选择决定的。在人生的每次意外面前，不失误也许不太可能。多了解一些知识，有助于我们今后做出更好的选择。

五、总结

1. 本节课，我们了解了怀孕、避孕、堕胎等科学知识。
2. 性行为不能只要愉悦，也应该遵守自愿、安全、健康、责任的原则。
3. 最重要的不是你昨天做了什么，而是你今天的选择。你的命运永远掌握在自己手中！

教学提示：

A. 此课的基调，不是用怀孕、堕胎的危害去吓唬学生，而是强调避孕与怀孕都是人生的重要权利，要善待自己幸福的权利，做出负责的决定。

B. 讲师的态度要平和、坦然、平等，接纳学生的各种状况及观点。在教学过程中，遇到与安全、健康、自愿、尊重、愉悦等原则不同的观点，可以用提问的方式，引导思考，多肯定，少评判。

执笔：马文燕

讲座：拒绝网络暴力

一、讲座名

拒绝网络暴力

二、时长

90/120 分钟

三、教学目标

1. 了解网络暴力的定义；
2. 知道网络暴力的表现形式；
3. 明白网络暴力的危害；
4. 知道网络暴力的形成原因；
5. 清楚网络暴力的预防与应对。

四、讲座内容

1. 导入

在这个移动互联网时代，每个人都可以通过一部手机与整个世界取得联系。网络带来高效的沟通、海量的资讯、快捷的知识服务，同时也带来了谩骂、侮辱、嘲讽、诅咒，这一切隐藏在某个不知名的终端背后，若想寻找其来源，只有一丝微弱的电信号，可带来的痛苦感受却那么强烈而真实。这就是网络暴力。学校、学生、青少年也不可避免地卷入或参加了一次次暴力的"狂欢"。

中国社会社科院、社会科学文献出版社 2019 年 12 月发布的《社会蓝皮书：2019 年中国社会形势分析与预测》显示，青少年在上网过程中遇到过暴力辱骂信息的比例为 28.89%。其中，暴力辱骂以"网络嘲笑和讽刺"和"辱骂或者用带有侮辱性的词汇"居多，分别为 74.71% 和 77.01%；其次是"恶意图片或者动态图"和"语言或者文字上的恐吓"，分别为 53.87% 和 45.49%。近三成青少年曾遭遇过网络暴力辱骂，而"当作没看见，不理会"则是青少年最常用的应对暴力辱骂信息的方式，占比达 60.17%。青少年正在成为网络暴力的最大受害者，很遗憾，同时，也是帮凶。

我们来看看，什么叫作网络暴力？它又有哪些形式呢？

2. 网络暴力的定义

网络暴力是指通过手机短信、电子邮件、微信、博客、论坛、微博、微信等网络媒介，散发具有攻击性、煽动性、侮辱性的文字、图片、视频等的行为。主要表现为：

A. 网民对未经证实或已经证实的网络事件，在网上发表具有伤害性、侮辱性和煽动性的失实言论，造成当事人名誉损害；

B. 在网上公开当事人现实生活中的个人隐私，侵犯其隐私权；

C. 对当事人及其亲友的正常生活进行行动和言论侵扰，致使其人身权利受损。

网络暴力虽然没有拳脚相加的身体暴力行为，但是对事件当事人或进行人身攻击、恶意诋毁，或违法公布姓名、照片、住址等生活隐私，或使用刻薄、恶毒的语言进行攻击，有的还煽动广大网友共同攻击，对当事人造成名誉损失和精神困扰，破坏当事人的工作、学习和生活的正常秩序，往往还伴随着侵权行为和违法犯罪行为。

■ 案例一：

一个女生性格开朗，学习成绩中上，在班级人缘很好。有一天她得知班级另一个女生暗恋一位男生，不知是出于好奇还是真的希望他俩能在一起，就将两人的照片 P 到了一起，还在照片上加了一句"我们结婚吧"，然后将照片发到了班级群里。照片中的女生看到照片，整夜失眠，成绩一落千丈。女生家长知道此事之后，非常生气，要求学校严肃处理。始作俑者删除了照片并道了歉，但是网上流传的照片和谣言，却收不回来了。

3. 网络暴力的表现形式

（1）在形式上

A. 由文字、语言发起的网络暴力

a. 有些时候是因为生气、烦闷、情绪不定等原因，想要通过语言暴力宣泄；有些时候是自以为代表正义的声讨；有些时候是不加思考地被舆论裹挟；有些时候是为了博人眼球，求得关注；有时候则干脆是别有用心的谣言。

b. 如今在流量大的网站，文字语言暴力这种形式，只要是可以互动、留言、发帖的地方，就随处可见，如论坛、贴吧、微博、新闻评论等。

c. 任何一个网络暴力事件，其中文字语言暴力必定不会少，而且往往越是粗俗、恶毒的攻击性语言就越是容易推动网络暴力的扩散，也会增加网络暴力的危害程度。

B. 由图画、照片信息发起的网络暴力

主要表现为篡改他人照片传上网络，通过照片的篡改进行侮辱、诽谤、攻击等；使用大量恐怖的图片恐吓他人等。

C. 由视频信息发起的网络暴力

a. 如今智能手机和移动互联网已经普及，拍一段视频并上传网上变得非常容易，一些视频处理软件又可以很方便地对视频进行拼接等处理。所以近年来，相当多的网络暴力事件都始于一段视频，这些视频往往只是几个片段，不交代背景，不交代前因后果，带有很强的指向性，尤其再配有旁白，视频的直观视觉冲击往往让人们觉得有很高的"可信度"。

b. 各种直播APP的兴起，使得视频网络暴力又出现了新形式，有些人为了增加点击率在直播中故意煽动对某人或某事的偏见、仇视和攻击；另外，还有一些人因为自己的直播招致了网络攻击。

c. 很多校园欺凌行为的施暴者，施暴的同时拍录视频，目的就是要上传网络，这样做也将欺凌的范围和程度大大加强了。

（2）在性质上

A. 非理性人肉搜索

a. 人肉搜索：简称"人肉"，是一种以互联网为媒介，部分基于用人工方式对搜索引擎所提供信息逐个辨别真伪，部分又基于通过匿名知情人提供数据的方式去搜集对于特定的人或者事的信息，以查找人物或者事件真相的群众运动。"人肉"有时也造就了网络爆红现象，同时，也会带来不同的负面影响，如人身攻击等。

b. 非理性的人肉搜索侵犯受害者的隐私权，侵犯其家人、朋友的隐私权；由于大量个人信息的泄露，网络暴力往往转化成为现实的压力，如工作单位、邻居、朋友、家人等信息的暴露带给当事人的压力。有时候，更是直接转化成对当事人和家人、朋友实际的威胁和人身伤害。

c. 人肉搜索的参与者往往认为是一件刺激且有趣的事，一方面为自己能够爆料感到得意，或者为自己的"挖掘"能力窃窃自喜；另一方面，认为自己站在正义的一方。

陈凯歌导演、高圆圆等主演的电影《搜索》（2012 年在中国内地上映）很好地反映了这一点。电影中，女主角因为在医院被检查出癌症晚期而受到打击，在公交车上神情恍惚，没有给身边的老大爷让座。这件事被人拍下视频传上网络，最终引起民众的口诛笔伐，民众在网络上通过文字言语、图像的方式攻击女主角，最终人肉搜索和网络暴力将女主角提前推入死亡。

■ 案例二：人肉搜索第一案

2007 年 12 月 29 日晚，女白领姜某从位于北京东四环一小区 24 楼的家中跳楼身亡，事情源于她与丈夫王某的婚姻。她生前在网络上注册了名为"北飞的候鸟"的个人博客，将丈夫与一名案外女性东方某的合影照片贴在博客中，并认为二人有不正当两性关系，自己的婚姻很失败。姜某还在自己的博客日记中显示出了丈夫的具体姓名、工作单位、地址等信息。姜某死后，丈夫被"人肉"，个人信息曝光。随后大旗网、天涯网等都发了相关文章和信息，每篇网文后都有大量网友留言，对王某的行为表示不耻和痛骂。一些网民在网络上对王某进行指名道姓的谩骂；更有部分网民到王某和其父母住处进行骚扰，在王家门口墙壁上刷写、张贴"无良王家""逼死贤妻""血债血偿"等标语。

2008 年 3 月 18 日，王某将大旗网、天涯网、北飞的候鸟三方起诉至法院，索赔工资损失 7.5 万元、精神损害抚慰金 6 万元及公证费用 2050 元，首次将"人肉搜索"和"网络暴力"推向司法领域，催生出"人肉搜索"中国第一案。

2008 年 12 月 18 日上午，北京市朝阳区人民法院一审判决张某和北京凌云公司构成对王某隐私权和名誉权的侵犯，判令上述两被告删除相关文章及照片，在网站首页刊登道歉函，并分别赔偿王某精神损害抚慰金 5000 元和 3000 元，加上公证费，王某总计获赔 9367 元。海南天涯公司因在合理期限内及时删除了相关内容，被判免责。

B. 谣言、扩散、爆发，滚雪球一样的网络暴力

有些谣言来自片面的信息；有些谣言来自断章取义、听风就是雨的轻信；还有些谣言完全是为了某些目的故意捏造。

■ 案例三：史上最"毒"后妈

引发风波的是一篇题为《史上最恶毒后妈把女儿打得狂吐鲜血》的网文，文中大意说，江西省上饶市鄱阳县一名后母把六岁女孩打到不停吐血，六块脊椎断裂、尿失禁，极可能下半身瘫痪。网络上更是一片愤怒的声讨。有人说"这是我见过的最没人性的事"，有骂"后妈禽兽不如"的，还有网友发

出网络通缉令要严惩后妈,各种恶毒的语言更是铺天盖地而来。当媒体采访到久未露面的小慧的"后妈"时,她跪求媒体洗冤,称平时跟小慧感情不错,没有打过她。小慧的主治医生、鄱阳县人民医院儿科主任潘大夫也说,小慧被确诊患了血友病,吐血和身上出现瘀青是血友病的常见症状。根据专家会诊,小慧患有凝血功能障碍等多种疾病,影像学显示小慧的脊椎存在严重病变,没有如媒体所报道的被打而断裂的迹象。

(3)在作用方式上

A. 直接攻击:是指网络暴力事件中通过直接的方式进行攻击,也就是说在言语上直接用侮辱性和攻击性的恶毒语言对当事人进行讨伐。就网络暴力而言,直接性的攻击危害比较大,给当事人造成的伤害也比较明显。

B. 间接攻击:是通过讽刺等方式跟风发表意见,即俗称的"骂人不带脏字",有的也选择转播他人的直接攻击进行二次攻击。

4. 网络暴力的危害

(1)网络暴力对受害者的伤害

A. 心理受到持续的、大范围的伤害

a. 网络暴力的一大特点就是无孔不入、持续伤害。一旦网络暴力变成一场"狂欢",众多甚至根本不了解事情始末的人也会打着"正义"的旗号加入进来,网络暴力就源源不断地向受害者袭来。更有甚者,在一些案件中,施暴者已经判刑、道歉和赔偿之后,网络上的信息仍很难完全删除干净,这些伤害有时持续若干年。

■ **案例四:持续十几年的嘲讽和谩骂**

2008年,林妙可是北京奥运会开幕式上《歌唱祖国》的表演嘉宾,因此她一夜成名。但随即曝出"假唱",让林妙可身处风口浪尖,后来已经读大学的林妙可仍然无法摆脱十几年前的事件带给她的嘲讽和谩骂,却没有人想想当年她只是一个9岁的孩子,即使今天,她也只有20来岁。

b. 受害者普遍的心理伤害包括沮丧、自尊心弱、不自信、退缩,心中充满抗拒、愤怒、消沉抑郁、焦虑等,并且因为伤害持续出现,心理创伤得不到恢复的机会,心中会长期处于被侮辱、排斥和隔绝的感受之中。很多网络欺凌的受害者表现出抑郁症状、自残、自杀倾向,或自杀尝试。

B. 学业受到影响

带着屈辱、恐惧和挫败感的被网络暴力伤害的学生,很难应对进入校园后的压力,ta会感觉每个看向ta的目光都是利剑,每一句跟ta说的话都是血刃,无法集中精力于学业,甚至有些孩子都无法走进校园,无法走出家门。他们要么离家、逃学,要么自闭、隔绝于外界,学习成绩下滑、学业终止,完全失去了对学业和人生理想的追求。

C. 有时候伤害从网络转到现实

a. 有些"激愤"的网民，会将屏幕上的谩骂带到现实，去受害人住处、学校周围贴侮辱性的标语，泼洒污物，直接侮辱咒骂，甚至有身体伤害。

b. 受网络信息影响，周围的同学、老师会嘲笑、讥讽或孤立受害者，有些同学还会直接对受害者进行身体攻击。

D. 连带家人、朋友都受到伤害

人肉搜索往往扩大化，不是只针对受害者，而是连带对其家人、朋友、同事一起进行攻击和骚扰，对家人的担心，对朋友受到影响的愧疚，对同事埋怨的无从辩解，都加深了受害者的心理伤害。

（2）网络暴力对施暴者的伤害

A. 网络欺凌中的施暴者，虽然是暴力的发出者，但是他们也不可避免地受到事件的影响，对他们的心理也会造成不良影响，尤其当施暴方也是未成年的学生的时候，由于他们自身身心发育不成熟，负面影响往往更严重。施暴方很难形成积极的价值观，他们对世界的态度往往偏激、冷漠、消极，较少建立对美好的向往，影响现实人际关系。

B. 网络的广泛传播、不可预测和控制的特性，有时会出现剧情"反转"，施暴者成为下一轮网络暴力的攻击对象。

■ 案例五：施暴者被"人肉"

2015年6月22日，一个名为"网曝江西永新县女初中生打架"的视频在微博上广泛传播。视频中，多名初中生模样的女孩对着另一下跪着的女孩连扇耳光，不时用脚踹其身体，殴打时间长达5分钟。随后该视频被网民们强烈关注。6月25日，江西省永新县公安局通报"6.22群殴女生"事件最新情况，施暴一方9人中，已有8人归案，1人在逃。涉案人员中，已满17岁的刘E因涉嫌寻衅滋事罪被刑事拘留，其余7人年龄均未满16岁，公安机关将依法予以处理。随后江西省吉安市公安局官方微博"@吉安公安"也回应了此事件，称感谢各位网友关注"网曝永新县初中生围殴女生"事件，并"请广大网友停止转发该视频"。

从6月22日23时起，此事件视频在网络热传后，网友对事件中的打人女孩的人肉搜索就一直未曾中断过。事件中的多名打人初中生的个人QQ号码、手机号乃至男友的个人信息都被一些网民搜索出来，相关微博被大量转发。"白衣32号文雯""永新拖鞋女""32号裸照"以及"反对校园暴力"先后冲上微博实时热搜榜。仅"白衣32号文雯"微话题的阅读数就超过3.4亿，相关微博讨论超过7万条。视频中打人的7名女生在网上遭遇了激烈谩骂，"@李温慧""@32号文雯"等一些未证实的当事人微博和一些以打人者名义发出的道歉或挑衅贴更是把众多网民的怒火激发了出来。"被打活该""我未成年你们这么骂我，呵呵"等极具挑衅性质的话无疑给事态火上浇油。23日起，许多以打人女生为名的不雅视频、裸照等相关信息在网络上到处流传。

（3）网络暴力对社会的危害

A. 混淆真假，是非难辨

网络这样一个虚拟的社会，真假原本就难以辨识，而在网络暴力事件的不断冲击下，原本难以辨识的真善美和假恶丑变得更加难以区分。通常，对真理的曲解并不在于信息源本身，而在于真理在传播的过程中被歪曲混淆。网络暴力事件，往往是真相被曲解的过程。

一件事情在网络上引起争论，引来各方关注和讨论，原本是件好事，经过讨论和辨别，事情能够更加趋近真理。可是网络暴力的发生也是网络事件引起争论的结果，而这样的结果不是讨论结果的价值多元化，而是两种截然相反的极端观点占主流地位，网民不自觉地站队，无形中充当了网络暴力事件的推动者。所以，近年来的很多网络事件往往多次反转，每一次都带来一轮新的攻击，最终结果是没有赢家，所有当事人都遍体鳞伤，只有电脑后面的网友在过着"嘴瘾"，如果你问 ta 对事件怎样看待，ta 根本不介意事情原本是什么样子的。

作为心理尚在成长，还没有形成坚固、稳定的价值观的青少年，在网络中就更容易丧失对事情的理性判断和思考，随大流地过嘴瘾，结果就是渐渐丧失了思考的能力，丧失了分辨真假的能力。

B. 价值观扭曲

网络暴力中，原本提倡的辩证思维完全被忽略，事情变得只有两个极端，非黑即白。参与事件的网民往往盲目地支持某一方过于绝对化的观点，而且并不认为自己有错。这里网络暴力的表现就是扭曲的价值观，把错误的观点当成真理，坚决不承认错误。

青少年在这当中，被网络"正义"裹挟着，再加上这个年龄特有的冲动和不稳定，更容易受影响。往往当事件过后，理性的声音渐渐显现，仍然不肯承认错误，而是以类似"当时我不知道""大家都这样说"的说辞，尽其所能地去维护自己的观点，进而自我欺骗。

■ **案例六：多大个事，不就是人肉？**

2018年，因某位老师对网络小说《魔道祖师》发表不满言论，该书作者墨香铜臭的未成年粉丝，为"维护"偶像，尾随跟踪这位老师，拍照片、记地址并加以威胁。该老师自杀未遂后,书粉们组织二次"人肉",计划在线下医院寻找该老师,希望与其当面对质。此消息曝光后,网友们气愤不已:在一般人看来如此过分的事情,这位未成年粉丝却不觉得有什么。他认为"人肉"别人这种事在网上很正常,"怕什么,反正这是网络""多大个事,不就是'人肉'?"

C. 破坏社会和谐,引发社会恐慌,侵犯公民权益,引发暴力犯罪。

5. 网络暴力的形成原因

相比其他校园暴力形式,校园网络暴力最大的不同在于,施暴者不是一个人、几个人,而是一大群不知在哪儿、不知是谁、与校园生活不相关的"网友",虽然可能有一个发起人、造谣者之类的源头,但是更大的伤害来自于隐藏在屏幕后面的、看似微不足道的每一个人。这种"群起而攻之"的暴力中,有与其他暴力不同的形成原因。

我们看一段视频短片《网络暴力》(5′04″)。

看完之后心情怎么样?网络暴力就是这样的普通人实施的。

(1) 网络的特性

A. 虚拟和匿名,导致个人肆无忌惮地做通常情况下不会做的事情,发泄情绪,暴露内心恶的一面而不必担心被发现。

B. "人人都这样说"会降低自己的罪恶感和内疚感,"射在他人身上的子弹,不是我发出的那一颗"。

C. 法不责众。

(2) 自我表现的欲望

A. 现实生活中得不到的话语权,在网络中可以自由挥洒,对现实的不满得以发泄。

B. 一些"意见领袖"花大量的时间和精力获取信息,主动发帖,引导舆情,以获得支持和声望。

C. 一些网民通过激烈的言论博关注,获得成就感。

D. 满足好奇心、窥探他人隐私的欲望。

(3) 有一个"正义"的理由

很多事件,都有一个道德审判、一个正义的理由,但是真相如何,却没有人在意,或者在网络推动下,事情迅速走偏,但是,每个人都叫喊得那么"理直气壮"。

■ **案例七:**

2017年有这样一个视频被广泛传播:8月12日,一名20岁左右的男生和一个小女孩在候车室候车,众目睽睽之下,该男生公然将这个明显未成年的小女孩抱坐在大腿上，把手伸到女孩裙子里。

一个微博在没有核实的情况下，就说这个男生叫李炳鑫，是哈尔滨理工大学毕业生，从而引发"网络暴力"。李炳鑫称，视频中的男子的确与他长得很像，但绝对不是他，该事件已经对他的个人生活产生严重影响。后来警方在河南滑县将嫌疑人段某某（视频中的男生）抓获。

（4）相关法律基本处于"真空期"，违法成本太低

虽然我国已经出台了《互联网信息服务管理办法》《文明上网自律公约》等，但因为网络是一个新生事物，传统的法律法规并不能完全适应这种新的变化，其中存在很多疏漏，诸如以上这些法规，对"网络暴力"都没有细化的具体规定。

"网络暴力"方面的法规，现在主要体现在最高人民法院、最高人民检察院发布的《关于办理利用信息网络实施诽谤等刑事案件适用法律若干问题的司法解释》中，其中规定，利用信息网络诽谤他人，同一诽谤信息实际被点击、浏览次数达到5000次以上，或者被转发次数达到500次以上的，应当认定为《刑法》第二百四十六条第一款规定的"情节严重"，可构成诽谤罪；如果行为人明知是捏造的损害他人名誉的事实，实施了在信息网络上散布的行为，主观上故意，客观上造成实际损害，情节恶劣的，以诽谤罪定罪处罚。

"网络暴力"是多对一的"违法"行为，"违法"的人很多，但每个个体"违法"的量并不大，不论是浏览5000次，还是转发500次，都很难举证。

6. 网络暴力的预防与应对

（1）不做网络暴力的实施者，不做"键盘侠"

A. 文明上网，以尊重、平等的态度对待每个人，即使是罪犯、施暴者，也有ta的基本人权。

我们看看下面的言论，你认为会对人造成伤害就双手在胸前交叉表示"拒绝"，你认为不会对人造成伤害就大拇指朝上、四指握拳点赞表示"接受"，如果你认为不确定就双手摊开。

a. 长得丑不是你的错，出来吓人就不对了。

b. 你哪来的钱啊？被包养了吧？

c. 绿茶婊。

d. 装什么盛世白莲花。

e. 墙都不扶就服你。

f. 这时候你应该装傻。

g. 你走吧，我妈不让我跟傻子玩儿。

h. 友谊的小船说翻就翻。

i. 祝你全家原地爆炸。

j. 脑子是个好东西，可惜你没有。

k. 帮帮忙，去死吧。

l. 嘴那么毒，想必过得很苦吧。

一些话，单独拿出来可能没什么，但是设想一下，成千上万的这样的话语从四面八方涌入你的手机和电脑，出现在你面前，你是一种什么感受。我们不要在不了解事情前因后果的时候，就站在道德的制高点去评判别人，或是因为某一点让你不满意就对别人全面攻击，我们痛恨网络"喷子"，自己也要审视自己的言行，不要成为"键盘侠"。

B. 保持理智，独立思考，全面了解问题的各方面。不曝光他人隐私，不散布传播谣言。

导致网络暴力的一大原因就是断章取义，在看待某件事情时总会凭借其中一方的寥寥数语就给另一方定性，之后再将这些不成熟不全面的想法肆意宣扬，最后再异口同声地对另一方进行讨伐，丝毫不会觉得自己的行为有所欠缺。若你不想成为这当中的一员，就应冷静、理智、全面地看待热点事件。

(2) 勇敢应对，积极生活

A. 置之不理，留存证据

不要轻举妄动或采取报复行为——不论多么想"反击"，想拉黑、屏蔽、删除施暴者，渴望如常地生活。要利用截图或者拍照等形式，将网络暴力的内容记录下来，以便下一步合法维权。

B. 告知家长

家人是我们最坚强的后盾，家人的支持和安慰是我们强大的精神力量；有些事情，不是未成年人能处理好的，需要家长出面协商、解决。

C. 向网站投诉

网络暴力行为大部分表现为骚扰、威胁、隐私侵害和跟踪，它们都有悖网站或互联网服务供应商的"服务条款"。可以针对相关服务进行投诉，以暂停或终止网络施暴者（本人或其家长）对互联网的访问权。

D. 联系警方，用法律武器保护自己

■ 案例八：十四年后，她亲手将当年的霸凌者送进了监狱

十四年前，女生王某就读于浙江台州的一所重点中学，正上高中。一天，她们班和隔壁班的两个男生在打闹的时候把王某的茶杯碰到地上摔碎了，当时有个女同学开玩笑地说："这个茶杯要300万，你们惨了。"事后其中的一位男同学拿了200块钱给王某，说是赔茶杯的钱，王某说这个茶

杯不值几块钱不用赔了,就没要这个钱,她以为这件事就到此为止了。没想到一句"300万"的玩笑话,拉开了从高中到大学到工作到结婚长达十四年欺凌的序幕。

经历了退学、抑郁、自杀之后,忍无可忍的王某决定反击,可是她找了两家当地有名的律师事务所,但都拒绝了她,其中一个律师甚至说:"你有抑郁症,就去看病嘛,告人家干什么,那些东西影响你心情,你不看不就好了?"最终她通过手机号找到了那个在贴吧组织水军对她进行霸凌的头目蒋某,并向警方报了案,经过数次开庭审理,最终蒋某被判处拘役三个月。

在经受了十四年的侮辱与诽谤后,王某终于让霸凌者付出了代价,只不过这代价太轻了点。但是,"十四年后维权有什么意义?换不来青春也换不来你曾经的班级前五名。"有人这样说。但是王某还是想说——"告诉全世界,校园欺凌是错的;告诉家长和学校,你们应该惩罚作恶者,保护受伤的孩子;告诉校园欺凌的受害者,要强大,而不是自我放弃。这就是我维权的意义。"

E. 如果长时间感到压抑、焦虑、抑郁,要积极寻求家长、老师、心理咨询师等的帮助,调整好心情,勇敢地面对生活,未来还长着呢,这些阴霾一定会过去,要追求自己的美好生活和人生梦想!

五、总结

今天我们学习了网络暴力的定义及表现形式,网络暴力作为一种"不疼"的暴力形式,给人带来的伤害却十分严重和深远。网络暴力的形成有社会的原因、网络的原因,但是如果我们每个人都不在网络上实施嘲笑、讥讽、谩骂、造谣、"人肉"等暴力行为,那么就不会有网络暴力,不会有网络暴力的受害者。如果遭遇网络暴力,要寻求家长、学校、社会各方面力量的支持,保护自己,维护权益,勇敢面对,并积极地生活。我们过得好,就是赢了!

六、知识与观点链接

1. 《关于办理利用信息网络实施诽谤等刑事案件适用法律若干问题的司法解释》:2013年9月9日,最高人民法院、最高人民检察院公布。该司法解释规定,利用信息网络诽谤他人,同一诽谤信息实际被点击、浏览次数达到5000次以上,或者被转发次数达到500次以上的,应当认定为《刑法》第二百四十六条第一款规定的"情节严重",可构成诽谤罪;如果行为人明知是捏造的损害他人名誉的事实,实施了在信息网络上散布的行为,主观上故意,客观上造成实际损害,情节恶劣的,以诽谤罪定罪处罚。《刑法》第二百四十六条诽谤罪,是指故意捏造并散布虚构的事实,足以贬损他人人格、破坏他人名誉、情节严重的行为。所谓情节严重,主要是指:多次捏造事实诽谤他人的；捏造事实造成他人人格、名誉严重损害的；捏造事实诽谤他人造成恶劣影响的；诽谤他人致其精神失常或导致被害人自杀等情况的。

2. 《互联网信息服务管理办法》：为了规范互联网信息服务活动，促进互联网信息服务健康有序发展，2000年9月20日经中华人民共和国国务院第31次常务会议通过，2000年9月25日公布。该办法共二十七条，自公布之日起施行。

3. 《文明上网自律公约》：2006年4月19日，中国互联网协会发布，号召互联网从业者和广大网民从自身做起，在以积极态度促进互联网健康发展的同时，承担起应负的社会责任，始终把国家和公众利益放在首位，坚持文明办网，文明上网。

4. 《加强中小学生欺凌综合治理方案》：为建立健全防治中小学生欺凌综合治理长效机制，有效预防中小学生欺凌行为发生，经国家教育体制改革领导小组会议审议通过，2017年11月22日教育部等十一部门印发。

5. 《预防中小学生网络欺凌指南30条》：为预防中小学生网络欺凌，2017年10月，上海市教育委员会在全国率先发布《预防中小学生网络欺凌指南30条》，发放至全市中小学校，为广大中小学校、家长和学生点拨支招。

参考文献

［1］中国教师发展基金会，校园安全与教师发展专项基金反校园暴力公益活动项目组. 反校园暴力指导手册［Z］. 2015.

［2］方刚. 让欺凌归"零"［M］. 北京：中国社会科学出版社，2017.

执笔：王艺

第二章

爱情与家庭

教案：平等与尊重的爱情观

一、课名
平等与尊重的爱情观

二、时长
45/60 分钟

三、教学目标
引导学生通过思考，厘清心中对未来伴侣身上最重要的特质的要求和期望，从而体悟自己的择偶观和亲密关系价值观；引导学生思考和理解爱情在人一生中的地位，去除"爱情至上"论；使学生认识到，平等和尊重是保持良好亲密关系的基础和关键。

四、教具、材料
1. 课件、多媒体设备。
2. 按人数准备两种颜色的便利贴，按人数用 A4 纸打印好"爱情摩天轮"。

五、教学过程
（一）导入

古往今来，爱情都是生活中重要的话题，小说、电影、话剧中都少不了爱情这个主题。不知道从哪里来的，好像也没有人教过，不知不觉中，我们都有了自己对爱情的理解，进而也有了一份对未来长期亲密关系的憧憬。爱情和长期亲密关系往往在我们的生活中占有很大的比重，会影响我们的决策和决定，会改变我们的人生。

然而这些观念是否真的合理？是否真的能让我们做出负责任的选择呢？我们是否真的认真思考过我们的爱情观？是否认真思索过爱情和长期亲密关系在我们生活中的位置？有没有深入反思过，我们的观点真的是我们自己的观点，还是社会传递给我们的观点呢？

（二）活动

1. 活动 1

（1）活动名称：好伴侣，自己选

（2）活动步骤

A. 将同学们按照每组 4 人、6 人或 8 人分组，保证每组有男生有女生。如果出现单数，ta 可以任意选择一组参与进去。分组围在桌子旁，但是班级里只留下一半的椅子。每组一半的人有椅子，另一半的人没有椅子，不可以两人共用椅子，活动进行中有椅子的人和没有椅子的人不可以互换，有椅子的人和没有椅子的人采取同样的姿势进行，同坐或同站在椅子上或地上。

B. 准备两种不同颜色的便利贴发给各组，全班男生统一选择一种颜色，女生统一选择另一种颜色。

C. 每个人按照自己的性别拿一张某种颜色的便利贴，在便利贴上写下3~5条你认为你选择长期亲密关系的伴侣时，对其最看重的品质或特征，并且将这些品质或特征按重要程度排序，第一个是最重要的。

D. 组长收集组员写好的便利贴，按照性别分别贴在桌子的两侧，再拿出一张纸，归纳整理组员的内容，男性一列，女性一列，将各种品质或特征一一写在上面，近义词可以合并，多个人写了同一品质在该词后面画"正"字表示数量。

E. 讲师将各组整理好的内容，誊写到黑板或贴好的大白纸上。同样按照男生一列、女生一列的方式，将各种品质或特征一一写在上面，近义词可以合并，多个组写了同一品质在该词后面画"正"字表示各组相加的数量。

讨论过程中，有椅子的人和没有椅子的人要注意保持一致的姿态，同坐或同站，有一个没有椅子的同学要改变姿势，必须有另一有椅子的同学配合ta一同改变。反之亦然。

（3）讨论话题

A. 男生和女生最看重的品质，前三位分别是什么？

B. 男生和女生最看重的品质，有重复的吗？重复最多的是哪一项？

C. 男生和女生写下的内容在哪些方面相同？在哪些方面不同？为什么会产生这些不同？

D. 女生对男生所写下的内容有疑问吗？男生对女生呢？

E. 你察觉这些内容中有没有关于性别的刻板印象？如果察觉到了，这种刻板的观点是什么？

（4）学生讨论

A. 男生和女生最看重的品质特征可能是不同的。

B. 女生对亲密关系伴侣可能有的期望或要求：帅、身材魁梧、有力量感、有智慧、能挣钱、真诚、宽容、体贴、勇敢、有责任心。

C. 男生对亲密关系伴侣可能有的期望或要求：漂亮、身材好、时尚、聪慧、温柔、贤惠、善良、上得厅堂下得厨房、能挣钱、人际关系好。

D. 词汇体现的内容不同，其适用领域不同。

E. 受到传统性别角色的影响，男生和女生对于同一特征会使用不同的词语，比如"帅气"和"漂亮"。对同一领域会有不同的要求，比如对家庭关系，男性更强调"承担"，而女性更强调"体贴"。

教学提示：

A. 会有同学站在椅子上，要注意安全。

B. 学生所用的词汇，大多集中在外表、性格、职业、家庭关系等方面，难免会有性别刻板印象出现。

C. 讲师要引导学生思考，为什么男性和女性用不同的词语表述同一个特征，比如"帅气"和"漂亮"。

D. 讲师还要引导学生分析为什么我们对未来伴侣会有这样的要求，多大程度来源于内心，多大程度来源于社会、文化、媒体、家庭的影响。

E. 男生觉得女生的要求是合理和现实的吗？自己能够达到女生所期望的那样的标准吗？反过来呢？

（5）讲师过渡与总结

A. 每个人都渴望自己的长期亲密关系伴侣有美好的品质，同时自己也要不断成长，努力成为自己伴侣心中那个美好的人。

B. 要警惕传统性别气质刻板印象对爱情观的影响，要认识到哪些来自自己的内心，哪些来自外界的压力。

2. 活动2

（1）活动名称：爱情摩天轮

（2）活动步骤

A. 保持刚才的分组，但是有椅子的人和没有椅子的人互换，仍然保持同坐或同站姿势的规则不变。

B. 每人发一张印好了"爱情摩天轮"的纸，如下页图所示。拿一支黑色的笔，你认为摩天轮周围的某一选项，如果做得好，会对爱情有促进作用，就连线箭头指向"爱情"；如果认为爱情处理得好，会对这一选项有促进作用，则连线箭头从"爱情"指向这一选项；如果认为这一选项与爱情有相互促进作用，则画双向箭头连接。例如：认为学业对爱情有促进作用，则画黑色箭头从"学业"指向"爱情"；如果认为爱情对亲情有促进作用，则画黑色箭头从"爱情"指向"亲情"；如果认为金钱与爱情相互促进，则在它们之间画双向黑色箭头。

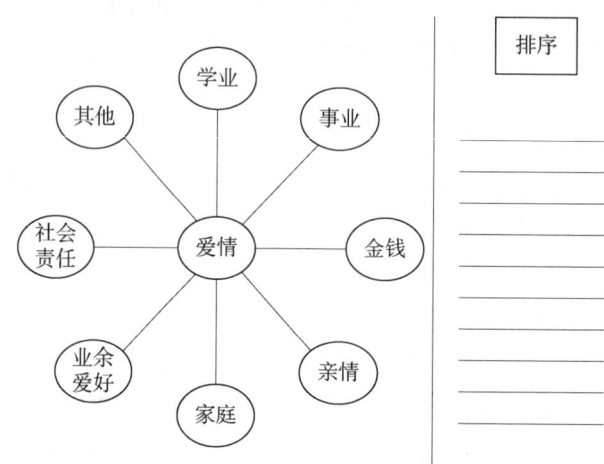

C. 再拿一支红色的笔。你认为摩天轮周围的某一选项，会对爱情有伤害，就连线箭头指向"爱情"；如果认为爱情会对这一选项有伤害，则连线箭头从"爱情"指向这一选项；如果认为这一选项与爱情有相互伤害，则画双向箭头连接。例如，认为爱情不利于学业，则画红色箭头从"爱情"指向"学业"；如果认为亲情对爱情有伤害，则画红色箭头从"亲情"指向"爱情"；如果认为金钱与爱情相互伤害，则在它们之间画双向红色箭头。

D. 学生还考虑到人生的其他部分，可以写在"其他"这一项中，或者自行添加。

E. 画好之后，在右侧按照你认为在生活中的重要程度将这几项排序，第一项是你认为最重要的。

F. 同学们完成之后，将自己的"爱情摩天轮"展示给大家。

G. 讨论过程中，有椅子的人和没有椅子的人要注意保持一致的姿势，同坐或同站，有一个没有椅子的同学要改变姿势，必须有另一有椅子的同学配合 ta 一同改变。反之亦然。

（3）讨论话题

A. 爱情与人生中的其他组成部分是什么关系？

B. 爱情在人生中占多大比重？有多重要？

C. "冬雷震震，夏雨雪。天地合，乃敢与君绝"的爱情观合适吗？

D. "有爱饮水饱"，有爱就能解决一切困难吗？

（4）学生讨论

A. 爱情没多重要，自己有钱有本事，爱情自然会找上来。

B. 我不需要爱情，也不想结婚。

C. 现在谁还会为爱情要死要活的，多傻。

D. 打游戏和女朋友哪个重要。

E. 婚姻是爱情的坟墓。

F. 还是先学习，考大学，找个好工作，再考虑爱情。

G. 爱情要是来了，挡都挡不住。

H. 电影电视剧里面都是骗人的，假的，不能信。

I. 我最喜欢××（影视剧角色、明星等）。

教学提示：

A. 会有同学站在椅子上，要注意安全。

B. 会有多种不同的声音，鼓励同学们各抒己见。

C. 如果有类似"爱情至上""金钱至上"的价值观偏差，讲师适当介入引导。

D. 如果有明显社会性别刻板印象的言论，讲师适当介入引导。

（5）讲师过渡与总结

A. 爱情是人生重要的组成部分之一，但不是最重要的部分，更不是人生的唯一。

B. 不选择爱情和亲密关系，也可以美满幸福地生活。

C. 爱情和人生中的各种其他因素互相影响，相辅相成，人生是很复杂的。

D. 爱情可能成为我们努力奋斗、克服困难的动力，但是爱情不能解决一切问题。

E. 在不违反法律、不侵犯他人权利的前提下，每个人都有选择自己的爱情和亲密关系形式的权利。

3. 活动3

（1）活动名称：平等是亲密关系的基础

（2）活动步骤

A. 站在椅子上的人、椅子以及坐在地上的人都恢复正常，每个人都坐在自己的椅子上。

B. 回答并讨论讲师提出的问题。

（3）讨论话题

A. 有人有椅子，有人没有椅子，交流讨论的时候方便吗？

B. 有人有椅子，有人没有椅子，交流讨论的时候会不会觉得心里不舒服？

C. 站在椅子上的人，气势更大，更容易发声，交流讨论的时候会不会占便宜？

D. 人与人的关系中，尤其是在爱情中，平等的重要性有多大？

E. 平等是指哪些因素的平等？

（4）学生讨论

A. 仰头的、弯腰的，时间久了，都很累。

B. 交流不方便，自然会更多地和一样高度的人一起交流。

C. 站得高，自然嗓门大，声音传得远，气势上就压制别人一筹。

D. 平等的地位非常重要。

E. 平等包含金钱、地位、权利、价值观等多个方面。

（5）讲师过渡与总结

A. 在亲密关系中，平等和尊重是基石，是最重要的。

B. 不平等的关系，靠一方的迁就维持，很难长久或幸福。

C. 爱情和亲密关系形式的选择，是每个人自己的事情。

4. 小结

（1）每个人都渴望自己的长期亲密关系伴侣有美好的品质，同时自己也要不断成长，努力成为自己伴侣心中那个美好的人。

（2）爱情是人生重要的组成部分之一，但不是最重要的部分，更不是人生的唯一。爱情和人生中的各种其他因素互相影响，相辅相成，人生是很复杂的。爱情可能成为我们努力奋斗、克服困难的动力，但是爱情不能解决一切问题。

（3）没有所谓"正确"的爱情观，在不违反法律、不侵犯他人权利的前提下，每个人都有选择自己的爱情和亲密关系形式的权利。不选择爱情和亲密关系，也可以美满幸福地生活。

（4）要警惕传统性别气质刻板印象对爱情观的影响，要认识到哪些来自自己的内心，哪些来自外界的压力。

（5）在亲密关系中，平等和尊重是基石，是最重要的。

教学提示：

A. 上、下椅子注意安全。

B. 注意：在讨论过程中，有椅子的人和没有椅子的人由于交流不方便可能会发生争吵。

执笔：王艺

教案：爱 ta，要不要告诉 ta

一、课名
爱 ta，要不要告诉 ta

二、时长
45/60 分钟

三、教学目标
了解并学会处理自己的感情，培养表达爱的能力，认识到压抑感情可能带来的危害，学会应对无法表白的情景，更健康地面对生活。

四、教具、材料
1. 多媒体设备、电脑、课件。
2. 彩色卡纸每人一张，大纸盒一个（可以放下所有人的卡纸）。
3. 一段 2~3 分钟的搞笑短视频（推荐《爸爸教孩子写作业》视频）。

五、教学过程
（一）导入

讲师在课件中呈现一位高中生的日记：

■ 2019 年 3 月 20 日星期三　晴

这学期开学，突然发现自己莫名开始喜欢上班里的一个女生，胖嘟嘟的脸红润白皙，一双漂亮的眼睛，总是一闪一闪的。她就坐在我的左侧前排，夏天她身穿浅粉色的短袖衫，隐隐可望见手臂上细细弱弱的汗毛泛着金光，那一刻的她，脸庞优柔的倩影在逆光下，整个笼罩在光晕之中，简直就是我心中的女神，美得逆天了！每天上课我时不时就偷偷瞄她几眼，那种感觉心里痒痒的，说不出的滋味和感受。朦朦胧胧的爱意让我内心异样地躁动，每当下课铃声响起的时候，我都想去找机会接近她，问几道数学难题。但自己心中有鬼，就越发地心怯，忸扭怩怩地发怵，不敢越雷池一步。我非常难受，内心一直矛盾不安，好想找个机会向她表明我内心的狂热之恋，试探她对我的反应。她几乎占据了我全部的心思，每天想的都是如果能同她一样学习成绩优异，考入同一所大学，那该多好。在大学里，我就可以光明正大地向她吐露我对她的爱恋有多深；如果她也对我有情意，我可以牵着她的手去一起看场电影，那该是多么的浪漫啊！每当我想入非非、不可自拔的时候，再望见她上课专注的神情，心中不免有些悲凉，我这纯粹就是单相思嘛！唉！真是可怜了自己的初恋，竟然如此地被动无助。怯懦的我徘徊在青春年华的十字路口，我该怎么办？要不要告诉她？要是被她拒绝了连朋友都没得做了，好纠结。

　　讲师导语：你或你身边的人是否遇到过与日记中的主人公一样的问题，对 ta 产生好感，甚至明明知道爱 ta 却不知道该怎么办？你觉得该如何面对这样的问题？如果表白了会怎样？如果不表白又会怎样？

　　我们正处于青春期后期❶，身体和心理都在发育，性意识觉醒，开始关注他人，在乎别人对自己的看法，甚至对他人产生爱慕之情，小烦恼、小秘密也会越来越多，积压得喘不过气，但却无处诉说。今天我们就来聊一聊高中生恋爱问题中的一个问题——爱 ta，要不要告诉 ta。

教学提示：

本环节要引出本课主题，让学生思考要不要表达爱情、如何表达、表达了会有什么后果、如何承担后果等问题。

（二）活动

1. 活动 1

（1）活动名称：心动的感觉

（2）活动步骤

A. 将学生按每 4~6 人一组分组，小组围坐，每人发一张彩色卡纸。

B. 回想自己以前有过的心动的场景或经历，用自己喜欢的方式在纸上呈现出来，可以是抽象的画面，也可以是文字叙述。

C. 将所有的卡片收集整齐放到纸盒中，根据学生人数及课堂时间请一定数量的学生上台抽卡片，并描述卡片中叙述的心动的场景或经历。

D. 集体讨论心动的感觉是怎样的。

（3）讨论话题

心动的感觉是怎样的？

（4）学生讨论

　　一看到 ta，心跳就加快，脸红，总想和 ta 聊天；看到 ta 就会很开心；无时无刻不在想 ta；愿意拼尽全力去满足 ta 提出的所有要求；当 ta 从身边走过时，低头，不敢关注 ta，但又特别紧张，想抬头跟 ta 说话；看到 ta，会不敢看 ta，不敢和 ta 说话，不想出现在 ta 的视线。但是会一直想 ta；ta 和你说话，你会大脑突然"短路"，不知道该回答什么，感觉大脑一片空白，事后也不知道自己当时说了什么；对所有有关对方的事情都会敏感；幻想和 ta 在一起的种种。

---

　　❶　一般把青春期分为两个时期，前期为 14~15 岁，后期为 15~20 岁。(1) 青春期前期，或称未成熟期，此时身体急速成长，第二性征开始出现，但生殖功能还不完全；(2) 青春期后期，即成熟期，第二性征已完全发展，性器官功能成熟，具有生殖能力。

教学提示：

活动一开始讲师就要强调保密原则，并且告知学生最后会被收集到一起分享，强调学生可以不描述具体情形，只描述感觉。对于表示"实在没有"的学生，不强求描述，但可以分享在文学、艺术等作品中欣赏到的、自己理解的感觉是什么。本环节主要是让所有人感受下爱上一个人的感觉，并且让学生认识到这种现象存在的普遍性。

（5）讲师过渡与总结

歌德在《少年维特之烦恼》中有句名言，"哪个少年不多情，哪个少女不怀春"。对 ta 心动是非常正常的情感，也应该是美好快乐的事情，这种感觉可能在我们生命的任何一个阶段以不同形式出现，是我们大多数人都要经历的。发现对一个人心动后该怎么办，是需要我们去思考的一件事。接下来，我们一起讨论如何说出爱。

2. 活动 2

（1）活动名称：爱要怎么说出口

（2）活动步骤

A. 保持刚才的分组，每组随机从纸盒中抽出一张卡片，依据卡片所描述的心动故事，讨论并设计一个表白情景，并进行角色扮演。

B. 各组上台表演，每个表演结束后，请台下同学谈谈感受。

（3）讨论话题

A. 如何表白？

B. 表白后可能会有哪些结果？如何应对对方的回应？

（4）学生讨论

A. 表白的方式：写情书、发微信或短信、当面说、请他人转告、参加城市表白计划、在表白墙里发公告、送有象征意义的礼物、主动牵手、日久生情、唱情歌给 ta 听等。

B. 表白后，见下页表。

教学提示：

A. 因为表白的情景与学生相关，讲师要提前强调不要借机会嘲笑同学，要严肃、认真、真诚地对待每一种情景，切合实际地设计表白。

B. 表白的方式要注意分寸，不要有性骚扰的嫌疑。

表白后的结果	可能的原因	如何面对对方的回应
沉默	1. 可能对方没想好，不知道该怎么办 2. 也可能对方心理有顾虑不知道怎么回答你 3. 对方不愿意就懒得理你 4. 对方一心学习压根儿没把这个事情放在心里	1. 继续追 2. 直到有回应才放弃 3. 从此不理 ta 4. 执着等待
拒绝	1. 对方一心只想学习，其他一概不谈 2. 对方就不喜欢你 3. 或者对方有喜欢的人了 4. 或者对方家教很严，不敢谈恋爱	1. 放弃，然后找下一段恋情 2. 不放弃，执着追求 3. 痛苦不堪 4. 从此痛恨对方
接受	对方心中也喜欢你，过去不敢讲	开始交往

（5）讲师过渡与总结

表白是自己的自由，如何回应也是别人的权利，我们要承受一切结果。所以要做到：尊重别人，无论是何种表达方式，都要试着接纳；承受结果，站在对方角度想问题，被拒绝后不要痛恨对方，而不可能的事情则不要再坚持；适度宣泄，面对对方的拒绝，自己可在不伤害自己和他人的情况下，适度宣泄，不要沉浸其中，而是要走出来，大踏步向前。总之，你将获得一笔宝贵的人生经历，将为你的人生添彩。

3. 活动3

（1）活动名称：如果爱不能说出口

（2）活动步骤

A. 给学生播放一段搞笑视频《爸爸教孩子写作业》，但看视频的过程中不可以有任何表情。

B. 小组讨论，将讨论结果记录下来。

C. 请各组派代表分享本组观点，讲师点评与总结。

（3）讨论话题

A. 感情被压抑是什么感受？

B. 哪些情境下不会表白？

C. 如果不能表白，如何处理内心的爱？

（4）学生讨论

A. 压抑感情很难受，注意力不能集中，无法专心学习做事，压抑时间太长可能还会产生心理问题；担心自己主动了会被对方瞧不起。

B. 没信心，觉得自己不够好，配不上对方；知道对方喜欢别人；害怕父母老师知道后责骂；害怕恋爱影响学习；因为某种原因不可能在一起。

C. 把对方当成自己的一个目标，努力提高自己，让自己变得更优秀；写日记表达内心的爱；找信任的人倾诉；写一封不寄出去的情书；静观其变；增加和 ta 接触的频率，和 ta 当朋友；酝酿一段时间再说；等等。

教学提示

本环节要让学生认识到不表白也是一种选择，不表白不是懦弱的象征；但要认识到需要通过其他途径宣泄自己的情感。

（5）讲师过渡与总结

遇到爱情，到底要不要表白，其实没有正确的答案，不是说行动了就是对的，没有行动是错的，两者没有谁好谁坏，关键在于选择行动与否背后的原因。如果你有某个忧虑或疑问，可以遵循自己的内心，但一定要学会合理地疏解自己的情感。

4. 小结

爱一个人有很多方式表达，可以直接表达，也可以委婉讨论，也可以将感情埋在心底，但不管选择什么方式，切记一点，要尊重对方，不要让对方感到难堪和反感。表白失败了也请不要灰心，尊重对方的选择，把这份爱藏起来，作为人生的宝贵经历。任何事情都有两面性，正确面对负面因素，积极发展正面因素，让自己的情感更加丰富多彩，让自己变得更加成熟，才是我们要做的。

执笔：张一曼　罗扬

教案：恋爱了，要不要告诉家长

一、课名

恋爱了，要不要告诉家长

二、时长

45/60 分钟

三、教学目标

让学生明白他们是可以与家长坦诚沟通恋爱问题的，并且意识到，坦诚、平等的沟通是非常有效地解决问题的方式，同时学习如何沟通。

四、教具、材料

课件；多媒体设备；纸、笔等；课件中准备好"五步沟通法"示例。

五、教学过程

（一）导入

大家都处于青春期，不知道从什么时候开始，我们发现自己会对某个人有些特别的感受。有一些人将这种特别的感受向前发展了一步，将那个人发展成了一个特别的人。我们通常将这样的感受称为"爱情"，将这段关系称为"恋爱"。

我相信，你们当中有些同学有过恋爱经历，有的同学正在恋爱当中，有些同学在憧憬恋爱，但是不得不承认，现阶段，在我们的学校和社会中，你们的恋爱往往不被家长鼓励和赞同。那么，就有了一个小问题：如果你恋爱了，你会告诉家长吗？

（二）活动

1. 活动1

（1）活动名称：说，还是不说，是个问题

（2）活动步骤

A. 提前将桌椅靠教室墙边摆放，将教室中间空出来，所有的学生站在中间空地上。

B. 讲师询问："如果你恋爱了，你会告诉家长吗？"请选择"告诉"与"不告诉"的学生分站教室两侧。

C. 讲师走向"告诉"家长的那一部分学生，询问他们，告诉家长会有什么结果——一是沟通愉快，家长理解；二是与家长谈崩了，很不愉快。请学生自由选择立场再分成两部分。如果学生已经有过类似的经历，也可以根据自己的实际经历选边站。

D. 讲师走向"不告诉"家长的那一部分学生，询问他们，不告诉家长会有什么结果——一是一直隐瞒得很好；二是没有瞒住，被家长发现了。请学生自由选择立场再分成两部分。如果学生已经有过类似的经历，也可以根据自己的实际经历选边站。

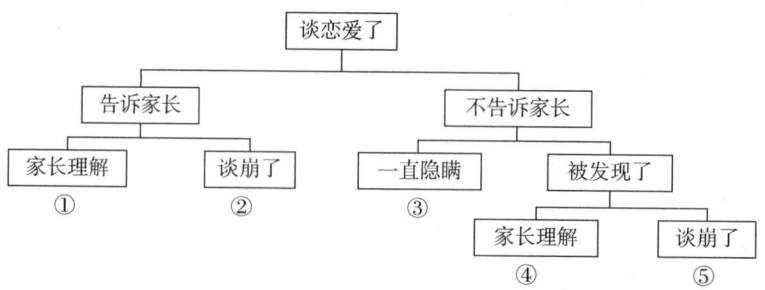

E. 讲师走向"被发现了"的那一部分学生，询问他们，被家长发现会有什么结果——一是沟通愉快，家长理解；二是与家长谈崩了，很不愉快。请学生自由选择立场再分成两部分。如果学生已经有过类似的经历，也可以根据自己的实际经历选边站。

F. 这样学生就形成了五部分，如上页图所示。如果学生在这一过程中，有其他的可能提出来，也可以再加。

G. 按照这样自然形成的小组，自行找桌子围坐。请各组按照刚才一次次选边站的经历，讨论在这样的过程中，如何与家长沟通，然后设置一个场景进行角色扮演，有人扮演父母，有人扮演孩子，还可以有其他相关角色，每个小组的表演时间为3分钟。

a. 第一组：谈恋爱了——纠结之后决定告诉家长——与家长良好沟通，获得了家长的理解和支持。

b. 第二组：谈恋爱了——纠结之后决定告诉家长——与家长沟通不畅，没有获得家长的理解和支持，结果十分不愉快。

c. 第三组：谈恋爱了——纠结之后决定不告诉家长——想尽办法向家长隐瞒，当中数次差点被家长发现。

d. 第四组：谈恋爱了——纠结之后决定不告诉家长——没有瞒住，被家长发现了——只好向家长坦白——结果还好，获得了家长的理解和支持。

e. 第五组：谈恋爱了——纠结之后决定不告诉家长——没有瞒住，被家长发现了——只好向家长坦白——与家长沟通不畅，没有获得家长的理解和支持，结果十分不愉快。

H. 讲师引导学生，针对刚才的观点分享或表演进行讨论。

教学提示：

如果出现某一组人特别多或特别少的情况，可以征求学生意见，改变选择，适当调整人数。如果学生不同意调整，就维持原状，表演时候学生一人饰多角，或向其他组借人，或想其他办法。讲师在点评的时候灵活掌握。

(3) 讨论话题

A. 谈恋爱这样的事情，是主动沟通好一些，还是先瞒着，被发现了再说好一些？

B. 谈恋爱一直跟家长隐瞒，能瞒得住吗？

C. 谈恋爱，家长的担忧是什么？我们如何有针对性地打消家长的顾虑，获得理解与支持？

D. 与家长沟通的过程中应该注意些什么？沟通成功或失败的原因是什么？

(4) 学生讨论

A. 还是主动沟通好，被发现了家长会生气，他们感觉被欺骗；主动沟通好，取得家长理解；主动沟通好，家长也是讲道理的；主动沟通好，反正也瞒不住；主动沟通好，别人也会告诉家长的；主动沟通好，家长也是关心我们，不应隐瞒和欺骗家长；主动沟通好，对后面可能发生的更多关于学业、升学等大事的亲子沟通有利……

尽量不要说，瞒得一时是一时，被发现了再说；别说了，根本无法沟通，肯定就是反对；他们不会发现的；他们从来不听我的，就想让我听话，怎么沟通；他们根本不讲道理；他们一大堆大道理等在那里呢；除了学习，一切都不可以……

B. 瞒得住，他们也不关心我；我住校，很容易瞒住；我水平高，瞒得住；想办法呗；瞒他们的招数多着呢……

瞒不住，他们天天查我的岗；每天接送我，什么也瞒不住；家长都火眼金睛，什么也瞒不住；瞒不住，家长和老师经常沟通；他们很关心我，我的一点点变化他们都能觉察……

C. 家长最担心的是：影响学习；担心发生性关系；担心学坏；担心不成熟，处理不好；认为这个年纪恋爱成功率低，浪费时间；担心影响心情……

针对家长的担忧：会好好学习，不会让成绩下降；我很理智，不会发生性关系；会采取安全措施，不会让自己/对方怀孕；不会滥交；对方是很好的学生，不是坏孩子；我现在是不成熟，可是不学习就永远没有成熟的机会；不是结婚才叫恋爱成功，每一段感情都是宝贵的人生经历；也不能除了吃饭和睡觉都学习，总要有休息和休闲时间；我会控制好情绪，让自己有好心情……

D. 沟通的时候：有礼貌，好好说话；不要情绪激动；说话有条理；理解家长的顾虑和担心；用学习成绩说话；好好哄哄家长；送礼物给他们；告诉家长，对方好在哪里；跟他们说学霸也谈恋爱；摆事实讲道理，上网查案例；找个合适的时机；不是告知，而是交流，是征求意见；不仅是恋爱，还有其他的学习、专业选择等问题，与他们交换意见，征求他们意见……

教学提示：

A. 提醒学生，对家长也要理解和关心，这是最好的沟通基础。

B. 不要将家长看作是对立面；不要想当然地认为，家长就是会粗暴反对，就是顽固不化，要理解家长的顾虑和担心，能换位思考。

C. 也要考虑到对方与家长的沟通问题。

D. 学习成绩、与家长沟通、要不要发生性行为、注意保护自己、做对自己和对方及家长都负责任的选择才是关键。

（5）讲师过渡与总结

谈恋爱不是洪水猛兽，我们能想清楚这一点，能理清恋爱与学习、时间安排、情绪管理等方面的关系，家长也一样能想清楚。所以关键是，如何与家长沟通。不对立，不先入为主，不带情绪的沟通，是最重要的。

沟通的过程就是彼此交流的过程，沟通成功的基础是相互的爱护和关心，以及以解决问题而不是吵架为目的。当然，沟通是有技巧的。

2. 活动2

（1）活动名称：五步沟通法

（2）活动步骤

A. 在课件上展示一个场景，同时讲解在这一场景中，五步沟通法如何运用：

场景：你的好朋友当着很多人的面，取笑你今天穿得很土气。

第一步：当你_____（特定的行为）

当你当着那么多人取笑我的时候

第二步：我想的是（或我开始觉得）_____（对对方行为的判断）

我开始觉得你非常不在乎我的感受

第三步：而且那让我感觉_____（描述情感的词语）

而且那让我感觉又生气又难过

第四步：这让我想_____（冲动的行为）

这让我想以后再也不理你了

第五步：但我仍然_____（自己的决定）

但是我仍然想跟你聊聊，继续做朋友

B. 让学生按照上面的示范，将这样的说话方式用到刚才的情景表演中，想好措辞写下来。表演中扮演孩子角色的，以孩子的口气和诉求来写；表演中扮演家长角色的，以家长的口气和诉求来写。

C. 请各组同学分别把自己写下来的"五步沟通"读出来。

教学提示：

A. 如果有学生对这样的表述方法有异议，或是感觉不适合自己的场景，无法使用，或是讲师或同学感觉使用不当，可以和同学们一起讨论，找出一个更合适的表达方式。

B. 询问扮演家长角色的学生，在沟通/表演过程中有什么想法，站在家长的角度想问题，和从自己角度想问题有什么区别。

(3) 讲师过渡与总结

无论在学校还是在职场，出色的表达与沟通能力都是能让你更快胜出的不二法门。五步沟通法是一个很有效的非暴力沟通方式，不仅可以用于与家长沟通恋爱的事，还可以用在其他很多地方。

当然了，每个家庭、每个家长的情况不同，采取的沟通手段也需要多样。也可能不论你怎样沟通，家长仍然激烈反对，要评估形势，根据自己的情况来选择采取合适的方式。重要的是，需要有这样的意识和心理准备。

3. 小结

我们的成长和发展不仅仅在课堂学习上，个人情感能力、人际交往能力也很重要。青春期的恋爱不是洪水猛兽，而是需要我们正视的一份真实、普通、平常的感情，既不特别美好，也不特别糟糕，学会表达就可以减少压抑，学习与家长沟通，取得他们的支持，更是一种能力的提升。处理好学习与恋爱的关系，可以让我们更好地成长。与家长或老师沟通自己的恋情，对自己来说也是一种锻炼，但要注意彼此尊重，平等地交流，并且思考、安排好自己的时间，思考如何发挥恋爱的积极作用，以便让家长放心。不是每个人的每次恋爱都必须与家长沟通，这同样也是学习对自己行为负责的一次理性选择。

教学提示：

若学生在讨论过程中对家长有一些抱怨，这是正常的；若有一些愤怒、委屈等情绪表达出来，也是正常的。讲师要警惕学生出现一些激烈、严重的"逆反"情绪，甚至会出现一些暴力、对抗、自残的情绪和想法，要加以引导和制止。讲师要让学生明白，激烈的、暴力的方式是不能解决问题的，只会制造更多的问题。同时讲师要评估形势，是否需要告知相关人员或单位，避免出现恶性事件。

执笔：王艺

教案：爱情与成绩是天敌吗

一、课名

爱情与成绩是天敌吗

二、时长

45/60 分钟

三、教学目标

理解中学阶段爱一个人是正常的情感，审视恋爱的好处与弊端，分析学业与情感处理的几种情形，并做出对自己和他人负责的选择。

四、教具、材料

电脑；多媒体设备；每组两张 A3 纸；纸、笔等。

五、教学过程

（一）导入

■ **案例：**

澎湃新闻曾在 2017 年向全国的高考状元发去一份"高考状元问卷调查"，回收了 40 份有效问卷。在 40 名参与调查的高考状元中，16 人坦诚地表示曾有过恋爱经历，其中，除 1 人觉得会影响学习，其他 15 人均觉得与学习没有冲突。在这群绝对的"学霸"当中，超过 8 成的人觉得恋爱与学习之间并无冲突，或本身期待着一场恋爱。谈到自己的女朋友，已被清华大学录取的某省理科状元难掩心中的喜悦。他告诉记者，自己和女朋友对待恋爱很理性，谈恋爱并没有影响到各自的学习，"女朋友是我的同桌，我们从高二开始在一起的，她的成绩也很优秀，今年考上了中国人民大学，我们又可以在同一座城市了！虽然恋爱，但我们对学习都很上心，一起规划未来。我们达成共识，不可以因为恋爱而影响学习。"同时，在调查中也有 6 名状元明确表示反对中学生谈恋爱，认为恋爱会影响学习或未来发展。❶

讲师导语：中学生的主要任务是学习，但中学生正处于情窦初开的年龄，当爱情与学习交汇时，我们该怎样选择？如果爱情是鱼，学习是熊掌，鱼和熊掌可以兼得吗？今天我们一起来讨论讨论吧。

（二）活动

1. 活动 1

（1）活动名称："鱼"和"熊掌"的取舍

（2）活动步骤

A. 请学生选择观点进行分组：认为学业与爱情可以双丰收的，站一组；认为学业与爱情冲突，选择学业的，站一组；认为学业与爱情冲突，选择爱情的，站一组；认为学业与爱情相克，会什么都失去的，站一组。

B. 各组讨论支持各自观点的案例和案例中主人公的特点，并将结果记录下来。

C. 每组派代表发言，其他小组同学可提问。

---

❶ 资料来源：澎湃新闻网。

■ **案例一：学业爱情双丰收**

某年北京高考理科前两名是人大附中的一对情侣，两人的高考成绩很优秀，梁某以697分（加分后717分）的成绩获北京高考理科第一名，施某以696分（加分后716分）的成绩获理科第二名。状元男生是先保送北京大学然后高考考着玩的；榜眼女生更牛，先是拿了全国数学奥赛女子第一名保送北大，又拒了斯坦福的全额奖学金去了麻省理工学院，高考时也是考着玩玩。

■ **案例二：选择学业**

我了解到的和我同一楼门的哥哥，酷爱读书和学习，初中、高中时都有女孩喜欢他，他也曾经动心过，但是他的梦想就是要考清华大学学习土木建筑专业，所以他克制自己，对女孩的表白也友好拒绝，后来他实现了自己的清华梦。

我了解的一个读了博士的人，好像有点书呆子，一直很听他父母的话，自己本人对情感好像也反应"迟钝"，初高中都没谈恋爱，一路顺畅，考上好的大学、读研、读博……

■ **案例三：选择爱情**

我们家邻居有个姑娘，她有恋人，他们学习都很一般，谈恋爱也耗费了他们一些精力，但是彼此很投脾气，两个人对待情感也都很认真，最终两个人都读了大专，后来组建了幸福的家庭。

■ **案例四：学业爱情两耽误**

我看到的发生在我亲戚家一个姐姐身上的真实案例，姐姐是倾注了自己的情感，真心对待那个男生，但是那个男生很花心，只是抱着玩玩的态度，很快移情别恋，姐姐很受伤，从此一蹶不振，高考也没考上大学。

（3）讨论话题

A. 支持各自观点的案例故事有哪些？

B. 从这些案例中你看到了什么？为什么他们……（"……"中的内容是四个组不同的观点）？

（4）学生讨论

A. 学业爱情双丰收：他们都很聪明或者叫智商高，同时他们又能控制自己，可以说是情商也高；他们各自都很上进，有自己的梦想；他们也有共同的目标，学习上、情感上甚至对待家庭有共同想法；他们在一起不但让自己好，也让对方发展得更好；他们不管是对自己还是对别人都很有责任心。

B. 选择学业：比较听话的学生顺从老师和父母的心愿，专心于学业；传统想法的学生或者有自己的梦想先选择学习，上了大学或工作以后再谈恋爱；看到周围人谈恋爱有烦恼，或者经历了情感的纠葛与伤害，觉得这样的情感不太靠谱，不想在这上面耗费精力；一些学生由于遗传或者成长环境，心理成熟得较晚，在这一阶段还没有考虑情感的事情。

C. 选择爱情：认为生命诚可贵，爱情价更高；双方都很重视这份感情，把爱情放在第一位，对感情非常投入，并且非常依恋对方；认为有情饮水饱，为了爱情可以牺牲一切。

D. 学业爱情两耽误：这些人寂寞、空虚或者无聊，彼此在一起玩玩，谁都没当真，他们对学习和情感都如此；最可怕的是一方认真，另一方对感情不认真，认真的一方耗费了精力，学习和情感两耽误。

教学提示：

针对学习和情感双丰收的情形，可能学生疑问的是：他们所了解的人有的在初高中时学习和情感都没耽误，但是在大学或者参加工作后解除了恋人关系，最终没有一起成立家庭，算不算双丰收。讲师的答案是算，背后的原因是我们尊重每个人的权利，每个人都有选择和对方在一起或者分手、选择婚姻或者不选择的权利，只要他们在一起时真诚相待、彼此珍惜就好。

（5）讲师过渡与总结

由于生理发育的影响，中学阶段正是性意识逐步成熟的时期，很多人这时候开始有自己心仪的对象，相互吸引、爱慕，有些人开始恋爱，这些心理与行为的变化是正常的，但是这一时期也是学业负担最繁重的时候，对于不同的人来说，爱情和学业的关系可能会有所不同，关键在于每个人如何看待自己的爱情和学习，以及如何去处理和安排自己的爱情和学习。

2. 活动2

（1）活动名称：爱情使我成长

（2）活动步骤

A. 将学生按每4~6人一组分组，小组围坐，每组发一张A3纸。

B. 小组讨论，将讨论结果写在A3纸上，张贴在合适的地方。

C. 全班分享汇总，讲师点评与总结。

（3）讨论话题

恋爱有哪些好处？

（4）学生讨论

A. 增加学习动力：有上进心，有目标；互相激励；互相学习；鼓励对方学习。

B. 可以愉悦身心：减轻学习压力；心理得到安慰；互相倾诉；可以对唱情歌；每天都有期待；心理上的满足；有人保护；有人照顾；有人陪；有念想；有人安慰；有人给你擦眼泪；有合理关系；有人宠、哄、养；有人包容；

有人给你父母给不了的爱。

　　C. 获得恋爱经验：失恋了可增强心理素质；为将来做准备；增加人生阅历；对人性了解更透彻；以后可以少走些弯路。

　　D. 能够自我成长：学会负责；变得坚强、成熟、稳重；变得更优秀；锻炼意志、恒心；知道如何照顾人；提升爱的能力。

　　E. 交到更多的朋友：对方圈里的朋友也变成了你的。

　　F. 打发时间：可以一起玩，填补空闲时间。

　　G. 更女人了或者更爷们了：都想展现自己最完美的形象。

　　H. 提高 GDP：天天煲电话粥，为电信事业做贡献；买礼物、看电影都是贡献 GDP。

　　I. 可以让人羡慕：人无我有，看到别人羡慕的眼神，会有一种陶醉的感觉；

　　J. 满足好奇心：了解异性，了解爱情。

教学提示：

针对恋爱的好处这部分，有些学生可能会强化性别刻板印象，认为更有男人味了或者更像女人了。讲师要引导学生，强调在恋爱中应该做自己。在恋爱中有人最终感觉不能做自己，时间长了他们会有孤独、被隔绝的感觉，例如比较豪气的女生、有些女性化的男生。我们怎么看呢？强调警惕社会性别的刻板印象，做自己，互相欣赏。当然，如果这种改变并没有让自己不愉快，或者他们改变后反而是他们内心真正的自己，那么，改变也是他们自己的选择。同时，对于同样的点有些人认为是好处，有些人会认为不是，遇到这种情况，讲师应该鼓励学生说明理由，并且引导学生认识到差异。

（5）讲师过渡与总结

任何事情都有两面性，有好的一面，肯定也有坏的一面。恋爱固然有这么多好处，那有没有坏处呢？

3. 活动 3

（1）活动名称：爱情让我堕落

（2）活动步骤

　　A. 保持刚才的分组，每组再发一张 A3 纸。

　　B. 小组讨论，将讨论结果写在 A3 纸上，张贴在合适的地方。

　　C. 全班分享汇总，讲师点评与总结。

（3）讨论话题

　　A. 恋爱有哪些坏处？

　　B. 如何减少恋爱的负面影响？

（4）学生讨论

A. 恋爱的坏处

a. 耽误学习：情绪波动时会影响学习；影响成绩；耗费时间；分散精力；分心。

b. 受到伤害：做出格的事情，把持不住自己；对身体不好；对异性失去兴趣；容易受到伤害；对对方思念过多，失眠，精神不振。

c. 浪费钱：电话费、节日纪念日互送礼物。

d. 影响家庭关系：家长反对，可能和家里闹翻。

e. 被老师批评：违反学校规定，被谈话，甚至请家长，或被停课，甚至勒令退学或转学，被其他人议论，影响名声。

f. 影响和其他同学关系：忽略身边的同学，冷落其他朋友。

g. 影响情绪：闹矛盾、误会、失恋、分手等，情绪低落，心理负担加重。

B. 降低不良影响

正确认识爱情，树立正确的爱情观；不要把爱情当作生命的全部，平衡爱情与学习、友谊、家人等之间的关系；不越界，不在公共场合过度亲密，避免陷入舆论让自己花时间和精力去应对；练习爱的能力，提高自己建立和维持亲密关系的能力，减少矛盾和冲突；提议与爱的 ta 一起做有意义的事，规划未来、共同努力等。

教学提示：

本环节教师要引导学生认识到事在人为，如果个人经营得当，就可以展现爱情积极的一面，让自己越来越好；如果不会经营，就会在爱情中堕落，一直走下坡路。

（5）讲师过渡与总结

其实在人生的任何阶段，爱情都是有两面性的。对于不同的人来说，爱情带来的好与坏各不相同，爱情出现在我们的生活中，就会对我们生活的方方面面产生影响。如何让爱情促进我们的生活，而不是破坏我们的生活，是需要通过个人和恋爱中的双方共同努力的一件事。

4. 小结

恋爱是没有错的，同学们不要对自己的自然情感有犯罪感。相爱的两个人不是你望着我、我望着你，而是两个人注视着同样一个地方，共同、正向的追求让我们的情感更长久；爱不仅是情感上彼此如漆似胶，更是对别人负责，让对方发展得更好，并让自我在爱中得到升华与完善。当下，如果遇到了爱情，可能更多地要处理学习和爱情的关系，在未来我们还要学着处理爱情与工作、生活、学习等方方面面的关系，这需要技巧也需要能力，但有一条基本原则，就是对自己和对方负责，让双方朝一个好的方向发展。

执笔：王宏云　陈萱　罗扬

教案：如何面对失恋

一、课名

如何面对失恋

二、时长

45/60 分钟

三、教学目标

理解一段亲密关系的结束是人生自然的事情，学会接纳并管理失恋产生的负面情绪，认识到失恋并非都是不好的，失恋也可以是积极的，学会自我调节，重新振作。

四、教具、材料

1. 多媒体教学设备；课件；电脑等。

2. 打印"失恋故事记录表"，每组一张；彩色卡纸每人一张。

五、教学过程

（一）导入

导语：在克罗地亚的首都萨格勒布市，有这样一家奇特的博物馆，它和名人、历史经典都没有关系，却在全球约 30 个国家成功举办了 50 场展览，2011 年还获得"欧洲最有创意博物馆奖"。这家博物馆名为"失恋博物馆"，它收集那些恋旧之人不舍得丢弃的物品和其背后的心碎故事。每年都有数以千计的捐赠品从世界各地邮寄过去，更有许多参观者慕名前来，切身体会每个故事带来的心灵震撼。展品依不同主题陈列在不同房间，每件展品上都标有这段恋情持续的时间、发生地及捐赠者所做的说明。在这里展览最多的是昔日的恋人们用以怀念旧爱的物品，比如恋爱日记本、求爱信、洋娃娃、恋爱照片、订婚戒指、永远都不会再响起的手机、空酒瓶、陈旧的汤勺等"恋爱见证"。

2019 年，"失恋博物馆"风靡全国，很多地方都建起了失恋博物馆，并且非常受欢迎，很多人到博物馆参观，甚至捐赠展品。为什么失恋博物馆这么受欢迎呢？因为它引起了很多人的共鸣。很多人都经历过失恋，一般失恋都是很痛苦的，有的人从失恋当中走出来需要很多年，有的人从失恋中走出来就只在一瞬间，有的人觉得失恋是一种解脱，有的人痛苦得撕心裂肺，有的人在失恋中成长，有的人从此沉沦……今天就让我们一起讨论失恋会给我们带来什么，我们如何面对失恋。

教学提示：

讲师可自己上网搜索失恋博物馆，在 PPT 中呈现展品或者失恋故事，让学生意识到有很多人都经历过失恋。

（二）活动

1. 活动1

（1）活动名称：班级"失恋博物馆"

（2）活动步骤

A. 课前布置任务，让学生搜集亲身经历或者身边的爱情故事和爱情信物。

B. 将大家搜集到的爱情故事和爱情信物在班里展出，请全班同学自由参观并分享自己的"失恋故事"。

C. 将学生按每 4~6 人一组分组，以小组为单位，深入了解自己组成员准备的失恋故事和其他组同学准备的故事中最打动自己的一个失恋故事，讨论并完成失恋故事记录表，每组至少完成 3 条。

D. 全班汇总失恋故事记录表和各类失恋故事，总结出现频次最多的三项分手原因、失恋后的情绪反应以及失恋后的行为表现（见下表）。

失恋故事记录表		
分手的原因	失恋后的情绪感受	失恋后的行为表现

（3）讨论话题

A. 为什么会分手？

B. 失恋后会有哪些情绪反应？

C. 失恋后会做什么？

（4）学生讨论

A. 分手的原因：

迷失了自己：发现自己喜欢的是同性；做了自己不喜欢的小女人；为了对方表现得很爷们/很女人。

感觉到孤独：爱到深处才放手，给ta自由；不再爱了。

缺少共同的价值观和兴趣爱好：说的和玩的都不一致；对事业的态度不同；对事物的看法不同。

性格不合：受不了对方的脾气；发现了对方的缺点；乏味、意见不合；感情破裂；在一起不合适。

发生身体、性或精神上的暴力事件：被迫的性；怀孕；对方粗鲁或者伤自尊的话与行为。

青春期感情的不稳定：第三者；另有新欢；喜新厌旧；背叛；遇到更好的。

时间和距离：时间让大家都变了；有了距离；过了激情期；因为熟悉了；厌倦了对方；没有新鲜感了；因为没心情；有了不同的命运；因为彼此太过于了解，没有感觉了；太熟悉没有情感了；再美丽的光环也终究会黯淡；我不是因为你而来到这个世界，人生再美，怎如初见；错觉；异地恋。

嫉妒、占有等心理过强：因为太在乎，经常因为小事吵架。

来自老师和家长或者朋友的压力：家人拆散；家庭矛盾；家族因素；因为父母；父母、朋友不认可；门不当户不对；父母老师阻拦。

一些意外事件：生命走到尽头；为了另一个人；在生命的旅途中ta坐错了车；因为误会。

品行：谎言；玩玩而已。

B. 失恋后的情绪反应：痛苦、悲伤、无助、忧郁、自卑、害怕、仇恨、自残、厌世、阴影、孤独、愤怒、解脱、平静、即将开始下一段生命经历的希望、憧憬等。

C. 失恋后会做什么：暴饮暴食、马上开始新一段感情、做以前没做过的事、不停地回忆、重新规划生活、找人倾诉、密切关注对方动态、毁掉所有在一起的痕迹（烧或扔纪念品）、堕落一段时间等。

教学提示：

为了保证活动质量，讲师可规定每组学生必须准备一定数量的纪念品或故事，并且可以放宽要求，可以是学生看到的电影、电视剧或文学作品中的失恋故事。

（5）讲师过渡与总结

很多人都经历过失恋，有的人很快就能从失恋的影响中走出来，但对于很多执着于爱情的人来说，从失恋的影响中走出来则需要很长时间。

2. 活动2

（1）活动名称：失恋的痛

（2）活动步骤

A. 以小组为单位，讨论失恋后最大的痛苦或最不能接受的是什么，每组写出至少5个短语，并按重要性排序。

B. 各组分享讨论结果。

C. 集体阅读《苏格拉底与失恋者的对话》，并分享感受。

《苏格拉底与失恋者的对话》文本：

苏格拉底想看看2000年后的不同。但一来到人间就见到一位年轻人，茶饭不思，精神萎靡，其状甚哀。

苏格拉底：孩子，为什么悲伤？

失恋者：我失恋了。

苏格拉底：哦，这很正常。如果失恋了没有悲伤，恋爱大概也就没有味道。可是，年轻人，我怎么发现你对失恋的投入甚至比恋爱还要倾心呢？

失恋者：到手的葡萄给丢了，这份遗憾，这份失落，您非个中人，怎知其中的酸楚啊！

苏格拉底：丢了就丢了，何不继续向前走去，鲜美的葡萄还有很多。

失恋者：踩上ta一脚如何？我得不到的别人也别想得到。

苏格拉底：可这只能使你离ta更远，而你本来是想与ta更接近的。

失恋者：你说我该怎么办？我可真的很爱ta。

苏格拉底：真的很爱？那你当然希望你所爱的人幸福？

失恋者：那是自然。

苏格拉底：如果ta认为离开你是一种幸福呢？

失恋者：不会的。ta曾经对我说，只有跟我在一起的时候ta才感到幸福。

苏格拉底：那是曾经，是过去，可ta现在并不这么认为。

失恋者：这就是说ta一直在骗我？

苏格拉底：不，ta一直对你很忠诚。当ta爱你的时候，ta和你在一起，现在ta不爱你，ta就离开了，世界上再没有比这更大的忠诚。如果ta不再爱你，却还装得对你很有情意，甚至跟你结婚生子，那才是真正的欺骗呢！

失恋者：可我为ta投入的感情不是白白浪费了吗？谁来补偿我？

苏格拉底：不，你的感情从来没有浪费，因为你在付出感情的同时，ta也对你付出了感情，在你给ta快乐的时候，ta也给了你快乐。

失恋者：可是这多么不公平啊！

苏格拉底：的确不公平，我是说对你所爱的那个人不公平。本来，爱ta

是你的权利，但不爱你是 ta 的权利，而你想在你自己行使权利的时候剥夺别人行使权利的自由。这是何等地不公平！

失恋者：可是您看得明白，现在痛苦的人是我不是 ta，是我在为 ta 痛苦。

苏格拉底：为 ta 而痛苦，ta 的日子过得很好，不如说你为自己而痛苦吧！

失恋者：依您的看法，这一切倒成了我的错？

苏格拉底：是的，从一开始你就犯了错。如果你能给 ta 带来幸福，ta 是不会从你的生活中离开的，要知道，没有人会逃避幸福。不过时间会抚平你心灵的创伤。

失恋者：但愿有这一天，可我的第一步该从哪里做起呢？

苏格拉底：去感谢那个抛弃你的人，为 ta 祝福。

失恋者：为什么？

苏格拉底：因为 ta 给了你新的寻找幸福的机会。

（3）讨论话题

A. 失恋后，最大的痛苦或最不能接受的是什么？

B. "我"希望通过爱情满足的是什么？

（4）学生讨论

A. 失去，没面子，ta 是别人的了，失败，没用，我不够好，被抛弃，被欺骗，被玩弄，失贞，无依靠，无助，不信任，没人要，我很差（不漂亮，身材不好，不够……）等。

B. 被爱，被关注，被照顾，被体贴，爱 ta，和喜欢的人在一起，有伴儿，性，获得成长的动力，归属感，安全感，自我实现，更好的物质条件等。

教学提示：

由于每个人对爱情的期待和爱情观不一样，所以这部分的讨论结果会差异很大，讲师要鼓励学生充分表达。讲师要让学生认识到所有的痛苦和负面情绪背后都是个体对爱情的诉求，要接纳自己的负面情绪，并且认识到这种诉求。以上文本并不是真的出自与苏格拉底的对话，但是对于失恋的情绪、感受等表述得非常清楚，所以拿来一用，这一点讲师应该告知学生。

（5）讲师过渡与总结

如果你很喜欢一个人，突然失去了，伤心是必然的。失恋之所以让人痛苦，很多时候无非是因为我们放不下某种姿态，舍弃不了某种习惯，或无法满足某种需要。但每一次恋爱的结束，除了痛苦还有成长。

3. 活动3

（1）活动名称：失恋让我成长

（2）活动步骤

A. 每人发一张彩色卡片，用简短的语言描述本节课听到的失恋故事中自己印象最深刻的故事或自己亲身经历过的失恋故事。

B. 以小组为单位，讨论本小组成员描述的故事。

C. 全体分享讨论。

（3）讨论话题

A. 失恋可能带来哪些成长？

B. 如何从失恋中获得成长？

（4）学生讨论

A. 提高应对挫折的能力；提高人际交往的能力，提高情商；更清楚地认识自己的需求；澄清自己的爱情观和价值观；加深自我认识；提升爱的能力；加深对爱情的理解等。

B. 自我激励，告诉自己一个人的生活一样很精彩；转移注意力，把失恋的痛苦化为前进的动力；努力改变自己，提升自己的价值；让时间慢慢消解，冷静思考之前的关系，总结分手原因，发现自己或对方的不足；改变消极的、绝对化的认知观念；积极反思。

教学提示：

本环节要让学生看到失恋的积极意义，并学习如何从失恋中走出来。鼓励学生分享想法，在分享中强化"不要沉溺于消极的情绪""伤心不代表你可以伤害别人""用积极的角度看待失恋""结束等于再一次开始的机会"等想法。

（5）讲师过渡与总结

有人认为失恋的"失"就是丢失什么的意思，本身就是一个不好的词眼，人丢失自己的东西，肯定不开心的，但失恋未必是坏事，它结束了一段不适宜的恋情。很多人分手后会重新振作，找回自我，化悲痛为力量，然后取得成功。

4. 小结

不知道从什么时候开始，在很多东西上面都有个保质期，秋刀鱼会过期，肉罐头会过期，连保鲜纸都会过期……我开始怀疑，在这个世界上，还有什么东西是不会过期的？什么东西都会过期，爱情也是。我们要感谢那个曾经和我们在一起的人，因为 ta 给过我们快乐，在人生道路上陪我们走过一段路程，分开了 ta 又给了我们寻找幸福的新机会。人的一生不是仅仅为了爱情而活着，爱情只不过是我们生命中的一个过程，就像我们的学习成绩一样，有起有落，有高有低，做任何事情都是有成有败，败了我们从头再来。某种意义上说，失恋其实不一定是坏事，任何事物都有两面性，爱情是很美好，但同样也很脆弱，当今社会，失恋、离婚的现象比比皆是。失恋是让人难过的，但是我们也没有必要痛苦不已，甚至选择放弃生命，我们要认识到爱情需要磨炼，需要投入更多的努力，一旦失恋也要把它看成人生的财富，因为我们可以从中学到一些东西，真正了解什么是爱情，了解自己和他人，下次就可以更好地避免错误，更好地享受爱情了。

六、知识与观点链接

"失恋博物馆"部分展品及失恋故事（下列展品并非出自同一捐赠人）：

一把钥匙

在很长一段时间里，我和他在一起同居，并且每天一起用这把钥匙给我们的家上锁。时间的流逝没有加深我们之间的感情。其实，爱意在很久之前就已经消失不见。时间像风一样也带走了所有的热恋，我们的恋情似乎进入了灰暗期。回看我们曾经牵手走过的美好风景，然而却已经不会再出现，我们之间只剩下了深深的裂痕。

一个玩偶

我17岁生日那天，他送了我一个玩偶。我们早在6个月之前，也就是1981年的10月5日就已经陷入了热恋。之后的30年里，我们有了3个儿子，一间房子。但是，他后来却爱上了另外一个女人并且选择了跟她在一起。他让我的心都碎了，甚至告诉我在我们共同度过的30年里，他从来没有爱过我。我真的不理解他当初为什么说爱我。

一张明信片

我是来自亚美尼亚共和国首都的一位70岁的老人。1967年，我在萨格勒布旅游，我在这座城市留下了一生最难忘的回忆。我在当地报纸上找到了这家失恋博物馆，当时我悲喜交加。很久之前，我邻居家的儿子在我的门缝中塞了一张明信片，他说他爱了我三年。但是，根据亚美尼亚的传统，他的父母需要到我家提亲，我的父母拒绝

了这门婚事并且说他配不上我,他的父母既失望又生气,当天晚上,他就出了车祸。

一个放大镜

在我们分手前,她把这个送给了我。我从来没有领会到她为什么会送一个放大镜给我。但是她还在我身边时,她总对我说:只要在你身边,我就觉得自己很渺小,你的眼睛里面没有我。

参考文献

[1] 方刚. 中学性教育教案库 [M]. 北京:中国人民大学出版社,2015.

执笔:张一曼 李旸 王宏云 罗扬

教案:是否要"性",需要协商

一、课名

是否要"性",需要协商

二、时长

45/60 分钟

三、教学目标

了解亲密关系中双方是平等的,知道亲密关系沟通应遵循的原则,懂得面对违背自己意愿的性要求时如何拒绝,并学习提出要求和拒绝要求的技巧。

四、教具、材料

1. 课件、多媒体设备等。
2. 纸、笔、打印好的"情景一""情景二"等。

五、教学过程

(一)导入

杨洋和张曦是一对中学生恋人,杨洋青春逼人,张曦高大帅气,两人感情甜蜜,是同学眼中的金童玉女。面对青春逼人的杨洋,血气方刚的张曦多次向杨洋提出了性要求,可每次都被杨洋拒绝了。张曦想:女生都害羞,需要强迫一次,不强迫就永远做不成。

(二)活动

1. 活动1

(1) 活动名称：强行的性行为

(2) 活动步骤

A. 将学生按每 4~6 人一组进行分组，小组围坐一桌，发放纸和笔。

B. 以小组为单位针对案例及话题进行讨论，将本组结论记录下来。

C. 引导学生思考在现实生活中还有哪些类似的"迷思"？

D. 小组派代表发表本组看法，讲师点评和总结。

(3) 讨论话题

A. 大家如何看待张曦的想法？

B. 如果张曦强行和杨洋发生一次性行为以后，大家认为结果会是怎样的？

C. 大家刚才所说的这些结果和张曦最终的想法一致吗？如果不一致，大家建议张曦怎么做？

(4) 学生讨论

A. 张曦的想法：

a. 张曦这一想法有一定的道理。在发生第一次性行为之前女生都挺害羞的，可能还有些害怕，面对男生的性要求，往往是不加思考就加以拒绝了。如果男生用强的，女生往往半推半就地就同意了。

b. 张曦这一想法一点儿都没考虑女方的感受，对女性缺乏应有的尊重。

c. 张曦这一想法适用于部分女生，这类女生比较喜欢强势的男人，但对于那些强调男女平等的女生，他的想法会导致对方的排斥。

B. 若张曦强行与杨洋发生性行为：

a. 杨洋为了维持她和张曦之间的关系，为了取悦张曦，最终可能会妥协，配合张曦提出的性要求。

b. 杨洋可能会因为张曦不尊重自己的想法，不考虑自己的感受，向张曦提出分手。

c. 杨洋虽然答应了张曦的要求，但因为这件事，杨洋觉得张曦只顾自己，不太尊重自己的感受，导致两人的关系出现裂痕，最终分手。

C. 张曦应该怎样做：

a. 张曦应该积极地和杨洋沟通，在表达自己感受的同时也要倾听对方的想法。

b. 张曦应该尝试去理解杨洋拒绝的原因。

c. 张曦应该明白性行为的自由是建立在个人自主决定基础上的。

d. 恋人之间的关系是平等的，他们的性行为应该建立在双方愿意的基础上，认为女性认可强行的性行为，这样的想法是对女性的不尊重。

教学提示：

A. 传统性观念对男女的要求不同，造成在性行为方面男性总是处于主导地位。这种观念本身是性别刻板印象——男性觉得如果不采用强迫的手法，就不是一个男人；女性也觉得应该采取被动、保护贞操等。但是实际上并非如此。女性并不是"天性"就应该在性方面处于被动的地位。因此，讲师在这个例子的引导过程中，可以进一步引导学生思考以下几个问题：

为什么男性和女性会有这样的想法？——提示他们去挑战关于性的刻板印象。指出女性有时候也会采取主动，男性也会采取被动。让大家讨论一下，如果是这样的情境下，男性和女性会如何应对？会有什么结果？

这部分引申讨论的目的在于挑战性关系上的男主动女被动的性别刻板印象的建构，以及由此带来的对男生和女生的性观念的影响，因此，要鼓励学生反思这些观念背后的性别议题，鼓励学生用性别视角进行开放性思维，提出自己的看法。

B. 引导学生对一些世俗或流行观点进行思索和讨论，例如"好女怕缠郎""女追男隔层纱""霸道总裁范儿"等，对两性关系的一些片面认识进行反思和加以澄清，破除学生对这些观点的错误认识。

C. 即使是恋人、夫妻，若违背对方意愿，强行发生性关系，也是性侵，严重的可判定为强奸，是违法行为！如果学生没有讨论到这一点，讲师必须提出来，清晰地讲解给学生。

（5）讲师过渡与总结

对于两性关系的认识，我们常常会受到一些片面观点的影响。对于这些观点，我们应该加以澄清，明白恋人之间的关系是平等的，一方无权代替另一方做出决定，也无权把自己的感受和想法强加在对方身上。即使是恋人、夫妻，若违背对方意愿，强行发生性关系，也是性侵，甚至是强奸，是违法行为！

2. 活动2

（1）活动名称：约会中的性暗示

（2）活动步骤

A. 维持刚才的分组，针对案例及话题进行讨论，将本组结论记录下来。

B. 小组派代表发表本组看法，讲师点评和总结。

C. 让学生对故事进行续写，小组讨论事件将如何发展。

■ **案例：通宵备考**

快考试了，女生玲玲约男友小明到宾馆开房"通宵备考"，在宾馆玲玲主动提出性要求。小明很惊愕，没想到女友这么"开放"，有点接受不了；玲玲也很惊愕，认为小明接受自己"通宵备考"的建议就应该明白自己的想法，而且觉得被小明拒绝好像很没面子，自己是不是没有魅力，也怀疑男生是否爱自己，性能力是否有问题。

（3）讨论话题

A. 你如何看待事件中小明和玲玲的想法？

B. 如何看待约会中的性暗示？

C. 事件将如何发展？如何结局？

D. 你认为小明和玲玲在这一事件中，最大的问题是什么？怎样解决这样的问题？

（4）学生讨论

A. 玲玲认为小明同意自己"通宵备考"的请求，在外面过夜，就表示小明其实已经做好和自己发生性关系的准备，是一种默许；但小明只是单纯地想和玲玲在一起准备考试而已。

B. 玲玲以为自己在对方那里没有魅力，或是对方"不男人"；小明认为玲玲太主动、不矜持。

C. 可能结局：

a. 小明虽然不愿意，但在玲玲的坚持下，最终发生了性关系。

b. 玲玲虽然一再坚持，但小明还是以没有思想准备为由拒绝了。

D. 他们二人最大的问题是：沟通不畅；性观念不同——加强沟通、改进沟通方式可以解决。

教学提示：

A. 如果有人说，拒绝女朋友主动的男人是"不行"，或者女生主动是太"淫荡"，讲师要及时介入纠正，指出这是对性的双重道德标准以及性别刻板印象，这些看法都很不尊重个体的选择权。男生和女生一样有拒绝的权利，女生也和男生一样有主动的权利。在性关系中，由于社会文化对男女的要求不同，人们更容易接受男性主动、女性被动。所以，违反这样的刻板印象的人，就会让别人觉得不解或者认为不是真实意思的表示。

B. 两人的想法并不一致。在性意愿的表达上，因为人们对性是含蓄的、带有羞耻的，往往使得自己的表达不够明确，对对方又是采取揣度的方式，容易造成误解。

C. 沟通要点：

信息的表达要清晰，能够被对方所理解。

信息的表达要准确，不会出现重大的歧义让对方误解。

信息的表达要完整，不要说一半留一半。在上面的情境中，玲玲向男友提出"通宵备考"的建议就只表达了部分信息，她希望和男友发生性关系的信息就没有完整地表达出来。

沟通时要考虑对方的态度和接受程度，所提信息具有建设性，力求双方能够达成一致。

D. 需要提醒的是，由于性在中国文化中的含蓄和表达更趋向内敛，而且个体性格、情境差异很大，因此，也不能要求所有人每次都明确表达，有时候含蓄和内敛也是一种性的互动方式，人们也是在性的互动和人际互动的经验中不断了解情况、学习表达和理解、掌握其中拿捏的尺度的。但重要的是，在自己不明确的情况下，要提出自己的看法和问题，同时，要尊重对方的意愿。

（5）讲师过渡与总结

我们经常会有一种错觉，认为越是亲密的人沟通起来越容易。现实却并不是这样的，处在亲密关系中的两个人在沟通时往往容易忽略倾听对方的感受，在表达自己感受的时候发出的信息又常常不够清晰、准确，这也导致了误解和争执的反复出现。所以说，沟通也是需要学习的。

在刚才的环节我们讨论出了亲密关系中的沟通要点，那在现实生活中我们应该怎么样去运用呢？特别是面对恋人提出的性要求，若是不愿意，又该如何拒绝呢？在接下来的环节我们通过角色扮演的活动来实践一下。

3. 活动3

（1）活动名称：学会说"不"

（2）活动步骤

A. 将全班同学分成两大组，将"情景一"和"情景二"分别发给两个大组，请学生根据情景设定进行角色扮演，要求表演成多种结局。

■ **情景一：**

一对恋人小星（男）和双双（女），小星向双双提出性要求，双双拒绝，演绎二人博弈过程。

■ **情景二：**

一对恋人小星（男）和双双（女），双双向小星提出性要求，小星拒绝，演绎二人博弈过程。

B. 在学生角色扮演结束后，讲师询问参与扮演学生的感受。

a. 询问主动提出性要求的一方：他/她这样拒绝你，你能接受吗？你的感受是怎样的？

b. 询问拒绝性要求的一方：你在和她/他博弈的过程中有什么感受？

C. 学习一个小技巧："信号弹"词汇。

信号弹：跟自己的伴侣，约定一个词，称之为"信号弹"。在一方或双方因为情绪激动（例如考了年级第一）、外界刺激（例如饮酒）或其他原因，有了亲密的动作（抚摸、亲吻等），当这样动作继续向下发展，也许就会发生性行为，如果这时你不愿意继续下去了，及时说出"信号弹"词汇，另一方听到这个信号弹，就要马上停止亲密动作。这个"信号弹"最好是简短易记，同时又是在二人交往当中不常用的词。另外，既然做了约定，双方就都要遵守，不要随意开玩笑。

（3）学生可能的回答

A. 主动提出性要求的一方：

a. 不接受。她板着脸指责我，我觉得她伤了我的面子。

引导点：你不接受的是她沟通的态度，并不是她对你说的话。所以在沟通时我们不仅要确保信息清晰、准确、完整，具有建设性，同时我们也要注意自己和对方沟通时的态度，特别是拒绝对方时态度要温柔且坚决。

b. 接受。她的理由很充分，态度也很好，让我心服口服。

引导点：在拒绝对方时，一定要理由充分，而且这些理由应该是对方能够认可和接受的，如果能提出替代的方案会更好，除了理由以外，沟通的态度也是沟通有效的关键因素。

c. 不太接受。我觉得我一女孩子向他提出性要求，结果被他拒绝，挺没面子的，以后都不知道怎么和他相处了。

引导点：在这一情景中，女孩向男孩提出性的要求对女孩本身就是一个挑战，如果被对方拒绝确实会让女孩感觉面子上挂不住。所以男孩在拒绝女孩的性要求时，除了表现出对女孩的理解以外，也应该说一些认可对方的话，让对方觉得被拒绝也不会太过难堪。

d. 接受。虽然我被拒绝了，但我并不会觉得没面子。亲密关系中的两个人的地位是平等的，哪一方都可能向另一方提出性要求，被拒绝也是可以接受的。

引导点：亲密关系中的两人是平等的，一方可以按照自己的想法向另一方提出性要求，但另一方也可以根据自己的意愿决定接受还是拒绝，只是在拒绝的时候一定要注意方式方法，尽可能地站在对方的角度看问题，把拒绝带来的伤害降到最低。

B. 拒绝性要求的一方：

a. 刚开始觉得比较困难，不知道怎么样才能拒绝 ta，后来发现我的态度表现得坚决，对方就没办法了。

引导点：在和对方沟通时，特别是面对恋人提出的性要求，你想拒绝时，发出的信息一定要清晰且明确，不要让对方产生误解，同时要态度坚定。

b. 关键是拒绝的理由要充分，同时晓之以理，动之以情。

引导点：当我们在沟通时，表现出理解他人的想法时，双方更容易达成一致，沟通也会更有效果。

教学提示：

A. 本环节的目的是希望通过角色扮演，让学生知道如何与自己的恋人沟通，特别是当对方提出性要求的时候，自己不愿意时如何说"不"。设定两个情景，是为了向学生传递性别平等的观念，处在亲密关系中的双方的地位是平等的。

B. 直接让学生就情景进行角色扮演，学生会有困难，可以让他们在小组内就情景对话进行设想讨论，这样能很好地降低难度，活动效果会更好。如果异性同学表演比较害羞，也可以考虑"反串"角色，让两个男生或者两个女生来表演。

C. 要注意学生回答内容中是否有对性的双重道德标准以及性别刻板印象，如果有所表现，讲师要及时给予纠正。

（4）讲师过渡与总结

拒绝是权利。你有说"不"的权利，也要尊重他人说"不"的权利。拒绝是技能，拒绝要有力。拒绝是可以的，你要有自信，而且语气要坚定，态度要明确。肢体语言要与言语和态度一致。

4. 小结

处在亲密关系中的两个人是平等的，性行为的自由是建立在个人可以自主决定的基础上的。

处在亲密关系中的两人在沟通时，信息的表达一定要清晰、准确、完整，具有建设性，在表达自己感受的同时也要倾听对方的感受。

不论是男生还是女生都有提出性要求的权利，也都有拒绝性要求的权利，也有同意他人性要求的权利，我们也要尊重他人说"不"的权利。

教学提示：

A. 讨论中学生难免会提出一些社会性别刻板印象的问题。比如男性主动，女性被动；可能认为女性太主动，就是不自爱等；讲师应该引导学生去分析和辨别社会对男女两性不同的性态度和要求，以及性别刻板印象和偏见等，强调双方平等、尊重。不管哪一方提出性的要求，都需要认真平等地交流和沟通，从而做出决定，并且不要伤害对方。

B. 在教学过程中要尊重学生的发言，即使学生的观点不符合主流的价值观，也不要去评判和嘲笑。

C. 因为学生存在差异，有些班级的女生可能比较害羞，在情景二的角色扮演活动中，由于情景设置是表演女生对男生提出性要求后双方的博弈过程，女生可能会放不开，不愿参与活动，这种情况可以先让学生在组内讨论博弈过程，再加以表演，或者让两个男生进行表演，可能效果更好。

执笔：陈玉曦

教案：拒绝约会暴力

一、课名

拒绝约会暴力

二、时长

45/60 分钟

三、教学目标

了解约会暴力、约会强奸，认清嫉妒的本质，提高自我保护意识，掌握防护知识和技能。

四、教具、材料

1. 课件、多媒体设备等。
2. 提前打印好判断题、十个案例；纸、笔等。

五、教学过程

（一）导入

"约会"这个词，相信大家并不陌生，我们和一个人或一群人，相约在某个时间某个地点见面，一同做某件事情，这就是"约会"了。但是，我相信，大家对我这个定义是不满意的，约会嘛，在你们心中，一定是带着"小心心"的那种，伴侣之间的，至少也是意图发展成为伴侣的。既然是带着"小心心"的，好像就应该跟"暴力"不相关啊。

日本当地时间 2016 年 11 月 3 日，就读于日本东京法政大学的中国留学生江歌被室友的前男友陈世峰用匕首杀害。12 月 20 日，日本法院以故意杀人罪和恐吓罪判处被告人陈世峰有期徒刑 20 年。

2018 年 12 月，北京孙某，在一书店偶遇一黄衣女子，对视 10 秒钟左右，就认定自己爱上了她。从此不上班，向亲戚借钱维持生活，在书店蹲守 50 天，还张贴寻人启事，后来还去法院起诉"黄衣女子"，以求逼迫女子现身。法庭表明：建议不要起诉，起诉也将不受理。孙某称这一切的原因是"她活在了我心里"。

这两个案例让你有什么感觉？毛骨悚然吧！很遗憾，约会，有时就是伴随暴力的，甚至可能是非常严重的暴力。下面，我们就来认识一下，什么叫约会暴力。

（二）活动

1. 活动1

（1）活动名称：约会暴力，我来定义

（2）活动步骤

A. 将全体学生按每4~6人一组分组，小组围坐。课件上展示多个判断题，同时将打印好的判断题发放给各组。

B. 小组讨论，这些判断题目中的情况，是否是"约会暴力"，为什么，将讨论结果记在纸上。

C. 讲师带领全体同学回看题目，各组出示自己的答案。四指握拳、拇指向上点赞的手势代表"是"，小臂在胸前交叉代表"不是"，双手向前平摊代表"不确定"。

判断题：

a. 你的伴侣想和你有进一步的性接触，你不愿意，他/她说"不同意就分手"。

b. 你的伴侣想和你有进一步的性接触，你不愿意，他/她说"很遗憾，也许下一次"。

c. 你和朋友出去玩，穿了条小黑裙，你的伴侣说"不许穿这么暴露，给谁看呢"。

d. 你和朋友出去玩，穿了条小黑裙，你的伴侣说"这一条没有那条红色的好看"。

e. 你的伴侣经常说"你这么丑，除了我还有谁会要你"。

f. 你的伴侣经常说"小丑孩儿，出去玩喽"。

g. 你的伴侣睡觉前一定要检查一遍你的朋友圈、短信、留言。

h. 你的伴侣睡觉前一定要检查一遍你的朋友圈、短信、留言，作为交换，ta也给你看ta的。

i. 你的伴侣不喜欢你见其他朋友甚至家人，总是说"爱我就要陪我"。

j. 你的伴侣在你们亲热的时候拍了照片，拿给你看，说"你可有把柄在我手里了"。

k. 你和伴侣一起参加朋友聚会，都喝了酒，之后去开了房，发生了性关系。

l. 你的伴侣特别爱你，从来不会动你一根手指，特别生气的时候，就会捶墙，有一次手都弄出血了。

m. 约会时候，你问ta"今天吃什么"，ta回"你就别管了，听我的就行了"。

n. ta总是出现在你周围：你下班，ta等着接你；你与朋友聚会，ta也在同一个饭店；你坐火车回老家，ta出现在同一个车厢……

（3）讨论话题

A. 题目中的情况，是否是"约会暴力"？为什么？

B. 判断约会暴力有什么标准？

C. 约会暴力有什么特点？

（4）学生讨论

A. 判断是否是约会暴力：造成伤害；限制自由；贬低的言语；威胁；感觉不舒服；强迫……

B. 约会暴力特点：不好判断，有时候界限模糊；隐蔽性强；熟人；不好防备；会有从非暴力到暴力的过渡；不只是女性会成为受害者；女性受害者的确多；"吃醋"和"嫉妒"难以区分……

教学提示：

A. 判断题参考答案：

a. 是，控制手段。

b. 不是，尊重了你的意愿。

c. 是，嫉妒、占有不是爱；贬低口吻；性别刻板印象。

d. 不确定，可能仍伴有控制意味。

e. 是，贬低；控制手段。

f. 不确定。是爱称还是嘲讽，取决于"听"的人的感受。

g. 是，社交控制。

h. 是，社交控制，没有交换性。

i. 是，情感绑架；社交控制。

j. 是，威胁；控制手段。

k. 不确定，取决于自身感受。

l. 是，自残是一种暴力，也是一种控制手段。

m. 不确定，取决于"听"的人的感受。

n. 不确定是追求还是跟踪，不过后者的可能性不能忽视。

B. 学生对判断题的讨论，有可能得到不同结论，要允许多元观点呈现，并引导学生讨论得出不同结论的原因。

C. 在学生讨论和发言过程中随时引导，主要的引导点在于：a. 约会暴力的核心是可能有情感关系的（网上的）熟人，不同于陌生人突如其来的暴力；b. 对暴力的理解不仅包括身体上的骚扰或侵犯，也可以是精神、感情方面的虐待；c. 约会暴力的重点在于"控制"，一个人对另一个与之有感情关系的人在身体、社交、精神、情感、经济等方面进行违背其意愿的控制；d. 非暴力与暴力之间存在灰色地带，造成识别和防范困难。

（5）讲师过渡与总结

约会暴力的本质是实施控制，有可能会造成身体和精神的伤害，但是由于披上了"约会"的外衣，约会暴力比其他关系的暴力显得更隐蔽、更难识别和更疏于防范。其中有一种严重的约会暴力，更是如此，就是约会强奸。

有同学也许会说，越是严重的暴力形式越好判断，约会强奸，关键在于是同意，还是不同意，真的是这样吗？我们来探讨一下。

2. 活动2

（1）活动名称：要约会，不要强奸

（2）活动步骤

A. 导入：伴侣约会，关于"性"这个问题，要还是不要，一定要协商，并且表达清楚。有些人认为这事情是不言而喻的，有些人认为"车到山前必有路"，有些人认为一是一、二是二地说清楚伤感情，还有些人认为根本就说不清楚。但是，说不清楚，不会说清楚，都是不可以的，这件事一定要说清楚。下面我们来弄清楚约会时，面对"性"这个问题，什么叫作"要""同意""可以"。

B. 在课件上展示案例，同时将打印好的案例发放给各小组，小组讨论，案例中的当事人，能否做出真正的判断，是真的"要"，还是被蒙骗、胁迫、诱惑、利用的"要"？为什么？将讨论结果记录在纸上。

C. 讲师和同学们一起，对案例逐个进行分析，并同时归纳案例反映的"我要"原则，讲师将归纳出来的观点写在黑板上。

D. 点评和总结刚刚归纳出的"可以的原则"，如有遗漏，讲师进行补充，并引导同学们深入讨论和思索。

E. 播放话剧《男人的独白》第三幕"约会强奸"。

■ **案例一：**

阿易和明丽结婚三年了，感情一直不错。一天晚上，阿易参加同学聚会，喝了点酒，回到家感觉特别兴奋，就和明丽做爱了。过程中，阿易用力很大，明丽很不舒服，想停下来，阿易正在兴头上，没有停。第二天，明丽告诉阿易她昨晚的感受，并且表示自己很生气。阿易表示很抱歉，他俩约定，以后阿易喝了酒就不进行性行为。阿易还说，以后如果他喝酒了，就自己去另一个房间睡。夫妻之间的性行为也要做约定吗？

■ **案例二：**

小敏 18 岁了，跟妈妈朋友的儿子谈了恋爱。男孩想要做爱，小敏担心怀孕，男孩说"没关系，之后吃毓婷就行了"，他还说他的同学都那样做。小敏怎样才能做出正确的"要"或"不要"？

■ **案例三：**

小白是个留守儿童，爸爸妈妈都不在身边，跟爷爷奶奶一起生活。家境贫寒，爷爷奶奶很少给她零用钱。有一阵子学校特别流行一种写出来字带香味的笔，要 20 块钱一支。小白每天放学都去学校旁边的文具店里看，但是她买不起。这天，文具店的老板出来说，你来后边帮我做点事，我就送你一支笔。文具店老板让小白帮他脱衣服，帮他擦背、洗澡。之后，小白得到了两支漂亮的笔。小白没有拒绝，她的不拒绝，是"真的"吗？

■ **案例四：**

小君是个高中生，他的妈妈在他上幼儿园时就开始给他讲"他从哪里来"，随着年龄的增长，妈妈一直给他进行全面的性教育，他还成了班级的性教育"义务宣传员"。这一天，他 18 岁了，爸爸妈妈跟他一起庆祝，他除了收到生日蛋糕和礼物，还收到一只安全套。他拿着安全套跟爸爸妈妈说："我不会伤害自己，也不会伤害别人，谢谢你们的信任。有疑问，我会向你们请教的。"小君的话，可信吗？

■ **案例五：**

小浩跟女朋友交往半年多了，没有发生性行为。跨年夜，他们去参加 party，因为知道会很晚结束，就提前定好了房间。在房间里，小浩要做爱，女朋友说不行，小浩心想，都同意开房间了，怎么会拒绝，不好意思罢了。小浩强行和女友发生了性关系。第二天，女朋友自己离开了，只给他留了一张纸条"分手吧"。他们做爱的性质是什么？女朋友是不好意思吗？

■ **案例六：**

楚楚是同性恋，但是她的家人和朋友都不知道。某一天，她去一个同性恋酒吧，喝了很多酒，结识了一个女孩，当晚，她就去了女孩的出租屋。她想，反正女女性行为，是很安全的，不会染上艾滋病的。第二天醒来，她震惊地发现，床上除了她和昨晚结识的女孩以外，还有两个陌生人，一男一女。楚楚的想法和做法是明智的"可以"吗？

■ **案例七：**

桂莲是一个农村妇女，种地喂牛，辛勤劳作，收入却都在丈夫手里。丈夫经常打她，还不管她的身体什么状态，愿不愿意，只要自己想要过性生活，桂莲就得配合。她丈夫说："你这个婆娘，就这么点用处。"桂莲回娘家，跟自己妈妈说起过，妈妈劝她别惹丈夫生气。桂莲丈夫的行为是什么性质？桂莲和妈妈能做出正确的判断和选择吗？

■ 案例八：

可莉交往了一个男朋友，是大她一岁的学长，他们在一起好几个月了。男朋友陆陆续续地告诉了可莉自己以前的"情史"，可莉表示，那是你以前的事，跟我们现在无关。男朋友每次追问可莉从前的交友情况，可莉也用这句话回答他：那是我以前的事，跟我们现在无关。男朋友很不高兴，认为可莉不诚实，而且担心可莉有很多不可告人的"秘密"。可莉的做法合适吗？可莉的男朋友的做法合适吗？他们如果做爱，是双方"真正"的同意吗？

■ 案例九：

小城跟前男友一起时，感染了艾滋病病毒，他一直吃药控制得很好。后来，他又交往了一个男朋友，他主动告诉了对方感染的事，对方马上和他分手了。这一阵子，他又认识了明晨，他真的非常喜欢明晨，很担心失去他。小城决定，不告诉明晨自己感染艾滋病病毒的事，反正只要每次都带套，不会感染明晨的。明晨的"可以"是真正的可以吗？

■ 案例十：

初三女生小静非常喜欢动漫，在一次动漫展上认识了天亮。他们每天在网上聊天，她感觉自己越来越喜欢天亮，天亮在离小静很远的城市，他邀请小静中考结束后的暑假去他那里玩。小静跟父母商量，在父母一句句的追问中，小静才发现自己对天亮一无所知，动漫展上见到的天亮是cosplay的形象，画了很浓的妆。小静连天亮是男是女、多大年纪、长什么样子都不知道。小静害怕了，她曾经在聊天中给天亮发过照片，有些还很私密。小静这样做合适吗？天亮的目的是什么？网络上应该怎样保护自己？

（3）讨论话题

A. 什么是真正的"可以"？原则是什么？

B. 在一些被判断为"强奸"的案例中，当事人该怎么做才能将伤害降到最低？如果报警的话，有多大可能会获得警察和法院的支持？

（4）学生讨论

A. 喝酒之后会影响判断。

B. 喝酒不可以是强奸的借口，哪一方喝酒都不是理由。

C. 带有金钱、物质诱惑的自愿，不算"真的"自愿。

D. 了解足够的知识很重要，才不会被骗。

E. 说"不要",就是不要,不存在"半推半就""不好意思"。

F. 强迫性行为也是一种家暴,提供性行为不是妻子/丈夫的义务。

G. "坦白"过去的交往经历,不是必须的,也不是必需的。

H. 欺骗是不对的,被欺骗的一方,说"要",不算真的要。

……

教学提示:

A. 案例分析参考:

案例一:夫妻双方理智、平等、互相尊重做出的约定,是真正的"要"或"不要"。——归纳要点:平等、互相尊重。

案例二:小敏不应该听信男友的,应该自己去学习相关的知识。有正确的知识,才能做出正确的判断。——归纳要点:学习足够的正确知识是基础。

案例三:小白是被利诱和欺骗的,而且她太小了,她的不拒绝,并不是自主的选择。——归纳要点:有金钱掺杂,比较难以做出"真心"的选择;年龄太小、无人保护,也不利于做判断。

案例四:小君的话,可信度比较大。但是也没有办法百分百保证他总能做出正确的事。——归纳要点:接受完整、正确的性教育,对于做出负责任的判断和选择很重要,也是最有保障的。

案例五:小浩的女朋友不是"不好意思",小浩是强奸!但是女朋友如果想报警,首先要去做检查并保留证据,否则,很难获得支持,他们曾经交往这一点,对约会强奸的受害者是十分不利的。——归纳要点:说不要就是不要,忽视对方说的"不要"强行发生性行为,是强奸。

案例六:楚楚"上当"了,很难判断是酒精的作用还是被对方"蓄谋",也许有强奸,但是仍然存在取证困难。还有一个可能就是她被"下药"了。不论怎样,应该去医院做检查,服用紧急避孕药和艾滋病病毒阻断药物。——归纳要点:保护自身安全,警惕初次见面的"朋友";警惕酒精的影响,不是为施暴者开脱;事后也要想办法,将伤害降到最低。

案例七:桂莲遭受丈夫家暴、强奸,桂莲的妈妈不了解自己的权利和女儿的权利,接受了传统的错误观念。但是现实情况是,即使桂莲意识到丈夫是家暴,是强奸,也很难获得外力支持,自身力量又不足够。桂莲应该寻求村委会、乡政府、妇联等机构的帮助,并想办法经济独立,然后寻求自救。——归纳要点:传统性别不平等观念在婚姻中普遍存在,提供性行为不是妻子的义务;桂莲有权利说"不";带暴力因素的"同意"很难保证是真正的同意。

案例八:可莉的男朋友选择"坦白",可莉选择"不坦白",都是个人权利,并且不存在"交换",不是一方"坦白"另一方就一定也要"坦白"。但是二人可以相互坦诚沟通自己的想法,达成共识,是可以做出"真正"的同意的。——归纳要点:"坦白"过去不等于诚实,针对双方的关系,平等、尊重的沟通才是诚实。

案例九:即使每次都带套,小城对明晨也是不公平的,明晨有知情权。在不知情的情况下,明晨做出的判断和选择不一定代表其真实意愿。——归纳要点:伴侣对于可能影响身体健康、财产损失等的重大事项,有知情权。

案例十:小静的举动很危险;天亮很有可能没安好心,小静不能去;应该将聊天记录保存,日后可以作为证据。——归纳要点:不要轻信网络那一端的人;不能轻易在网络上发自己的照片和个人信息;聊天记录可以保存作为证据。

B. 学生们对于一些案例的看法,可能并不一致,这没关系,也是正常的。鼓励多元呈现和充分讨论。

C. 讲师可根据学生实际情况和时间安排,增减案例数量。

(5)讲师过渡与总结

同学们,自己能够提出,并且尊重对方提出的明确有效的"同意"或"不同意",是亲密关系中非常重要的原则。双方都同意的性行为,才是合法的、好的性行为,只要有一方不同意,就是不应该发生的性行为,严重的就会构成约会强奸。希望大家回去之后,像背古诗、背政治题一样,将我们刚才总结出来的原则牢记在心并真正理解。避免在亲密关系中受到伤害,同时,也一定不要去做那个伤害别人的人。

3. 小结

我们要更新观念,了解和识别约会暴力是减少、杜绝约会暴力的第一步。我们要意识到,约会暴力的本质是控制,一些暴力行为掩盖在"我太爱你了"这样的"糖衣炮弹"之下,一定要保持清醒的头脑。

当我们每个人都清楚地知道哪些行为属于暴力行为,为什么这些行为会发生,我们才可以更好地保护好自己,同时也避免在不知不觉中成为暴力的实施者。

认识新的朋友是很值得期待的,恋爱关系也应该是美好的,但是安全还是最重要的。为了避免不幸的发生,希望我们每个人都可以全面正确地认识约会强奸,杜绝约会暴力,提高自我保护能力,培养自己的恋爱素养,缔造属于自己的幸福乐园。

教学提示:

提前了解或课堂上注意观察,若班级中有遭遇过约会暴力的学生,要注意保护学生的隐私,不歧视,不冷漠,也不特殊照顾,避免造成二次伤害。

六、知识与观点链接

1. 约会暴力

约会暴力是指在交往过程中,一方对另一方施加的一系列虐待行为。

暴力不一定是指肢体上的暴力行为,它也可以通过语言、情感、性或经济上的方式表现。约会暴力可能发生在任何人身上,不论种族、文化、年龄及宗教背景。约会暴力也可能发生在同性或异性的交往关系中。

这样的暴力通常是指情侣一方以身体或武器侵害另一方,使之受到心理上、生理上的伤害,包括殴打、强暴、绑架、谋杀、威胁、言语侮辱、经济剥削、拘禁等。

约会暴力一般是指亲密关系（恋人）当中的暴力行为,包括性侵犯、身体损害、精神暴力等多个方面。这种暴力不仅指男性对女性的侵犯,也包括女性对男性、甚至同性之间的暴力行为,并越来越多地体现在聚会、网络交友中。

2. 约会暴力的特点

多样性:发生在各个阶层、地区、种族、同性或异性恋当中。

性别:女性相对多一些,但是必须强调男女两性都可能成为约会暴力中的受害者。

隐讳:年轻男女少有主动寻求协助、向外求援的。

规范的迷思:这里是指年轻人对所谓"关系正常"的一种迷思,爱与占有可以等于暴力,因此他们接受暴力,接受这样的迷思。

虐待模式:年轻人在约会暴力中的虐待模式几乎与成人之间的相似,其虐待模式包括言语的诋毁、肢体的伤害、心理和精神上的虐待。

性虐待:在美国大学生遭受性侵害的案件中,有67%是约会强暴,这打破了一般人对陌生强暴的迷思。约会性侵害中,女性往往处在持续性的受害状态,对方以伤害或威胁的手段胁迫其发生性行为。

毒品与酒精滥用:从许多暴力事件中发现,吸食毒品、酗酒与暴力关系存在某种关联,在意识不甚清楚的情境下,酒精与毒品更强化了暴力的可能性。

3. 约会暴力的类型

肢体武力虐待:打、踢、掐、抓头发、丢掷物品、高速驾驶、拘禁,或使用武器来威胁对方。

情感上的虐待:辱骂、责怪、嫉妒心或占有欲强烈、跟踪对方的活动、阻止对方去上学或工作、将对方与家人朋友隔离、编造谎言、散播流言等。

语言虐待：叫嚷，以不礼貌的称呼，呵斥、贬低或威胁对方。施虐者可能会威胁对方、伤害自己、对方、朋友或家人。

性虐待：强迫对方发生性行为，侵犯身体私处，或者有目的地传播性传染病。

经济虐待：把钱拿走，控制财产，阻止对方去工作，有目的地破坏对方的声誉，或威胁要干扰对方的移民或工作状况等。

4.《男人独白》

又叫《阴茎独白》，是由著名社会学家、性教育专家、赋权型性教育理论提出者方刚博士编剧的多幕话剧，于2018年12月6日下午在北京法国文化中心首演。此剧的创作与演出初衷，是推动男性参与到反对针对妇女的暴力运动中。方刚博士希望各地都有机构可以演出这部话剧。为此，在"学者方刚"公众号发布首演录像，以及全剧剧本，而且不设"原创"，欢迎大家转发，转发时注明原作者即可。以下剧本选自《男人独白》。

第三幕 约会强奸

大二时，我有了女朋友。

我们在一起的每时每刻，都非常开心、快乐。我非常幸福。

唯一的一个遗憾是，我几次试探要和她做爱，她都婉拒了。

谈了三个月恋爱，临近期末，我终于想出了一个办法。

那天，我对她说：你看，快考试了，要多复习功课，可11点宿舍就熄灯了。这样吧，今天晚上咱俩去宾馆开房刷夜吧。

她很爽快地就答应了。我心中乐开了花。

我想，她一定懂的，一对恋人去宾馆开房，怎么可能真是只复习功课呢，肯定是要发生性关系的。她这么爽快地同意去，就是同意和我做爱了。

那天晚上，她却坚决地反抗。

我以为她是害羞，说"不"，其实是不好意思说"是"。

她仍然不同意，说没准备好，说不想这样。

我说，你同意开房，却不同意做爱？

她说，你不是说，开房是为了复习功课吗？

她竟然真的以为是为了复习功课！

我们在床上纠缠着，你拉我扯，她说：我来月经了。

我不信，伸手摸向她那里，果然，隔着裤子，我摸到了硬邦邦的纸……

那一瞬间，我硬邦邦的阴茎软了……

一个星期之后，我算了算，她的月经结束了，现在还是安全期。

又对她说：我们今天晚上开房吧，一起复习功课。

我想，上一次我已经告诉她了，男女朋友开房的意思就是去做爱。所以，如果她这次同意开房，就是同意和我做爱了。

她又爽快地同意了。

我开心极了。

但是，那天晚上，她又拒绝了我。

她说：上次我已经说了，我理解的开房就是真的要复习功课。

我说，上次我也说了，复习功课只是开房的借口，开房就是为了做爱。

坦白说，我很生气。我觉得她耍了我。

我苦劝：这都什么时代了，上床就这么难吗？你看咱班那些有男女朋友的，哪个没有上过床？

她仍然拒绝，说她受的教育不是这样的。

我觉得是她不够爱我，对我三心二意。

我们是纠缠了一夜，我一次次发起攻击，她一次次拼命抗拒我的攻击。

最终，在天快亮的时候，我终于攻破她的防线，强行插入了她。

当她被我控制做爱的时候，我感到一种征服者的快乐。

阴茎的插入，仿佛在她的身体上盖了一个章，贴了一个标签，标示着我的主权。

那时，兴奋的我忽视了她绝望的表情、眼角滚过的泪水，以及一丝仇恨的眼神……

转天，离开酒店，她一路走在前面，看也不看我。

我收到她的最后一条微信是：你强奸了我，我无法原谅你，我们分手了。

我回复哄她，她却已经拉黑了我。

那之后，她一直回避见我。在校园里，我拦住她，她恶狠狠地说：你如果再纠缠我，我就告你强奸。

这个女人很不可思议，我们是恋人，做爱是正常的，我怎么就成了强奸犯呢？

我也懒得再理她了。

几年后，我结婚了。

又过了两年，我有了一个女儿。

一天，我看着快乐玩耍的女儿，想：如果我女儿将来的男朋友，强行要和她发生性关系……

仅仅是这样想的时候，我便怒火中烧了。我恨恨地喊出：强奸犯！

那一瞬间，我想到了几年前，宾馆中的那个不眠之夜，我和我的前女友，还有她鄙夷地对我呵斥的样子：我告你强奸！

我立即羞愧难当……

同样一件事，想象发生在我的女儿身上，我怒不可挡，而我自己，却做了同样的事情，对我的前女友，别人的女儿……

我开始思考。

慢慢地，我意识到，我当年做的，是约会强奸。

不是我的阴茎不听我的控制，是我毁掉了我的爱情。

强奸她的时候，我满足的是我的控制欲、占有欲、征服欲，唯独没有爱情。

我以为我爱她，却不懂得尊重她的选择。

不久前有一次同学聚会，我因为怕见她，羞愧得没有去。

我曾想过请求她的原谅，但是，我觉得我没有资格请求原谅，过去的伤害发生了，也不可能消除。

我只希望这样的故事不要再不断发生……今天的年轻男孩子，不要再重复我当年的错误，也不要再重新体会我今天的内疚与自责……

执笔：王艺

教案：我们来自不同的家庭

一、课名

我们来自不同的家庭

二、时长

45分钟

三、教学目标

通过讲授和活动体验，让学生了解多元家庭形态，学会尊重多元家庭，尊重家庭差异，消除歧视。同时我们也要认识到，家庭对于我们每个人的成长都是有影响的，有好影响，也有不利的影响。我们要努力自我成长，借力家庭好的影响，摆脱家庭不利的影响，追求自己的美好生活和梦想。

四、教具、材料

投影机、电脑、视频、课件PPT、A3大白纸、花瓣纸（准备多种颜色）。

五、教学过程及方法：

（一）导入

热身活动——"我是一朵花"

（1）活动名称：我是一朵花

（2）活动步骤

A. 讲师会问 5 个问题，学生根据这 5 个问题选择对应的 1 张花瓣纸。

a. 家人人数少于或等于 3 个还是多于 3 个？少于或等于 3 个选红色，多于 3 个选绿色；

b. 是只和父母住一起，还是和父母一方住一起或和爷爷奶奶、外公外婆住一起，前者选紫色，后者选橙色；

c. 你有没有兄弟姐妹？有兄弟姐妹选黄色，没有选蓝色；

d. 你家是电梯房还是多层房？电梯房选青色，多层房选粉色；

e. 你家有没有养宠物？有选褐色，没有选灰色；

B. 请学生互相看看各自手里的花朵，完全一模一样的同学请举手。

（3）讨论话题

大家的花朵颜色都一样吗？

（4）学生讨论

花瓣颜色有一样的，也有不一样的，但很少有完全一样的花朵。

教学提示：

学生在选择过程中会发现，几乎很少出现两个人完全一致的情况，所以花朵基本不一样，引导他们自己去思考每个家庭的一样和不一样。

如果出现两个人的花朵是完全一样的，可以请他们握个手，作为特别缘分的回应，活跃下气氛。

（5）讲师过渡与总结

我们每个人手上都有一朵花，花的颜色组成不一样，但都是一朵美丽的花。我们的家也是这样，每个人的家都不一样，但一样的是，我们都有自己的家，都有自己对家的理解。家多种多样，家没有固定的模式，就像不同式样的花。今天我们这堂课的主题就是：我们不一样，我们一样。

（二）活动

1. 活动 1

（1）活动名称：你说我说——家庭不同模样

（2）活动步骤

A. 将全班按每 4~6 人一组分组，进行分组讨论。

B. 分组讨论内容：讨论多元家庭的表现形式。

C. 分组讨论后，让各组派代表分享。

D. 讲师将提到的各种家庭表现形式写在黑板上：

单身、丁克、单亲、再婚、同性与异性家庭、同性与同性家庭、三口之家、四口之家、领养……

　　E. 讲师引导总结。

（3）讨论话题

　　A. 家庭有哪些表现形式？

　　B. 单身算不算一种家庭模式？

　　C. 单亲家庭、再婚家庭比双亲家庭差吗？

　　D. 你怎么看待同志家庭？

　　E. 独生子女家庭与二孩或多孩家庭有哪些异同？

　　F. 领养家庭家长和子女之间没有血缘维系会幸福吗？

　　G. 家庭形式有优劣之分吗？

　　H. 家庭幸福的助力因素有哪些？破坏因素有哪些？

　　……

教学提示：

　　A. 学生可能会说出更多不同的家庭形式，也有可能会有些家庭形式说不出来，要先将家庭形式大致说出来，都写在黑板上，如果有些学生没有说出来，讲师要补充并写在黑板上。

　　B. 家庭形式基本上列出来之后，再讨论话题 B 以及后面的话题，并且讲师要根据列出来的不同家庭形式调整讨论的话题。

（4）学生讨论

学生组内讨论，各组派代表分享总结。

教学提示：

学生观点中会有分歧，注意引导学生以平等、平和、尊重、包容的态度去看，比如：

　　A. 同性恋是个人选择，没有侵犯他人权益，应该尊重；

　　B. 单身也是一种家庭模式；

　　C. 单亲家庭、再婚家庭并不比双亲家庭差，孩子成长优秀与否与父母婚姻状态并没有必然关系；

　　D. 独生子女家庭和非独家庭各有优缺点；

　　E. 领养家庭也能构建美好的家庭关系，也会充满爱；

　　F. 家庭幸福的助力因素不是家庭人数、家庭结构等，而是家庭成员的努力、尊重与爱等，而家庭幸福的破坏因素可能有欺骗、暴力、酗酒等。

（5）讲师过渡与总结

同学们，世界上有各种各样的家庭，家庭并没有统一的样式，每种家庭形式都是正常的，我们要尊重多元家庭，不能因为别人的家庭形态和自己家不一样，就歧视他人。或许我们每个人的家庭都不一样，但我们都是平等的。

2. 活动2

（1）活动名称：情景剧——和而不同

（2）活动步骤

A. 将学生分成5组，分别表演下面的情景剧。要求各组自行分配角色，向前发展剧情，并且每个情景剧都要表演出两种或两种以上结局。

B. 各组用10分钟时间确定角色、剧本，5组分别上台表演，每组表演时间4分钟。

C. 情景剧表演完后，对刚才的表演进行讨论和分享。

■ **情景剧（一）：单亲家庭就不美满？**

小智是个高二女生，近日，她要参与评选所在班级的"卓越女孩奖"，她各项条件都很符合，小智很开心，对着观众喊：太棒啦！同学说这次我们班上的卓越女孩奖会颁给我，我要把这好消息告诉爸爸。

开班会，班主任宣布一个消息：今年的卓越女孩奖，增加了一个条件，需要家庭幸福美满，要提供爸妈和自己的三人合照。

小智很惊讶，也很不满，当场提出异议……

■ **情景剧（二）：独身主义者正常吗？**

36岁的小丹是个坚定的独身主义者，一直很享受单身生活状态，但是，身边三姑六婆及朋友的"关心"让她很头疼。

这不，她参加了表妹的婚礼，亲戚们坐在一起，开始问：小丹，你36了，怎么还不结婚，再不结婚就没人要了，到时怎么办？

小丹说：我不想结婚，我是独身主义者。

……

■ **情景剧（三）：同性恋**

小东和小南是一对同性恋人，他们生活在一起，但双方父母非常反对，小东和小南把双方父母约在一起，准备彻底地聊一聊。

6个人坐在一起，开始谈话。

父母的意见：……

小东小南的意见：……

■ **情景剧（四）：再婚家庭**

小芳和男朋友小刚准备结婚。小刚去和父母说，小刚父母反对：小芳家是再婚家庭，而且小芳妈妈和继父又生了个弟弟，这样的家庭太复杂，不适合做亲家。

小刚和小芳怎么办……

■ **情景剧（五）：原生家庭**

小武爱上了一个女孩，但不敢表白，他认为自己不配拥有一段美好的感情。

那个女孩感受到了小武的爱，主动追求小武，小武很开心，却拒绝了。

原来，小武生长在一个很不幸福的家庭里，爸爸对妈妈家暴，小武非常自卑……

女孩知道小武的情况后……

教学提示：

讲师根据学生人数和时间安排，适当对情景剧数量进行增减。

（3）讨论话题

A. 家庭幸福美满的评价标准是什么？

B. 做个不婚的单身族是不是等于就没有家？老了更是无家可归？

C. 逼婚与反逼婚，是不是注定的矛盾？

D. 同性恋怎么才能获取亲人朋友的支持？

E. 同性恋如果不能获取支持，怎样坚定做自己？

F. 再婚家庭就一定复杂吗？再婚家庭的子女是否就一定会草率地对待婚姻？

G. 原生家庭不幸福，子女是否就会不幸福？怎么样才能摆脱桎梏，获取幸福？

（4）学生讨论

各组派代表分享总结。

教学提示：

情景剧本只做参考，学生可以自由发挥，如果呈现出多元结果，讲师要尊重学生的观点和表现，只要不存在严重的理念和价值观的偏差，就不要强行制止、评论。

（5）讲师过渡与总结

同学们，社会上有部分人对单亲家庭、单身人士、再婚家庭、同性伴侣有歧视，我们要学会尊重差异，尊重多元。我们要学会包容差异，在丰富多彩中达成和谐，而不是以自己的喜好强求一致。比如，一个乐队，想要奏出一首美妙的音乐，需要使用多种不同的乐器，各奏其乐，各发其声。我们要努力自我成长，借力家庭好的影响，摆脱家庭不利的影响，追求自己的美好生活和梦想。我们每个人都不一样，但又都一样，我们都尊重对方，尊重差异，共同构筑"和而不同"的多彩世界。

3. 小结

世界上有各种各样的人，有各种各样的家庭，无论是作为个体的人，还是一个家庭，都没有统一的样式，我们要承认差异，包容差异，尊重差异。

我们可能有美好的家庭，家庭给予我们爱、欢乐、勇气，让我们在良好的家庭氛围中健康成长。我们也可能没有美好的家庭，家庭带给压力、悲伤、痛苦，但是，我们也要从中看到自己的力量，要自我成长，降低或摆脱家庭的负面影响。

我们要尊重多元家庭（含单身、结婚、离婚、再婚、同性与异性家庭等），尊重多元家庭形态的选择，不能因为别人的家庭形态和自己家不一样，就歧视他人。每个家庭都是平等的，家庭中的每个成员也是平等的。

各美其美，美人之美，美美与共，天下大同。我们不一样，我们又一样。

六、知识与观点链接

1. 2018年4月25日，泰国政府宣布，将立法合法化同性婚姻——以民事伴侣关系（Civil Partnership）的形式。

2. 2015年6月28日，在美国纽约曼哈顿，帝国大厦点亮彩虹灯庆祝同性婚姻合法。当日，纽约举行一年一度的同性恋大游行。6月26日，美国最高法院以5比4的投票结果裁定，同性婚姻合乎宪法。这一裁决结果意味着同性婚姻在全美50个州全部合法。

3. 丁克族是20世纪50年代起源于欧美、在20世纪80年代传入亚洲的生活形态名词，由英文DINK音译而来，译为丁克族，或是丁克家庭。DINK是"Double Income No Kids"的简写，也就是代表了"双薪水、无子女"的家庭。

执笔：陶剑丽

教案：养育孩子是重大责任

一、课名
养育孩子是重大责任

二、时长
45/60分钟

三、教学目标
认识到一个人选择生育或是不生育孩子，是他们的自由与权利；同时认识到养育孩子会给生活带来巨大影响。如果决定生育孩子，要做好多方面的准备，准备好承担一个重大的责任，并且意识到，这是一个长达十几年甚至几十年的重担。

四、教具、材料

1. 课件；多媒体设备等。

2. 每组一张 A3 或 8 开白纸；打印案例；纸、笔等。

五、教学过程

（一）导入

在高速发展的现代社会，养孩子不再像旧时代只管吃饱穿暖那么简单，生养孩子的成本不断提高，再加上人们忙着工作、生活，生孩子不再是顺其自然、任其发展的，伴侣双方往往会在深思熟虑的情况下，经过科学备孕到怀孕然后再到生子的程序，是一个有计划的、循序渐进的过程。大多数孩子，都在充满支持与爱的环境中成长。但是我们也不得不承认，有些家长做得并不够好，家长打骂孩子、虐待孩子甚至将自己的孩子卖掉的事情时有发生。生孩子，虽然是一个生理过程，但是养育孩子是一项浩大的工程，需要承担重大责任。今天我们就来讨论一下这件事。

（二）活动

1. 活动 1

（1）活动名称：家长清单

（2）活动步骤

A. 将学生分成 5 组，小组围坐一桌，每组发一张 A3 或 8 开的白纸和笔。

B. 以小组为单位，回想之前家长与你的交流、小时候家里的情况和目前家里的情况，在白纸上完成以下表格，请写得尽量详细、完整。

怀孕之前	怀孕期间	生产之后

C. 各组完成之后，将成果贴在教室周围合适的地方。讲师点评与总结，将大家都想到的共性问题圈出来，将只有某一小组想到的特殊的内容也圈出来，请写出特殊内容的小组分享一下他们的想法。

D. 请学生自愿发言，回答下列讨论话题中的"D""E"和"F"项。

（3）讨论话题

A. 决定做家长，在怀孕之前应该做哪些准备？

B. 怀孕之后，准家长应该做些什么？

C. 生产之后，家长应该怎样养育自己的孩子？

D. 为什么第三栏会写那么多，甚至感觉有写不完的话？

E. 看到这么多的内容，你心里什么感受？

F. 你知道有什么本事/能力是你的父母生你以前不会或很不擅长的，生了你之后为了满足你的需求学会甚至做得非常好？或者是你知道在你的家里，孩子的出生，给家长的生活方式带来了什么样的变化？

（4）学生讨论

A. 怀孕之前：看书学习相关知识；检查身体；攒钱；足够大的房子；家庭成员感情要好；提前吃叶酸……

B. 怀孕期间：看书学习相关知识；按时产检；准爸爸陪同每一次产检；家人关心、爱护准妈妈；找好医院和医生；商量好"产褥期"如何度过；商量好带孩子的人选和方式；准爸爸适当减少工作；攒钱，准备婴儿用品；拍漂亮的孕妇照……

C. 生产之后：看书学习相关知识；喂养孩子；半夜喂奶；教走路、教吃饭、教说话；带孩子看病；带孩子打预防针；上早教课；上幼儿园；陪孩子参加活动；和孩子一起做手工；接送孩子；上课外班；上小学；一日三餐；衣服、玩具；上中学；补习班；产生家庭矛盾；影响工作；放弃追求、爱好；花销越来越大；孩子心理出问题；叛逆……

D. 因为孩子一直长大，需求一直在变，家长要做的事也不断地变；家长为孩子做的事情永远做不完；以后上大学、工作、结婚，事情更多……

E. 当家长好难；以后不想要孩子；家长责任重大；想清楚，做好准备再要孩子；想要孩子得多挣钱……

F. 以前不会做饭，现在做饭很好吃；因为陪我家长也学会了钢琴/画画/轮滑等；以前每年都出去旅游，现在为了我学习，很久没去了……

教学提示：

A. 学生没有相关的经验，可能会有一些知识性的错误，如果遇到，讲师纠正过来就可以了；可能有一些发生在养育孩子过程中的事情学生不了解，可挑重要的简要给学生介绍。

B. 大概率讲，会发现第三栏写好多也写不完，讲师掌握时间，差不多了就不写了。

C. 引导方向不要偏向"家长为了孩子多么辛苦""孩子要感恩"，思考和讨论的重点是：养育孩子是自愿选择，并且知道这是一件责任重大的事情，需要很多方面的准备。

(5) 讲师过渡与总结

不论选择生育孩子还是不生育孩子，都是每个人的选择和权利。但是要记住的是，一旦决定生育孩子，将一个生命带到这个世界上来，就是一件责任重大的事情。为了养育孩子，需要做很多心理、生理、经济、知识上的准备，并且是一个长时间的过程。

2. 活动2

(1) 活动名称：家长大不同

(2) 活动步骤

A. 维持刚才的分组，发放案例和纸笔，小组讨论全部案例，将讨论的结果记录下来。

B. 五个小组派代表分别分享本组关于一个案例的观点，其他组补充，讲师点评与总结。

■ **案例一：童婚中的家长**

在当今的中国农村仍然有一些童婚的案例，一张张稚嫩的面孔却已经成了准爸爸准妈妈。小丽和小刚都是刚满16岁就已经结了婚，并且有了孩子，在他们那里办个喜酒就算结婚了，等年龄到了再领结婚证，这种非正常的事情在当地却是一件寻常事。两人都居住在小刚父母的家里，孩子刚满两个月，平时都是小刚的妈妈帮忙照顾孩子。小丽和小刚每天在家帮忙做家务，两人都没有固定工作，小刚说他偶尔也想念单身生活。

■ **案例二：丁克夫妇**

"丁克"这一概念传入中国，是20世纪80年代，意思是家庭中有两份收入（Double Income），但没有孩子（No Kids）。

2018年上海市妇联公布一项针对全市家庭状况所做的调查结果，结了婚却没有孩子的"丁克家庭"已经占到上海总家庭数的12.4%。据负责这项调查的复旦大学社会学系教授孙中欣介绍，调查选取了1200多个不同年龄阶层的上海家庭作为样本，如果只选取20~40岁年龄段的样本，"丁克家庭"的比例会更高。根据零点调查公司2019年2月进行的一项社会调查结果显示，目前中国大中城市已出现60万个自愿不育的"丁克家庭"，而且近七成被调查的人认为"丁克"家庭将会增多。

42岁的宋馨说，"我和爱人对小孩都没有特别喜爱的情感，我们的观念中也没有传宗接代的思想，而且也不认同那种没有孩子生命就不完整之类的说辞，所以结婚以后，我们不约而同地达成了丁克的共识。

"我觉得丁克最大的好处就是自由。人一生中有很多种失去自由的方式，要小孩就是其中一种。我们觉得没有孩子的人生选择余地大得多。我们比较崇尚知性生活，看各种展览、演出，有很多事情可以做，生活的乐趣非常多样。每年我们也会出去玩，云南、徽州、苏州、贵州……

"如果说丁克有弊端的话，可能就是担心年老后一个人去世，另一个人孤独生活。但也没办法，人生终局都是悲凉的。只能积极生活，调理好身体。

"我丁克18年了，从未动摇过。相反，我一直觉得这是个非常明智的选择，可以说，是我人生最正确的选择。"

50岁的刘薇说，"我和爱人结婚25年，目前这么长时间丁克下来，我觉得还行，不后悔。但是会遗憾：一个家庭没有孩子，似乎不完整。

"结婚了以后，我意识到，养育孩子是一件很难的事情。我老公是公务员，我在国企上班，两人收入都比较低。在北上广深这些大城市，钱是经济基础，孩子从小到大不都是钱堆出来的吗？而且我对教育孩子也不太自信，担心孩子长大了不争气，再没出息学坏，那我还不如不要，别让自己受罪，也别让孩子受罪。

"丁克生活有一定的好处，一个是工作上可以全身心投入。我老公有几年时间都在美国和法国，我在原公司时也老出差，拔腿就走，没牵挂没拖累。其次就是我们的日子过得比较悠闲。

"目前的生活，我是比较满意的，不想改变，也改变不了。但有时候一觉醒来，想到自己可能要孤老一生，也挺惆怅的。晚年生活，我设想过，可能会比较糟心，万一身边人走了，那日子应该挺难过的。"

■ **案例三：没要第二个孩子的夫妻**

晓晨在22岁大学毕业时认识了老公，她去读硕士，老公在同一个学校读博士。她硕士毕业之后他们就结婚了。经历了最初攒钱、买房子的阶段之后，生活渐渐稳定，俩人商量着要个孩子。结婚三年后，他们的儿子出生了，唯一的遗憾是原计划让孩子出生在上半年，上学比较方便，但是孩子是11月出生的。二孩政策放开的时候，晓晨和老公也动心过，但是思来想去，认为若生老二，等老二到青春期的时候，他俩已经是退休的年纪，带孩子没精力，对孩子不公平，就算了。现在儿子15岁，就是一个普通的青春期男孩。晓晨经常说，孩子的成长带给她的快乐，远远比辛苦要多，她很感激孩子。

■ **案例四：失独妈妈60岁生产双胞胎**

2010年5月25日，快60岁的盛某产下一对双胞胎女儿。此前盛某的独生女儿因为意外去世，她通过3个月的药物调理恢复了月经，并且通过试管受孕怀上一对双胞胎。

两个孩子，最大的问题是开销，她知道自己年岁已大，她和丈夫说不定哪一天就不在了，因此她考虑最多的就是，要趁着自己还能动，为孩子攒生活费。为了攒足够的钱,从孩子满 100 天开始,盛某就开始四处奔波挣钱。这几年里,盛某跑遍了全国各大城市做讲座,一年在外超过 200 天。然而生活中总是充满着各种各样的意外。2015 年,丈夫突然中风,所有的重担都压在盛某一个人身上,但她没有别的选择。

盛某选择高龄产子是为了从失独的悲痛中解脱。但现实是,他们必须对孩子的吃穿住行及长大成人承担责任。"幸福正在被忧愁取代,我不快乐呀,你觉得我这样的年纪在外面为生计奔波会快乐吗?回到家还要面对一地鸡毛的事情,累呀!精力跟不上呀!"她说,"曾有人问她失独之后又有了两个孩子,是否觉得幸福快乐?其实身临其中,幸福是暂时的,更多的是压力和责任,有远虑也有近忧。"这些年,很多高龄失独者慕名前来咨询,她都劝他们"我的情况很难复制,要慎重"。

■ 案例五:"三男一宅"的生活

1997 年,Tommy 是南方某媒体的年轻记者,刚刚写完记录变性人生活的报道。在南方一家小工厂打工的 Joe,来自农村。在报摊上看到 Tommy 的文章以前,Joe 并不知道,有人和自己一样,喜欢同性。

21 岁的 Joe 早已和见过几面的同乡女孩结婚,后来妻子有了身孕。某天,迷茫的 Joe 看到报道,决定找作者 Tommy 聊聊。

Tommy 和 Joe 相遇的 1997 年,对中国同性恋群体来说,有着分水岭一般的意义。

1997 年,新《刑法》取消了旧刑法里的"流氓罪"条款,司法审判不再按"流氓罪"来惩罚同性恋行为,这被认为是中国同性恋非刑事化的一个标志。

和 Tommy 分开后,Joe 回到家中就向妻子坦白了自己的性取向,他不愿耽误妻子,随即协议离婚,和平分手。

Tommy 常感慨自己的幸运,遇到对的人,还得到了上天给予的最宝贵的礼物 Jack。Jack 是 Joe 和前妻的儿子。Jack 出生的第三天,Tommy 在医院看到了他。当时 Jack 身上的胎毛未褪,原本不喜欢小孩的 Tommy 抱着"毛茸茸"的 Jack,觉得"好温柔""很温暖"。

Jack 两岁时,Joe 把孩子接到身边和 Tommy 一起抚养。这个孩子使得 Tommy 和 Joe 如家庭般捆绑在一起。

Tommy 一年内写了几十万字的作品,挣得不菲的稿酬,在广州买了房子;而 Joe 放弃了工作,照顾家庭和小孩。从此,开始了"三男一宅"的故事。

2008 年的一天,Tommy 下班回家,开门后 Jack 问出一句让 Tommy 瞬间血液凝固的话:"爹地,你是同性恋吗?"就这样,他们向儿子出柜了。

Jack 谈起自己家庭时，他觉得"没什么特别的啊，就多了一个爸爸，很疼我，就一起生活啰"。从两岁起就和老爹 Tommy、老豆 Joe 一起生活的孩子，对于两位老爸的关系看得很自然，"自己喜欢、过得开心就好了啊。" Jack 也会大大方方地向同学介绍：一个是老爸，一个是干爹。

如果说对儿子出柜让 Tommy 感到轻松，那么对双方家长出柜，让家长接受自己的同性爱人和孩子，"三男一宅"却走过了 15 年的艰辛路。破冰之旅发生在 2016 年年初。Tommy 抽空回家时，他向家长说，春节打算带 Joe 和 Jack 回来过年。

母亲看起来挺高兴，唠叨着不知家里被子够不够，床是否睡得下，父亲也频频点头：回来就好。

这一句"回来就好"，Tommy 等了 15 年。

2017 年春节，"三男一宅"的粉丝建立了一个微信群，征集了超过 100 个同志家庭。群里很热闹，常常聚在一起讨论育儿经验，也有人担心这样"特殊"的家庭能不能抚养好孩子。Tommy 常以 Jack 的例子安慰大家，只要用心对孩子，建立好的亲子关系，不用过多担忧孩子的成长。

如今已经上大学的 Jack 不常回家，Jack 喜欢"长发女生"，但前提必须是"女孩接受我的家庭情况"。

■ **案例六：未婚怀孕的高中生**

小曼 17 岁，是个高中生，她和男友发生了性关系，没有戴安全套，随后她发现自己怀孕了。她很害怕，和男朋友去了医院，医院说未成年人一定要有家长签字才能做流产手术，没办法，她回到宿舍想了各种办法，都没有用。眼看着肚子逐渐大起来，无奈的她告诉了妈妈。妈妈领她去医院，医生说，已经超过可以做手术的时间，只能生下来。小曼天天哭，妈妈联系了福利院，说一生下来就送福利院去，福利院联系了一对没有孩子的夫妻。小曼听妈妈说，那对夫妻有工作，说话很有礼貌。孩子出生后就被福利院的人抱走了。小曼在家休养身体，对自己的行为很后悔，有时候也会想念那个孩子，但是，她知道，她是没有能力养孩子的，送给一个好人家，对孩子来说是最好的选择。再过几个月，她就要回去上学了。

（3）讨论话题

A. 这些案例中的主人公，在选择生育孩子这个问题上，是自主决定吗？他们做决定之前，思考可能的后果和责任了吗？

B. 这些案例中的主人公，做的生育决策，是负责任的选择吗？在孩子出生之后，他们承担相应的责任了吗？

C. 如果案例中的主人公没有对孩子的养育承担足够的责任，你认为是什么原因？是有什么阻力或压力吗？有什么方法能够改善这种情况吗？

D. 案例中的主人公后续的生活还会有什么困难？

（4）学生讨论

A. 案例一：家长还都是孩子，结婚都未必是自主的，何况生孩子；他们生孩子之前都不知道生孩子意味着什么；他们没有经济来源；没有足够的受教育程度；不会关心孩子；孩子会成为留守儿童；只能出去打工挣钱养孩子；他们孩子的命运也许和他们一样；没有结婚证，"婚姻"没保障；他们的父母愚昧、不负责任……

B. 案例二：丁克也没什么不好；是个人的自由；不爱孩子、不喜欢孩子，就不要生养孩子；追求自由很好；将来会孤独；若孩子不常回家，家长也孤独；把自己的生活安排好就不会孤独；养老怎么办；可以去养老院；养老院肯定会越来越好；关键是有钱……

C. 案例三：这是最平常的家庭了，没什么好说的；其实也可以要二孩；不要也对，难道让老大帮助带孩子吗；他俩没啥压力……

D. 案例四：失独心情可以理解，但是年纪真的太大了；年纪太大了，带孩子是需要体力的；经济压力也大，挣钱能力会越来越低；老伴中风，也需要照顾；晚年没有轻松和快乐；孩子青春期会自卑的；他们会跟不上孩子的发展，无法理解孩子；孩子学的东西他们都不会，没有办法辅导孩子；孩子上大学时，他俩已经很老了，孩子还要照顾他俩，就没办法追求自己的生活了；人生不是一定要有孩子才完整；要是没有这俩孩子，他俩的生活肯定挺好的……

E. 案例五：同志家庭压力太大了；不算家庭，不受法律保护；Jack 的婚姻也许会受影响；他们是负责任的家长；孩子养得很好……

F. 案例六：小曼太不小心了；应该使用安全套；她没能力养孩子；送给好人家是对孩子最好的选择；小曼和妈妈也算负责任；小曼要养好身体；以后好好学习，吸取教训；将来还会有美好生活的……

教学提示：

A. 提前提醒学生，在讨论时，不对案例中的主人公做任何评判，只关注他们养育孩子这一点，尤其是不要加上任何道德判断的词。不要出现"孩子就不应该生""太不自爱了"之类的词语，不要出现对未婚怀孕的污名词语。

B. 讲师提前上网查阅相关资料，给学生们一些案例的细节，尤其案例五可能会让学生比较关注。"三男一宅"的相关消息：2012 年，相识 15 周年纪念日，Tommy 和 Joe 与北京的朋友（夫妻俩）一起，在丽江度过。玉龙雪山下，Tommy 把一份承诺郑重地交给了 Joe。那是 Tommy 亲笔写的类似遗嘱的声明，如有什么意外，他所有的财产交由 Joe 全权处理。朋友两口子作为见证人在上面签了字。Joe 把这份声明装在镜框里，挂在广州家里卧室的墙上。2015 年，他们在美国纽约市政厅领取了结婚证书。

从 Jack 上幼儿园，到读大学，Tommy 和 Joe 基本上没有缺席过孩子的重要场合：一起去送 Jack 上学，开家长会，帮住校的孩子铺床铺，和其他家长交流经验……

（5）讲师过渡与总结

现在的技术和认知水平都比以前提升了很多，从怀孕到生产，都是可以计划的。每个人都有权利自主做出选择：生育或是不生育孩子。但是，一旦决定生育孩子，就要清楚，身为家长是责任重大的。如果不能担负起这样重大的责任，也可以适当地向社会寻求帮助。

3. 小结

每个人都会因为不同的原因选择生育或是不生育孩子，不论什么样的家庭形式，这都是他们的自由与权利。养育孩子是会给生活带来巨大影响的决策，也是一个重大的责任，家长/监护人有责任满足儿童的生理、情感、经济、健康和教育需求，如果不能满足，应寻求合适的社会帮助与支持。

执笔：王艺

教案：向家人公开我的秘密

一、课名

向家人公开我的秘密

二、时长

45/60 分钟

三、教学目标

思考向家庭成员公开有关性的敏感信息，会给家庭关系带来怎样的影响；认识到如果能够获得家庭成员的尊重和支持，可以克服困难和外界压力；同时思考，如果不被家人接受和理解，应该如何应对。

四、教具、材料

课件；多媒体设备；打印好抽签的小纸条；纸、笔等。

五、教学过程

（一）导入

进入青春期，我们就有了自己的小秘密，不愿意跟父母讲，有些甚至不愿意向任何人讲，只是默默地留在心里。也许是每一次看到隔壁班的学长都狂跳的心，也许是某次考试作弊的忐忑……一般来说，这些"秘密"会随着时间的推移，变得不那么重要。如果这个秘密与性有关，立刻就变得复杂起来。这些秘密也许带给我们巨大的压力，也许造成严重的伤害，又也许超出了我们自己的解决能力。每天相见的家人就在身边，该告诉他们吗？告诉他们会发生什么？

（二）活动

1. 活动1

（1）活动名称：我的秘密，该不该说

（2）活动步骤

A. 将同学分成五组，小组围坐，发放纸笔，拿出提前准备好的写着五个"秘密"的小纸条让各组抽签。

纸条上分别写着"我被强奸了""我怀孕了""我感染了HIV""我要变性""我喜欢同性"。

B. 小组讨论，将讨论结果记录下来。

C. 请各组派代表分享本组观点，讲师点评与总结。

（3）讨论话题

A. 这件事应该告诉家人吗？

B. 这件事告诉家人有什么好处？

C. 这件事会给家人带来什么影响？

D. 若告诉了家人，家人会怎样对待我？

E. 如果选择告诉家人的话，应该怎样做？

（4）学生讨论

A. 关于"我被强奸了"

a. 应该，要做身体检查；应该，咨询医生是否需要采取必要措施；应该，让家长报警；应该，正是需要家长支持和安慰的时候；不应该，反正也过去了；不应该，家长会心疼、伤心；不应该，家长有心脏病；不应该，家长也帮不上忙；不应该，会被骂的……

b. 去医院需要花钱，家长可以支付；家长会报警；家长可以安慰我们；可以好好大哭一场；家长可以找人教训那个人一顿……

c. 会哭；会让家人伤心很长时间；会让家人气愤；会让家人自责、互相指责；如果家人知道了，也许会给我转学；也许会搬家；也许会花钱给我看病……

d. 家人会心疼我；会安慰我；会骂我；会说我丢人；会打我；会追问我

原因和过程……

  e. 就直接说呗，也没办法；最好不要哭；不可能忍住不哭，肯定一边哭一边说；应尽早说，一些身体检查和药物使用越早越好；如果已经过去很久了，就找父母心情好、气氛平静的时候说吧……

  B. 关于"我怀孕了"

  a. 应该，去医院检查，做手术需要家长陪同；应该，早晚瞒不住；不应该，自己吃药得了；不应该，自己去做手术吧；不应该，会被打死的……

  b. 家人可以帮助解决问题；一点好处没有……

  c. 生气；伤心；没面子、抬不起头来；

  d. 打我，骂我，说我丢人；带我去医院；不理我；如果被人知道了，给我转学；不让我上学了；找男生家长要钱；会打那个男生；会把我撵出去；会找那个男生家长商量，让我俩结婚……

  e. 尽快说，时间久了手术就不好做了；做好挨打挨骂的思想准备再说……

  C. 关于"我感染了HIV"

  a. 应该，服药控制要花很多钱的；可以在日常生活中多照顾我；让家人自我保护，避免被感染；日后上大学、工作体检发现了，父母更崩溃；不应该，自己的事自己解决，考个离家远的大学，自生自灭吧；父母也帮不上忙；父母只会哭、骂；父母会打死我……

  b. 能安慰我，照顾我；领我去医院检查，买药……

  c. 会哭；会多一笔开销；家人会去学习相关知识；会担心被我感染；会觉得我丢人，给他们丢脸……

  d. 会安慰我，带我看病；会隔离我，不让我碰家里的东西，不跟我一起吃饭等；会让我远离弟弟妹妹；会把我撵出去……

  e. 自己先学习相关知识；提前让他们了解相关知识；时不时就给他们介绍一些信息，如某某感染了，生活得很好，也没有传染别人；多次渗透、试探；跟他们讲某某感染被家人歧视而自杀了的新闻；找他们心情好的时候说；家里气氛平和的时候说；自己一定要保持平静，被打、被骂也忍着点；给他们时间，他们也许就是吓着了；提前想好，真被撵出去能去哪……

  D. 关于"我要变性"

  a. 应该，压抑自我的感觉很痛苦；渴望家人的支持和理解；在外面受到歧视，渴望家人安慰；做自己才能快乐；一直假装太痛苦；不应该，应该成年、独立了再说；能自己养活自己，不怕他们不接受的时候再说；他们肯定不会理解、不会接受的；自己忍耐，工作了努力攒钱做手术；他们会哭死的；

他们会打我、骂我的；会把我撵出去的；会带我去"看病"的；会送我去电击的……

b. 如果他们理解、支持我，会给我很大的帮助；变性手术需要经济支持；他们就会理解我平时"与众不同"的行为；就是不接受，我也说出来了，心里解脱了……

c. 会哭；会自责，认为自己没有养好我；会心疼；会觉得丢人；会吵架，互相指责；会担心我带坏弟弟妹妹；会担心我不能结婚；会担心我没有孩子……

d. 会打我、骂我；会带我"看病"；会求我保持"正常"；会说是别人带坏了我；会认为我是一时糊涂；会认为我长大就好了；会与我断绝关系；会把我赶出家门；会从此不理我；会用死威胁我……

e. 自己先学习相关知识；提前、多次普及知识；给他们讲金星的故事；给他们讲国外变性人的故事，给他们看照片；给他们讲跨性别结婚、领养孩子的案例；给他们看《丹麦女孩》《人生密密缝》这样的电影；多次试探他们"我要是那样，你们怎么办"；给他们讲跨性别被歧视而抑郁、自杀的案例；找他们心情好的时候说；家里气氛平和的时候说；自己一定要保持平静，被打、被骂也忍着点；给他们时间，他们也许就是吓着了；提前想好，真被撵出去能去哪；好好学习，找个好工作，早点自立……

E. 关于"我喜欢同性"

a. 应该，压抑自我的感觉很痛苦；渴望家人的支持和理解；在外面受到歧视，渴望家人安慰；做自己才能快乐；一直假装太痛苦；不应该，应该成年、独立了再说；能自己养活自己，不怕他们不接受的时候再说；他们肯定不会理解、不会接受的；他们会哭死的；他们会打我、骂我的；会把我撵出去的；会带我去"看病"的；会送我去电击的……

b. 如果他们理解、支持我，会给我很大的帮助；他们就会理解我平时"与众不同"的行为；他们会给我很大的力量对抗外面的歧视；就是不接受，我也说出来了，心理解脱了……

c. 会哭；会自责，认为自己没有养好我；会心疼；会觉得丢人；会吵架，互相指责；会担心我带坏弟弟妹妹；会担心我不能结婚；会担心我没有孩子……

d. 会打我、骂我；会带我"看病"；会求我保持"正常"；会把我关起来；会说是别人带坏了我；会认为我是一时糊涂；会认为我长大就好了；会与我断绝关系；会把我赶出家门；会从此不理我；会用死威胁我……

e. 自己先学习相关知识；不要着急说，提前、多次普及知识；给他们讲比利时、塞尔维亚、冰岛等国同性恋领导人的故事，给他们看照片；给他们讲同性恋结婚、代孕、领养孩子的案例；给他们查找相关资料；把资料放在家里各处，让他们随时都能看到；给他们看《天佑鲍比》电影；多次试探他们"我要是那样，你们怎么办"；给他们讲同性恋被歧视而抑郁、自杀的案例；找他们心情好的时候说；家里气氛平和的时候说；自己一定要保持平静，被打、被骂也忍着点；给他们时间，多次沟通；他们也许就是吓着了；提前想好真的被撵出去能去哪；好好学习，找个好工作，早点自立……

教学提示：

A. 学生可能会对这样的话题有抗拒，要尽量引导。如果有冷场，讲师要及时带动气氛，引导大家思考，为什么我们抗拒这样的话题呢。提醒学生要尽量想得全面。

B. 提前了解班级是否有类似的情形发生，如果有，在课堂上要求学生不要针对个人，不要对学生造成伤害。

C. 看具体情况，如果需要的话，要在学生讨论过程中，及时穿插相关知识的讲解，去除污名，不要传递"恐艾""恐跨""恐同"的理念。

（5）讲师过渡与总结

我相信大家都感受到了，今天我给你们出了个大大的难题。而且，我相信有些同学认为完全没有必要讨论这些内容，因为 ta 不会遇到。其实不然，也许你会不同意父母给你选择的专业、给你安排的工作，也许将来你会不满意家人插手你的婚姻，这些事情的沟通，性质是一样的，只不过我选择了最难的五个题目给你们罢了。

但是大家都讨论得很好，想了很多办法，也很全面。

下面我们就来练习一下。

2. 活动2

（1）活动名称：我的秘密，要这样说

（2）活动步骤

A. 保持刚才的分组，将抽签的小条收上来，打乱顺序，让学生重新抽签。

B. 请各组按照这一次抽签的内容，小组成员讨论，写一个如何将纸条上内容告诉家人的方案，方案要包括准备工作、实施过程和对可能产生的结果的应对方式。

C. 请各组派代表分享本组方案，讲师点评与总结。

（3）讨论话题

我要将"××"这件事告诉家人，我该做什么准备？我该怎么说？我该如何应对可能的后果？

教学提示：

A. 要跟学生一起分析，虽然这五件事都很棘手，但是五件事性质不一样，处理方法也不一样。

a. 针对"我被强奸了"，要尽快告诉家人，以获取帮助。错不在我，向家人说清楚事件经过，是否报警可以商量，但是一定要去医院，身体检查、性病艾滋病检查都要做，并考虑是否需要服用紧急避孕药和艾滋病病毒阻断药物。

b. 针对"我怀孕了"，也拖不得，时间越久，处理起来越麻烦。尽快告诉家人，以获取帮助；家人有很大可能认为是你错了，认不认错取决于你自己，一般来说，认个错，有利于跟父母沟通。

c. 针对"我感染了HIV"，不知是用试剂盒检测的还是在疾控中心验血的结果，如果是试剂盒检测的需要做复检，也不知道病毒数量到一个什么水平。最好还是尽快告诉家人，与家人商量，定期检测、服药。家人会生气你怎么得的，而更大可能会心疼你今后的生活，与家人一起学习相关的知识，经过科学治疗，艾滋病病毒感染者的预期寿命、生活质量都是不错的。与人交往过程中也要注意防护，不要感染别人。另外，不要以为反正已经感染了，再被感染也无所谓了，艾滋病病毒种类很多，感染一种还是多种对身体的影响是有很大不同的。

d. 针对"我想变性"，这不是一件着急的事，一时也没有什么健康风险，需要从长计议。首先自己学习相关知识，手术如何做、时间多久、费用多少、风险大小、预先准备、术后护理、是否终身服药等。同时，将一些有关跨性别的知识、相关人物逐渐渗透给家人，观察家人对这些人的态度，并且可以试探家人的口风，如果是你他们会怎么样。还可以考虑拉个同盟，如果有家人比较熟悉和认可的朋友、亲戚之类的人，比较开明的，可以先告诉ta，然后你告诉家人那天，请ta一起参加，帮你说话。如果家人一时不能接受，给他们点时间，我们继续努力。提前了解LGBT公益组织、同性恋亲友会等机构，可能的话和他们取得联系，会得到一些有效的帮助，还可以尝试让家长与这些机构联系，让家长知道，并不是只有你一个人这样，知道还有其他人和你一样，就在身边，而且过得很好，是很大的支持。

e. 针对"我喜欢同性"，同上一个话题的性质基本一样，也不是着急的事，可以和上一个问题一样，采取类似的策略，制订计划，耐心地慢慢来。一些家人会比较关心如婚姻、工作、生孩子、养老问题，自己提前了解，好在家人有顾虑的时候能够解释。

B. 如果家里有低龄的弟弟妹妹，向家人讲这件事的时候，要选择在弟弟妹妹不在的时候，免得可能出现的冲突对弟妹造成负面影响。如果有同龄的兄弟姐妹，并且能够支持你的话，可以一起参加。

C. 跟家人谈的时候，要根据以往对家人的了解，选择合适的时机和他们能接受的方式。另外，也要做好最坏的打算，如果家人完全不能接受，严厉的打骂、禁止出门、声称断绝关系、声称自杀或直接赶你出去，要怎样应对，尤其是后两种情况下。

(4) 讲师过渡与总结

向家人公开自己与性有关的秘密，是一件非常困难的事情，并且可能给家庭关系带来巨大的影响，同学们有抗拒、有不解、有手足无措，这都是正常的。家人作为我们最亲近的人，我们当然希望得到他们的支持和理解，他们的支持可以帮我们抵抗外面百倍的歧视。但有时候，他们就是很难理解，这也是我们不得不承担的结果。

3. 小结

作为家庭中的一员，你的重大的与性有关的"秘密"会给家庭、包括你自己的生活造成很大影响，带来很多变化，有时候甚至导致家庭结构发生改变。在向家人公开我们的"秘密"之前，要根据这"秘密"本身的性质出发，采取不同的方式与家人沟通。家人的理解和支持，是我们最坚实的力量来源。如果不能获得家人的支持，也要想好如何应对。

执笔：王艺

教案：打是亲，骂是爱吗

一、课名

打是亲，骂是爱吗？

二、时长

45/60 分钟

三、教学目标

认识到"打不是亲，骂不是爱"，学习遇到家庭暴力的时候如何应对，知道家庭暴力的正式与非正式的求助资源及其功能，能制订安全计划，能拟定自我保护策略。

四、教具、材料

课件；多媒体设备；打印案例；纸、笔等。

五、教学过程

(一) 导入

每年的 11 月 25 日，是联合国确立的"国际消除家庭暴力日"，也被称作"国际反家庭暴力日"。从 11 月 25 日到 12 月 10 日，是"国际反对性别暴力十六日行动"，能够专门拿一天来做纪念日已经是一件大事了，可是反对家庭暴力竟然要连续 16 天活动，可想而知是因为什么——因为当今暴力太普遍，又太严重了，必须引起重视，并对公众进行教育。可是在这 16 天之外，还有一个日子，就是每年的 4 月 30 日，是"国际不打小孩日"，在 16 天的反家暴行动之外，又单独设立一个呼吁大家"不打小孩"的日子，这"打小孩"是有多严重，可见一斑吧。

在各国、各民族中，未成年人的权益总是被忽视被侵犯的，这种侵犯，甚至是被鼓励的，比如"棍棒底下出孝子"，比如"打是亲，骂是爱"。

接下来，我们就来讨论一下这个问题。

(二) 活动

1. 活动 1

(1) 活动名称：打是亲？骂是爱？

(2) 活动步骤

A. 将学生按每 4~6 人一组分组，小组围坐，发放纸、笔和案例。

B. 小组讨论，将讨论的结果记录下来。

C. 请各组代表分享本组观点，讲师点评与总结。

■ **案例一：小斌的一天**

早上，闹钟响了，同时响起的还有"小斌，你是猪啊！你还是聋啊！赶紧起来！"吃早饭时，"你看你又把粥洒外面了，一天天的让人不省心，别吃了，饿死你得了！"上学路上，"我告诉你，在学校好好听课，要不就别上学了，我十几岁的时候都挣钱了。"放学路上，"昨天测验成绩多少分？""就你这个分数！你还有脸活着、有脸吃饭！你咋不挖个坑把自己埋上呢！"写作业时，"你看看你那个字，狗爬的都比你强！""这么简单的题也能错，你脑子里都是猪油吧！"睡觉前，"快点睡觉去，你那张脸在我眼前晃得我恶心！"

■ **案例二：高三学生对心理老师说的话**

我成绩好，我妈就说"你是有能力考到第一名的，为什么不好好努力？"我成绩不好时她就说"是不是有一点小成绩就飘了、不认真了，这次才会退步？""你别给自己找借口！"每天挂嘴边的就是"就你这个样子，将来能有什么出息？""你还有脸提你的梦想，你拿什么来实现你的狗屁梦想？"还有"哭哭哭，就知道哭，没说你什么呢你就开始哭！"

高一那年我喜欢上了写作，写了很多文字。有天我妈发现我在偷偷写小说，她直接把我整个月的劳动成果撕掉，然后说："你以为你写得好啊，没有人会看你那些破烂，一辈子不出头！"我一直喜欢跳舞，她只要看到我对任何有关跳舞的东西感兴趣，就说："在台上扭来扭去，让人看光了，还觉得不错呢！下三烂！戏子！跟妓女没啥两样！学习成绩这么差，还一天净整歪门邪道，一辈子都没出息，狗都瞧不起你，滚！"

高三了，我想选择写作、剧本创作、编剧方向的专业，我妈说"你要敢报就打折你的腿"。我不想参加高考了，就想出去打工，离她越远越好。

■ **案例三：不知道自己有没有父母**

早上小景起来，穿了衣服，父母还在睡觉，前一天不知道是几点回来的，当然是没有早饭，厨房只有两天前吃剩的面条，餐桌上放着十块钱。小景背了书包，拿起十块钱上学去了。放学回到家，父母都在家，不过正要出门，小景赶紧拦下他俩，要说说学校艺术节的事情，父母不耐烦地说："你自己的事，自己看着办吧，需要钱吗？我给你二百，够不够？我们有事出去了。"小景知道，他们去打麻将了。小景叫了外卖，写作业，然后睡觉，父母还没有回来。躺在床上的时候，小景心里在想，我是算留守儿童呢，还是算没有父母的孤儿呢？

■ **案例四：从不穿短袖的女生**

班上有个女生叫小欣，非常瘦小，沉默寡言，但是学习成绩很好，课间、午休从不出去玩，不是背单词就是做题。她还有一个特点，就是从不穿短袖，不管多热的天，就算已经一头的汗，也是穿长袖。其实，长袖下面掩藏的是累累伤痕。她放学回家要做一家人的饭，洗衣服，打扫卫生，全部的家务都是她的，很晚了才能开始学习。她的父母每天都能挑出饭菜不合口、衣服没洗净、妹妹摔倒了、小欣吃得太多这样的毛病，随手拿起什么东西就打小欣，小欣就护住脸，忍着。身上一块块的青紫、红肿是家常便饭，打得狠了，见点血也时有发生。小欣心里最怕的，就是父母不让上学，上次跪在父母面前，说不要新衣服，不要好吃的，什么活都能干，寒暑假还去打工挣钱，父母才同意她继续读书。

(3) 讨论话题

A. 案例中的家长为什么这样对待孩子？案例中的孩子内心是什么感受？

B. 案例中的孩子有什么办法能改善自己的状况？

C. 案例中的孩子可以求助什么人或机构？

(4) 学生讨论

A. 关于案例一：

a. 语言暴力；家长脾气不好；认为一家人说话不用太客气；"猪"什么的当成是开玩笑；恨铁不成钢；孩子心里受打击；不快乐，不自信，不爱学习；委屈……

b. 跟父母谈谈，希望他们改变说话的方式；抗议，顶嘴；不当回事，当耳旁风；如果能住校，就住校吧；让自己生场病或受点伤，趁家长照顾自己的时候提出来；好好学习，增强能力……

c. 请家里其他能说上话的亲人找家长谈谈；请老师找家长谈谈；跟朋友说说，朋友会安慰你；又没动手，报警不会管的，社区、妇联什么的也都不会管的……

B. 关于案例二：

a. 辱骂、侮辱，完全是暴力；家长以为这是激励；成绩好也不夸奖是怕ta骄傲；在家长心中，写作和跳舞不是好职业，不能养活自己；孩子感觉不到支持；感觉被侮辱，被打击；没有爱；心灰意冷，放弃希望……

b. 跟妈妈好好聊聊，试试取得理解；离妈妈远点，尽量待在学校晚回家；千万别放弃学业，上了大学就离开家了；要让自己有能力；多赚钱；自己报志愿，不告诉她；万一不让去读怎么办；不给学费怎么办……

c. 如果有合适的亲戚可以找他们劝劝妈妈；找老师劝劝妈妈；爸爸呢，有没有爸爸，爸爸能不能起作用；请妈妈看一些关于情绪管理、非暴力沟通方面的书……

C. 关于案例三：

a. 家长自私，冷漠；赌博，就渐渐没人性了；完全不关心；认为给钱就完成任务了；孩子感觉被忽视；没有关心和爱；也挺好的，没人烦，没人叨叨；自己管自己，自由……

b. 跟父母谈谈；关心父母，给他们做顿饭，让他们愿意回家；给他们写封信；说什么都没有用；多要点钱，自己攒起来防备万一；自己学做饭……

c. 找合适的亲戚劝劝父母；尝试搬到爷爷奶奶家或姥姥姥爷家住；这有啥求助的，也说不出什么……

D. 关于案例四：

a. 严重的暴力，虐待；父母讨厌这个孩子；父母不配做父母；应该剥夺他们的监护权；孤儿院都比家里强；孩子感到恐惧；也许有仇恨；不爱父母，也不爱家；长大后不要回家了……

b. 找父母的长辈劝说他们；离家出走；反抗吧，打回去；那还不被打死;离家出走吧;读书怎么办;一定不能放弃读书……

  c. 报警;去医院验伤;找妇联;找父母单位;找学校……

教学提示:

  提前了解班级是否曾经有过学生遭遇家庭暴力的事情,如果有,在课堂上稍加注意,避免对学生造成二次伤害。如果在课堂上发现有些学生可能遭遇过或正在遭遇家暴,评估形势,判断是否需要找学校等相关机构介入帮助学生。

  (5) 讲师过渡与总结

  A. 大多数父母都是爱孩子的,但是有时候他们将爱用错误的形式表达出来。但是也有些父母,我们很难说他们是爱孩子的。

  B. 任何形式的家庭暴力都是不对的,并且会对孩子的心理和身体造成伤害,尤其是在暴力长期持续的情况下。

  C. 遇到家庭暴力,轻微的,可以通过与家长沟通解决。但是严重的家庭暴力,指望父母改正往往就十分困难了。我们首先要自保,其次是调节情绪和心情,同时,要努力学习,提升能力,一个更强大的自己才是对抗压力和伤害的根本。

  2. 活动2

  (1) 活动名称:制订安全计划

  (2) 活动步骤

  A. 保持刚才的分组,进行讨论,将讨论结果记录下来。

  B. 请各小组分享自己的观点,讲师点评与总结。

  (3) 讨论话题

  A. 当你遇到严重家庭暴力的时候,可以向谁求助?按照考虑求助的顺序写出2~3人。(谁、什么关系、怎样联系、如何见面等)

  B. 当你遇到严重家庭暴力的时候,哪里可以作为临时避难所?按照考虑的求助顺序写出2~3处地点。(哪里、距离多少、联系方式、交通工具等)

  C. 当你遇到严重家庭暴力的时候,有哪些机构可以求助?(机构名、求助方式等)

教学提示:

  A. 可以求助的人,要注意可行性。比如奶奶是非常疼爱你,但是她年纪大了,管不住揍你的爸爸;小姨有能力保护你,但是和你不在同一个城市,作为紧急求助人就不一定帮得上忙。

  B. 临时避难所,一定要离家比较近、交通方便,能够快速到达。比如附近要好的同学家就可以作为一个选择；另外还要考虑节假日的问题，例如，在假期去学校，就很有可能无法得到帮助。

C. 可能的一些机构：

a. 学校：如果是在校学生，学校是比较方便的求助机构，并且法律规定老师和学校有责任帮助受家暴的学生。

b. 公安机关：报警电话110，全年24小时无休。

c. 附近的医院急诊室：距离近，可以治疗、验伤，并且医疗记录可以作为法律证据。

d. 妇联：全国统一的妇女维权热线电话"12338"，专为维护妇女、儿童权益设立，男生也可以打。

e. 中国白丝带志愿者热线电话："4000110391"，白天8：00－12：00，晚上6：00－10：00，全年无休。

f. 施暴家长的工作单位。

g. 工会、共青团、社区、居委会等，还有一些地方性的救助、公益机构和热线电话。

讲师上课前，请提前做好准备，查询相关的电话和地址，告诉学生，并让学生牢记。

D. 家长对孩子实施严重家庭暴力的，可以申请撤销其监护人资格，但是抚养、教育责任仍然要承担。

E. 如果仍然面临被家暴的危险，可以申请人身保护令。

F. 提醒学生，一次求助不成，要坚持再次向另一个人求助，直到获得有效的帮助为止。

（4）讲师过渡与总结

希望同学们牢牢记住你们写下的可以求助的人和机构，以及可以紧急避难的场所，记住他们的联系方式，关键时刻，保护自己的安全。

3. 小结

大多数的家庭都是充满爱和温暖的，但是有的时候家里也会发生不好的事情。家长养育我们，保护我们，但是他们也不是完美的人，有时他们也会犯错误。还有一些家长因为一些原因，不能管理好自己的情绪，不能承担自己的责任，甚至做出严重伤害我们的事情，这让人很遗憾。不论发生了什么，保护自己的安全和生命是第一位的。同时还要努力学习，提升能力，永不放弃希望，靠自己的努力，摆脱家庭的不利影响，创造属于自己的美好生活。再强调一遍，一定要牢牢记住可以求助的人和机构的电话以及去避难场所的路线。

六、知识与观点链接

《中华人民共和国反家庭暴力法》2016 年 3 月 1 日起实施。

查阅第十三条、第十四条、第十五条、第二十一条和第二十三条。

执笔：王艺

教案：父母成仇人，我该怎么办

一、课名

父母成仇人，我该怎么办

二、时长

45/60 分钟

三、教学目标

通过学习，使学生在面对父母的矛盾时能够清醒判断形势，冷静控制冲动，考虑各种可能性并找出解决问题的最佳方法；能认识到，父母有自己处理感情和生活的方式，要尊重父母的选择，同时要尽量避免自己的学习和生活受到父母和家庭的不利影响，努力追求自己的梦想和美好生活。

四、教具、材料

1. 课件、多媒体设备等。
2. 三个不一样颜色或贴了不一样颜色标签的盒子；若干小糖果；打印好的案例；纸、笔等。

五、教学过程

（一）导入

同学们在家里是否遇到过父母吵架、父母冷战几天都不说话、父母动手打起来的情形？如果你没有遇到或者很少遇到这些情况，是父母感情非常好、情绪管理得好从来不失控，还是父母都尽量地将他们之间的负面情绪掩盖起来，不在你的面前表现？你对于父母的情绪和情感有感觉吗？你担心过父母离婚吗？

假设你家里发生了不愉快的类似情况，你会怎样想？又会怎样做？

（二）活动

1. 活动 1

（1）活动名称：三个盒子

（2）活动步骤

A. 将学生按每 4~6 人一组分组，小组围坐一桌，发放纸、笔。

B. 准备三个盒子放在讲台上，贴绿色标签的代表"美好"，贴黄色标签的代表"中性"，贴红色标签的代表"糟糕"，给每个学生发六颗小糖果。

请学生回想，在你的家庭中，父母相处的时刻，有多少是事后回想起来都面带微笑的"美好"时刻，有多少是平常的日子、事后很少会回想起来的"中性"时刻，有多少是根本不愿意再回想起来的"糟糕"时刻。按照比例，将六颗糖果分别放在三个盒子里面，然后回到各个小组。

C. 讲师盘点每个盒子里面的糖果数量，将统计结果告诉学生。

D. 小组进行话题讨论，将讨论结果记录下来。

E. 各小组派代表分享本组观点，其他组同学进行补充，讲师点评与总结。

（3）讨论话题

A. 你认为，决定家庭生活质量、夫妻感情程度的关键是哪个盒子？

B. 父母的"糟糕"时刻，有什么样的表现？都是什么原因造成的？

C. 父母的"糟糕"时刻，他们都是怎么解决的？

D. 父母的"糟糕"时刻，都有办法解决吗？无法解决怎么办？

E. 父母的"糟糕"时刻，对你的影响是什么？有多大的影响？

（4）学生讨论

A. "美好"盒子影响最大；"糟糕"盒子影响最大。

B. "糟糕"时刻表现：吵架；冷战；摔东西；打孩子；离家出走；找爷爷奶奶或姥姥姥爷告状；找儿女评理；离婚……

"糟糕"时刻原因：家务；外遇；钱；买东西；婆媳关系；打游戏；孩子学习；没原因；饭局；加班；怀疑……

C. 父母"糟糕"时刻，他们如何解决：吵够了就不吵了；冷战两天；一方赔礼道歉；买礼物；给钱；忍着；假装不介意了……

D. 父母"糟糕"时刻，一定有办法解决吗：不一定；都能解决就没人离婚了；离婚也是解决办法；分居；一方去世；有时候就是没办法；反目成仇……

E. 父母"糟糕"时刻，对我的影响：心情不好；不爱说话；学习成绩下降；担心离婚；担心会没有钱；担心影响自己升学；担心他们身体；不愿意在家里待着；想离家出走；好好学习；考离家远的大学；影响挺大的/没多大影响/完全没影响……

教学提示：

A. 大概率讲，"中性"盒子里面的糖果最多，至少占总数的一半；"美好"盒子里面的糖果第二多；"糟糕"盒子里面的糖果最少。

同学或许会觉得，最好的办法就是让"美好"盒子里装的东西更多一些，"糟糕"盒子里装的东西更少一些。这当然是值得向往的。但是，在所有的婚姻关系中，哪怕是在幸福的婚姻关系中，"美好"盒子占的比例也并不是很高。我们能够努力的是尽可能不要掉进"糟糕"盒子，让"中性"盒子的空间更大一些。统计数据表明，45~60岁的成熟伴侣中，幸福的伴侣有65%的时间处于"中性"盒子里面，而在那些不快乐的伴侣中这个数字是47%。中性情绪才是维持幸福婚恋关系的最关键因素。

B. 鼓励学生多元呈现自己的观点。

C. 可以在点评的时候，询问是否有人将自己所有的糖果放到了一个盒子里，如果有，请ta分享一下自己的感受，如果ta愿意的话。

（5）讲师过渡与总结

托尔斯泰说：幸福的家庭都是相似的，不幸的家庭各有各的不幸。其实所有的家庭，都有其美好时刻和糟糕时刻，我们的父母也不例外。作为家庭中的一员，我们不可避免地会受到家庭成员相互关系的影响，甚至有时候，我们还是引起糟糕时刻的原因之一。作为家庭的一员，我们也有责任在力所能及的情况下帮他们一下。

2. 活动2

（1）活动名称：我来帮帮他们

（2）活动步骤

A. 维持刚才的分组，讨论在父母的"糟糕"时刻，我们怎么办，将讨论结果记录下来。

B. 各小组派代表分享本组观点，其他组同学进行补充，讲师点评与总结。

（3）讨论话题

A. 在父母的"糟糕"时刻，我们能做点什么来帮助他们消除矛盾？

B. 在父母的"糟糕"时刻，我们如何自保？

（4）学生讨论

A. 父母的"糟糕"时刻，你有什么办法：两边都批评；两边一起哄；没办法；我自己待在房间不出去；不理他俩；与我无关；我好好学习，他俩就高兴了……

B. 如何自保：离他们远点；自己学习；不要让他们打到我；在学校少回家；打厉害了报警；找人帮忙……

教学提示：

A. 学生的讨论中，也许会显示家庭中存在严重的暴力，讲师要注意引导学生自保是第一位的,然后再考虑是不是有能力帮助父母,适时适当的求助也是必要的,讲师要将可以获得的求助渠道告诉学生。另外,还要观察、判断是否需要将相关消息提供给有关人员或单位,方便其介入以保护学生,避免伤害学生。

B. 学生的方法有可能可行性比较差,也不需打断或制止,但是若有暴力或是歧视的因素,讲师就要介入干预。

C. 家庭暴力可能涉嫌违法。

（5）讲师过渡与总结

人人都希望自己生活在一个幸福美满的家庭里,就像自己的牙齿也有咬到舌头的时候,父母之间难免会有矛盾和冲突,有些是可以很快解决的,有些却积攒下来成为伤疤,还有些严重的很难通过沟通等方式解决,给家庭成员造成严重的身体或心理伤害。

作为家庭的一分子,我们首先要保护自己不受伤害,然后要想办法帮助父母解决问题。但是,有些时候,问题的确棘手,难以解决,还会对我们的成绩、升学甚至未来的生活造成影响。在这个时候,我们要想办法帮助自己,将负面影响降到最低。

3. 活动3

（1）活动名称：我来帮帮自己

（2）活动步骤

A. 维持刚才的分组,讨论下面的案例,给案例中的同学出个主意,将家庭对自己的学业和生活的影响降到最低。

B. 各小组派代表分享本组观点,其他组同学进行补充,讲师点评与总结。

■ 案例一：

小宇的父母经常吵架,有时候还大打出手。小宇劝过,找爷爷奶奶也劝过,威胁他们叫警察,都没有用。小宇很烦躁,他俩吵一次架,小宇就好几天没有心思听课,学习成绩也会下滑。

■ 案例二：

成成的父母要离婚,成成妈妈天天哭,总是骂爸爸"没良心",总是跟成成说,都是为了他才受了这么多年的累,让成成表态父母离婚之后一定要跟她过,还总让成成跟她一起骂爸爸。

■ 案例三：

小哲的家庭在外人看来非常完美,父母都是高学历、高收入,待人接物客客气气的。可是小哲知道,他们就是太"客气",父母的美好都是给外人看的，他们在家里除了必须沟通的事情用尽可能简短的话语说几句以外，从来不说话。家里永远是冷冷清清、安安静静的，他在家里总是感觉十分压抑，他觉得父母就算不能开心地聊天，吵一架也比这样冷漠强啊。

■ **案例四：**

玉明高三了，家中一切平静，全力跟她一起备战高考。但是玉明知道，父母情感早已破裂，就是为了她才维持家庭表面的平静，父母已经约定好了，等她高考结束就离婚。玉明有点感激父母，为她高考考虑；一方面，又觉得他们很无聊，客客气气地维持表面的"体面"；另一方面，她有时候也会期望，也许高考之后，父母会和好。

■ **案例五：**

晓霞的父母时不时吵架，但是大多时候都不当着晓霞的面，晓霞也假装不知道，不跟着掺和，她总想，哪有夫妻不吵架的，没关系。周末她跟同学出去玩，不经意看到了一个熟悉的身影——爸爸，旁边还有一个陌生女人，而且他们十分亲密。晚上回家，看到妈妈，她很难过，不知道该不该告诉妈妈，不知道妈妈是不是已经知道了，她心中十分恨爸爸。

（3）讨论话题

A. 父母的感情状态对你的成绩、升学有什么影响？

B. 父母、家庭会影响你学校、就业的选择吗？

C. 父母、家庭这样的状态会影响你的爱情观、择偶观吗？

（4）学生讨论

A. 影响心情；注意力不集中；失眠；不愿意学习；逃学；不想好好学了，没意思；想伤害自己，让他们关心……

B. 想考离家远的大学；想离开家工作；要离他们近点照顾他们……

C. 不想结婚；坚决不找他/她这样的；男人/女人没有好东西；结婚也就是为了他们；不生孩子；将来一定对老公/老婆、孩子好；一定找个对我好的；爱情是靠不住的；一定找个有钱的……

教学提示：

A. 要引导学生积极对待人生，好好学习，未来才有帮助自己的可能性。

B. 父母如何处理感情是父母自己的事情，我们应该尊重父母的选择。

C. 对于自己的亲密关系，要吸取父母的教训，但是要避免受到父母太多的影响。

D. 父母的人生，是他们的，我们的人生是自己把控的，虽然会有影响，但也不是不能克服的，不是决定我们一生的影响，要努力强大自己，追求梦想，追求自己的美好生活。

E. 如果感到焦虑、抑郁，无法专注精神，可以考虑寻求专业人士的帮助，例如学校的心理老师就是一个不错的选择。

（5）讲师过渡与总结

父母的矛盾，有时候不可调和，这也是没有办法的事情，作为父母的孩子，说不受影响是不可能的。但是自己要好好学习，努力变得强大，尽量摆脱或降低他们的负面影响。

4. 小结

（1）将盒子里面的小糖果拿出来，分给学生们，老师也拿一块，放在嘴里。

（2）原生家庭、学业、事业和我们自己的家庭，都是人生的组成部分，每个部分，都有苦涩，有泪水，也有快乐、幸福和甜蜜。我们自己要努力进步，变得强大，去寻找、创造并保护属于我们的幸福。

执笔：王艺

教案：我应该支持父母离婚吗

一、课名

我应该支持父母离婚吗

二、时长

45/60 分钟

三、教学目标

让学生明白，每个人都要承担自己的责任，为自己的幸福、快乐人生负责任；如果父母决定离婚，我们应该尊重父母的选择，同时好好学习，提升能力，学习做一个为自己人生负责任的人，将父母婚姻对自己的负面影响降到最低。

四、教具、材料

课件；多媒体设备；打印案例；纸、笔等。

五、教学过程

（一）导入

民政局官网数据显示，与 2017 年同期相比，2018 年上半年离婚率同比增长 4%，结婚率则同比下降 3.3%。离婚率连续 16 年上升，平均每天有 1 万对夫妻劳燕分飞。

随着调查深入进行，发现人们对离婚这件事呈现出越来越积极乐观的态度。67.23%的人认为离婚不是一件大不了的事情；88.94%的人认为离婚并不是一件羞于启齿的事情；92.34%的认为离婚后可以得到更好的生活；仅有11.06%的人认为离婚是对家庭不负责任的表现；而85.11%的人则认为只要处理得当，就可以规避离婚对孩子的不利影响。

我们已经是高中生了，不久也会参加高考进入大学，就一定程度上离开了家庭。家里的一些事情，你们的家长，是开始与你商量征求你的意见呢，还是拿你当小孩子，什么都不跟你说，你只要吃好喝好学习好就可以了？即使是后者，家里的一些事情，我们也是有感觉的，有些事情是没有办法完全隐瞒的。比方说，父母的感情是好还是不好。

今天，我们就来聊一聊，如果父母要离婚，我们应该持什么态度？

（二）活动

1. 活动1

（1）活动名称：小辩论——父母离婚我管不管

（2）活动步骤

A. 将学生随机分成两组，抽签决定正方和反方，将桌椅摆成相对的两组，双方分坐，发放纸笔。

B. 辩题"父母要离婚，我应不应该参与其中"，正方观点"应该"，反方观点"不应该"。

C. 将学生重新随机分组，抽签决定正方和反方，在两边桌椅落坐，进行第二轮辩论。

D. 辩题"父母要离婚，我该支持还是反对"，正方观点"支持"，反方观点"反对"。

E. 每一轮辩论，给各组10分钟组织观点，随后双方各派出4名选手，分别编号①②③④，发言顺序为①①②②③③④④。

F. 讲师对两轮辩论双方观点进行点评与总结。

（3）讨论话题

A. 父母要离婚，我该不该参与其中？

B. 父母要离婚，我该支持还是反对？

（4）学生讨论

A. 父母离婚，我应该参与：父母会问我的意见；我的生活会受影响；我应该劝他们和好，不要离婚；他俩在乎我，会听我的；就是一时生气，劝劝就好了；他们都怕影响我的学习；父母离婚了我跟谁过，我住哪儿……

B. 父母离婚，我不应该参与：我说什么也没有用，他俩已经决定了；感情不好很久了；与其天天吵架，不如分开各过各的；离婚也不是什么坏事；只要他俩继续供我念书上大学，我无所谓；这是他俩自己的事，跟我有什么关系……

C. 父母离婚，我应该支持：别天天吵了，各过各的；离婚是结束一件不好的事；这样每天不快乐，对我学习影响更大；不要拿我当挡箭牌……

D. 父母离婚，我应该反对：那不是便宜出轨的一方了；家就不完整了，我不想没有爸爸/妈妈；离异家庭的孩子会受很大影响；一方经济条件不好，离婚之后怎么办；一方身体不好，离婚之后怎么办；影响我高考……

教学提示：

A. 提醒学生，讨论的时候，多想一些现实问题，例如钱、孩子、老人、房子、事业等。

B. 鼓励多元、全面的观点呈现；但如果有学生说××（同学）家就是这样的，提醒他们，我们讨论的是一般情况，不是任何一位同学，如果他们拿明星、热点新闻举例就随他们去。

（5）讲师过渡与总结

A. 作为家庭的一分子，父母的婚姻状态不可避免地会对我们的生活带来影响，但是归根到底，父母的婚姻是他们自己的事情，我们可以适当地发表看法，表达自己的需求，但是决定还是要他们二人商定。

B. 说完父母的事情，我们再来想一想，父母离婚会给我们带来什么影响，而我们又该如何应对这些生活的变化。活动2中的案例是我收到的一个学生的网上求助，你们来给他出出主意吧。

2. 活动2

（1）活动名称：应该支持父母离婚吗

（2）活动步骤

A. 将学生按每4~6人一组分组，小组围坐，发放纸、笔和案例。

B. 你们给案例中的学生出个主意，帮他分析一下他该怎么办。

C. 每小组派一名代表分享观点。

D. 讲师点评与总结。

■ **案例：**

我16岁，刚中考完。父母感情不和，已经纠缠多年。说句良心话，我认为是我妈错多一些，我爸受够了，提出离婚，但我妈因为种种原因还坚持要过下去。我不知道我应该支持谁。我只知道，我这样过一点儿也不快乐，想必，如果他们分开，我将来也会有痛苦的时候。我爸身体已经被折腾得不太好了，我不想撮合他们，但我妈骂我不是人。我劝我爸要不凑合着过吧，我爸就会叹口气说还想多活几年。说白了，就好比你喜欢你爸还是喜欢你妈的问题。我现在像只皮球，跟着爸爸去奶奶家蹭饭，跟着妈妈去姥姥家蹭饭，而自己家里永远都是一片死寂。我有时一个人在大街上，走着走着泪就不由自主地流下来了。好几年了，一家人都没有在一起乐乐呵呵地吃顿饭了。我现在变得很易怒，很暴躁，本来考了个好高中，但现在成绩很差。我没有告诉我的朋友，我也不想让别人知道，可能这个问题本来就是很白痴的问题，但我真的不知道该怎么办。

(3) 讨论话题

A. 我该支持爸爸离婚，还是该支持妈妈不离？

B. 父母离婚对我有什么影响？我如何面对生活的变化？

(4) 学生讨论

A. 应该支持爸爸；妈妈有错，爸爸身体要紧；与其互相折磨，不如分开各自好好过；应该支持妈妈；不离婚也许会和好呢；父母的事情让他们自己解决；你可以表达自己的意见，但最终结果还是他俩自己决定；别的就别管了……

B. 也没啥影响；谁给你钱生活和上学；学习是最重要的，一定要好好学习；心情要调整好，不要受影响；太难过了，就去找学校的心理老师吧；其实可以和好朋友聊聊；好好学习，考上大学，远走高飞；关键得有大学学费；就是自己打工、申请贷款也要读大学……

(5) 讲师过渡与总结

A. 父母的婚姻是他们自己的事情，可以适当地征求孩子的意见，但是这样将孩子放在中间踢皮球，给孩子造成了巨大的压力，是父母没有承担责任。

B. 你可以向父母表达自己的想法，同时明确表示父母的婚姻请他们自己做决定，你不再参与了。可以看情况建议父母去进行心理咨询、婚姻咨询。

C. 你要调整好心情，好好学习，做为自己人生负责任的人，需要有能力、有本事。不再去管父母的事情，专注于自己的学业和生活。如果长期情绪低落，影响学习和心情，找学校的心理老师是个很好的选择。

3. 小结

婚姻，是一件很复杂的事情。当初，是因为爱走到一起的，但是随着时间的推进，发生一些事情，爱可能会消失的。原本相爱的两个人，也许开始争吵、欺骗、伤害，这时候选择分开，不一定是件坏事。父母要离婚，我们可以提出自己的意见和需求，但是，最终还是要尊重父母的选择，他们的婚姻，他们的人生，他们自己做主。

当然，父母离婚不可能对我们没有影响，但是我们要清楚，父母和我们的亲子关系以及父母对我们的关爱不会因为离婚而终止。我们要自我调节情绪，关注自己的学业，好好学习，将家庭变故带来的影响降到最低，尤其是不要影响对未来美好生活的追求。

执笔：王艺

电影教学：《完美陌生人》

一、课名
《完美陌生人》赏析

二、时长
观影时间97分钟，讨论点评30~60分钟。

三、教学目标
观看《完美陌生人》电影，分析电影中的婚姻、爱情、青春期、同性恋等话题，深入思考，对照自己的观念与认知，树立尊重多元、尊重他人选择的价值观，并努力提升自己的能力，为将来更好的人生选择做准备。

四、教具、材料
电影视频、纸、笔等。

五、教学过程
1. 电影放映

（1）电影简介

《完美陌生人》是保罗·格诺维瑟执导的意大利喜剧片，由阿尔芭·洛瓦赫、卡西娅·史穆特妮亚克、吉塞培·巴蒂斯通等主演。

该片讲述了七个好友在聚会上公开手机信息而引发的一场信任危机的故事。该片于2016年2月11日在意大利上映。

该片获2016年第61届意大利大卫奖最佳影片和最佳剧本两项大奖。被西班牙、韩国、中国在内等七个国家翻拍过。其中中国版名为《来电狂响》。

（2）剧情梗概

某个月食之夜，男主人洛克（马可·吉亚历尼饰）和女主人伊娃（卡西娅·史穆特妮亚克饰）邀请多年好友——新婚宴尔的卡西莫（爱德华多·莱奥饰）和比安卡夫妇（阿尔芭·洛瓦赫饰）、貌合神离的莱勒（瓦里诺·马斯坦德雷阿饰）和卡洛塔夫妇（安娜·佛格莱塔饰）及"女友"缺席的佩普（吉塞培·巴蒂斯通饰）共进晚餐并观看月食。本来是一次寻常的中产家庭聚会，可由于女主人伊娃的一个既犀利又缺德的点子让这次聚会顿时变得危机四伏。她要求在座诸位在众目睽睽之下,把自己的手机掏出来放在桌子上,然后每收到一条短信和微信,就要公之于众并解释原委。

该片拿手机大做文章,揭露夫妻、情侣、朋友等亲密关系的脆弱性,体现比较多的是人性的复杂,或者是灰暗的那一面,更多的是欺骗与背叛。这与电影情节设置的背景有莫名的关联,故事发生在月食期间,结局更是堪称神来之笔,抛出"月之暗面,即人之暗面"的隐喻,暗面则暗喻着人际关系中隐私的部分。

2. 观影之前思考题

(1) 婚姻的状态。

(2) 青少年的爱与性。

(3) 同性恋与恐同症。

3. 赏析活动1:婚姻的状态

(1) 讨论话题

A. 电影中展示了三对夫妻的婚姻,各自是什么样子的?还有其他状态的夫妻吗?

B. 你能接受婚姻是这样的状态吗?如果你父母的婚姻是这样的,你该怎么办?

C. 你理想的婚姻是什么样的状态?

(2) 学生讨论

A. 饭局主人夫妻,男主人洛克(整形医生)和女主人伊娃(心理医生):婚姻出现问题,妻子要做隆胸手术,丈夫不知情;丈夫接受心理咨询,妻子身为心理医生却不知情;女儿青春期正叛逆;妻子出轨了丈夫最好的朋友。

新婚宴尔的卡西莫(出租车司机)和比安卡夫妇(兽医):新婚,很甜蜜,性生活频繁,打算要孩子;妻子与前男友仍然保持联系;丈夫出轨两人,一个是自己朋友的妻子,另一个已经怀孕。

貌合神离的莱勒(法律工作者)和卡洛塔夫妇(法律工作者):妻子在网络上与人玩色情游戏;丈夫在网络上与人互相发色情图片;妻子想把丈夫的妈妈送去养老院。

B. 我不能接受我的婚姻是这样的;我宁可不结婚;这样过很没意思;很多事情没办法……

我的父母感情非常好;我的父母感情不好,不过也没有出轨;我父母的婚姻就有这样的事;我父母离婚了;我父母过得比他们还差……

我还能怎么办,随他们去呗;看看他们,我就对婚姻没兴趣;对我影响很大；我不愿意回家；希望有自己的温暖的家；非常恨他们……

C. 我希望自己的婚姻……

教学提示：

A. 学生有可能对剧情记得不太清楚，没关系，记住一些关键的表现婚姻状态多样的情节即可。

B. 对于父母的婚姻，会有学生不愿意开口，不愿意参加讨论，不用勉强。

C. 引导学生思考，不论父母的婚姻状态是什么样的，都是父母的选择和权利。父母的婚姻状态当然会对我们有影响，但是不要夸大这种影响。我们要好好学习，提升自己的能力，为追求自己的梦想和未来美好生活做准备。

（3）讲师过渡与总结

每个人的婚姻都有每个人的样子，每个人的婚姻都是不同的样子。有些婚姻表面看起来光鲜亮丽，内里却一地鸡毛；有些婚姻看起来各种不适，当事人却十分幸福。对于父母的或者其他人的婚姻，我们应该做的是尊重他们的选择，减少对自己的影响，并从中吸取教训。

4. 赏析活动2：青春期的爱与性

（1）讨论话题

A. 电影当中有一个情节，女儿给爸爸打电话，要在男朋友家过夜，爸爸的回答非常温暖和耐人寻味。这一段话，被多家媒体和公众号转载。你是怎么看待女儿的要求和爸爸的回答的？

B. 如果有一天，你要和男/女朋友过夜，需要做些什么准备？

（2）学生讨论

A. 女孩不应该在男友家过夜；国外和我们不一样；其实也正常；也有这样的同学；到大学里就更多了；避孕套还是爸爸给的；爸爸说得真好；重大的事情要三思；避免将来后悔……

B. 我才不会呢；结婚之前都不会；要准备好安全套；要了解清楚那个人……

教学提示：

A. 如果学生出现对于青少年性行为的污名的道德判断，可根据实际情况，加以引导。

B. 就像影片中爸爸所说"多年以后想起还是微笑"，这句话意味着很多——美好、没有伤害、不后悔、没有生病等，更重要的是，能够为自己的行为承担责任。

C. 要强调，一定要使用安全套，这是唯一能够同时避孕和预防性病、艾滋病的方式。

(3) 讲师过渡与总结

青少年时期的性行为经常被称为"偷尝禁果"，在大多数的文化中都是不提倡的。我们主张，任何人的性，都应遵守"自主、安全、责任"三个基本原则。我们做任何事之前，都应该"思前想后"。"思前"是说想清楚做这事之前需要做什么样的准备，身体的、心理的、物质的准备；"想后"是说想清楚这事带来的后果和责任自己是否能够承担，日后是否会后悔。

5. 赏析活动3：当你的朋友是同性恋

(1) 讨论话题

A. 电影中唯一单身的佩普，被学校辞退，不带"女"朋友亮相，被发现是同性恋。之前还有一个误会，大家以为他们已婚的朋友莱勒是同性恋。这时候，朋友们是什么表现？是否伤害了佩普？

B. 如果你发现你的朋友是同性恋，你该如何做？

(2) 学生讨论

A. 用侮辱性的称呼"基佬"来叫同性恋；愤怒我和你一起睡过、一起洗过澡，你怎么能不告诉我；莱勒被误认为是同性恋的时候，他的妻子感到愤怒和恶心；莱勒说："我被当作同性恋两小时，我都觉得够长的了。"

朋友们本质上是歧视同性恋的；他们仍然是"恐同"；也许只是太震惊了；这是人家朋友自己的事，他有什么"震惊"的；平时说自己开明、平等，真发生在自己身上，就看出真相了；最初有些失态是难免的……

B. 如果我的朋友是同性恋：该怎么样还怎么样；会不自觉地远离 ta；得适应一段时间；会难过，心疼……

教学提示：

只要不出现对同性恋的歧视、侮辱的词语，就鼓励多元讨论。

(3) 讲师过渡与总结

我们很多人，平时的确都认为自己开明、平等，但是在真的遇到这样事情的时候就"露馅"了，也许是一时震惊，也许是本性如此，他人不好评判。我们也多问问自己的内心吧，我们到底是不是一个尊重多元、平等的人。

6. 赏析活动4：网络上的性

(1) 讨论话题

A. 影片中哪些人有网络上的性？都是什么样的形式？

B. 网络上的性，这些人为什么这样做？有什么好处？有什么风险？

C. 你认为已婚人士做这样的事情，算出轨吗？

（2）学生讨论

A. 莱勒在网上的网友，每天晚上 10 点，发一张自拍照片和一句话给他；卡洛塔与网友聊天，约定"不穿内裤"。

B. 不见真人，比较安全；寻求刺激；给生活增加点亮色；生活无聊、苦闷；有一定的心理满足；不会生病；不花钱；花钱，还有可能很多；也不安全，再往下发展就有风险；容易越演越烈……

C. 算出轨；不算出轨，又没做什么；算精神出轨。

教学提示：

A. 文爱就是文字挑逗性，是一个新生的网络名词，就是文字爱爱的简称，即用文字做爱的意思，是双方通过文字描述和挑逗达到释放自己性需要的目的。

B. 文爱，它和"语爱"（电话、其他语音通话设备）、"视爱"（视频通话），组成了当今社会全新的一种性行为——"网交"。文爱参与者一般为一对一的形式，在没有任何身体接触的情况下利用电话或网络即时文字会话工具，进行文字上的性挑逗、性刺激，满足对方的性诉求，或者配合自慰等，通过这种臆想中的快感，从而达到精神上的性愉悦，甚至生理上性高潮的过程。

（3）讲师过渡与总结

网络的发达，使得一些"性"行为搬到了网上，在普及性知识、帮助个体缓解性压抑上有其特殊贡献，的确满足了一部分人的需要。但是，网络上的性的确存在一些特殊的风险。但真实世界中各种混乱、可怕的事件也不少，未必就比网络更安全，所以是否混乱主要是因人而异的，而不在于通过什么渠道交往。我们要划清网络与现实的界限，保护自己，规避风险。

7. 赏析活动 5：与中国电影《来电狂响》的区别

（1）讨论话题

《完美陌生人》的中国翻拍版，叫作《来电狂响》，是由于淼执导、张一白监制，佟大为、马丽、霍思燕、乔杉、田雨、代乐乐、奚梦瑶主演的喜剧电影，于 2018 年 12 月 28 日在中国内地上映。讲述的仍然是七位好友聚餐时公开手机信息、暴露各自秘密的故事。

两个电影的主要区别是：《完美陌生人》是个开放性的结局，换句话说，没有结局；而《来电狂响》则每个人的结局都交代得很清楚，大多数结局很温情。

①单身的那个是女性，换手机时，发信息来的是性侵她的上司，与她换手机的人也被怀疑是同性恋，但是没有人真的是同性恋。结局是女人选择不

妥协，要去告上司，上司车祸身亡。

②花心的那个角色，没有结婚，带的是富二代女友，与另一个怀孕的普通人是真爱，结局是与富二代女友分手，与怀孕的"真爱"在一起。

③分别在"网恋"的夫妻，决定好好过日子。

④当天的主人夫妻分手了，其实他们早已离婚。女主人拉着箱子离开家的时候，看到了回家的女儿，女儿没有在男友家过夜。

A. 你认为编剧和导演，出于什么样的考虑，做出这样的区别？

B. 这些不同的情节中，你喜欢哪一个？

（2）学生讨论

A. 真爱战胜金钱，没有同性恋，青春期的女儿没有发生性关系，这都是符合中国价值观的，不这样演，接受不了；有确定结局比较容易看懂；看不懂的电影容易被骂，评分低……

B. 我喜欢……

教学提示：

A. 讲师根据实际情况和时间安排，自行决定是否讲这一板块。

B. 学生没看过《来电狂响》也没关系，给他们讲大致的区别就可以。

（3）讲师过渡与总结

既然叫作改编，肯定不是一模一样的，《完美陌生人》到目前为止，有7个国家的版本，每个版本的修改都会考虑更贴近本国的价值观和生活状态。我们要多方汇集信息，了解多个观点，才能比较完整地看到全局，得出自己的结论。

8. 小结

（1）《完美陌生人》是个小成本电影，所有的情节都发生在一间房子里，依靠角色之间的对话支撑整个剧情，剧本水平相当了得。这也是它获得最佳剧本奖、被多国翻拍的原因。影片情节貌似简单，实际上掺杂了非常多的因素：爱情、婚姻、性、网络、青春期、同性恋……这些放在一起，很难用一句话来总结我们的讨论。

（2）不论是哪方面的问题，基本原则都是尊重多元，性别平等，人人平等，为自己做的事情承担责任。

执笔：王艺

电影教学：《成长教育》

一、课名
《成长教育》赏析

二、时长
观影时间 95 分钟，讨论点评 30~60 分钟。

三、教学目标
学会在恋爱时辨别风险；认识到努力进取才是获得美好生活的唯一方式，你想要的生活，没有捷径。

四、教具、材料
电影视频，纸、笔等。

五、教学过程

1. 电影放映

（1）电影简介

《成长教育》（又名《少年失乐园》《名媛教育》），英国电影，是由罗勒·莎菲执导，凯瑞·穆里根、彼得·萨斯加德等主演的女性电影。2009 年本片获得第 25 届圣丹斯电影节摄影奖和剧情片陪审团大奖提名，2010 年获得奥斯卡金像奖最佳电影提名、奥斯卡金像奖最佳女主角提名和奥斯卡金像奖最佳改编剧本提名。

该片于 2009 年 10 月 30 日在英国上映。

（2）剧情梗概

本片根据英国星期日泰晤士报记者琳·巴贝尔（Lynn Barber）的回忆录改编。

1961 年，16 岁的少女珍妮深得文学老师喜欢，她的目标是牛津大学文学院。同时，她也为父母的唠叨不胜其烦，正在追求自己的男生葛文也不受父母喜欢。一个雨天，珍妮邂逅了风趣幽默、彬彬有礼的成熟男子大卫，大卫的风流倜傥和举手投足间的魅力深深吸引了珍妮。大卫和朋友带珍妮出入各种高档场所，音乐厅、拍卖会、高级餐厅……梦寐以求的生活在珍妮面前打开。甚至连对珍妮管教非常严格的父亲，也被大卫上层社会的生活和成熟的气质所迷惑，一再允许他带珍妮外出过夜。珍妮 17 岁生日，大卫带她去巴黎，并和她发生了性关系。

大卫向珍妮求婚，一直让她把人生理想定位为牛津大学的父亲也同意了。珍妮无心学习，成绩每日俱下，珍妮面对痛心的老师和校长，不屑地说不要过她们这样"无聊的生活"。珍妮退学了，一心准备结婚。就在这时，珍妮发现，大卫是个已婚男子，还有一个儿子。大卫的妻子告诉珍妮，之前有过很多像她这样的女孩子。

珍妮重返校园，努力学习，一年后收到了牛津大学的录取通知书。她去上大学，但是感觉自己不再年轻了。

2. 观影之前思考题

（1）你怎么看待少女与大叔的组合？

（2）你如何看待珍妮父亲对珍妮的教育？

3. 赏析活动1："大叔"的魅力与风险

（1）讨论话题

曾经有一段时间，受韩剧影响，很多少女成为"大叔控"。相对同龄人，"大叔"有哪些地方吸引了这些年轻人呢？结合影片中的大卫和葛文，我们来讨论一下。

A. "大叔"只是年纪大吗？什么条件的男人可以被称为"大叔"？

B. "大叔"有什么样的吸引力？

C. 与"大叔"交往可能会有什么样的风险？

（2）学生讨论

A. 帅的才能叫大叔，丑的只能叫师傅；有钱；成熟；善解人意；阅历丰富……

B. 成熟，一下子就能了解女孩的心思；有钱，可以送贵重的礼物，去高档场所消费，满足女孩虚荣心；阅历丰富，开阔了女孩的视野，引起女孩崇拜；可以在他身上了解更多关于人生和社会的认识……

C. 年轻人的小心思，"大叔"一眼就看破了，像玩弄宠物一样；"大叔"只是为了上床，哪有爱情；"大叔"用年轻人的"清纯"满足自己的新鲜感、虚荣心和"成就感"；"大叔"欺骗你，你很难看出来；可能会带来未知风险……

（3）讲师过渡与总结

对于涉世未深的年轻人来说，"大叔"是非常有魅力的，并且很难抵挡；当然，与"大叔"交往，可能会有一些风险。现实生活中，有些年轻人，因为各种原因，选择与"大叔"交往，可以吗？

4. 赏析活动2：可以选择"大叔"吗？

（1）讨论话题

A. 如果珍妮知道了大卫已婚，还继续与大卫交往，珍妮会得到什么？他们会有什么样的结果？

B. 你如何看待年轻女孩与年长已婚男人交往，保持情人关系？

（2）学生讨论

A. 珍妮会过一段上流社会的生活；会收到很多礼物；应该可能还会收到一些钱；大卫是惯犯了，绝不会停止的，等他腻了，一定会抛弃珍妮；珍妮没学历、没本事，好日子过久了，就没斗志了；大卫只是换个情人；珍妮不会有好结果……

B. 为了钱，虚荣，贪图享乐；也许是实在缺钱；有过求"包养"换大学学费、生活费的新闻；也许像珍妮一样被骗了；也许是真爱；这是个人选择，不伤害别人，就是他们自己的事情，别人不用评判；也许是父母的意思……

教学提示：

A. 一定会有学生对这种情况提出谴责，也会有人认为是个人选择不应评判，讲师要引导学生提出自己的观点并阐述理由，促进不同观点之间的交流，而不要急于下结论。

B. 自主选择的前提是知情、自由的判断，知情是对现状、后果和收益、损失的全面知情；而自由是指不受权力、金钱控制的，所有选择都能承担的真正自由。

（3）讲师过渡与总结

每个人都有权利在不违反法律、不侵犯他人权益的情况下，选择自己的生活方式，我们不应以多数人的道德标准为标准，对少数人的选择进行评判，应该尊重每个人的自主决定。

5. 赏析活动3：我想要的生活，没有捷径

（1）讨论话题

A. 珍妮原本的目标是什么？珍妮梦想的生活是什么样的？

B. 如果大卫不是已婚，而是真的如珍妮所想的是个有钱、有魅力的单身"大叔"，你设想一下他们婚后会是什么样的？

C. 你认同"干得好不如嫁得好"吗？你认同"娶个白富美，少奋斗三十年"吗？

（2）学生讨论

A. 珍妮要考牛津大学；她喜欢艺术，喜欢巴黎，想要听音乐会；看画展；喝好酒……

B. 婚后很幸福啊，大卫有钱，能给珍妮想要的一切；珍妮和大卫生个孩子，也许两个；珍妮学习那么好，可以学习帮大卫打理生意；珍妮结婚之后再考大学也是可以的；当珍妮不再年轻，大卫新鲜感消失，珍妮就没有吸引

力了；珍妮除了年轻、单纯、能生孩子，对大卫没有别的价值；珍妮就会变成电影里大卫的妻子……

C. 认同啊，现实就是这样的；其实是有捷径的；"拼爹"难道不是捷径吗；每个人的起跑线就是不一样的；地位不对等，结婚不一定幸福；还是要自己有能力，旗鼓相当比较好；"干得好"才能"嫁得好"，有才华有能力才能迎娶"白富美"……

教学提示：

A. 社会舆论及媒体的大量报道和案例，一定会对学生们有影响，要让学生们认识到，一定是"少数"才具有新闻价值，代表的一定不是大多数。

B. 一定会有人认为找个有钱人，就是条捷径，当然也会有相反意见，可能还会有第三、第四种意见，要鼓励学生呈现多元观点。

(3) 讲师过渡与总结

每个人都会用自己的方式追求自己想要的生活，不同的道路，不同的结果。但是不论如何选择，努力提升自己的能力，才谈得上追求美好的生活，才能更好地承担自己的责任，婚姻、事业、养育孩子，没有哪件事是容易的。

6. 赏析活动4：父母爱孩子，也要"会"爱

(1) 讨论话题

A. 珍妮的父亲哪些地方做得好？

B. 珍妮的父亲哪些地方做得不好？为什么会这样？

(2) 学生讨论

A. 督促珍妮学习，考牛津；希望女儿有好的生活；在女儿被骗之后安慰女儿，承认错误。

B. 只知道限制女儿，没有培养女儿自我决策、自我保护和自我负责的能力；虚荣心强，攀富心理；让女儿选择了"捷径"；认为女儿的努力、考上牛津大学，都不如嫁个有钱人；把女儿推向了火坑……

教学提示：

A. 大卫求婚时，父亲："牛津不是非去不可。"

珍妮："那你们以前让我努力学习是为什么？让我读牛津是为什么？"

父亲："如果你很笨，也不会有男人喜欢你。"

在父亲心中，"干得好"不如"嫁得好"，甚至"干得好"的目的就是"嫁得好"，所以有机会嫁个有钱人，就不必读书了。

B. 珍妮的父母经济并不宽裕，靠精打细算才维持珍妮的教育费用，"摇钱树""珍妮收到花""加油"等情节，都表现出珍妮父亲很大的经济压力，当他表现出攀富的一面时，也要考虑到这一点。

(3) 讲师过渡与总结

毫无疑问，珍妮的父母是爱女儿的，只是他们的爱被虚荣、金钱蒙蔽，走了一个弯路。青春期的女儿，在最需要父母引导的时候，被父母带着，掉入了陷阱。这是由他们自身的认知局限和弱点导致的。好在珍妮所接受的教育和一家人的爱使得珍妮及时止损，从头再来。

7. 小结

《成长教育》这个电影名字好土气，乍一看像是一个教条式的训话，但是影片却很好看，也引人思考。读书学习不一定会有钱，但能让你成为独立与拥有智慧的人。人生道路有很多，认真做出自己的选择，明白自己的选择会带来什么后果，并有能力承担或享受，这一点，尤其重要。

执笔：方刚　王艺

讲座：原生家庭的影响

一、讲座名
原生家庭的影响

二、时长
90/120 分钟

三、教学目标
1. 了解原生家庭的概念、意义及互动模式。
2. 客观、全面地认识原生家庭对每个人自我成长的影响。
3. 发掘原生家庭的积极影响，改变、转化原生家庭对我们的负面影响，拥有健康、积极的人生。

四、讲座内容
1. 导入

近两年"原生家庭论"特别火，但凡是与教育学、社会学、心理学沾点儿边的微信公众号、微博等都在讨论原生家庭这个词。2019年直击原生家庭矛盾的都市情感剧《都挺好》成了"现象级"的热播剧，每晚一经播出，就有多个词条成为热搜，更是让"原生家庭"一词再次成为人们的热点话题。

在《都挺好》剧中，三个孩子表面看起来都过着体面、幸福的生活，但其实他们深受原生家庭的影响：大哥苏明哲，从小是学霸，他爱面子、愚孝、爱摆家长权威，从来都不敢承认自己是个能力有限的普通人，没有客观、真实的自我认知，也不接纳自己，虽然拥有留学名校、IT工程师、留美华侨等光环，却没有处理日常事务的能力，把自己的生活过得身心俱疲，一团乱麻。如果说苏明哲是被父母捧坏的孩子，那么老二苏明成就是被惯坏的孩子，他是一个长不大的"妈宝男"，从小学习不努力，父母为其花钱买二本大学上，毕业后父母又托关系帮他找工作，结婚、买房、装修都由父母搞定，成家之后继续"啃老"，他习惯于讨好父母，他觉得借父母的钱是不需要还的，"啃老"是正常的，而这一切也是由于父母的骄纵养育导致的。而从小活在父母重男轻女阴影下的苏明玉，早早养成了勤奋、自强和独立的好习惯，但她内心深处极度缺乏爱，所以她用事业的成功和忙碌来抵消内心的恐惧和孤独，渴望被爱但又畏惧爱。她曾是大龄单身，远离爱情，向往的爱情到来时又不知所措，这些都与母亲的压迫、父亲的懦弱密切相关，父母糟糕的夫妻关系模式，让苏明玉对爱情与婚姻缺乏信心，迟迟不敢踏入爱河。好在，他们兄妹三人通过勇敢地正视问题，不断地自我成长和完善，都找到了自己的人生方向，最终与自己的原生家庭和解，拥有了健康积极的人生和幸福的家庭。

艺术来源于生活，又高于生活。无论是从影视、文学作品中看到的，还是在现实生活中看到的，原生家庭对一个人成长的影响确实是不容忽视的，原生家庭不但影响我们的过去，也影响我们的现在和未来。之所以要学习原生家庭的影响，是想让大家对自己有更清楚的认知，认识原生家庭的互动模式，发掘原生家庭的积极影响，改变与原生家庭的关系，不做恶劣家庭关系的牺牲品，将原生家庭转化为人生积极动力的源泉。

那么，什么是原生家庭？原生家庭关系中的互动模式是怎样的？原生家庭是如何影响我们的？原生家庭究竟会带给我们怎样的影响？我们应该如何发掘原生家庭的积极影响，如何改变、转化原生家庭对我们的负面影响，拥有健康、积极的人生呢？我们今天就一起来学习原生家庭的相关内容。我们探讨和研究原生家庭对人的影响，目的不是彻底摧毁原来的相处方式，更不是兴师问罪地指责、怪罪谁，而是在原有的基础上进行修改、添补和完善，找到适合我们关系现状的相处模式。

教学提示：

讲师根据上课时的实际情况，更换导入案例或电影、电视剧、小说等文学艺术作品。

2. 什么是原生家庭

A. 原生家庭的概念

"原生家庭"（family of origin），是心理咨询领域专业术语，主要指个体最初所成长的家庭环境，包括主要养育人、父母（不一定是亲生父母）、兄弟姐妹等，它是个体接触社会的最初单位，通常是亲生或养父母家庭，即我们从小成长的家庭。与之相对应的另一个家庭是"新生家庭"或叫"核心家庭",即我们长大结婚后组建的小家庭。

一个人的人格的雏形是在家庭中被塑造出来的,一旦人格被塑造成型,改变起来是困难的,但是改变也是有可能的。人格在关系中形成、展现和改变。我们都是社会人,不是孤独地活在这个世界上的,而是活在各种各样的社会关系中的,是这些关系对一个人的人格产生了巨大的影响。在诸多的社会关系中,家庭关系的影响力是最大的。

B. 画原生家庭图

为了让大家更清楚地了解自己的原生家庭关系,我们每人根据下面的具体步骤和要求画出自己的家庭图,然后请两位志愿者上台分享自己的原生家庭图,其他同学按就近原则,每两人一组,相互分享一下自己的家庭图和自己的感受。

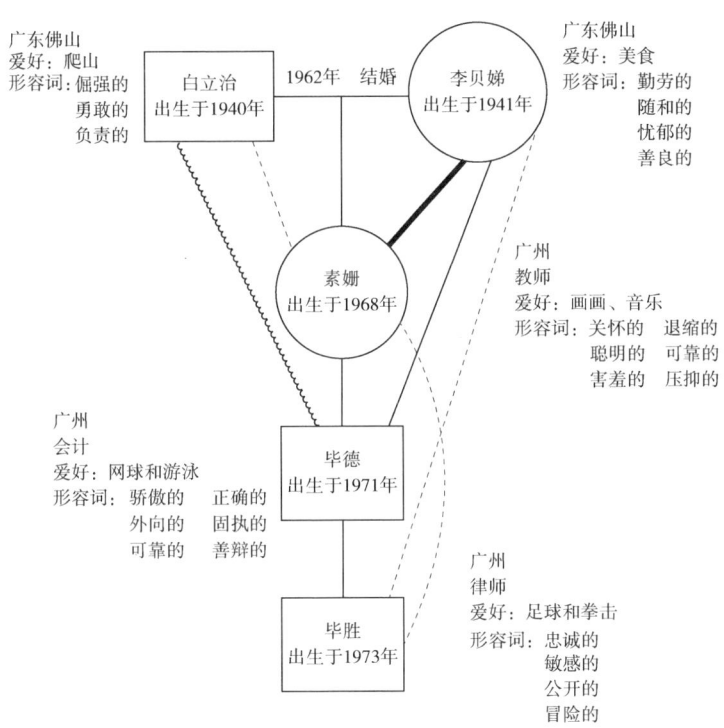

图 1 原生家庭示例图

参照图1,画自己的原生家庭图,具体步骤:

a. 用方框"□"代表男性家庭成员,圆圈"○"代表女性成员,分别画出父亲、母亲、自己和兄弟姐妹。

b. 写出每个家庭成员的姓名、出生年月、职业（若无则不写）、爱好等信息。

c. 按照你对每位家庭成员的认知和感受，写出描述他们个性的形容词，每个人2~3个正向的个性形容词，以及2~3个负向的个性形容词。

d. 画出你心中感觉到的家庭成员间的关系线。关系线分成下列四种：细实线代表普通的、接纳的、少有冲突的、正向的关系；粗实线代表纠缠不清、很黏的关系；曲折线代表强烈冲突的、骚动的、憎恨的关系；虚线代表有距离的、负向的、冷淡的关系。

e. 由两个人轮流向对方呈现自己的家庭图，并简述自己在画的过程中的感受和触动，由对方以支持与好奇的心情询问，欣赏ta的成长过程。通过画原生家庭图，我们可以了解自己哪些特质受到了父母和兄弟姐妹的影响，具体受到了怎样的影响，从而可以更好地了解自己的原生家庭成员，也可以更清楚地认识到自己与原生家庭的关系。

通过画图我们更了解自己和家人。我们之所以要学习原生家庭的相关知识，是因为人无完人，我们的父母也都是普通人，他们也都是第一次为人父母，在教养孩子的过程中，难免会有这样、那样的一些问题。我们每个人或多或少都会有一定的心理问题，我们每个人都带着原生家庭给我们留下的印记生活，我们学习、认识原生家庭的影响，是在以研究的态度为自己的问题做归因，而不是做归罪，不是要指责谁、怪罪谁，而是通过学习原生家庭的相关知识，更好地认知自己，认识自己的人格、人性或者部分心理问题是怎么回事儿，客观、全面地看待自己的问题，寻找问题的真正原因，从而做出真正的改变，促进自我成长，毕竟人终究都得为自己的人生负责。

3. 原生家庭的影响

著名心理学家、作家武志红曾在综艺节目《奇葩大会》中指出：家庭是会"伤人"的，尤其是中国父母常常强调的"听话"很容易扼杀孩子真正的自我，压抑孩子生命的活力。如果在原生家庭中，孩子得到了正确的引导和教育，ta的生命力就会变成积极的能量，比如爱心、热情、创造力；如果父母总是用否定、压迫的方式对待孩子，ta的生命力就会走向消极，比如仇恨、愤怒、攻击性。节目中，感同身受的高晓松老师，也分享了自己的经历，说自己年轻时跟父亲关系很僵，"从小到大没问过他一个问题"，由此导致自己"魂斗罗"般的性格，在生活中带来种种困扰，比如不受人欢迎、爱跟人较劲等。

A. 原生家庭的积极影响

■ 案例一：用心爱，平等爱——好家庭养育好孩子

亚洲著名畅销书作家、教育家、画家刘墉，他因材施教，注重孩子的个

性化培养，用严父教育把儿子刘轩送入哈佛大学。后来，刘轩获哈佛大学的心理学博士，成为教育家、作家、音乐人；刘墉用慈父教育培养女儿刘倚帆，女儿15岁就获得了美国布什总统奖，且被哥伦比亚大学和沃顿商学院录取。刘墉认为，孩子的教育，尊重和独立是核心，既要严格也要民主，更要激励和表扬，孩子大了就让他往更大的天地去飞，并且不要给孩子太大的行囊成为负担。

父母相互恩爱、尊重，孩子内心会充满安全感和价值感，孩子对家的感知是温暖、和睦的。即使父母离异，如果彼此之间能相敬如宾、和谐共处，给予孩子稳定、持续的爱，那么孩子依然会拥有强大的自我认同感，也能自信满满。就像离婚后的王菲和李亚鹏，分手后他们依然是好朋友，依然可以很友好、真诚地相处，两个女儿也都成长得非常健康、出色。

B. 原生家庭的消极影响

■ **案例二：不懂爱，爱变害——问题家庭养育问题孩子**

近几年，各大媒体时常会报道出一些原生家庭中亲子关系之争的极端个案：

从2016年北大高材生吴某弑母案，至2018年北大毕业的留美学生写万字长信控诉父母，拉黑父母6年，长达12年春节不回家过年，与父母彻底决裂，他说："如果教育的目的是控制孩子，那我父母真的是出类拔萃的模范！他们所有的付出只是为了控制。"他的字里行间满是父母的"控制""逼迫""说教"和"炫耀"，他认为父母的过度关爱和缺乏情感，让他没能树立足够的信心。再至2020年青岛15岁女孩杀害自己的律师母亲，等等，这些案件的发生令人心痛和惋惜，明明都是彼此最亲近的人，却因为缺乏爱与情感的表达，家人间产生了隔阂。这些事件的发生不仅毁掉了家庭的幸福和自己的人生，甚至还牺牲了家人的生命，其发生无一不与原生家庭有关。从心理学的角度，回看这些孩子的成长经历，发现这些孩子大多都是"情感孤儿"，要么是在其成长过程中长期被父母忽视，要么是其父亲长期缺席，要么是父母关系不和睦等，大都存在着很严重的原生家庭问题。

现实中，很多家长不懂得爱与情感的表达，对孩子过度关爱，过度寄于厚望，望子成龙、望女成凤心切，总习惯性地认为自己要给孩子创造最好的生活环境、物质条件，给孩子最好的教育，还习惯性地以分数论英雄，一切以考试成绩为标准，希望孩子将来可以考上名校、找到收入高又体面的好工作，成为人上人。然而，这些家庭育儿理念使得家长在孩子的养育过程中，过度强调学习、智商的培育，而忽视了更为重要的孩子的人格成长和心理健康，忽视了孩子的情感需要，忽视了孩子对于尊重、平等、关爱与支持的需要，致使孩子内心压抑了很多的委屈、郁闷、怨恨和愤怒等负性情绪，长此以往致使孩子形成了严重的人格障碍和性格缺陷，最终导致悲剧的发生。

所以，父母不懂爱，就会爱变害。

C. 勿把"原生家庭"妖魔化

■ 案例三：学会自爱自强——超越原生家庭的负面影响

原生家庭对每个人的影响，是我们无法拒绝的，它像一个影子紧紧跟随我们，甚至可能伴随我们的一生。尽管原生家庭对我们的影响很大，甚至有人说"家庭即宿命""父母是我们最大的命运"，有些人却用事实告诉我们：所谓的"原生家庭伤害"，其实并没有那么可怕。

歌手张某就出生在一个十分不幸的家庭：小时候，父亲得了心脏病，没法工作，张某担起了家庭的担子，洗车、端盘子、卖牛肉面，各种脏活累活都做过。进入娱乐圈后，张某曾红极一时，在她大红大紫之际，她先天性心脏病复发，在治病期间，她被父母联合起来欺骗，所有积蓄被转走，并让她每月支付巨额养老费，最后连她治病的钱都是她向朋友借的。就这样，她母亲还不满意她给的赡养费，曝光她的治病照片，传谣说她吸毒，还索要巨额生活费，甚至在媒体面前污蔑她不孝、酗酒、吸毒。负面新闻让事业如日中天的张某跌入谷底。"你能推我下悬崖，我能学会飞行"，虽然深受重创，张某却没有自暴自弃，反而更加努力起来。先是忍痛发表声明，断绝母女关系，接着顶住压力，成立了自己的公司，继续在音乐事业上苦苦坚持。十年后，通过"我是歌手"的舞台，张某重新回到大众面前，厚积薄发的她，终于再一次惊艳全场。

演员陈某出生于我国台湾新竹的一个普通家庭，小时候她的父母非常忙，她家有三个孩子，生活压力大，某种程度上陈某是缺少父母陪伴的，而且母亲有严重的家庭暴力。在采访节目里她多次提到，母亲常常毒打她。母亲性格非常霸道，信奉棍棒教育，要求孩子们有最好的成绩，如果没有达到要求，那就"呼巴掌"。她从小就觉得，自己没办法和母亲交流，因为害怕说错了遭打骂。母亲上楼的声音是她一生的噩梦，因为听到母亲的脚步声她就会觉得母亲要来打自己了。陈某说："被父母打，最恐怖的都不是肉体上的疼痛，而是被打时，孩子被父母毫无尊严地对待，比这个还恐怖的是不可预知——你不知道什么时候就会踩到一个地雷，暴力和羞辱就会到来。"即使在访谈中，她也眼中含泪地表示恐惧。

母亲的这种教育方式让陈某小时候很自闭，害怕交流，不喜欢讲话，她甚至不能和同学们相处，也没有朋友，又因为转学，不适应环境，成绩变差，恶性循环,陈某变成了一个从小独来独往的人。为了缓解挨打的痛苦,她最喜欢的事竟然是跑到家附近的墓地里玩,宁愿在墓地里看墓碑上的亡者故事,宁愿坐在墓地里看书也不想回家。她说:"那时候我不怕外面有坏蛋,却很害怕回家。"母亲不仅严厉,而且控制欲很强,她非常不支持陈某喜欢演艺事业,她一直希望女儿做个会计,就在重重压迫下,陈某突然想要反抗一次,要做一回真正的自己。这次反抗让她走上了演员之路,她没有选择会计而是一个人去台北闯荡学表演。她没有家人的帮助,吃苦受累了全自己一个人担着。为了证明自己,她去拍外景,当模特,一个不敢交流的人,在荧幕前大笑着……她要克服内心的害怕,所以一直挑战各种角色,终于她站在一线的位置,成了很受大众喜爱的演员。

值得庆幸的是,陈某的自我治愈能力很强,应该是她从小就习得了一套自我治疗的方法。小时候被排挤、被妈妈打,陈某就学习跟自己相处,慢慢地陈某学会了"和自己玩",时常沉浸在自己的小世界里,她常去图书馆看书,给自己创造精神世界,这种自我成长、自我救赎使她长大后抗压能力也比较强。因为一个人可以"做任何我喜欢的事情,不管时间的流逝",也可以回到自己的世界。孤独对于她不是恐惧,不是负担,而是享受,而做到这一点的人,内心都是强大的。

4. 学习转化原生家庭负面影响的方法,成长为更好的自己

"我现在这个样子,都是原生家庭给害的!"这种消极的想法,很容易让人自暴自弃,破罐子破摔,从而放弃自己的努力,放弃改变现状的可能。现在有些人一提到"原生家庭",就摆出一副苦大仇深的样子,觉得自己的原生家庭如此差劲,这辈子已经被判了死刑;他们习惯性地抱怨人生,抱怨父母,指责原生家庭毁掉了自己一生的幸福。可是,原生家庭真的该为你的所有问题"背锅"吗?很多时候,如果你觉得生活得不如意,最好先想想自己是不是足够努力,而不是把全部罪责都推给原生家庭。正所谓人无完人,世界上从来没有完美的父母,把所有问题都归罪于父母,归罪于原生家庭,不仅于事无补,更是非常不客观、不公平的。事实上,家庭问题代际传递的一个根本原因,就在于很多人的"甩锅"和"不作为"。要知道,父母也有他们的原生家庭,也有他们的无奈和苦衷。如果一切问题都要让原生家庭"背锅",那么问题就会代代相传,永远得不到解决。所以说,妨碍我们前进的不只是原生家庭,更有我们对原生家庭的态度,而后者往往是更致命的。

创新工场董事长兼首席执行官李开复说得好:"我们要有勇气来改变可以改变的事情,有胸怀来接受不可改变的事情,有智慧来分辨两者的不同。"过

去原生家庭发生的一些事情已经是不可改变的了，但我们还有很多能做的事情。比如，我们可以改变自己对事件的看法，改变我们对生活的认知、对父母的态度，通过自己的学习和努力，转化原生家庭的负面影响，成长为更好的自己，将来为自己的孩子创建好的原生家庭。

A. 树立"边界"意识

"边界"意识可以帮助我们理清自己和原生家庭的关系，让每个家庭成员都成为真实的自己，不委屈，不顺从。

说一说：什么是"边界"意识

讲师：有谁愿意分享一下自己认为的"边界"是怎样的吗？

什么叫"边界"意识？心理学家武志红指出，简单理解"边界"意识就是：我是我，你是你，我的事儿是我的事儿，你的事儿是你的事儿。你的事儿如果想让我帮你，过来跟我说。我的事儿如果我没有对你发出邀请，请你不要干涉我。而且我的事情纯粹是我的事儿，我爱干嘛干嘛，和你无关。你不舒服，你不愉快，那是你的问题，我做我的事儿的时候，不需要征得你的同意，除非我邀请你。这就是边界意识，也可以叫作地盘意识，就是在我的地盘上，我说了算。

"边界"意识分为三层，分别是地理边界、身体边界和心理边界。

a. 地理边界是你在地理空间中的归属感，例如这是你的房间，那是你的课桌。一般越过地理边界的行为，会让你感到财产被侵犯。

b. 第二层是身体边界，也就是让你感到安全的行为距离，一旦越过这个界限，你就会感到安全被侵犯。

c. 第三层是心理边界，越过这一层，你会感到隐私被侵犯。

这三种界限是交织的关系，它们有可能同时被侵犯。

为了更好地认识"边界"意识，下面我们来通过角色扮演的活动体验一下。找两个志愿者上台演绎，然后其他同学按就近原则，两两形成一组，选取角色，交叉扮演，体验其中的不同感受，以建立自己的"边界"意识。

其中一方代表父母，另一方代表孩子，角色确定后，在黑板或者PPT上显示以下三句话，让父母的扮演者依次说出以下三句话，让孩子的扮演者分享自己的内心感受，三句话都完成后，角色互换，再重新进行一次，让对方去感受和分享。

a. "我把我所有的爱都给你，但是你要听我的。"

b. "我把我所有的爱都给你，但是我什么都不要。"

c. "我把我所有的爱都给你，但是你可以自由地选择把你的爱给我或者不给我。"

听到上面三句不同的话，你内心的感受分别是怎样的？哪句话感觉更舒服一些？为什么？

第一句话，父母和孩子间的关系是一种"共生状态"，完全没有"边界"，父母对孩子的爱是基于控制，孩子感受更多的是被压抑和控制；第二句话，父母和孩子间的关系是"无我状态"，也是完全没有"边界"的，即只要你好就行，我好不好无所谓，这种牺牲自我成全孩子的状态，也不是孩子所希望得到的；第三句话，父母和孩子之间是一种平等、尊重的关系，彼此之间是有边界的，即我把我的爱给你是我的事情，至于你要不要把你的爱给我，那是你的事情，我们之间是平等的，我尊重你的选择。

B. 学习一致性表达的互动模式

家庭治疗创始人、美国著名家庭治疗大师维吉尼亚·萨提亚认为：一个人和他的原生家庭有着千丝万缕的联系，而这种联系有可能影响他的一生。同时萨提亚也认为人的改变是可能的，即便外部的改变非常有限，内部的改变仍然可能存在，她坚信"人可以持续成长、改变，并开拓对生活崭新的信念"，每个人都拥有巨大的潜能，可以将自身的内部资源、自尊以及生存和行动的选择权最大化。萨提亚家庭治疗的理念是：问题本身不是问题，如何应对问题才是问题，我们不能改变过去的事情，但是可以改变它们对我们的影响。下面我们先来了解一下萨提亚家庭治疗中的五种沟通模式，也称为五种生存姿态。

a. 讨好型

讨好型的人对所有的事情都点头称是，言语中经常流露出"这全是我的错""没有你我什么也不是""我在这儿就是为了让你高兴"之类的话，处于完全无我的状态。

b. 指责型（责备型）

指责型是一种与讨好型截然相反的模式，指责型的人习惯于攻击和批判他人，将责任推给别人，不接受来自任何人的理由和建议，他们认为绝不可以表现出自己的"软弱"。"都是你的错""你从来没做对过一件事儿""你到底怎么搞的"是他们的口头语。

c. 超理智型

超理智型的人极端冷静、客观，甚至让人觉得很冷漠，有些"霸道总裁"的感觉，他们告诫自己"人一定要有理智和才华"，无论是说话还是思考都力求尽善尽美，善于引经据典、罗列数据来支持自己的观点，时刻想要证明自己是永远正确的。

d. 打岔型

打岔型的人永远抓不住重点，习惯于插嘴、跑题和干扰，答非所问或根本文不对题，常会让人觉得"驴唇不对马嘴"。他们常常会吹口哨、唱歌、眨眼、扯头发等，或是坐立不安，完全无法与人交流。

萨提亚指出，上述四种互动模式没有一种是健康平衡的。我们的大部分沟通都是在努力保护我们自己。这四种互动模式虽然都是降低自尊的应对方式的表现，但是在以往我们无力时，它们的保护也令我们生存下来了，所以它们依然是值得我们尊重的。在人际关系中，尤其是在家庭关系中，我们需要坦诚地表达自我，需要真实地做自己，我们需要学会如何一致型地表达。

e. 一致型

一致型沟通也称为表里一致的互动模式，当一个人说"我很好、我很快乐"时，他的声音显得心满意足，而他的身体动作、脸色、眼神以及其他非语言表达都支持他的言语，他就是在用一种表里一致的方式进行沟通。同样，当他说"自己感到失望"时，他的声音听起来充满悲伤，而他的身体动作、脸色、眼神和其他非言语表达都支持他的言语，他仍是在以一种表里一致的方式进行沟通。

练一练：为了让大家切身体会一下几种互动模式的不同感受，下面我们邀请6位志愿者上台来模拟演示一下：角色A是讨好者，角色B是被讨好者，让A摆出讨好型模式的身体雕塑：即单膝跪地，向上伸出一只手给予，另一只手则紧紧捂住胸口（见图2），让B感受一下被讨好的感觉是怎样的，并分享给大家。然后角色B不换人，角色A换不同的人来分别扮演指责者、超理智者、打岔者和一致型表达者。

图2　萨提亚求生存模式：讨好者雕塑

让指责者的扮演者摆出指责型模式的身体雕塑：挺直脊背，伸直胳膊，并用伸直的食指指向他人，同时迈出一只脚来，并将另一只手放在腰间，皱起眉头并绷紧脸部肌肉，以达到吓唬住别人的目的（见图3）。

图3　萨提亚求生存模式：指责者雕塑

让超理智者的扮演者摆出超理智型模式的身体雕塑：站得笔直，毫不动弹，将两个胳膊交叉地抱在胸前，双脚完美地紧贴对齐，脸部变得毫无表情，一副一本正经的样子，显得明智而善辩（见图4）。

图4　萨提亚求生存模式：超理智者雕塑

让打岔者的扮演者摆出打岔型模式的身体雕塑：身体歪歪斜斜，处于一种背部扭曲站立的姿态，头抬起来，严重地倒向一侧，眼睛瞪出来，嘴巴张开，而且身体不停地来回走动，习惯于插嘴、打扰，转移注意力（见图5）。

图5　萨提亚求生存模式：打岔者雕塑

让一致型沟通的扮演者摆出一致型模式的身体雕塑：两脚分开与肩同宽，

两条腿稳定而踏实地站立,两个胳膊向前伸直,两只手的手掌心朝上,脸部自然地露出微笑的表情(见图6),这个动作表示接纳和敞开。

图6　萨提亚表里一致的沟通模式雕塑

让角色B体验在不同沟通互动模式下其内心产生的不同感受,并分享给大家,也让其他角色扮演者分别说说自己的感受、想法和收获。

接下来我们每个人都一起来体验一下,大家就近两两形成一组,交互进行,每个人都列举一个自己印象深刻且亲身经历过的事例,并对其中的互动模式进行体验和分享。

表里一致,就是鼓励我们每个人都接纳和尊重自己的真实感受,成为真实的自己,同时也积极倾听别人的感受,尊重别人的心理感受和想法。在这种关系里,我们都可以坦诚地表达自己,聆听别人,每个人都是真实的,我们的关系也是真实、简单且温暖的,如同著名心理学家武志红所说的,我们之所以要关注恨、表达恨,是为了让"爱"产生并流动起来。一段真实的关系,本来就是爱恨相加的,敢爱、敢恨、敢做、敢当,希望每个人都成长为真实的、对自己的人生负责任的人。

教学提示:

为避免造成心理影响,讨好者最好是选性格外向、开朗的志愿者扮演,或者老师扮演。

五、总结

1. 通过本次讲座,我们学习了原生家庭的相关知识,能够全面、客观地看到和承认原生家庭的影响。原生家庭,虽然决定着一个人的"出厂参数",是后续学校教育和社会教育的基础,是塑造人格、品质、价值观的第一站,但是决定我们命运的,并非仅是我们的原生家庭,我们每个人都有这样或那样的缺陷和问题,我们需要承认和接纳父母是有人类缺点的普通人。

2. 凡事都有两面性,我们要辩证地来看待原生家庭。积极发挥原生家庭带来的好的影响和作用，避免原生家庭给我们带来的负面影响。反思原生家庭的问题，不是为了指责父母、抱怨人生，而是试图认清问题、解决问题。最终的目的，不是要我们放弃努力，而是让我们更加努力，这不仅是为了我们自己，也是为了我们的下一代。

3. 原生家庭的影响不是绝对的，现代人大约 20 岁前后就会走出原生家庭，之后的自我塑造和成长更多的是取决于自己。原生家庭可以作为一种提醒父母的警示，但不能成为自己推脱人生责任的挡箭牌。它是一面镜子，可以映照出优劣，但还不足以成为一把尺子，用以衡量一切。

4. 除了原生家庭因素，我们同样不能忽视来自社会环境和自我力量的影响。从公共立场上讲，我们无法选择原生家庭，也难以改善原生家庭，但是我们可以尽可能地做好自己，不做原生家庭问题的牺牲品，不传承原生家庭的负面影响，通过自己的努力和成长，追求幸福生活。

5. 林语堂在《我的愿望》中写道："我要有能做我自己的自由，和敢做我自己的胆量。"不论原生家庭如何伤害了我们，归根结底，我们每个人依然是独立的个体，依然有决定自己人生方向的自由和权利。

教学提示：

组织者可以根据讲座时间收集一些学生熟知的明星事例、影视剧、小说等文艺作品或者热点新闻事件，让讲座更丰富，帮助学生更好地理解与原生家庭的关系。

参考文献：

维吉尼亚·萨提亚，等. 萨提亚家庭治疗模式（第二版）［M］. 聂晶，译. 北京：世界图书出版公司，2012.

执笔：姜玲玲

第三章

社会性别

教案：打破性别刻板印象

一、课名
打破性别刻板印象

二、时长
45/60 分钟

三、教学目标
了解社会性别刻板印象给我们带来的伤害；学会对社会性别刻板印象说"不"；树立性别平等观念，反对性别歧视。

四、教具、材料
1. 黑板、课件、多媒体设施。
2. 爱奇艺视频《最美男幼师》。

五、教学过程

（一）导入

热身游戏：谁和我一样

讲师先请一个小组和自己一起进行，作为示范。

请所有同学和老师一起围成一个圈，从老师开始，每个人说一件自己做过的事情，如果其他同学和你做过同样的事，你就往里走一步，请做过同一件事的同学走到中间握握手。同一件事情，如果前一个人说过了，后面的人就不能再说。

每一位同学说完以后大家回到原位，游戏继续。

如果没有站起来的空间，则可以让学生围坐在小组的桌子边，伸出右手，掌心朝下放在桌子上，如果其他同学和你做过一样的事，那么就请其他同学把右手翻过来。然后游戏继续。

最后请每一组的同学派代表说一说，你们这一组人做过的人数最多的事情是什么？

想一想：男生组做过最多的事情和女生组做过最多的事情有什么不同？

（二）活动

1. 活动 1

（1）活动名称：你会成为男幼师吗？

（2）活动步骤

播放视频《最美男幼师》（4′），请同学们讨论下列话题。

（3）讨论话题

A. 你对视频中的主角选择成为男幼师这件事怎么看？男生自己的态度是怎样的？

B. 你觉得为什么会有人嘲笑他呢？如果嘲笑他，会嘲笑他什么？

C. 咱们班上的男同学会选择成为男幼师吗？为什么选择成为或为什么选择不成为？

D. 我们生活中还有哪些职业也带有这种"性别标签"呢？

（4）学生讨论

A. 问题1：

a. 我觉得选择当男幼师挺好的，幼儿园里面也需要男性老师。

b. 我觉得当男幼师不好，大男人怎么能去幼儿园里面当老师。

c. 我觉得这个男的有点娘娘腔，所以他才会去当男幼师。

d. 我觉得男的在带孩子上不如女生好，所以男的不应该去当幼师。

e. 故事的主角很喜欢男幼师这份职业，但是也有人嘲笑他。

B. 问题2：

a. 会觉得他不像个男人，幼儿园老师不是男人干的工作。

b. 觉得他和男性朋友都脱节了，玩游戏都没法和大家一起玩。（视频中提到的内容）

c. 觉得他像个女的，没有个男人样子。

C. 问题3：

a. 我很喜欢小朋友，我觉得我也可以去做男幼师。

b. 我不会做男幼师的，这不是大男人该干的工作。

c. 我自己不喜欢带孩子，所以我不会选择当男幼师，但是我觉得男生当幼师也挺好的。

D. 问题4：

a. 护士都是女的，现在虽有男护士，但是和男幼师一样很稀少。

b. 消防员都是男的。（我们国家目前有女性消防员，但是很少。）

c. 保姆都是女的，几乎没见过男保姆，我们讲到保姆也不会想到有男保姆。

教学提示：

注重引导同学思考，视频中的主角开心在哪里？不开心在哪里？这种不开心是由什么造成的？视频的整体基调是比较积极的。因此需要讲师主动引导学生思考这份积极背后隐隐透露出的一些社会性别歧视的内容。

(5) 讲师过渡与总结

在生活中,我们常常会认为很多职业是带有性别标签的,就像我们认为消防员都是"叔叔",护士都是"阿姨"一样。看起来似乎只要我自己不从事这些工作,这种职业上的刻板印象就和我没有关系。但是当我们进入社会找工作的时候,这些标签真的和我们无关吗?

2. 活动2

(1) 活动名称:文字游戏:小丽的求职路

(2) 活动步骤

A. 将全班同学按照每4~6人分组(不超过6组),小组围坐一桌。

B. AVG(Adventure Game)文字闯关游戏:小丽是一个中国女孩,在游戏中你要从小丽进入高中开始,一步一步地选择她未来的人生规划道路,看看小丽最后会成为一个怎样的人。讲师在课件上按顺序出示题目描述,由讲师对题目进行朗读。小组内同学表决决定主角小丽的人生选择,并依据选项的内容进入对应的下一题直至结局。

C. 各组展示自己组的结局,然后进行小组讨论。

游戏内容:

a. 2019年(年份可根据讲课年份更改),小丽上高一了。这时候的小丽需要根据自己未来的职业兴趣选择文理科。文科理科的选择将决定小丽未来的职业发展。小丽对数学、物理很感兴趣,希望将来成为一名程序员。但是老师和家长都劝小丽选择文科,觉得女孩子不擅长理科,学理科肯定拼不过男孩子。如果你是小丽,你选择:

①文科(进入b.)　　②理科(进入c.)

b. 两年后,小丽踏进了高考的考场,虽然并不喜欢文科,但小丽还是认认真真地考出了一个优秀的成绩。终于到了填报志愿的时候了。小丽因为对逻辑思维感兴趣想要报哲学系,被家长劝阻了。爸爸妈妈认为女孩子学什么哲学,那些大哲学家没几个是女的,不如选个文学专业,或者英语专业,以后出来当个老师多好。你是小丽,你会选择:

①听爸妈的,学文学(进入d.)　　②坚持理想,学哲学(进入e.)

c. 小丽坚持选择了理科专业。事实证明只要付出努力,小丽的理科功课学得并不比男生差。终于到了高考出成绩的时候了。小丽的成绩让她可以自由地选择自己的专业。这个时候小丽的爸妈劝她学会计、金融类的专业,女孩子将来做会计挺安稳的。而小丽自己仍然保持着当初成为程序员的梦想。如果你是小丽,你会选择:

①填报计算机专业(进入f.)　　②填报会计专业(进入g.)

d. 小丽学了一个文学专业，虽然不喜欢，但是小丽也以合格的成绩毕业了，大学四年并没有给她留下什么深刻的回忆，一切都是那么的平淡。在毕业求职的时候，有两个选择摆在她的面前。一是前往大城市做一个新媒体编辑，过上忙碌而紧张的生活，几乎每天都要加班。另一份工作是听爸妈的回家考讲师编制，成为一个朝九晚五的中学讲师。作为小丽，会选择：

①留在大城市（进入结局1） ②回家当老师（进入结局2）

e. 小丽填报了哲学专业。进入大学学习后凭着自己的兴趣和热爱，小丽以优秀的成绩完成了本科学业的学习。但是哲学这个专业如果仅仅停留在本科水平的学习是不够的，必须进入研究生深造，才能算真正进入了这个领域。虽然小丽的成绩可以轻松地保送研究生，可是身边人都认为小丽如果再读个研就25岁了，女孩最好的青春都要过去了，将来嫁不出去怎么办？面对这种意见，小丽选择：

①坚持读研（进入结局3） ②放弃读研，找工作（进入结局4）

f. 小丽填报了计算机专业。虽然小丽在大学四年间一直是班上最优秀的学生，但是在求职的时候还是遭遇了不少区别对待。很多用人单位都怀疑小丽作为程序员的真实能力，怀疑小丽的那些编程比赛获奖是不是靠着在团队中"抱大腿"得到的。面对这种情况，小丽选择：

①转行，去做不需要编程能力的岗位，如行政或是人力资源管理等（结局5）

②坚持做一个程序员，用工作表现证明自己（结局6）

g. 小丽在会计专业学习了四年。毕业的时候面临着选择去向的抉择。现在有两个不同的选择摆在她的面前。一是去大企业成为一名会计。虽然每天很辛苦，但是能够学到很多行业内最前沿的技术，让自己不断成长。二是回家考公务员，成为政府部门的会计人员。这份工作在专业上比较清闲，但是收入也会少一些，是爸妈眼中的"理想工作"。小丽会选择：

①去大公司（结局1） ②回家考公务员（结局2）

结局：

结局1：小丽留在了大城市，这份工作虽然辛苦，但是也带给小丽很多成长。在工作了三年后，小丽发现身边的男同事一个一个都升职了。自己虽然也从"新同事"变成了"老同事"，但是公司的管理岗位中却几乎没有女性的身影。原来公司的"潜规则"认为，女人都比较感情用事，做具体的事情可以，但是却不能胜任管理工作。所以公司的管理岗位很少有女性。明白了这一点后，小丽对自己的未来陷入了迷茫。

结局2：小丽回家以后，虽然做的不是自己喜欢的事，但是还好每天都很清闲，只要把自己的工作做完就不需要加班。只可惜清闲的日子没有几天，回家以后，谈恋爱结婚的事情很快被爸妈提上了日程。小丽感觉自己就像一列火车，被爸妈这个"火车头"不停地拽着往前走。慢慢地，小丽放弃了自己的主见，嫁给了一个条件不错却没什么感觉的男人，很快地生了孩子。周围人都夸小丽人生圆满了。

结局3：小丽坚持读研，并且最后一路读到了博士，最后成了国内哲学领域内一位优秀的青年学者。只不过因为身边的人都觉得小丽作为女孩又是学哲学，又是博士，肯定很古怪，所以一直也没什么人给小丽介绍对象。小丽到了三十岁还是单身一人。幸好小丽对这些也看开了，走好自己的路，让别人去说吧。

结局4：小丽选择了直接进入社会开始工作。但是哲学专业在社会上本来就不好找工作。小丽最后只好去当了一名政治老师。有时候下班的时候，小丽也会想如果当初自己选择继续在学术道路上深造下去，自己的生活又会是什么样子呢？

结局5：小丽转行以后，凭着自己的努力和聪明，同样把新工作做得井井有条。这是一份大家都认为"适合女孩子"做的工作。小丽的工作也受到了大家的称赞。只不过小丽晚上回到家，看着放在房间一角的编程大赛奖牌，发现自己似乎已经忘记如何去写一段完整的代码了。有一天小丽想要跳槽的时候被新公司拒绝了，因为新公司担心小丽跳槽以后要结婚生孩子，会耽误工作。

结局6：小丽坚持在程序员这条路上走了下去。尽管这条路上有很多人认为女程序员比不过男程序员，但是依靠自己的努力，小丽一步一步成了公司的技术骨干。可是当自己成了技术骨干以后，小丽才发现当初和自己一起进公司的男同事，已经个个都升到了比自己更高的岗位了。

（3）讨论话题

A. 小丽的哪个选择的结局是最好的？这个选择是"完美"的吗？
B. 小丽有没有什么选择，可以避开社会中对性别的刻板印象？
C. 面对社会中对性别的刻板印象，我们可以怎么做？
D. 每个所谓"结局"就是真的结局了吗？不可以再往下发展了吗？会怎样发展呢？

教学提示：

可能会有两个或多个小组的结局是一样的，6个结局就不能全部展示，那么在讨论的时候，讲师要将没有得出的那个结局在课件上展示出来，供大家讨论。

(4) 学生讨论

A. 结局 3 最好，小丽做了自己想做的事情。

B. 结局 2 最好，小丽很快地成家立业了，事业家庭双丰收。

C. 小丽要勇敢地反对社会中的性别刻板印象，告诉父母性别刻板印象是不对的。

D. 这是因为小丽本身的选择就是和社会中的性别刻板印象反着来的。如果不是反着来的就不会有这么多问题了。

E. 不要管这些别人的看法，做自己想做的事情。大家都这样做，就没有人会有刻板印象了。

F. 勇敢地对抗，对那些嘲笑的人进行还击。

G. 如果自己当了领导，要坚持对下属性别平等。

3. 活动 3

(1) 活动名称：角色扮演：我们都是小丽

(2) 活动步骤

将所有同学分为 6 组，请每个小组抽签选择一个结局。想一想如果你是小丽，在面对这个结局的时候，下一步你会做什么，将这个所谓结局发展下去，也可以表演多种结局。例如，在结局 1 中，你可以表演小丽反抗现状的结果，也可以表演小丽顺从公司潜规则的结局，也可以表演你认为可能的故事的发展结局。

给每个小组 5 分钟的时间讨论决定演员、内容等，5 分钟后按照结局的顺序进行表演。

4. 讲师过渡与总结

这一环节学生自由发挥为主，讲师的引导较为重要，需要鼓励学生主动地与社会性别刻板印象进行对抗，但是对于那些没有积极对抗社会性别刻板印象的同学也不应进行批评，而是要以鼓励为主。

5. 课后作业

写一写"'男款小丽'的故事"。

请同学们仿照"小丽的故事"，写一写男性在成长的过程中、在职业发展上会遭遇哪些社会性别刻板印象。

6. 小结

很多的性别刻板印象已经深入到生活的方方面面，深入人心，我们的很多选择都不可避免地受到影响，有时甚至难以分清楚我们做的判断到底是出于我们的本意还是受社会文化的影响。我们要学习性别平等的理念，清醒地判断形势，了解社会性别刻板印象给我们带来的压制和伤害，学会对社会性别刻板印象说"不",打破性别歧视,坚持自己的梦想。

执笔:刘弘毅

教案:影响性别角色的因素

一、课名

影响性别角色的因素

二、时长

45/60 分钟

三、教学目标

使学生能够意识到,在我们身边,关于性别的刻板且压抑的"标准"无处不在,甚至家庭、学校、社会、媒体都在维持、强化这些刻板印象;学习描述和辨别这些性别固有、刻板印象扮演的角色,进而用批判的眼光审视自己的生活选择,做出自己喜欢、擅长的选择。

四、教具、材料

1. 课件;多媒体设备等。
2. A1 白纸若干张或彩纸;纸、笔等。

五、教学过程

(一)导入

(1)课前准备

提前请学生自行分组,每 4~6 人一组,选取下面题目中的任意两个进行调查,并写出简要的调查报告,可以以海报的形式写在 A1 白纸上,也可以做成 PPT。

题目一:选取正热播的两部电视剧,介绍简要剧情,分析主要人物的性格和特点。

题目二:选取正热播的电影(动画电影也可以),票房前两名的,简要介绍剧情,分析主要人物性格和特点。

题目三:打开任意门户网站,查看某日任意栏目新闻(体育、娱乐、国际之类的),摘录新闻主角为男性的前五条新闻的标题和主要内容。

题目四:打开任意门户网站,查看某日任意栏目新闻(体育、娱乐、国际之类的),摘录新闻主角为女性的前五条新闻的标题和主要内容。

题目五:打开任意视频网站,记录三条插播在电视剧或电影之前或当中有人物(动画人物也可以)广告的产品、内容和基本情节。

题目六：打开任意搜索引擎，搜索"公益广告"，记录前三条有人物（动画人物也可以）的公益广告的内容和基本情节。

教学提示：

提前与学生沟通，确保每个题目至少有一个小组完成。

（2）导入语

从我们出生起，我们就有了自己的角色，随着年龄的增长，我们的角色越来越多。在家里是孩子，在学校是学生，在路上是行人，在地铁里是乘客……每天，在各种角色中切换自如。如果，在这些角色前面加上性别符号，你的角色就带有了性别的味道。这个性别的味道，可不仅是为了区分，更是被长久以来的文化赋予了很多的含义，比如护士和男护士，比如司机和女司机。

（二）活动

1. 活动1

（1）活动名称：社会小调查

（2）活动步骤

A. 按照课前社会调查的分组，小组围坐一桌，发放纸、笔，给全体同学展示"讨论话题"。

B. 请各组派代表给大家分享、展示本组调查结果，其他组成员同时按照讨论话题的提示进行记录和分析。

C. 小组针对刚才各组的分享和本组的记录，进行讨论、整理和归纳。

D. 各组派代表分享本组观点，其他组进行补充，讲师点评与总结。

（3）讨论话题

A. 影视剧中的人物和情节有哪些性别刻板印象？有打破性别刻板印象的例子吗？

B. 新闻中对男性人物的报道和对女性人物的报道，哪个多？关注点有什么区别？存在性别刻板印象吗？有打破性别刻板印象的例子吗？

C. 广告中的男性人物和女性人物在形象上有什么区别？存在性别刻板印象吗？广告中的男性人物和女性人物代言的产品有什么区别？存在性别刻板印象吗？有打破性别刻板印象的例子吗？

D. 搜索公益广告的时候，看到有专门宣传性别平等的广告吗？看到的公益广告中，存在性别刻板印象吗？有打破性别刻板印象的例子吗？

E. 你认为，这些媒体上的东西，是在顺应、强化、创造，还是在打破性别刻板印象？

F. 当你看到顺应、强化性别刻板印象的内容时是什么感受？当你看到打破性别刻板印象的内容时是什么感受？

G. 除了媒体，还有哪些地方，你受到了性别刻板印象的"教育"？

（4）学生讨论

A. 影视剧中的人物和情节，性别刻板印象比比皆是；也有一些打破性别刻板印象的人物和情节出现，但是不占主流。

B. 新闻中男性人物多；男性人物的新闻集中在政治、军事、科技等方面；女性集中在教育、育儿、居家、美食等方面；也有打破性别刻板印象的例子出现；一旦有打破性别刻板印象的例子，就会集中报道这一方面。

C. 广告中性别刻板印象最严重；最强调人物外表；高科技的、值钱的大多男性代言，居家的大多女性代言；也有女性代言汽车的案例；但是男性打破性别刻板印象的案例少；有男性带孩子、做饭的案例。

D. 公益广告有/没有宣传性别平等的广告；公益广告中也存在严重的性别刻板印象；也有打破性别刻板印象的例子。

E. 这些媒体，顺应/强化/创造/打破性别刻板印象都有；打破的少。

F. 顺应挺好的；打破挺好的；没感觉；上了课才意识到；看到打破的心理更舒服；振奋……

G. 家庭；学校；老师；同伴；无处不在。

教学提示：

A. 如果上课时，正好赶上三八妇女节、劳动节、情人节之类的带有性别色彩的节日，适当调整课前调查和讨论内容，这些时候媒体上也会展现出更多的性别内容。

B. 学生调查、呈现的资料会多种多样，讲师要灵活应变，可以根据学生的调查内容适当调整讨论话题。

C. 有学生可能已经接受了性别刻板印象，课堂上鼓励多元呈现，鼓励同伴之间的不同意见；但如果出现侮辱、歧视和暴力的声音，讲师要介入纠正。

（5）讲师过渡与总结

家庭、学校、媒体，我们身边随时都在响起各种性别刻板的声音，"你一个女孩子……""作为一个男生……"随时都能看到各种性别的样子，勤劳的、强壮的、美丽的、邪恶的……可是，这些与性别有什么关系？每个性别生来就是这个样子的，还是被教育成这个样子的，很多人都没有想过这个问题。当你的观点和行为符合传统的性别气质时，你觉得无所谓，很好；但是，当你的性别气质不符合传统的要求时，你是顺应、压抑自己，还是努力做自己？没有人是百分百地符合传统性别气质的，而这样强加给我们的压力，本来是不应该存在的。

21世纪都已经过去五分之一了，我们不应该再让那些几千年前的东西束缚我们了，我们要做一个性别平等的人，做一个"做自己"的人。

2. 活动2

（1）活动名称：我做广告策划师

（2）活动步骤

A. 请学生们自由发言，说出你认为最具有男性或女性气质的产品，以及男性或女性专用的产品，讲师写在黑板上，然后同学们按照符合男性或女性气质的程度排序。

B. 按照小组数，选取排名最靠前的几个产品，一半男性的，一半女性的，分给各个小组。请各个小组使用男性代言人策划女性产品广告，使用女性代言人策划男性产品广告，并且要在广告中打破性别刻板印象，传递性别平等意识。

C. 各组展示自己的初步广告创意，并将这个广告策划作为作业，每组回去完成自己的广告，将海报制作在A1白纸或彩纸上展示出来，给全体同学看。

（3）讨论话题

A. 男性产品可能有：剃须刀、手表、领带、腰带……

B. 女性产品可能有：口红、高跟鞋、胸衣、指甲油……

教学提示：

A. 如果上课的时候，正好是某个节日或是学校的某个活动，可以适当调整内容配合学校活动，作为一部分成果展示。

B. 学生策划、制作广告不在于画面、色彩是不是好看，重点在于他们展示出自己的想法，打破性别固有且刻板的印象，对有批判思维的同学要及时鼓励、点拨。

3. 小结

通过讨论、思考和审视各种媒体中的男性形象与女性形象，我们发现众多媒体在维护、强化甚至创造性别固有、刻板的印象，还有家庭、学校、社会无孔不入的"教育"，都在告诉我们"男生该如何，女生该怎样"的标准。当然，我们也欣喜地看到，越来越多的人、媒体开始意识到了这一点，渐渐有打破性别刻板印象的人物形象出现在媒体上和我们身边。我们要运用性别平等的视角，分析这些影响和"教育"，遵循个人特质和需要去塑造我们自己的性别特质，无须苛求自己与"标准"相符。

执笔：王艺

教案：性别如何影响选择

一、课名
性别如何影响选择

二、时长
45/60 分钟

三、教学目标
培养学生的性别平等意识，启发学生打破性别刻板印象的影响，更好地做出自己喜欢且擅长的学业与职业方向的选择。

四、教具、材料
1. 课件；多媒体设备等。
2. 打印好的案例；纸、笔等。

五、教学过程

（一）导入

从小到大，每天面临很多选择。小的时候，大多数的选择是父母代替我们做出的，如每餐吃什么、每天穿什么，进哪个幼儿园、小学。现在的我们，很快就面临高考或是就业，如何选择行业、职业、学业、婚姻，是我们未来要面对的一个个大问题。很明显，这些问题我们要自己面对，而且很明显，这些问题我们更愿意自己面对，而不喜欢有人在旁边指手画脚。

有人说：人生最重要的事，不是你现在站在何处，而是你今后要朝哪个方向发展，只要方向对，找到路，就不怕路远。选择什么样的行业、职业，从某种意义上来说，也意味着我们选择了某种生活方式，踏入了某条人生道路。今天，我们就一起来探讨下有关行业、职业方向选择的话题。

（二）活动

1. 活动 1

（1）活动名称：我是职业分析师

（2）活动步骤

A. 将学生分成 4~6 组，小组围坐，发放纸、笔。

B. 全体同学自由发言，说出你认为性别比例最悬殊的行业或职业，讲师一一写在黑板上，大家一起按照悬殊程度排序。将归纳出来的排序写成下面表格的形式，有几个小组就选择前几名填表。然后每个小组按照表格分配得到自己小组讨论的男性占优势的行业或职业和女性占优势的行业或职业。

男	①	②	③	④	⑤	⑥
女	⑥	⑤	④	③	②	①

　　C. 小组讨论，将讨论结果记录下来。

　　D. 各组派代表分享本组的观点，讲师点评与总结，并举出每一个行业的一个反"性别"而行之的例子。

　（3）讨论话题

　　A. 这个行业或职业男性/女性的优势在哪里？女性/男性的劣势在哪里？

　　B. 这个行业或职业的性别差异，这些年来有没有变化？

　　C. 如果你反"性别"而行之，会有什么样的好处？会面临什么样的压力？你将如何克服这些压力？

　　D. 这个行业或职业的领导岗位、高端人士、大BOSS，是男性多，还是女性多？为什么？

　（4）学生讨论

　　A. 男性优势行业或职业：铸造、土木工程、桥梁工程、IT程序员、宇航员、足球运动员……

　　女性优势行业或职业：护士、老师、幼师、秘书、会计、保姆、空姐……

　　人数本身就是优势/劣势；社会压力小/大；与周围的人沟通方便/不方便；生活方便/不方便；家长喜欢/不喜欢；找对象好找/不好找；被尊敬/嘲笑；利于发展/不利于发展……

　　B. 近年来，性别差异在缩小；没什么变化；性别刻板印象还很强。

　　C. 人数少，晋升快；压力大；被嘲笑；自己喜欢，别人管不着；干得好不好都会很显眼；承担更大的责任；更受照顾；好找对象……

　　D. 几乎不论哪个行业，都是男领导多；女的顾家庭，事业发展没精力；女性做得不好；女性升职会被说"潜规则"；女性"玻璃天花板"；女性歧视事实存在……

　　教学提示：

　　A. 允许并鼓励多元呈现，但是不允许歧视性语言出现，例如"恶心""变态"之类的，一旦出现，讲师要介入引导、制止。

　　B. 会有同学的观点是支持符合性别刻板印象的，没有关系，让学生自由讨论就好。

　　C. 提前估计可能被学生提出的一些性别差异非常大的职业，在课件中准备反"性别"而行之的例子，如果不能完全覆盖学生提出的行业也没关系；

还可以向学生提问,知不知道有这样的人物案例,可能的话,请学生讲讲他们的故事。

(5) 讲师过渡与总结

心理学家曾经做过实验,同样的一批亚裔女生,要做同样难度的数学卷子。如果你暗示她们"你们是女生",她们的考试成绩就会下降;如果你暗示她们"你们是亚裔",她们的考试成绩就会上升。你们看,这就是刻板印象。当然性别刻板印象主要受几千年来男权社会文化的深远影响,绝不仅仅是一点点心理暗示能够解释的。

但是,我们也应该意识到,造成性别刻板印象不是由于性别的本质区别,而是文化建构的原因。我们在做选择的时候,要多思考一下,这是我想要的还是我被教会"想要"的。前者是自由,后者是压抑。

2. 活动2

(1) 活动名称:我是高考咨询师

(2) 活动步骤

A. 将小组分为两部分,分别针对下面的案例一和案例二,以"高考咨询师"的身份,利用刚才做"职业分析师"的经验,给案例的当事人提供建议。

B. 请各组派代表分享本组观点,讲师点评与总结。

■ **案例一**:

小玲,高三,她学习成绩中上,最向往的是全世界美好的自然风光,平时就特别喜欢看关于自然、风景、地理、地质的纪录片,立志要学习地质专业,扛起背包,走遍五湖四海。爸爸妈妈不同意,说太艰苦了,而且一个女孩子,不安全也不方便。

一家三口,来找你咨询,你要跟他们说点什么呢?

■ **案例二**:

小平,高三,他从小就是个温柔的男孩子,妈妈身体不好,他跟爸爸一起照顾妈妈。小平非常喜欢孩子,亲戚的孩子也都喜欢他,一到假期,他就成了孩子王。小平听说现在的幼儿园和小学里面特别缺男老师,孩子家长也希望能有更多的男老师,他有心当个幼儿园或小学的老师,又担心被人笑话。他跟父母说起过这件事,父亲非常反对,说这就不是个"爷们儿"干的活。

一家三口,来找你咨询,你要跟他们说点什么呢?

(3) 讨论话题

A. 应该支持学生的选择吗?如果支持,如何做?

B. 如何打消父母的担心?

C. 如何帮助学生分析他/她所选择的专业,他/她自身的优势和劣势?

D. 如果学生真的选择了这个专业，日后后悔怎么办？有退路吗？

（4）学生讨论

A. 应该支持，追求梦想；自己愿意，有兴趣是最重要的；不应该支持，现实阻力太大；不利于日后发展；将来一定会后悔；应该更多地了解这个专业的内容、特点；更多地了解其他专业，确定自己到底喜欢哪一个……

B. 让孩子追求梦想才是爱孩子；有兴趣才最利于发展；孩子幸福快乐是最重要的；爱他/她就支持他/她……

C. 这个性别比较少，可能会受照顾/被歧视；可能有更多/少的机会；身边都是其他性别的，可能会不方便；可能更利于找对象；兴趣是最好的老师，热爱是最强的动力；性格适合……

D. 后悔也可以改行；学这个专业也不是只有一个工作可选；继续深造还可以换专业……

教学提示：

A. 家长的顾虑是有一定道理的，不要一味地跟家长对抗，而是要多方面考虑各种因素。

B. 要考虑到会后悔这个可能。再说，梦想、兴趣都是有可能改变的。

（5）讲师过渡与总结

选择专业、学业和职业的时候，要从自己的兴趣、爱好和特点、能力出发，选择最适合自己的，选择自己擅长的。至于社会上的刻板印象、父母的担心、众人的眼光，会影响我们，太多的限制也让我们的选择变得狭窄，也不利于我们在多种学科上取得更好的成绩。性别刻板印象不应该成为我们做选择的决定因素。

当然，兴趣也许会变，但是工作也是可以更换的。不论怎样，遵从自己的内心，做自己真正想做的事情，做出色、做成功的机会才更大。

3. 小结

文理分科或选择专业、职业时，我们不能仅仅根据传统性别规范、他人的经验来做出判断，而是要了解自己真正所想，打破性别刻板印象的影响，综合多种因素最终做出选择。我们需要认识到，生活中一些"约定俗成"的看法可以给我们提供经验和建议，但有时也会束缚我们的思维。跳出这些框架，也许我们会看到不一样的风景。

执笔：王艺

教案：公共空间中的社会性别

一、课名
公共空间中的社会性别

二、时长
45/60 分钟

三、教学目标
理解社会性别的概念；了解我们所处的公共环境如何忽视社会性别概念，并探讨改进的可能；锻炼学生的批判性思维能力，提高社会性别的敏感性；认识、倡导社会性别平等的重要性。

四、教具、材料
课件、多媒体设备、纸、笔等，课件中准备好"广州女大学生占领男厕所"视频。

五、教学过程

（一）导入

今天我们要探讨的这个话题听起来有点复杂——公共空间中的社会性别。

首先解释下"公共空间"，狭义上是指那些供城市居民日常生活和社会生活公共使用的室外及室内空间。室外部分包括街道、广场、居住区户外场地、公园、体育场地等；室内部分包括政府机关、学校、图书馆、商业场所、办公空间、餐饮娱乐场所、酒店民宿等。广义上是指公共空间，不仅仅只是个地理的概念，更重要的是进入空间的人们，以及展现在空间之上的广泛参与、交流与互动。

我们每天都在公共空间中学习、工作、娱乐，并被它影响着，只是很多时候我们像对空气一样觉得理所当然，没有特意去思索。那么今天我们仔细去思考"公共空间+性别"这个话题，会有什么样的发现呢？我们来尝试一下。

有些公共空间，几乎所有人都可以置身其中，当中的性别差异往往比较细微且被人忽略，比如城市广场。而有些公共空间，其性别差异非常明显，甚至是依照性别设计和建设的，这样的公共空间的性别问题往往非常突出，最典型的例子就是"公共厕所"。

（二）活动

1. 活动 1

（1）活动名称："占领男厕所"面面观

(2）活动步骤

A. 将全体同学按每 4~6 人一组分组，小组围坐一桌。

B. 播放"广州女大学生占领男厕所"视频（3′07″）。

C. 小组同学讨论对这个视频内容的看法，整理到纸上。

D. 每组派一名代表分享自己组的讨论结果，讲师进行点评和总结。

（3）讨论话题

A. 为什么人多的场所，经常会出现女厕所排起长队，而男厕所冷冷清清的情况？

B. 你支持"占领男厕所"运动吗？

C. 如何解决这个"厕所难题"，你来出个主意。

（4）学生讨论

A. 原因：女性生理结构决定上厕所时间长；男女厕所表面上看一样大，但是由于男厕有小便池，实际空间利用率更高；女性更多地承担照顾小孩、老人、病人的工作；女性特殊时期上厕所次数更多；设计师都是男的……

B. 支持：给性别平等提个醒；呼吁人们关注和改变……；不支持：捣乱、讨厌、性骚扰，对男性不公平……

C. 多建女厕……

（5）讲师过渡与总结

A. 公共场所女厕所排大长队的问题，被人关注过多次。这既有男女性生理结构不同的原因，也有公共建筑设计标准需要改进的原因，还有社会性别的原因。表面上看男女厕所一样大，但是没有充分考虑上述原因，造成了实际上公共空间的性别不平等。这是我们要思考并改进的问题。

B. 当然，"占领男厕所"虽然名字有"占领"两个字，但这只是为了通过醒目的名字引起公众的注意，活动的本意是为了突出现有公厕设计得不合理，强调公共设施的优化，而不是真的占有其他群体的资源。争取性别平等并不是男性或女性之间的战争，而应该是两性共同努力的目标。

C. 除了公共场所这样性别差异非常明显的公共设施以外，近年来，一些原本没有性别差异的公共空间，也开始按照性别进行一定的划分，但是，这样的划分，意味着对女性的"保护"还是"歧视"，引起了巨大的争议，比如女性停车位、女性车厢等。

2. 活动 2

（1）活动名称：女性专用，代表"女性友好"吗？

（2）活动步骤

A. 维持刚才的分组，小组进行话题讨论，并将讨论结果写在纸上。

B. 每组派代表分享小组的讨论结果，讲师进行点评和总结。

（3）讨论话题

A. 在停车场设置专门的"女性停车位"是对女性的歧视吗？你的意见是"是""不是"，还是"不确定"？

B. 在地铁上设置专门的"女性车厢"是对女性的歧视吗？你的意见是"是""不是"，还是"不确定"？

C. 在机场设置专门的"女性安检通道"是对女性的歧视吗？你的意见是"是""不是"，还是"不确定"？

D. 你知道公共空间中，存在对男性不友好或不公平的设计或安排的例子吗？

（4）学生讨论

A. 是：意思是女性停车技术差；不是：照顾女性，离出入口更近，安全性提高；不确定：都有道理。

B. 是：女性是弱者，男性都是潜在的性骚扰者；不是：是对女性的保护，现实就是女性受到性骚扰的概率更高；不确定：都有道理。

C. 是：女性是弱者、女性麻烦；不是：更方便，避免尴尬，检查物品更有针对性；不确定：都有道理。

D. 公共卫生间只有女性这边有挂包的挂钩和哺乳、换尿布的空间，男性那边没有，这样对男性不公平……

（5）讲师过渡与总结

A. 关于"女性专用"的公共空间，是否存在对女性歧视的争论，一直没有停止。一般来讲，如果出发点是女性麻烦、技术差、弱之类的原因，是不可接受的；但如果出发点是基于对女性的保护，目前普遍认为暂时性的保护是为了促进平等，是针对眼前的性别不平等的社会现实做出的具有可行性的解决办法。

B. 当然，我们也应该看到，虽然相当多的公共空间中存在对女性不友好的情况，但是，也存在一些对男性不公平的现象。所以我们说，性别平等解放每一个人。

C. 关于"性别平等解放每一个人"，我希望同学们意识到这不是一句空泛的口号，而是会给每个人带来实实在在的好处。

3. 活动3

（1）活动名称：性别友好的公共空间，有谁受益

（2）活动步骤

A. 学生思考，像刚才讲的增加女卫生间厕位、女性专用公共设施，男卫

生间也增加换尿布空间等性别友好的公共空间，会让谁受益？只有女性或男性受益吗？

B. 学生举手发言，讲师将学生发言的内容记在黑板上，然后进行点评和总结。

（3）讨论话题

性别友好的公共空间，会让谁受益？只有女性或男性受益吗？

（4）学生讨论

跨性别；行动不方便的人，需要照顾的老人、孩子和病人；等待的人……

（5）讲师过渡与总结

就像大家说的，增加女卫生间厕位，减少了女性的排队时间，受益的还有需要女性照顾的老人、小孩和病人，当然还有在外面等候她们的男性。同样的道理，各种性别友好的公共空间，受益者众，间接地，我们每个人都会从中受益。

4. 小结

我相信，通过今天的讨论，大家会拥有更敏锐的眼光和敏感的洞察力，能够看到公共空间中很多人习以为常但视而不见、实际上存在歧视和不平等的问题。希望大家将这种"敏锐"保持下去并发扬光大，用审视和批判的态度看待这个世界，并开始思索改进的可能和空间，进而为性别平等、为消除一切不平等努力，做一些力所能及的事情。至少也要将这些思考带到未来的工作和生活中，在自己的专业领域，为消除歧视、建立平等和尊重的社会增加一分力量。

在今天之前，或许我们很多人对这些问题也是视而不见的，希望在这堂课后，大家能够进一步拓展这份视野，甚至可以把它当作一种"超能力"对待，这种能力可以让你真正看到，并可能改变你所处的世界。在课程结尾，我特别希望把今天提到的"平等"概念拓展一下。除了性别不平等，我们所处的世界还有各种不平等和歧视，这些都是基于多数人与少数人之间的差异，比如异性恋与同性恋，比如身体健全的人和残障人士。希望你们无论是身处其中的多数，还是少数的弱势群体，都能够更敏锐地看到不平等，并开始思索改进的空间，比如我之前很简略地提到为残障人士提供方便的无障碍通道。希望大家在以后参与的社会活动中更多地为平等发声，更多地做一些力所能及的事。

六、知识与观点链接

1. 2016年，我国住房和城乡建设部发布的《城市公共厕所设计标准》，将公共场所女性厕位与男性厕位的比例提高到 3∶2，人流量较大地区为 2∶1。此标准于 2016 年 12 月 1 日起实施。

2. 无差别厕所——不限制厕所使用者的性别。设计初衷是保障变性人、同性恋者、性别取向模糊的人安全使用洗手间，实际上还起到了减少排队时间、合理利用资源的作用，大大方便了陪同异性老人和孩子的人。

执笔：王艺

教案：变化中的性别角色

一、课名

变化中的性别角色

二、时长

45/60 分钟（这节课需要提前一到两周布置任务）

三、教学目标

通过访问、调查和课堂讨论，让学生更真实地体会性别角色和规范随着社会、经济、科技和全球化的发展而产生变化；学习和提高用性别视角分析归纳现象的能力；建立性别平等意识，并为推动社会性别平等做一份贡献。

四、教具、材料

1. 课件；多媒体设备等。
2. 提前发放的表格和 A3 白纸（直接打印好也可以）；明信片每人一张；纸、笔等。

五、教学过程

（一）导入

1. 课前准备

人物采访：性别角色和规范的变化。

目的：了解和总结性别角色与规范是如何随着时间的推移而发生变化的。

A. 提前一到两周给每个人发放一份采访提纲表格（见下表）和一张 A3 白纸，布置采访任务。

话题	曾祖辈的时代	祖辈的时代	父辈的时代	自己的时代
年龄、性别				
上学				
家务劳动				
与朋友的娱乐				
恋爱关系				
作为父母				
作为儿女				
工作				
其他问题				

B. 请学生课下单独采访一位与自己同性别的父辈、祖辈，例如父亲母亲、爷爷奶奶，或者这一辈的其他人；如果可能的话，再加上一位曾祖辈的长者。向他们询问，在他们年轻的时候，男性和女性角色分别是什么样的？他们认为现在这些角色发生了什么样的变化？可以提问的话题包括教育、娱乐、友谊、爱情、婚姻的习俗以及工作，并且鼓励每一个访问对象尽可能多地讲述他们的事情。

C. 采访表格用 A3 纸画出来，将每个采访对象的年龄和性别等基本情况填写在表格当中，并将他们的回答记录在表格相应的位置，然后在最后一列记录下你自己的经历。如果没有采访曾祖辈人物，则将那一栏删除；如果表格位置不够的话，可以另附纸张记录。

D. 总结，三辈人（或四辈人）在同一件事上的性别角色与规范的变化，另拿一张纸记录下来。

教学提示：

A. 这一活动时间较长，内容较多，思考、讨论也比较有深度，可以配合学校的教学，将这一节课作为某个大型活动当中的一部分，或是作为期中、期末或假期的社会实践等调研活动。表格内容可以配合学校活动安排适当调整。

B. 提醒学生，在采访过程中，也许会感到父辈、祖辈的生活"匪夷所思"，但是不能把以前的生活和现在的生活看成是割裂的，提醒学生时刻记得变化是持续的，并且每个时代都在发生。

C. 虽然变化是连续和持续的，但是提醒学生在采访过程中思考，变化的速度呈现什么样的趋势，总结出来。

D. 上课前，要求学生们把自己的成果贴在教室周围墙壁上适当的位置。

2. 导入语

之前我已经布置了一个采访任务给大家，很高兴，看到大家已经将成果贴在了墙上，现在我们就来一起看看你们的采访记录。

（二）活动

1. 活动1

（1）活动名称：几代人的变化

（2）活动步骤

A. 用10分钟的时间，讲师与学生一起观看墙上大家的采访成果。

B. 讲师提问，学生自愿发言，每个问题请若干学生发言，发言人数取决于学生对这个问题的感兴趣程度、采访深度和时间安排。

C. 讲师点评与总结。

（3）讨论话题

A. 你采访了几辈人（含自己）？谁采访了四辈人、五辈人？他们和你的年龄跨度有多少年？年龄跨度最大的是多少年？

B. 他们说的哪一点让你最吃惊？哪一点和你相比变化最大？哪一点让你感到不舒服或难过？

C. 在哪些领域，性别角色有了明显的变化？你认为这些变化是好的，还是不好的？

D. 从同学们的发言来看，是男性角色变化大，还是女性角色变化大？为什么会有这样的区别？

E. 导致性别角色发生变化的因素，你认为主要有哪几点？

（4）学生讨论

A. 可能让人吃惊的地方：女生不能上学受教育；男人打老婆；不可以离婚；结婚、生孩子单位说了算；所有人穿一样的衣服；结婚时候什么都没有，很穷；小孩子是用米汤养大；生下女孩子直接扔掉；怀孕后做B超发现是女孩子就流产；孩子生病了不去医院，能好就自己好起来，不能好就死了；包办婚姻，办婚礼时才第一次见面……

B. 变化明显的：女孩也可以上学；男的也开始干家务；女生学习越来越好；女生在家可以不做家务；自由恋爱，自己找对象……

C. 女生大概都是乐于看到变化的；男生可能会对过去的美好时光有"留恋"；也有可能男生女生都认为某方面现在没有过去好……

D. 男性女性变化都很大；女性变化更大；男性变化更大；仍然是男权社会；女性地位仍然低；男尊女卑没有改；现在都阴盛阳衰了；女生现在欺负男生；家里都是女的说了算……

E. 引起性别角色变化的因素：科技发展、经济发展、生活水平、受教育程度、改革开放、网络发达、国际影响、女性努力、个人努力……

教学提示：

A. 请采访了四辈人、五辈人（含自己）和采访对象年龄跨度最大的学生分享自己的采访结果。

B. 请采访内容中有"扔掉/送养/怀的是女孩就流产"的学生分享自己的采访结果和观点。

C. 请认为"性别角色的变化是不好"的学生分享自己的采访结果和观点。

D. 请认为"现在阴盛阳衰"的学生分享自己的采访结果和观点。

E. 请认为"引起性别角色变化的因素有女性努力和个人努力"的学生分享自己的采访结果和观点。

F. 在评价社会变化的部分，可能每个人的看法不同，这里不是要强化价值判断，而是引导放在时代和历史背景下讨论，采取更包容的态度来分析变化背后的原因。

（5）讲师过渡与总结

通过一至两周的采访与今天的分享，我们能深刻地体会到不同时代背景下性别角色与规范的变迁，即使是从祖辈到现在的几十年时间，变化竟也如此之大。这些变化可能让你感到有些困惑，也可能有些惊讶，我相信你们一定有感悟和收获，这正是时代的进步，正是促进我们用性别视角思考问题的动力。

父辈、祖辈甚至更久远的年代发生的一些事情，我们无意苛责，但是真心希望永远过去。有一天，我们也会有自己的孩子，我们希望我们的孩子可以在一个更好的时代生活。

2. 活动2

（1）活动名称：写给下一代的一张卡片

（2）活动步骤

A. 给每个人发一张明信片，请学生思考，并与周围同学针对话题讨论，讲师请几位同学自愿发言，分享自己的观点。

B. 你希望你的儿子/女儿，在未来的生活中是一个什么样的性别角色，将你的期望和祝福写在明信片上。

C. 询问是否有同学自愿分享，请 ta 读一下自己写的明信片。

（3）讨论话题

A. 你认为在下一代中，性别角色还会继续变化吗？

B. 你认为会在哪些方面有变化呢？这样的变化是好，还是坏呢？

C. 你认为你可以做什么，促成社会和你的家庭往好的方向发展呢？

（4）学生讨论

A. 性别角色肯定会发生变化。

B. 会更平等；女人学历会更高，工作能力会更强；全职爸爸会增加；独身、不结婚的人会增加；不要孩子的人会增加；不结婚只生孩子的人会增加；陪孩子玩的爸爸会增加；同性恋、跨性别人群会增加；生活会更辛苦……

C. 我可以：尊重每个人；尊重女性；学做家务；努力学习、工作；制止他人性别暴力；宣传性别平等；在家里劝父母互相尊重；在学校促进男生女生互相尊重；学会用批判的眼光看传统文化、影视作品……

教学提示：

A. 如果有学生说自己不想要孩子，不会有孩子，可让 ta 写给未来的任意一个孩子。

B. 也许有学生会对未来持比较悲观的态度，讲师不要评判学生的观点。

C. 讲师可以提前写一张卡片，或者当场与学生一起写一张，然后分享给大家，作为自己观点的表达。

（5）讲师过渡与总结

就像时间的流逝一样，性别角色和规范的变化是一定不会停止的，但是，我们不敢保证一定会向着更平等、更进步的方向前进，开倒车的事情不是没有发生过。可是如果我们每个人都努力学习，做一个有性别平等意识的人，那么这个世界一定会往性别越来越平等的方向发展，我们也会给下一代创造一个更加宽松、自由和平等的生活环境。

3. 小结

今天我们只调查和讨论了近几十年来发生在我们国家、我们身边的性别角色的变化，相信同学们都感到了震惊和不可思议，因为变化竟如此之大。如果同学们课后继续就这个问题进行更长时间跨度、更大范围和更多人数的调查，会发现，性别角色和规范在不同的国家、民族、宗教和时间段，都有巨大的不同，而这些变化所反映的社会传统和现实值得我们深思。

当然，我们也欣喜地看到，总体而言，社会是向着更加贴近和解放人性的方向发展的。性别平等，解放每一个人。我们要学会分辨传统性别角色和规范对每个人的束缚和压抑，用批判的思维审视这些"标准"，树立性别平等意识，并为建立一个性别平等的社会环境做出自己的贡献。

六、知识与观点链接

1. 女四书

《女诫》为东汉女史学家班昭对其女儿进行"三从四德"等封建道德教育所作。全书分卑弱、夫妇、敬顺、妇行、专心、曲从和叔妹，共计 7 篇。在中国历史上作为对女子实施柔顺之道的教材，影响深远。

《内训》是明成祖的徐皇后为教育宫中妇女，采辑"古圣先贤"关于女子封建品德的教诲，于永乐二年（1404）所编著。流传至今的版本共有德行、修身、慎言、谨行、勤励、节俭、警戒、积善、迁善、崇圣训、景贤范、事父母、事君、事舅姑、奉祭祀、母仪、睦亲、慈幼、逮下、待外戚等 20 章。

《女论语》为唐朝女学士宋若莘撰著。体例仿效《论语》，而以前秦太常韦逞之母宋氏代孔子，以曹大家（即班昭）等代颜、闵（此据《旧唐书》，而《新唐书》作颜、冉），彼此问答，阐述封建妇道。其妹若昭申释此书。今存《女论语》，托名曹大家撰，有 12 章：立身、学作、学礼、早起、事父母、事舅姑、事夫、训男女、营家、待客、柔和、守节。

《女范捷录》为明末儒学者王相之母刘氏所作。此书分有统论、后德、母仪、孝行、贞烈、忠义、慈爱、秉礼、智慧、勤俭、才德 11 篇。宣扬古代的"贞妇烈女"与"贤妻良母"等事迹，称赞《女诫》《内训》诸书，阐发封建伦理的女学。

上述四种女子教本，自东汉至明末，先后相继问世和传播，由王相一一加以笺注，于明天启四年（1624），由多文堂合刻为《闺阁女四书集注》，成为一套对女子进行封建教育的教材。嗣后翻印此书，简称为"女四书"，广泛流传。

2. 三从四德

《仪礼·丧服·子夏传》："妇人有三从之义，无专用之道。故未嫁从父，既嫁从夫，夫死从子。"《周礼·天官·内宰》："九嫔掌妇学之法，以九教御。妇德、妇言、妇容、妇功，各帅其属。"

3. 性别角色

性别角色（Gender role）又称性别作用，指由于人的性别差异而带来的不同的心理特点或行为模式。男性与女性在姿势、神态、声调、举止等许多方面各有不同的特点。任何社会或民族，对男性与女性各自扮演不同的角色、起的不同作用怀有一种普遍的期待。

20 世纪早期，西方的性别角色是围绕着异性行为的观念展开的，而且是相当固定的。如果人们转换性别角色，例如一个妇女获得高权力的职位，通常是少见的或会被歧视。一个男性，享受性爱，拥有职业，难于表达情感，社会压力大。一个女性，使用化妆品，期望结婚，组建家庭并成为家庭主妇。

在 20 世纪中期（特别是 20 世纪 60 年代）的性革命、同性恋解放和女权运动后，新的性别角色在西方社会开始出现，并且开始变得具有可变性。一些通常的性别角色观念，像以下所列举的，通常被认为是"固定的偏见"。但介于两性的生理差异，坚持传统的性别角色依然具有积极意义。

其他的固定观念：

男性——家庭的支柱和首要人物；负责与外界交往；强壮、理性、性主动；是出击者。

女性——依赖于一个男性（父亲、丈夫等）；负责家庭内部的联系；柔弱、情绪化、感性、性被动和不感兴趣。

执笔：王艺

教案：全职爸爸与全职妈妈之异同

一、课名

全职爸爸与全职妈妈之异同

二、时长

45 分钟

三、教学目标

认识全职爸爸和全职妈妈的异同，以尊重、平等的观念看待全职爸爸和全职妈妈；了解做全职爸爸或全职妈妈是个人选择/家庭责任分工的结果；警惕社会性别刻板印象对生活方方面面的影响；学习用批判的眼光和性别平等的视角看待问题。

四、教具、材料

1. 课件、多媒体设备等。
2. 打印好的案例、每组讨论用的 A4 纸。

五、教学过程

（一）导入

今天我们来讨论一个大家都很熟悉的话题——爸爸和妈妈——一类相对比较特殊的爸爸和妈妈——全职爸爸和全职妈妈。

大家知道什么叫全职爸爸/妈妈吗？有同学的爸爸/妈妈是全职爸爸/妈妈吗？或者你身边有亲戚朋友是全职爸爸/妈妈吗？

请一到两名同学自愿发言。

全职爸爸/妈妈就是指，为了照顾孩子成长、经营家庭而不去工作或没有工作，因此没有收入的爸爸/妈妈。

大家对于全职爸爸/妈妈这一类人有什么看法，我们来讨论一下吧。

（二）活动

1. 活动1

（1）活动名称：故事接龙：全职爸爸/妈妈的一天

（2）活动步骤

A. 将同学平均分成两组，一组针对"全职爸爸"进行故事接龙，另一组针对"全职妈妈"进行故事接龙。

B. 请小组内同学互相讨论，发挥想象，并向了解全职爸爸/妈妈生活的同学调查，编一个故事"全职爸爸/妈妈的一天"。将每天的24小时，按每组人数平均分成一段一段的时间段，一个同学代表一段时间。例如第1个同学代表早6：00~7：00，第2个同学代表早7：00~8：00……第24个同学代表早5：00~6：00。第1个同学说出早6：00~7：00全职爸爸/妈妈做什么，第2个同学说出早7：00~8：00全职爸爸/妈妈做什么……第24个同学说出早5：00~6：00全职爸爸/妈妈做什么。这样形成一个循环，完整地讲述全职爸爸/妈妈24小时的生活。

C. 对比同学们表演的全职爸爸和全职妈妈的生活有什么不同。

D. 发给每个小组打印好的案例，小组内针对下面的案例和人物，讨论问题，将讨论结果记录在纸上。

E. 每个小组派代表分享自己组得出的结论，讲师进行点评和总结。

■ 案例一：

小明是从农村考出来的大学生，上大学填表的时候，他在"父亲职业"一栏填的是"农民"，在"母亲职业"一栏填的是"家务"，实际情况是他的父亲母亲都要去田地里干农活，而照顾孩子和做家务的事情主要是母亲做。

■ 案例二：

大卫·贝克汉姆是英格兰著名球星，2013年退役之后没有承担任何长期工作，除了参加一些慈善活动和商业推广活动以外，每次出现在大众视线中，几乎都是给妻子捧场，或是当四个孩子的奶爸。（课件上配合展示贝克汉姆一家的照片。）

■ 案例三：

刘名是一个专栏作家，不知情的人看她每日要么逛街喝茶，要么游山玩水，要么就是宅在家里，但实际上她只要有一台电脑和网络，走到哪里都可以工作，并且收入不菲。结婚三年后她当了妈妈，适当地减少了写稿量，花了很多的时间照顾孩子。邻居看到她，说她："你真有福气，在家不用工作，老公养活你。"

■ **案例四：**

大导演李安，成名之前，有 6 年时间赋闲在家，他在家里阅读、看片、写剧本，包揽了所有家务和照顾孩子，晚上和儿子一起兴奋地等待"英勇的猎人妈妈带着猎物回家"，家庭开支则靠仍在攻读伊利诺大学生物学博士的妻子林惠嘉。后来他成名了，收入远超妻子。（课件上配合展示李安的照片。）

■ **案例五：**

马敬和妻子结婚四年之后，妻子怀孕了，这四年，他和妻子都努力工作，收入很好。马敬和妻子都很喜欢孩子，非常希望每天都能陪伴孩子，不愿意错过孩子的点滴成长。他俩算过家里的积蓄，认为完全可以撑过两三年没有收入的生活。于是孩子出生之后，他俩双双辞去工作，专心在家带孩子，一直到孩子进入幼儿园，才恢复工作。

（3）讨论话题

A. 全职爸爸和全职妈妈的生活有什么不同？

B. 各个案例中的爸爸/妈妈算是全职爸爸/妈妈吗？

C. 全职爸爸/妈妈在家里照顾孩子、操持家务、经营家庭，算工作吗？

（4）学生讨论

A. 全职爸爸和全职妈妈的生活没有什么不同。

B. 全职爸爸和全职妈妈的生活最大的不同是爸爸没有办法母乳亲喂。

C. 案例一中爸爸不是全职爸爸，妈妈是/不是全职妈妈。

D. 案例二贝克汉姆是/不是全职爸爸。

E. 案例三刘名是/不是全职妈妈。

F. 案例四李安在那 6 年是全职爸爸，后来就不是全职爸爸了。

G. 案例五中夫妻二人都是全职爸爸/妈妈。

H. 全职爸爸/妈妈在家里照顾孩子、操持家务、经营家庭，是/不是工作。

教学提示：

如果学生的"故事接龙"，在夜晚的时间段连续好几个人讲的内容都只是"睡觉"，那是学生们不了解带孩子的实际情况，要提醒学生们，孩子是要吃夜奶的。

（5）讲师过渡与总结

A. 全职爸爸和全职妈妈，除了爸爸没有办法进行母乳亲喂以外，每日的工作内容是没有太大的区别的。

B. 照顾孩子、操持家务、经营家庭是非常辛苦的工作，虽然不能像通常意义上的"工作"一样获得相应的报酬，但是家人要认识到，这是对家庭的巨大贡献，应对他/她表示感激和尊重。

C. 很难给"全职爸爸/妈妈"下一个准确的定义，每个家庭都有每个家庭的不同，有的人只是一段时间留在家里，有的人则一直不出去工作，有的人由于工作性质的特殊性，他们可以有更多时间留在家里……各种各样的情况，每个人都是综合考虑自己、孩子和家庭的情况，进行评估之后做出的对自己、孩子和家庭最好的选择。没有一定之规，也不需要有一定之规。

2. 活动2

（1）活动名称：全职爸爸、全职妈妈大不同

（2）活动步骤

A. 将全体同学每4~6人分成一组，小组内针对给出的话题进行讨论，然后每组派代表就各个话题进行分享。

B. 讲师配合学生发言进行点评。

（3）讨论话题

A. 做全职妈妈对自己、孩子和家庭有什么好处？

B. 做全职妈妈对自己、孩子和家庭有什么不好的地方？

C. 做全职爸爸对自己、孩子和家庭有什么好处？

D. 做全职爸爸对自己、孩子和家庭有什么不好的地方？

E. 对比前四个讨论话题，同样的问题，发生在爸爸和妈妈身上，有没有什么不一样的答案？造成这样不一样答案的原因是什么？

F. 爸爸和妈妈相比，谁更适合留在家里"全职"？为什么？

G. 什么原因会促使某人选择做个全职爸爸/妈妈？

（4）学生讨论

A. 自己带孩子更放心；利于孩子成长；自己收入比保姆开支少；自己收入比孩子爸爸少；孩子爸爸可以安心工作；不喜欢工作，喜欢待在家里这样的生活……

B. 生活中只有孩子和家，与社会脱节；没有自己的社交圈子；价值不被承认，被家人瞧不起；重新进入职场困难；被说是"吃白饭"的……

C. 自己带孩子更放心；利于孩子成长；自己收入比保姆开支少；自己收入比孩子妈妈少；孩子妈妈可以安心工作；不喜欢工作，喜欢待在家里这样的生活……

D. 不擅长照顾孩子、做家务；生活中只有孩子和家，与社会脱节；没有自己的社交圈子；重新进入职场困难；价值不被承认，被家人瞧不起；被朋

友等社会关系瞧不起；被说是"吃软饭"的……

E. 全职妈妈是很正常的，全职爸爸比较让人瞧不起；没本事、挣得少才会当全职爸爸；全职妈妈是"人生赢家"，全职爸爸是"吃软饭的"；关键是钱……

F. 妈妈更适合：可以喂奶；更细心，适合照顾孩子；家务干得好；挣得少；相夫教子；妈妈做全职妈妈，爸爸脸上也有面子，爸爸做全职爸爸会被人瞧不起……更愿意做的就更适合做。

G. 原因：经济压力大（保姆贵）；经济压力小（少一份收入没关系）；为了孩子更好地成长；没有人带孩子；喜欢留在家里；自由职业不受限制；孩子有特殊疾病……

教学提示：

A. 引导学生们更多讨论全职爸爸与全职妈妈的区别，尤其是传统社会性别气质标准带来的压力。

B. 允许、鼓励学生们的讨论呈现多元价值观，只要不出现暴力、歧视和侮辱性的词语和内容，就不必纠正。

（5）讲师过渡与总结

A. 每一个选择都有利有弊，做全职爸爸/妈妈这样的事情当然也不例外。

B. 照顾孩子、操持家务、经营家庭这样的工作，无论是对于男性还是对于女性都是辛苦的，但也都是可以胜任的。社会传统性别气质给双方都带来压力，对于全职妈妈，压力更多地集中到家务劳动的价值不被承认、被看作"没用""被人养活"；而对于全职爸爸，除了这些压力之外，还增加了不符合性别刻板印象带来的压力。

3. 小结

在一个家庭里照顾孩子、操持家务、经营家庭是很辛苦并且非常有价值的工作。家庭成员都是在充分考虑了自己、孩子和家庭的实际情况，与其他家庭成员协商之后做出全职爸爸/妈妈或其他的选择，这是每个家庭和个人的权利，是应该被接纳和尊重的。

当然，即使是深思熟虑做出的决定，也会在实际操作过程中出现摩擦和矛盾，这时候，要求每个家庭成员相互尊重和理解，本着支持和爱护的心理解决问题。

人们对传统性别气质的认知，使得全职爸爸相对来讲要承受更大的压力，甚至遭到排挤和歧视，我们要认识到这一点，不要被性别刻板印象绑架，学会从性别平等的视角看问题。

执笔：王艺

教案：性的双重道德标准

一、课名

性的双重道德标准

二、时长

45/60 分钟

三、教学目标

认识到在性的问题上，不同性别标准的存在及其在亲密关系中可能产生的影响，提高学生对性别平等的敏感性及批判性思维能力。

四、教具、材料

1. 课件、多媒体设备等，课件中准备好心理测试的图片。
2. 打印好"晓峰的故事"和"雨晴的故事"，纸、笔等。

五、教学过程

（一）导入

（1）活动名称：你看到了什么？

（2）活动步骤

A. 讲师在课件上呈现图片，请同学们迅速浏览下面的图片，说出你的第一感觉：你看到了什么？你认为作者要传达什么样的情感？

B. 学生回答自己看到的内容。

C. 组织者总结与引导。

（3）学生回答

A. 学生：房子、树木、墙……感觉有些变形。

B. 学生：人的眼睛、鱼的眼睛、船，还有骷髅……感觉荒诞、阴郁。

C. 学生：色彩挺好，是作者看到的事物……感觉五彩斑斓，很有意思。

D. 学生：阴茎、乳房、臀部……感觉"色色"的。

……

(4) 讲师过渡与总结

不同的同学从同一幅画中能够看出不同的事物，会感受到不同的情感。其实这是一个投射的心理小测试。这也能反映另外一个心理现象：第一印象（首应效应），人们比较重视最先得到的信息，据此对外界的人或者事情做出判断。

(二) 活动

1. 活动 1

(1) 活动步骤

A. 将全班同学分成四组：单一男生组，两组；单一女生组，两组。各组分坐教师的不同位置，保证各组之间不能听到其他组的讨论声音。

B. 给男生组提供两张红色纸，给女生组提供两张绿色的纸。

C. 给两组男生分别提供以男生晓峰、女生雨晴为主人公的故事；给两组女生分别提供以男生晓峰、女生雨晴为主人公的故事。（打印好的故事，人手一张，组内相同。）

D. 请各组分别阅读他们拿到的故事，思考并与小组成员讨论下列问题，将讨论结果写在下发的纸上。

■ **晓峰的故事：**

晓峰 17 岁，上高中二年级。最近他很要好的两个同学都交了女朋友，剩下他一个人形单影只。本来想好好学习，等考上大学再谈恋爱，但朋友有时取笑他没有女朋友。不久前他结识了邻班一个女生，尽管他对那个女生有点好感，但更多的是出于好奇和来自同伴的压力，晓峰比较主动地和那个女孩谈起了恋爱。一个学期后，女孩由于父母工作的关系转学到了另一个城市。不久，晓峰又有了一个新女友，这使他感到自己有魅力和重要。交往了几个月，他们的关系已经很亲密。

有一天，晓峰的父母不在，他邀请女朋友去家里。两人一起看电视、聊天。晓峰说喜欢她，要和她发生性关系。女孩很慌乱，推开了他。但晓峰说拒绝就意味她不在乎他，不爱他。尽管女孩不情愿，但也没再拒绝，于是他们发生了性关系。

但这并没让晓峰感觉很快乐，事后他开始担心女朋友会不会怀孕？要是将来他们两人没走到一起，他遇到更适合的女生，而对方在乎他是否是处男，他该怎么办？

■ **雨晴的故事：**

雨晴 17 岁，上高中二年级。最近她很要好的两个同学都交了男朋友，剩下她一个人形单影只。本来想好好学习，等考上大学再谈恋爱，但朋友有时取笑她没有男朋友。不久前她结识了邻班一个男生,尽管她对那个男生有点好感,但更多的是出于好奇和来自同伴的压力,雨晴比较主动地和那个男孩谈起了恋爱。一个学期后,男孩由于父母工作的关系转学到了另一个城市。不久,雨晴又有了一个新男友,这使她感到自己有魅力和重要。交往了几个月,他们的关系已经很亲密。

有一天,雨晴的父母不在,她邀请男朋友去家里。两人一起看电视、聊天。雨晴说喜欢他,要和他发生性关系。男孩很慌乱,推开了她。但雨晴说拒绝就意味他不在乎她,不爱她。尽管男孩不情愿,但也没再拒绝,于是他们发生了性关系。

但这并没让雨晴感觉很快乐,事后开始担心自己会不会怀孕?要是将来他们两人没走到一起,她遇到更适合的男生,而对方在乎她是否是处女,她该怎么办?

　　E. 在黑板两侧分别写上"晓峰"和"雨晴",将四个小组的结果分别贴到对应的名字下面(每个名字下面,都有一张红色纸和一张绿色纸)。

　　F. 请每组介绍自己组拿到的故事主人公是男生还是女生,以及他们讨论的结果。

　　G. 强调两个故事除了主人公的性别外,其余内容全都相同,并请学生讨论下面话题。

（2）讨论话题

　　A. 不同性别的同学,对晓峰的看法有没有什么不同?是什么原因?

　　B. 不同性别的同学,对雨晴的看法有没有什么不同?是什么原因?

　　C. 男生对晓峰和雨晴的看法有没有什么不同?是什么原因?

　　D. 女生对晓峰和雨晴的看法有没有什么不同?是什么原因?

　　E. 当你得知两个故事除了主人公的性别外,其余内容全都相同时,你回看自己对他们二人的评价,心中是什么想法?

（3）学生讨论

　　A. 有差异,我们的社会还是个男权社会,在这方面对男人更宽容。

　　B. 有差异,女性付出了以为是爱,可是招来很多非议。

　　C. 除了男人对女人的不忠有非议,女人也不放过女人,很不公平。

　　D. 人们头脑中一些封建思想根深蒂固,比如男尊女卑,即使犯了同样的错误,也是对女人更严厉。

　　E. 老师说的社会性别规范和刻板印象,我感受到了;处女/处男有多重要;我比较传统,坚持想找处女……

教学提示：

A. 肯定会有一些表现出性别刻板印象的发言和观点，关于婚前性行为、处女、主动与否、多个性伴侣、占便宜还是吃亏等，可等待学生讨论，除非没有学生用性别平等的角度看问题，讲师才介入纠正。

B. 重点在于，让学生意识到，自己是有性别刻板印象的，甚至很深的刻板印象；让学生意识到，在性这个问题上，对于男女的要求、期待和判断标准是不一样的，即使是一些认为自己没有性别不平等观念的学生；进而让学生认识到，很多自己以为的"自己形成的"观念，其实都是受到传统观念和文化建构的。

（4）讲师过渡与总结

同学们是不是听说两个故事是完全一样之后很惊讶，还感觉有点"被耍"了呢？但是紧接着是不是震惊于自己心中的性别刻板印象呢？什么叫作"歧视"？其实就是区别对待。当我们因为什么事情被区别对待而愤愤不平的时候，是不是也该警惕自己内心的"区别对待"？我们来想想办法吧，思考下怎样克服内心的刻板印象和双重道德标准，做一个真正秉持性别平等观念的人。

2. 活动2

（1）活动名称：我们怎么办？

（2）活动步骤

A. 学生分组，每组4~6人，保证每组都有男有女。

B. 小组讨论，呈现方案。

C. 全班交流小组讨论结果。

（3）讨论话题

如果要改变这种关于性的双重道德标准，我们自己（男生、女生）能做什么？

教学提示：

A. 讲师注意，小组讨论时要鼓励每位同学都能发言，讨论可以围绕自己怎么办、希望别人怎么办、男生可以怎么做、女生可以怎么做等来展开。

B. 全班讨论时，每组指派一位代表，讲完后别的组员可以补充，其他组的同学可以提问。讲师要注意让不同的观点都能呈现出来。

C. 讨论的重点围绕双重标准的不合理性，亲密关系者之间需要彼此尊重，人的价值、人格和尊严不因性生活方式受损、贬低等几个方面。

D. 不做优劣评判和总结，留一个开放性的话题给学生们思索，提醒他们，建立真正的性别平等意识、支持和维护性别平等是一生的事情。

3. 小结

（1）传统的社会性别规范形成男、女两性不同的性价值观和性行为决策。这种基于性别的价值观不断地建构，形成性的双重标准，即人们通常习惯性地根据某人的性别对其行为与态度等做出评价与判断。

（2）为了满足和遵从社会性别期待和规范，人们常常承受压力，这种强化传统性别角色的双重标准对男女两性在亲密关系中的角色和行为决策都会带来影响（例如，男生在性行为中应主动、女生应被动的观念会加大男生、女生在性行为中的危险性）。

（3）我们应该提高对性的双重标准的敏感性，认识到男女两性在性方面的平等能够使双方都受益。从自身做起、打破性的双重标准是我们应有的行动目标。

执笔：王宏云　陈萱

教案：有关性、性别、婚姻的法律

一、课名

有关性、性别、婚姻的法律

二、时长

45/60 分钟

三、教学目标

学习与性、性别和婚姻等相关的法律，学习用法律的武器保护自己的权益，并知晓做出错误决策的后果。

四、教具、材料

1. 课件；多媒体设备等。

2. 分开打印 10 个议题；每组一张 A1 白纸；彩笔；纸、笔等。

五、教学过程

（一）导入

同学们，你们知道中华人民共和国成立之后颁布施行的第一部法律是什么吗？不是宪法，不是刑法，不是民法，而是《中华人民共和国婚姻法》（以下简称《婚姻法》）。是不是有点意外，但是婚姻大事就是这么"重要"。1950 年颁布第一部《婚姻法》，1980 年颁布现行《婚姻法》，并废除"1950 年《婚姻法》"，2001 年通过《婚姻法》（修正案）。之后又分别在 2001 年、2004 年、2011 年进行司法解释，2017 年、2018 年又颁布了补充规定，每一次修改和解释,都引起大家热议,因为和每个人的生活密切相关。虽然我们还在建设法治国家的路上前进,但是我们已经有了一系列的法律来保障和规范我们生活的方方面面,其中有一些,我们应该关注,今天,我们来讨论一下。

(二) 活动

1. 活动1

(1) 活动名称:法律全思考

(2) 活动步骤

A. 将学生分成5组,小组围坐,发放纸笔。将10个议题分别打印,各组抽签,每组抽取两个议题。

B. 小组讨论,将讨论的结果记录下来。

C. 请各组分享本组观点,讲师点评与总结。

■ 议题一:《婚姻法》中关于结婚的规定

第五条　结婚自愿　结婚必须男女双方完全自愿,不许任何一方对他方加以强迫或任何第三者加以干涉。

第六条　法定婚龄　结婚年龄,男不得早于二十二周岁,女不得早于二十周岁。晚婚晚育应予鼓励。

讨论话题:你认为这些条款合理之处在哪里?有不合理的地方吗?未来如果对这些条款进行修改的话,会怎样修改?你在生活中遇到或听说过违背或可能违背以上条款的事情吗?

■ 议题二:《婚姻法》中关于离婚的规定

第三十一条　自愿离婚　男女双方自愿离婚的,准予离婚。双方必须到婚姻登记机关申请离婚。婚姻登记机关查明双方确实是自愿并对子女和财产问题已有适当处理时,发给离婚证。

第三十四条　不得提出离婚　女方在怀孕期间、分娩后一年内或中止妊娠后六个月内,男方不得提出离婚。女方提出离婚的,或人民法院认为确有必要受理男方离婚请求的,不在此限。

讨论话题:你认为这些条款合理之处在哪里?有不合理的地方吗?未来如果对这些条款进行修改的话,会怎样修改?你在生活中遇到或听说过违背或可能违背以上条款的事情吗?

■ 议题三:《婚姻法》中关于子女的规定

第二十一条　父母与子女　父母对子女有抚养教育的义务;子女对父母有赡养扶助的义务。父母不履行抚养义务时,未成年的或不能独立生活的子女,有要求父母付给抚养费的权利。子女不履行赡养义务时,无劳动能力的或生活困难的父母,有要求子女付给赡养费的权利。禁止溺婴、弃婴和其他残害婴儿的行为。

第三十条　尊重父母婚姻　子女应当尊重父母的婚姻权利,不得干涉父母再婚以及婚后的生活。子女对父母的赡养义务,不因父母的婚姻关系变化而终止。

第三十六条　离婚与子女　父母与子女间的关系,不因父母离婚而消除。离婚后,子女无论由父或母直接抚养,仍是父母双方的子女。离婚后,父母对于子女仍有抚养和教育的权利和义务。离婚后,哺乳期内的子女,以随哺乳的母亲抚养为原则。哺乳期后的子女,如双方因抚养问题发生争执不能达成协议时,由人民法院根据子女的权益和双方的具体情况判决。

讨论话题:从这些条款看,你作为子女有哪些权利和义务?"父亲出轨离婚之后对一岁的儿子不闻不问,不给抚养费,不探视,30年之后找上门来要求儿子赡养。"这个案例中父亲的要求有法律依据吗?儿子可以拒绝赡养吗?请结合"议题五"共同讨论。

■ **议题四:《刑法》中与性侵害有关的罪名**

第二百三十六条　强奸罪

以暴力、胁迫或者其他手段强奸妇女的,处三年以上十年以下有期徒刑。

奸淫不满十四周岁的幼女的,以强奸论,从重处罚。

强奸妇女、奸淫幼女,有下列情形之一的,处十年以上有期徒刑、无期徒刑或者死刑:

(一) 强奸妇女、奸淫幼女情节恶劣的;

(二) 强奸妇女、奸淫幼女多人的;

(三) 在公共场所当众强奸妇女的;

(四) 二人以上轮奸的;

(五) 致使被害人重伤、死亡或者造成其他严重后果的。

第二百三十七条　强制猥亵、侮辱罪

以暴力、胁迫或者其他方法强制猥亵他人或者侮辱妇女的,处五年以下有期徒刑或者拘役。

聚众或者在公共场所当众犯前款罪的,或者有其他恶劣情节的,处五年以上有期徒刑。

猥亵儿童罪　猥亵儿童的,依照前两款的规定从重处罚。

讨论话题:你认为这些条款中合理之处在哪里?有不合理的地方吗?未来如果对这些条款进行修改的话,会怎样修改?

■ 议题五：《刑法》中与家庭暴力有关的条款

第二百六十条　虐待罪

虐待家庭成员，情节恶劣的，处二年以下有期徒刑、拘役或者管制。

犯前款罪，致使被害人重伤、死亡的，处二年以上七年以下有期徒刑。

第一款罪，告诉的才处理，但被害人没有能力告诉，或者因受到强制、威吓无法告诉的除外。

第二百六十条之一　虐待被监护、看护人罪

对未成年人、老年人、患病的人、残疾人等负有监护、看护职责的人虐待被监护、看护的人，情节恶劣的，处三年以下有期徒刑或者拘役。

第二百六十一条　遗弃罪

对于年老、年幼、患病或者其他没有独立生活能力的人，负有扶养义务而拒绝扶养，情节恶劣的，处五年以下有期徒刑、拘役或者管制。

讨论话题：你认为这些条款中合理之处在哪里？有不合理的地方吗？未来如果对这些条款进行修改的话，会怎样修改？"遗弃罪"请结合"议题三"共同讨论。

■ 议题六：《刑法》中由流氓罪演化的相关罪名

第二百三十七条　强制猥亵、侮辱罪

以暴力、胁迫或者其他方法强制猥亵他人或者侮辱妇女的，处五年以下有期徒刑或者拘役。

聚众或者在公共场所当众犯前款罪的，或者有其他恶劣情节的，处五年以上有期徒刑。

猥亵儿童罪　猥亵儿童的，依照前两款的规定从重处罚。

第三百零一条　聚众淫乱罪

聚众进行淫乱活动的，对首要分子或者多次参加的，处五年以下有期徒刑、拘役或者管制。

引诱未成年人聚众淫乱罪　引诱未成年人参加聚众淫乱活动的，依照前款的规定从重处罚。

讨论话题：你认为这些条款中合理之处在哪里？有不合理的地方吗？未来如果对这些条款进行修改的话，会怎样修改？请结合"议题七"共同讨论。

■ 议题七：《治安管理处罚法》中关于性骚扰的罪名

第四十二条　有下列行为之一的，处五日以下拘留或者五百元以下罚款；情节较重的，处五日以上十日以下拘留，可以并处五百元以下罚款：

（一）……

（五）多次发送淫秽、侮辱、恐吓或者其他信息，干扰他人正常生活的。

第四十四条 猥亵他人的，或者在公共场所故意裸露身体，情节恶劣的，处五日以上十日以下拘留；猥亵智力残疾人、精神病人、不满十四周岁的人或者有其他严重情节的，处十日以上十五日以下拘留。

讨论话题：你认为这些条款中合理之处在哪里？有不合理的地方吗？未来如果对这些条款修改的话，会怎样修改？请结合"议题六"共同讨论。

■ **议题八：刑事年龄责任**

《刑法》第十七条第二款规定："已满十四周岁不满十六周岁的人，犯故意杀人、故意伤害致人重伤或者死亡、强奸、抢劫、贩卖毒品、放火、爆炸、投放危险物质罪的，应当负刑事责任。"也即相对负刑事责任年龄人只对自己实施的这八种严重犯罪承担刑事责任，在司法实践中必须严格遵守罪刑法定原则，不得突破这一界限。

具体规定：

①已满十六周岁的人犯罪，应当负刑事责任，即为完全负刑事责任年龄。

②已满十四周岁不满十六周岁的人，犯故意杀人、故意伤害致人重伤或者死亡、强奸、抢劫、贩卖毒品、放火、爆炸、投放危险物质罪的，应当负刑事责任，即为相对负刑事责任年龄。十四至十六周岁的人不犯上述之罪的，不追究刑事责任。

③不满十四周岁的人，不管实施何种危害社会的行为，都不负刑事责任，即为完全不负刑事责任年龄。

④已满十四周岁不满十八周岁的人犯罪，应当从轻或者减轻处罚。

讨论话题：你认为这些条款中合理之处有哪些？有不合理的地方吗？未来如果对这些条款进行修改的话，会怎样修改？

■ **议题九：流氓罪的取消**

流氓罪是指公然藐视国家法纪和社会公德，聚众斗殴、寻衅滋事、侮辱妇女或破坏公共秩序以及其他情节恶劣的行为，是1979年颁布的《中华人民共和国刑法》第一百六十条规定的一种罪行。1983年《全国人民代表大会常务委员会关于严惩严重危害社会治安的犯罪分子的决定》规定了6种提高量刑幅度的犯罪，流氓罪列于首位。

当时流氓罪的范围也很广，根据最高人民法院、最高人民检察院印发的《关于当前办理流氓案件中具体应用法律的若干问题的解答（1984年11月2日）》，所谓"其他流氓活动情节恶劣构成流氓罪的"有六项内容，其中第四和第五项分别是："以玩弄女性为目的，采取诱骗等手段奸淫妇女多人的；或者虽奸淫妇女人数较少，但造成严重后果的"；"勾引男性青少年多人，或者勾引外国人，与之搞两性关系，在社会上影响很坏或造成严重后果的"。在当时的环境下，"流氓罪"承担了维护社会道德规范的重任，可怕的是，"流氓罪"属于"口袋罪"，一般的打架斗殴、男女关系不检点和同性恋行为等，都容易被司法机关当作"其他流氓活动"，而被装入这个大口袋。

1997年修订的《刑法》将原流氓罪取消，而将其分解为强制猥亵侮辱妇女罪、猥亵儿童罪、聚众淫乱罪、聚众斗殴罪、寻衅滋事罪等罪。

讨论话题：请分析一下"流氓罪"取消的原因，你认为取消这个罪名合理吗？请结合"议题六"共同讨论。

■ **议题十：嫖宿幼女罪的取消**

嫖宿幼女是指嫖宿不满十四周岁的幼女的行为。1997年《刑法》修订，嫖宿幼女罪成了单独的刑法罪名，与原来刑法中的强奸罪相区别。

2012年3月，全国政协委员甄砚认为嫖宿幼女罪与强奸罪的规定自相矛盾，容易造成执法混乱……之后，最高人民法院、司法部以及一些学术机构和律师事务所的法官、律师等人举行关于"嫖宿幼女罪"的研讨会。后来，随着一些公职人员参与嫖宿幼女案件的多发，嫖宿幼女罪引起全社会的关注。

2015年8月29日，第十二届全国人大常委会第十六次会议，表决通过了《中华人民共和国刑法修正案（九）》，删除嫖宿幼女罪的规定。

2015年10月30日，最高人民法院、最高人民检察院联合发布《关于执行〈中华人民共和国刑法〉确定罪名的补充规定（六）》，对适用《刑法》的部分罪名进行了补充或修改，其中删除原罪名1个，即嫖宿幼女罪。

讨论话题：请分析一下"嫖宿幼女罪"取消的原因，你认为取消这个罪名合理吗？

（3）学生讨论

A. 议题一：自愿结婚是合理的；但是父母包办、逼婚还是有的；结婚年龄太大了；现在都鼓励生育了，晚婚晚育应该改了……

B. 议题二：自愿离婚是合理的；生活中婆婆逼着离婚的也有；为了买房子假离婚；生孩子一年之内不得离婚，丈夫对她不好也没办法；实际上没啥用……

C. 议题三：父母应抚养子女，子女应赡养父母；离婚与否不影响抚养和赡养的义务；父亲不养儿子，儿子也要养父亲；这不合理；父亲构成遗弃罪；儿子长大了可以要回来从前的抚养费；坚决不养他……

D. 议题四：强奸才判十年，太少了；都应该枪毙；只有对女的是强奸，男的呢；猥亵不分男女；应该把妇女改成他人，把幼女改成儿童……

E. 议题五：打死别人可判死刑，打死家人只判七年；我爸妈要是把我打死了，只判七年刑；打家人应该更重啊；打女人和孩子，不是更恶劣吗；不告诉不处理，都快打死了，怎么告诉……

F. 议题六：聚众淫乱，多少人算聚众啊；三个人就算众；自愿还是非自愿；非自愿是强奸；猥亵和侮辱也是只针对女的；男的太受歧视了；猥亵儿童不分男女……

G. 议题七：发小电影会被拘留；性骚扰处罚好轻；性骚扰很多都批评教育了；性骚扰不好举证，没有监控、没有别人作证就没办法……

H. 议题八：有人仗着年龄小就恶意犯罪；发生过特别恶劣的案件，犯罪的年龄小就逃脱了或者处罚很轻；校园欺凌的就逃脱了；应该有罪行重大例外；现在的人成熟得早，这个年龄应该再低一些；有些重大罪行应该与成年人一样……

I. 议题九：流氓罪太模糊了，什么都可以算流氓；冤案多；太严了；取消是合理的；取消之后比较细致；同性恋行为怎么能算流氓；以前有过同性恋判流氓罪的……

J. 议题十："嫖"就是把幼女看成妓女；幼女就是卖淫也是被迫的；对幼女是强奸，嫖宿罪名就轻了；被强奸，还被说成是妓女……

教学提示：

A. 口袋罪：是指中华人民共和国刑法中一些界定不清、外延模糊以至于难以界定有罪与否的罪名，是对某一行为是否触犯某一法条不明确，但与某一法条相似，而直接适用该法条定罪的情况。

B. 讲师可以课前搜索一下相关案例，课堂上展示给学生们。

C. 讲师应提前学习前面提到过的法律原文以及重大的发展变化。

（4）讲师过渡与总结

法律维护我们的正当权益，同时也规定了我们应尽的义务。法律作为社会运行的规范，必然是要随着社会的发展而发展的，绝对不是一成不变的。但是遗憾的是，法律的发展一定是滞后的，就像没有网络之前，谁也不会想到要对网络暴力立法。我们要遵守法律，不侵犯他人的利益，同时要利用法律保护自己的合法权益。另外，还要认识到法律不是十全十美的，要推动法制完善，建设法治社会是一项不会停止的工作。

2. 活动2

（1）活动名称：我是公益法制宣传员

（2）活动步骤

保持刚才的分组，发放 A1 白纸和彩笔等，每组从议题一至八中任选一个，制作普法宣传海报，张贴在教室和学校中。如果课堂上时间不够完成，可以作为课后作业。

教学提示：

如果学校有法律课、普法宣传周之类的活动，可以结合学校活动。

3. 小结

法律是全社会的准绳，会保护我们的合法权益，在我们违法的时候，也会毫不犹豫地制裁我们，让我们付出代价。学习法律，保护自己，也告诫自己，有些事情，一旦做错，就会付出巨大的代价。

执笔：王艺

教案：校园性别暴力预防与处置

一、课名

校园性别暴力预防与处置

二、时长

60 分钟

三、教学目标

认识校园性别暴力，学会应对校园暴力的方法，提高自我保护意识和能力。

四、教具、材料

1. 课件、多媒体设备等。

2. 视频《女孩因外表中性遭辱骂，短发姐姐霸气反击》，可从腾讯视频网站下载，时长 3′54″。

3. 情景模拟的卡片 5 张。

五、教学过程

（一）导入

人人平等，共同发展，是我们共同的愿望。学校原本是学生学习和成长的场所，但在校园中，不时会出现一些暴力威胁到校园的安全。有一类是与外貌、偏见、特权等有关的性别暴力，不知道你是否也遇到过？性别暴力的具体表现是什么？我们应该怎么应对？这就是我们今天要讲的主题——反对校园性别暴力。

（二）活动

1. 活动 1

（1）活动名称：认识校园性别暴力

(2) 活动步骤

A. 观看视频《女孩因外表中性遭辱骂，短发姐姐霸气反击》，时长 3′54″。

B. 同桌或者前后四人相互讨论，视频中穿着"相当暴躁"字样衣服的女生对慧同学做了什么？这属于什么行为？为什么会对慧同学做出这样的行为？她的角色是什么？而另一位男中学生又是什么角色？

C. 在餐厅中的短发女生对两名中学生说了什么，才让两名中学生离开？短发女生在事件中是什么角色？

D. 同学举手回答。

《女孩因外表中性遭辱骂，短发姐姐霸气反击》视频内容：

一男一女两名中学生，一起走进餐厅，女学生看到穿着中性打扮的慧同学在看书，对旁边的男生说，这不是我们班的慧哥吗？不男不女的慧哥，可man（男人）了。他们走近慧同学，而在此时坐在餐厅中的一名短发女生敏感起来，留意着他们的对话。女学生坐在慧同学旁边，说："慧哥，干嘛呢？我们班大名鼎鼎的慧哥，想问你，你到底是男是女，除了T恤、牛仔裤，能不能穿点别的，有没有点女生的审美，会不会穿裙子呀？"慧同学一直低着头没有吭声。短发女生听到这些对话后，呈现出与女中学生衣服印着"相当暴躁"一样的神态，并大声喝止："美女，算了吧！"女中学生对着她说："我们就跟同学玩玩而已。"

短发女生说："我不认为是好玩，你长得漂漂亮亮，心能善良一点吗，相当暴躁！"女学生神情变得不自然，并推了一下慧同学说："没有呀，我们班都觉得她好玩。"短发女生说："不要动她，我说不要动她，不是好玩，要玩一起玩。"女学生认为是好玩，短发女生对此进行强硬语言回应，最后两名中学生离开。短发女生后来向慧同学提供应对此类暴力的方法，即不要回避。

(3) 讨论话题

A. 视频中穿着印有"相当暴躁"字样衣服的女中学生对慧同学做了什么？属于什么类型的暴力？她为什么会对慧同学做出这样的行为？她的角色是什么？而另一位男中学生又是什么角色？

B. 餐厅中的短发女生对两名中学生和慧同学说了什么？短发女生在事件中是什么角色？

C. 如果有人因为你的外表欺负你，你会怎么做？

D. 如果你的同学在学校因为外表或言行被欺负，你会怎么做？

（4）学生讨论

A. 学生可能回答是嘲笑、言语暴力、言语欺负、校园暴力等。认为慧同学衣着、言行与主流社会对女生的性别规范要求不相符，女生应该是长头发、穿裙子，因而对其进行嘲笑、歧视。在视频中，女中学生的行为是校园性别暴力的一种类型，是在性别刻板印象影响下针对性别气质的性别暴力，她是此次校园性别暴力的施暴者，她身边的男生是暴力的协助者。

B. 短发女生是旁观者中的捍卫者，她对慧同学被欺负的行为进行制止，与女中学生进行激烈对话，劝她善待同学，停止对慧同学的欺负，并提醒对方她与慧同学会成为朋友，和记下他们的外貌特征，最后两名中学生悻悻走了。短发女生在两位中学生走后，给慧同学提供建议，给予力量，鼓励她敢于应对，不让暴力延续。

C. 学生回答可能有或没有。如有，遇到会害怕、无助、不理会、直接言语回击对方。

D. 学生回答可能有：偷偷报告老师、上前劝阻或当作看不见。当作看不见，可能是因为害怕被报复，或认为与自己无关。

教学提示：

A. 性别暴力：基于性别不平等、性别歧视、社会性别刻板印象的暴力，还包括性别气质、性倾向与性别多元的性别暴力等。

B. 校园性别暴力：性别暴力的表现形式之一，指发生在校园空间或校园周边的，与校园中角色关系和生活有关的性别暴力。暴力形式包括肢体、言语、心理和网络等多种形式。

C. 校园性别暴力事件中会有施暴者、受暴者、旁观者。

D. 慧同学由于不符合主流社会中性别规范的女性气质打扮，被其他同学嘲笑，这是一种校园性别暴力，每个人都有选择自己穿着打扮的自由，我们不能以此为由去实施暴力。任何人都有可能成为性别暴力的目标，我们的外貌、着装、言行、思想观念不可能都符合主流规范，每个人是独一无二的，个体是有差异性的存在，尊重差异，接纳自我，就是尊重他人、尊重自我。

E. 受暴者在受暴后，可能出现两种情况：①屈服于攻击，不敢抗争，或没有强有力的回应，如视频中慧同学对于暴力没有进行回应，容易变成长期被欺负的对象，长期处于压抑、恐惧等情绪状态中，学业、心理健康、人际关系、价值观等都会受到影响；②内在有力量或得到足够支持后，奋起反抗，敢说"不"，暴力循环即可被彻底打破。

F. 旁观者的角色分类有 4 种：协助者、煽风点火者、置身事外者、保护者（捍卫者）。

协助者：跟随施暴者，直接参与暴力行为。

煽风点火者：在一旁通过煽动性的言行来鼓动施暴者，为暴力行为叫好或者给施暴者提供欺凌工具等。

置身事外者：没有任何介入，保持所谓的"中立"。"中立"即是作恶。

保护者：在暴力事件发生时努力制止暴力行为，或尽力安慰、帮助受暴者。充满正义感，内心具有力量。

（5）讲师过渡与总结

校园性别暴力可能会发生在普通同学之间、教师对学生、学生对教师、校外人员对学生或教师，而且不一定是男性对女性，如视频就有出现女性对女性的性别暴力，女性对男性也可能实施性别暴力。这些暴力的产生是整个社会不平等的性别权力关系的结果，是社会性别歧视。这些不平等因素不消除，我们都会受到影响。面对暴力我们需要采取行动，暴力才有可能终止，那当我们遇到校园性别暴力，作为受暴者、旁观者该怎么办呢？

2. 活动2

（1）活动名称：我们该怎么办？

（2）活动步骤

A. 每组抽取一张情景卡，限时5分钟，进行角色确定、情节发展和排练，要求角色中至少包括一名受暴者、一名施暴者、一名旁观协助者、一名保护者。

B. 每组轮流进行情景扮演。

C. 记录每组应对方式，选出哪些是有效的，哪些可能是不太有效的，提出有效的方法。

D. 归纳应对方法以及帮助他人的注意事项等。

■ 情景一：

两个女同学嘲笑一个体型微胖、脸上长着痘痘的女生，叫她"大肥猪"。

■ 情景二：

一群男学生嘲笑一个长得秀气、说话细声细气的男生，大声叫嚣："你是不是男人？"几个人上前欲脱其裤子。

■ 情景三：

同学A与同学B原本是情侣关系，两人经过相处后，B认为他们并不合适，多次明确提出分手，但A仍不断纠缠B，在放学路上拦住B并威胁B。

■ 情景四：

女生A在学校食堂排队买饭时，后面的男生故意把身体贴得很近，还把手搭在她肩上,女生回头说他,男生却说"你长这个样子,这是抬举你了"。

(3) 讨论话题

A. 讨论情景卡中的内容属于哪种类型的性别暴力,找出应对方法,并由组员表演出来。

B. 讨论哪些情景中应对是有效的,哪些是没效的,提出有效方法。

(4) 学生讨论

学生可能回答是校园性别暴力。

A. 情景一是同性之间的性别暴力,是一种对女性的外貌暴力、言语暴力,认为女性要有美貌,有好身材。面对同学的暴力行为,可严厉、明确地表明自己不喜欢此称呼,如对方仍继续的话,可以选择忽视、不理睬,同时向老师与家长求助。保护者看到暴力情景,主动帮忙,说:"你这样是不对的,你不能这样说,这是性别暴力,会对他人造成伤害,每个人都有自己的特质,不应以他人外形为缘由实施暴力。"

B. 情景二是同性之间的性别暴力,针对性别气质的暴力,认为男性应该刚强、说话声音大、粗犷的性别气质,是传统观念之上的性别歧视。在保障安全的情况下,可以当面抗争,事后请求老师、家长的帮助。保护者可以悄悄告诉老师,或大声说"老师来了!"协助他逃跑。

C. 情景三是情侣间的分手暴力,一方认为恋爱是从一而终、控制、占有和服从,欠缺对人的尊重与理解,不是爱的表现。当有可能出现分手暴力时,要特别注意安全。在单独相遇时,不要激怒对方,保障自身安全情况下,尽快离开,及时向好友、家长、老师诉说与求助。保护者进行劝阻,问受暴者需不需要帮忙,及时报告老师或报警。

D. 情景四是异性同学间的性骚扰,属于校园性别暴力。在公众场所遭遇性骚扰,先确认是否是故意行为,在保障安全的情况下,可严厉地大声斥责、拒绝,引起周围的人注意,制止、吓退他。保护者主动向受暴者打招呼,阻止性骚扰行为的继续,询问受暴者是否需要帮忙。

教学提示:

A. 在扮演过程中,要特别注意观察学生对暴力行为的态度,当表演出暴力行为的炫耀时,讲师要及时介入处理,让学生意识到暴力行为是不对的,应该共同抵制。

B. 在校园性别暴力事件中,要澄清受暴者是没有错的,鼓励其悦纳自己,对暴力零容忍,敢于应对,打破暴力循环。

(5) 讲师过渡与总结

A. 一些可以采用的保护自己的方法:

a. 根据具体情况灵活应对，在保证安全的情况下，敢于拒绝；
b. 为了保护自己，可以还手，可以损失、破坏财物；
c. 尽量不要以暴制暴，不要事后打击报复；
d. 生命第一，如遇到力量悬殊可以妥协，以减少伤害；
e. 告诉家长或教师，必要时报警，寻求保护；
f. 必要时可以通过媒体引起社会关注；
g. 必要时找专业心理援助。

B. 保护者在帮助他人的过程中，可以做什么？
a. 进行劝阻，需要判断，注意安全。
b. 要报告给老师，或报警。
c. 要陪伴受欺负的同学，让 ta 感到温暖、不孤单，有安全感。
d. 不要歧视施暴者，应该关心他们，帮助他们改正自己的不当行为。

C. 帮助他人的过程中，注意以下几点：
a. 保密原则，不将受暴者的情况到处宣扬。
b. 注意倾听和陪伴。
c. 去污名化。
d. 平常化。
e. 提供资源。

3. 小结

为什么产生校园性别暴力？根本原因是整个社会不平等的性别权力的关系。传统的社会性别规范、社会性别刻板印象、性别歧视，不是只影响到少数人，而是会影响到所有人。任何人都不可能完全符合传统的社会性别规范，如果暴力因素不消除，任何人都可能成为性别暴力的受害者。在不危害他人的前提下，每个人都应该是平等的，都可以选择自己喜欢的生活方式。校园性别暴力不会自行终止，往往会长时间持续、频繁出现。为了我们共同成长的环境，我们要采取行动，共同反对暴力。如果我们选择沉默，暴力还会持续，伤害会继续存在。我们不但自己不要使用暴力，也不要对暴力保持沉默。大家行动起来，实现性别平等，尊重个性差异，反对各种暴力，创建和谐校园。

六、知识与观点链接

1. 校园性别暴力对于受暴者而言，除使其受到肢体上的伤害，还会对其心理造成严重的创伤，造成心理和身体的双重打击，而这些影响可能会波及受暴者本人的学业、身体、心理、人际等多方面。

2. 校园暴力施暴者对他人施暴证明其价值观已经出现缺陷，而其通过施暴过程来获得满足感，会更加加深其对人际社交、成功的错误认知。久而久之，这对其学业、人际关系等方方面面都会造成较大影响，甚至可能会改变其人生轨迹，导致其走向严重犯罪的道路。

3. 对旁观者而言，校园暴力事件除了对事件双方都有负面影响外，对旁观者的影响亦不容忽视。校园性别暴力事件是一个明显的错误展示，会给思想意识尚未成熟的未成年人呈现一个错误示范，部分思想相对极端的同学可能会对暴力事件中的不合理行为加以复制，进而成为施暴者。

执笔：蔡云枝

电影教学：《丹麦女孩》

一、课名

《丹麦女孩》赏析

二、时长

观影时间 119 分钟，讨论点评 30/60 分钟

三、教学目标

通过电影赏析，了解跨性别人群的存在；懂得消除性别刻板印象，反对性别暴力；尊重性别多元，学会并懂得爱是尊重、理解、接纳和成全。

四、教具、材料

多媒体播放设备、电影视频，课件等。

五、教学过程

1. 电影放映

（1）电影简介

影片 The Danish Girl（中文译名《丹麦女孩》，又名《变性女郎》），2015 年由英、美、德、丹麦和比利时多国联合拍摄，焦点电影公司发行，著名导演汤姆·霍伯（Tom Hooper）执导。本片是露辛达·康逊（Lucinda Coxon）根据大卫·艾博索夫（David Ebershoff）在 2000 年出版的同名小说改编。而小说则根据史上第一个变性人艾纳·维金纳（Einar Wegener）的真实故事虚构完成。主角——变性人莉莉（艾纳）由英国著名演员埃迪·雷德梅恩（Eddie Redmayne）扮演。女主角——妻子格尔达由瑞典演员艾丽西亚·维坎德（Alicia Vikander）出演，她因此获得第 88 届奥斯卡金像奖最佳女配角奖。

（2）剧情梗概

《丹麦女孩》是一部人物传记片，讲述了 20 世纪初世界上第一例变性人

的故事。年轻的风景画家艾纳才华出众，与同样才华横溢的画家妻子格尔达相亲相爱，彼此欣赏，相互扶持。一次，女画模失约。为了完成工作，格尔达请求丈夫艾纳穿上女丝袜、尖尖的高跟儿鞋，并披上纱裙——充当女模。可就是这次扮演女模莉莉的经历，唤醒了艾纳体内的女性人格。艾纳知道，莉莉不只是画布上虚构的艺术人物，而是真实的自己。艾纳勇敢地接纳了自己真实的女性人格。在面对妻子格尔达呼唤"我想要回我的丈夫……"时，艾纳明确地表达了"ta不在了，我再也做不到……"妻子终于知道，这个叫莉莉的美丽女子已经鲜活地闯进了她的生活。因为画"莉莉"而在艺术上大放异彩、声名鹊起的同时，她却因此"失去了"自己深爱的丈夫。在经历过内心万般的煎熬之后，格尔达尊重、理解并接纳了艾纳的性别认同，并且最终支持艾纳接受变性手术，做一个真正的女人——莉莉。格尔达成全了自己刻骨爱着的这个生命，最终守护着莉莉走到了生命的终结。

2. 观影之前思考题

A. 你听说过或见过跨性别人吗？你知道什么是性别认同障碍吗？

B. 丈夫艾纳从什么时候开始喜欢做女人？又从什么时候明白自己就是女人？

C. 艾纳为什么要冒着生命危险选择做变性手术？

D. 为什么妻子格尔达会支持丈夫艾纳去做变性手术？

3. 赏析活动1：找到真实的自己

（1）讨论话题

A. 丈夫艾纳与妻子格尔达互动时有什么特别之处？

B. 哪些场景暗示了艾纳内心一直有一个女性人格存在？

C. 从哪一时刻起，艾纳体内的女性人格被唤醒？这是艾纳第一次意识到自己身为"女人"吗？

D. 真正让艾纳与格尔达夫妻关系开始改变的是什么事件？

E. 当艾纳确认自己的女性人格后，做了什么？

（2）学生讨论

A. 作为丈夫，艾纳与妻子的感情非常好；艾纳羞涩内敛，格尔达开朗热情；两个人的互动里，妻子更主动些，艾纳则表现得顺从、被动；妻子格尔达负责家务，同时也努力画画，丈夫负责画画工作；艾纳虽然不做家务，但对妻子的请求也是有求必应；看起来彼此相助相扶，相敬相亲，关系融洽。

B. 艾纳在歌剧院抚触女装，与芭蕾舞演员乌拉谈到自己和妻子婚后6年都没孩子，妻子说自己来例假了ta表情平淡，以及ta帮着妻子勾勒唇形的这些场景，都暗示着艾纳内心一直隐约有女性人格存在。

C. 当艾纳穿上女装，给妻子当模特时，ta 的女性人格被唤醒。

艾纳对妻子的睡裙开始关注和沉醉；艾纳看着妻子笔下的自己妩媚的肖像；艾纳在一次聚会上与妻子谈论当年如何相爱的细节时，神情复杂，语词闪烁，这暗示 ta 内心是不安和抗拒的；当妻子说让 ta 装扮成女人莉莉去社交时，ta 同意了，并且脸色涨红，这意味着，穿女装做女人就是艾纳所渴望的；聚会上，女装的艾纳吸引了一位男士的倾慕，他们在激情迷乱中接了吻……

艾纳小时候也意识到自己内心的女性的存在，但是被家长毫不留情地打压了。

D. 艾纳与格尔达夫妻关系改变了两次，第一次是艾纳女性心理唤醒之后双方的无所适从；第二次是格尔达对丈夫艾纳的理解和支持。

E. 艾纳有过挣扎，去寻求治疗；然后逐渐坚定，追求自我。

（3）讲师总结与过渡

A. 人类现有知识仍无法全面理解"跨性别"现象，但是，充分尊重多元存在本身便是社会文明进步的一个象征。

B. 每个人都有认识自己、自主选择个人生活方式，甚至自主选择自己的性别以及与性别有关的生活方式的权利。

4. 赏析活动2：勇敢地做你自己

（1）讨论话题

A. 艾纳为什么要冒着生命危险选择做变性手术？

B. 你认为艾纳选择变性是对还是错？

C. 艾纳最后那句"我完整了"说明了什么？

（2）学生讨论

A. 对于艾纳来说，做男人，让他生不如死；有机会做自己，死了也值。"男人"艾纳得知当时已有条件可以变性，ta 选择了变性，去做一个真正的女人。这是 ta 个人的选择，适合 ta 自己的需要，旁人应该尊重。

B. 艾纳选择变性是自私的，ta 做男人的时候很不错嘛，妻子很满意，两人也很相爱，为什么还要去做女人，伤人伤己呢？

C. 说明艾纳通过变性，成了真正的自己，不再扭曲、虚伪地活着。这才是 ta 勇敢变性的真实意义吧。

教学提示：

A. 性别认同与不认同都是值得尊重的。这是个人的选择权，他人无权干涉。我们要树立性别多元、平等的理念，反对一切形式的社会性别歧视和刻板印象。

B. 作为当事人，找到自己真实的性别，勇敢地自主地做自己，这是令人尊重的，也是自己的人权，他人不可干涉和歧视。

C. 家人的理解和支持，对当事人的心理健康非常重要，这也是跨性别人群获得幸福的重要力量。妻子格尔达对艾纳的理解和支持就给了艾纳巨大的力量。

（3）讲师总结与过渡

A. 每个个体都有其独特的尊严和价值。无论个体长成什么模样，选择成为什么样的自己，他们的尊严与价值都应得到平等对待，包括"跨性别"的尊严与价值。

B. 性别认同是一种对某个特定性别的深刻感情和内心感觉。这可能与生理性别一致或不一致，也包括外在衣着、兴趣爱好和文化表达等特征。性别认同是与人格和尊严紧密联结的，是个人的认同和价值归属感必不可少的。所以，个人的性别认同理应得到尊重。

C. 少数人的性别自主选择不应该被歧视和打击，更不能强迫其进行"矫正治疗"。

D. 青春期是一个探索自我、认知自我的过程，我们应该有足够的自信去认识真正的自己，并按照自己的真实意愿创造生活。每个人都可以勇敢地做自己。

5. 赏析活动3：消除性别刻板印象，反对性别暴力

（1）讨论话题

A. 影片里出现性别刻板印象事件吗？

B. 影片中都有什么样的性别暴力？

C. 你会如何反对性别暴力？

（2）学生讨论

A. 着装女性化的艾纳在法国街头被两个男人戏弄并殴打，这是由性别刻板印象引起的性别歧视及性别暴力。

女人被男人盯着看习惯了，而男人被女人盯着看，男人就会感到不适。所以，格尔达在画男模肖像时，就得请丈夫艾纳离家回避，以便给男模留面子。

艾纳做女人莉莉后，不再画画。当格尔达劝 ta 再画起来时，ta 说，我是女人，帮你就好了。这说明 ta 身上也有性别刻板印象，下意识地认为女人不该画画。

B. 艾纳小时候遭遇过父亲的暴力。

影片里涉及的性别暴力有语言暴力、肢体暴力、精神暴力等。实施暴力的人有街头普通人，有医生，还有艾纳的父亲。这些性别暴力都因性别刻板

印象所致。

　　C. 如果身边有性别暴力发生，我们会用语言和行动对这些暴力说"不"。看具体情况来应对吧。

　　（3）讲师总结与过渡

　　A. 性别刻板印象、性别歧视与性别暴力是相互关联的，这些行为都会对人造成伤害，侵犯他人的人格尊严。

　　B. 良性的社会，要消除性别刻板印象、性别歧视，反对性别暴力，提倡性别平等，尊重性别多元，尊重人权。

　　6. 赏析活动4：爱是理解和成全

　　（1）讨论话题

　　A. 妻子格尔达为什么支持艾纳做手术？

　　B. 艾纳做手术，是因为不爱妻子吗？

　　C. 艾纳的女性人格自我觉醒之后，格尔达还爱 ta 吗？

　　（2）学生讨论

　　A. 格尔达爱艾纳，宁可失去丈夫，也要成全丈夫；理解、尊重格尔达的爱，最完美。

　　B. 丈夫艾纳是爱格尔达的，但是追求真实的自我才是最重要的。

　　C. 妻子对女人莉莉的爱是一种复杂、包容的爱。

教学提示：

　　影片结尾，变性成为女人的莉莉在病榻上由衷地感叹："我如何配有你对我这样的爱啊！"她赞美的就是曾经的妻子，当下的亲人、挚友、知己格尔达那无私和包容的人道之爱！格尔达的人格力量是巨大的，她给了艾纳——莉莉这个生命以最深沉最周全的爱。无论对方是什么性别之人，ta 都首先是人。一个人与生俱来的人格就应该被尊重、被看重。所以，格尔达的爱之伟大也在于：她爱的是一个人！

　　（3）讲师总结与过渡

　　A. 爱不止有两性之爱，还有其他形式的爱。而最伟大的爱是人道之爱。

　　B. 爱是尊重、理解、接纳和包容，是成全对方成为 ta 自己。

　　C. 从爱自己开始，再去爱 ta 人，自信从容，和谐圆满。

　　7. 赏析活动5：影片中有几种爱

　　（1）讨论话题

　　A. 影片中有几种爱？

　　B. 这些爱都是爱情吗？

(2) 学生讨论

A. 格尔达爱艾纳；艾纳爱格尔达；格尔达爱莉莉；莉莉爱格尔达；莉莉爱汉斯；汉斯爱艾纳；亨里克爱艾纳；汉斯爱格尔达。

B. 不都是爱情；但是有的也很复杂。

教学提示：

这一活动，不必纠结学生如何为各种爱定性，每个人都可能有不同的理解，支持并尊重多元呈现的观点。每个人在讨论、发言的过程中，就是思索和审视自己的过程。

8. 小结

（1）不管自己是什么性别，不必焦虑，找到真实的自我，勇敢地做自己，这是每个人的权利，应该获得尊重和接纳。

（2）跨性别人群是少数人，但同样有其独特的个人价值，社会不应歧视他们。反对一切针对跨性别人群的暴力行为。

（3）珍爱生命，要从历练自己爱的能力做起。这种爱的能力就是：尊重、理解、接纳和成全。只有强大的爱才能化解人与人之间的隔阂，让生命获得温暖，并绽放光彩。

执笔：杨东

电影教学：《性别之战》

一、课名

《性别之战》赏析

二、时长

观影时间 121 分钟，讨论点评 30/60 分钟

三、教学目标

认识性别刻板观念对女性的伤害，学习思考应对性别暴力的方式方法，探索如何促进性别平等观念的普及，思考如何看待 LGBT 的生存问题。

四、教具、材料

电影视频，A1 大小的白纸（2 张），白板笔（三种颜色各一支，黑色加一支），白板，多媒体设备，PPT 等。

五、教学过程

1. 电影放映

（1）电影简介

电影《性别之战》由乔纳森·戴顿、维莱莉·法瑞斯导演，艾玛·斯通、史蒂夫·卡瑞尔等主演。该片于 2017 年 9 月 22 日在美国小范围上映。影片根据真实事件改编，讲述了 1973 年女子网球选手比利·简·金与前温布尔登男子单打冠军鲍比·瑞格斯进行的世纪性别之战的故事。2018 年，艾玛·斯通凭借该片获得第 75 届美国电影电视金球奖电影类最佳女配角奖。

（2）剧情梗概

网球大满贯赛事的举办者拒绝向女性选手支付与男性选手同样金额的奖金，但事实上女网赛事卖出的票和男网赛事一样多，这件事情之后，比利·简·金（艾玛·斯通饰）和其他运动员携手《世界网球杂志》发行人格拉迪斯·海德曼（萨拉·丝沃曼饰）一同成立了女子网球协会。

鲍比·瑞格斯（史蒂夫·卡瑞尔饰）已经从职业网坛退役很久，转而在他的岳父手下做一份朝九晚五的工作，而他的妻子 Priscilla Wheelan（伊丽莎白·苏饰）在婚姻生活中则是经济独立，且相当富有的。鲍比·瑞格斯总是在电视上看到促进女子平权的新闻，作为前冠军选手，他在自己盛年时期并没有得到这样出风头的机会，这些新闻让他备受折磨。他本人超爱表现自己，总喜欢自我吹嘘，再加上他有些赌徒心理，所以他盘算出自己可以通过贬低女子网球运动员的技术水平和价值，向一些出名的女性运动员发起挑战，让她们和自己进行男女混合而胜者通吃的比赛，借此重回公众视线。澳大利亚选手玛格丽特·考特（杰西卡·麦克娜美饰）接受了他的挑战，鲍比·瑞格斯很轻易地击败了她。这场比赛使得他气焰更高，于是，女子网球运动员中最受欢迎、最直率的金夫人决定接受瑞格斯的挑战。金夫人赢得了比赛，就在那一年，美网公开赛为男女冠军发放等额奖金，也是大满贯赛制中第一个这样做的，而 2007 年，最后一个没这么做的温网也放弃了坚持。

比利·简·金与发型师玛丽琳（安德丽亚·瑞斯波罗格饰）产生情愫之后认清了自己的性取向，虽然这时的比利·简·金已经与律师兼世界网球团体赛创立者之一 Larry King（奥斯汀·斯托维尔饰）结婚，但不久之后她就"出柜"，宣布了自己女同性恋者的身份。

2. 观影之前思考题

（1）女主角第一次因为什么原因而拒绝参加比赛？

（2）拒绝参加比赛后的女主角做了什么？

（3）故事发展过程中，女主角经历了哪些艰难的时刻？

3. 赏析活动1：性别不平等的现象无处不在

（1）讨论话题

A. 电影中，你看到了哪些性别不平等的现象？

B. 你认为这些性别不平等的现象是怎么产生的？

C. 你身边发生过哪些性别不平等的现象？

（2）学生讨论

A. 男女网球运动员不同的薪酬待遇；男女社会分工的不平等；女性总是被男性贬低；即使从事同样的职业，女性也被认为不如男性；男性总认为女性只适合待在家里，待在厨房，而男性则要养家；他们认为男性比女性比赛更激烈、更强壮、更快速；等等。

B. 性别不平等观念造成的；男尊女卑带来的后果；男性不尊重女性的结果；男性不愿与女性平起平坐带来的；男权社会，崇尚男性比女性更强；等等。

C. 女性在家带孩子，男性在家什么都不做；男女薪酬不一样；职场应聘性别歧视，同等水平下男性比女性更有可能应聘成功；男性在职场更容易获得升迁；总有人说女生学不好理工科，男生学文学不好；女生体力上不如男生，女生比男生力气小；等等。

教学提示：

A. 教师最好在课前把电影仔细看一遍，自行总结更多的问题答案，这样更有利于和学生进行彻底的讨论。

B. 学生可能想不出来日常生活中的性别不平等现象，讲师可提前观察一下自己的身边及学生的情况，总结一些更常见的性别不平等现象。如老师会认为男生应该干重活，女生应该干更轻的活；因为觉得男生跑得快，所以一些工作都安排男生去做；等等。

（3）讲师过渡与总结

当我们仔细观察我们的生活，我们会发现，性别不平等的情况依然在发生，那么，这些性别不平等的现象会带来哪些不好的影响呢？

4. 赏析活动2：反对性别暴力

（1）讨论话题

A. 影片中，因性别不平等观念带来的性别暴力行为有哪些？

B. 这些暴力行为对当事人造成了哪些影响？

C. 这些暴力行为，对女性群体造成了哪些影响？

D. 我们如何应对这些因性别不平等所产生的性别暴力呢？

（2）学生讨论

A. 女性网球运动员遭受性别歧视，薪资待遇只有男性的八分之一；男性以贬损女性为乐；男性根本不尊重女性，鲍比还通过贬低女性的方式来牟利；当玛格丽特输掉那场"表演赛"后，"母亲节大屠杀"的新闻标题就出现了，这是对全体女性的一次羞辱；鲍比在和比利·简·金比赛前完全不用心训练，只当作一种娱乐消遣；等等。

B. 女性网球运动员的收入不如男性，没有办法获得同等的待遇，即使努力也会因为收入的原因而影响生活；鲍比的行为让比利·简·金很愤怒，感到不满，所以她并没有接受第一次的挑战，直到玛格丽特输了以后，她决心要击败鲍比才主动挑战他；玛格丽特受到了很大的侮辱，因此带来自卑、不自信等心态；因为比赛的压力，比利·简·金身心都倍感疲惫，最后还生病了；等等。

C. 女性被当作赚钱工具，而没有被当作人来看待；长期的贬低和不被尊重，让许多女性身心遭受到伤害，自信心等方面受到影响；男性和女性被划分成了两个群体，无法和平共处；不平等本身就是在将男女放在对立的两面，并不利于彼此的成长与发展。

D. 倡导性别平等；促进性别观念的提升；对暴力零容忍；主动参与性别平等促进工作；性别平等从我做起，从身边做起，自身先开始贯彻性别平等的理念，对身边不同性别的人表示尊重；等等。

教学提示：

A. 学生可能会认为某些行为对当事人确实有伤害，但不至于到暴力的程度。这里讲师应该引导学生思考，暴力的行为可以如何界定？

B. 如果课堂时间允许的话，对于某些有争议的话题，如这些行为是否构成性别暴力，讲师可以在现场以辩论的形式，让学生尽可能多地发表自己的看法，促进学生对性别暴力的思考和理解。

（3）讲师过渡与总结

性别不平等的现象，伴随着性别暴力，一直存在于我们的生活中，我们需要不断地觉察，以避免类似的暴力行为的发生。然而，这样的暴力行径，其实不仅对女性有所伤害，同时对男性也会带来一定的伤害。接下来，我们就一起探讨一下，促进性别平等的过程中，男性处于什么样的位置。

5. 赏析活动3：促进性别平等需要男性参与

（1）讨论话题

A. 影片中的鲍比和杰克等人是典型的带有性别歧视观念的，你怎么看待他们的观念和行为？

B. 虽然影片中大部分的男性都表达出了对女性的不尊重和歧视，但是也有少部分人是很尊重女性，甚至很具有平等观念的，都有谁呢？

C. 你觉得，男性在促进性别平等的过程中有怎样的作用？

（2）学生讨论

A. 因为时代的原因，所以他们有着根深蒂固的男尊女卑的看法和认识；觉得他们很顽固，没有和时代的进程接轨；我完全不赞同他们的观念和行为，他们在通过伤害他人的方式获益；我觉得也不能完全怪他们，每个人都可能具有时代的局限性；等等。

B. 比利·简·金的丈夫拉里·金、服装设计师泰德·汀林、玛格丽特·考特的丈夫，还有一些大众人群和部分媒体人。

C. 对女性不尊重的主要人群还是男性，所以如果男性能够更有性别平等意识的话，会更有利于性别平等观念的传播；整个社会主要还是由男性主导的，如果男性愿意参与性别平等事业的话，对于这个事情的推动会更有帮助；促进性别平等获益的不会仅仅是女性，男性也同样获益，因为传统的性别刻板印象已经限制了许多人的发展，这其中不仅有女性，还有男性，所以促进性别平等同样可以帮助到男性有更多发展的可能性；等等。

教学提示：

A. 如果时间允许的话，讲师也可以让学生通过思考鲍比和杰克的做法，归纳出男性在促进性别平等的过程中，可以怎么做会更有助于性别平等理念的发展；

B. 讲师亦可让学生从身边发掘更多具备性别平等意识的男性形象，从他们身上去探索自己怎么做才会成为一个更具有性别平等意识的男性。

C. 班级中，可能本身就有性别平等意识比较强的同学，讲师可以邀请他们做一些分享，让学生对这部分内容有更深入的认识和理解。

（3）讲师过渡与总结

A. 性别平等不仅仅是女性应该努力的事情，也是男性应该参与倡导的事情。

B. 促进性别平等理念的开展，需要我们每一个人的参与，每一个人都可以从这样的理念中获益。

C. 影片的主旨在于呈现性别不平等的现象，以及我们为了性别平等事业所做出的努力，但是其中也包含了一些容易被我们忽略，却一样值得我们注意的议题。接下来，我们就看看性别平等之外的另一个话题：LGBT人群的生存状况。

6. 赏析活动 4：不容忽视的 LGBT 议题

（1）讨论话题

A. 影片中发型师玛里琳·巴尼特与女主比利·简·金有了一段"不可告人"的关系，你怎么看待这段关系？比利·简·金是同性恋吗？

B. 比利·简·金的丈夫拉里·金是同夫（同夫就是女同性恋的丈夫之意）吗？

C. 影片 57 分 47 秒时，服装设计师泰德·汀林提醒比利·简·金"小心点，人间并非处处有宽容"表达的是什么意思？

D. 影片的最后，服装设计师泰德·汀林拥抱比利·简·金时说"总有一天，我们能自在地做自己"，这句话意味着什么？

E. 你认为对待 LGBT 群体时，应该用怎样的态度？

（2）学生讨论

A. 她们俩是互相吸引的，彼此是喜欢的，所以我觉得她们是相爱的；我觉得她们就是一时兴起，只是一种彼此的性吸引罢了；我觉得比利·简·金应该是一名同性恋，从她说的话中感觉是这样；我觉得比利·简·金爱着她丈夫拉里·金，所以她不是同性恋，可能是双性恋；搞不懂他们是啥情况，感觉关系有点儿乱，不确定比利·简是否爱她的丈夫，不过影片最后他们还是离婚了，可能她确实是同性恋吧；等等。

B. 我觉得她丈夫应该算同夫，她最终不还是"出柜"了吗；我觉得她丈夫不算是同夫，毕竟他们是可以一起生活的，而她也多少爱着他的；我也不太清楚她是不是同夫，感觉对这个概念还不是特别能理解；等等。

C. 不太明白这句话背后的意思是什么；他在提醒比利·简·金别不小心"出柜"了，后果可能很严重；因为当时对于同性恋还不是很包容，而且她又是名人，如果传出这样的事情会影响后续的很多事情；等等。

D. 他们在为彼此打气，因为比利·简·金这一次的获胜为改变性别不平等的现状迈出了重要的一步，他相信有一天对于 LGBT 人群的歧视和不平等待遇也能获得改善；因为这一次的胜利，他们对未来有了希望；所以这个服装设计师也是同性恋吧？不然他怎么会这么说呢？他们坚信有一天也可以勇敢地做自己；等等。

E. 同性恋本来就是正常的，所以我觉得应该接纳和包容他们的存在；虽然同性恋是正常的，但是毕竟还是少数的，我觉得只要他们别到处炫耀就没啥事；虽然我不排斥同性恋，但是我觉得有些人实在是太高调了，到处炫耀自己的恋情；我觉得存在就是合理的，但是我也觉得这事儿和我没什么关系；等等。

教学提示：

A. 如果讲师之前和学生讨论过关于 LGBT 的话题，这里可以简单地探讨巩固一下即可，可不作为重点讨论；

B. 如果讲师之前未和学生讨论过关于 LGBT 的话题，这里可以对于相关的内容进行补充，需要讲师对探讨内容中的相关议题提前进行了解和准备；

C. 在讨论对 LGBT 群体的态度时，学生可能出现"我不歧视他们，但是我接受不了他们这样的行为"这样的话语，讲师需要引导学生思考，如果我们接纳和包容他们的存在，是否还会对他们的行为有各种各样的限制，并且引导学生反思，他们的这些行为是否有侵犯我们的权利等，让学生对自己的观念看法有进一步的认识。

（3）讲师过渡与总结

A. 虽然 LGBT 的议题不是这部电影最核心的主旨，但是和追求性别平等一样，我们对于 LGBT 人群的态度也需要有所改善。

B. 在日常生活中，我们应该不断地觉察自己及身边朋友的行为态度，尽可能将性别平等的理念（尊重、包容、理解、接纳）融入生活中，为和谐的社会尽一份力。

7. 小结

（1）性别不平等的现象，即使在现代社会依然屡见不鲜，如何促进性别平等的意识深入人心，是值得我们思考的问题。但是，通过今天的讨论，相信大家都理解了一个重要问题，那就是，倡导性别平等，不仅仅是女性的事情，也是男性的事情，我们都能从性别平等的观念中获益。而我们优先需要做的，就是先从自己做起，从自己的身边做起，当越来越多的人意识到性别平等的重要性时，整个社会也就越来越和谐。

（2）当然，LGBT 的话题也是不容我们忽视的。他们的生存现状，依然值得我们去关注，多一些包容，多一些接纳，多一些理解，不仅可以让不同性别的人彼此获得更多的尊重，即使是不同性取向的人，也可以互相尊重、支持与鼓励。

执笔：李海琛

讲座：别让性别刻板印象伤害我

一、讲座名
别让性别刻板印象伤害我

二、时长
90/120 分钟

三、教学目标
1. 了解什么是性别刻板印象及社会性别的概念，能够识别生活中的社会性别刻板印象。
2. 知道性别意识与刻板印象是后天建构的，认识性别刻板印象对个体与社会的危害。
3. 树立性别平等观念，尊重性别多元，反对性别歧视。

四、讲座内容

1. 什么是性别刻板印象

引入：一个小孩和一个警察手拉手一起走，迎面碰到一个人问警察：这是你的孩子吗？警察说是。这个人又问小孩：这警察是你的爸爸吗？小孩子说不是。警察和孩子都没有撒谎，你知道是怎么回事吗？（答案：警察是小孩的妈妈。）

为什么会有人脑筋转不过来？因为很多人一想到警察，就是威严的男性，和妈妈形象不相符。这就是性别刻板印象的作用！

什么是性别刻板印象？性别刻板印象，也称性别偏见，是人们对男性或女性角色特征的固有印象，它表明了人们对性别角色的期望和看法。

最常见的说法就是："男孩要有男孩样！女孩要有女孩样！"

性别刻板印象在生活中无处不在地影响着每一个人。

2. 性别刻板印象的形成

性别刻板印象，甚至是从胎儿在妈妈肚子里孕育时就开始了。有人期待生个男孩，有人期待生个女孩。孩子出生后，与期待的不一样，就很失落。

出生后起名字，男孩常用的字有宇、伟、豪、鹏、龙、峰、刚、强等，女孩常用字有怡、静、萍、婷、薇、美等。很多人的名字，一看就知道性别。

■ **案例一：对婴儿性格的评价**

曾经有人做过调查，把许多婴儿脸部的照片给三组随机的测试者看，让测试者评价这些婴儿性格。第一组，告知婴儿真实的性别。第二组被告知的婴儿性别与第一组相反。第三组不告知性别。结果发现，第一、第二组人们对男宝宝的评价，往往是勇敢、有力量、调皮等男性气质，对女宝宝的评价，往往是温柔、可爱、腼腆、安静等女孩气质。第三组的评价则大多是中性词，如开朗、活泼等。

调查还发现，人们照顾女宝宝更及时换尿布，说更多话，很少逗弄外生殖器。照顾男宝宝的时候，则说话较少，相比女宝宝，人们更多逗弄男宝宝外生殖器。人们对不同性别婴儿的评价、期待、教养方式的不同，影响着婴儿的成长。

■ 案例二：

国外某机构做实验，征集志愿被试者陪伴3岁左右的幼儿玩玩具，房间的架子上有许多玩具。幼儿打扮成男孩的样子，被试者往往拿车、枪给幼儿。幼儿打扮成女孩的样子，被试者往往拿洋娃娃给幼儿。实验中，观察到一个穿男式格子衬衣和萝卜裤的幼儿（其实是女孩）主动拿了芭比娃娃玩了十多分钟，被试者主动给这个幼儿车和枪，幼儿玩了不到两分钟车又去玩娃娃。被试者不知道孩子的真实性别，却认为这个孩子更喜欢车和枪。

调查表明，孩子两岁半时即可因为长期听从父母的要求，形成性别刻板印象。随着逐渐长大，这种刻板印象越来越明显。衣着打扮上，人们给女孩留长发、穿花裙子、戴蝴蝶结，给男孩则留小平头，从来不会给男孩穿粉红色衣服。遇到男孩调皮捣乱、邋遢、爱打架，大人们笑一笑，认为那是男孩本来的样子。遇到女孩哭，人们觉得那也是天经地义的。对男孩则要求坚强勇敢，男儿有泪不轻弹。对女孩则要求温柔、可爱、爱干净、会做家务。男孩不会家务没关系，好男儿志在四方。言谈举止上，女生从小被教导不能叉开腿坐，不许疯闹。男生则被教导不能翘兰花指，扭捏会被人瞧不起。

上学后，老师的批评都是这样的："你个女生还这么不讲卫生！""你是男生，怎么这么爱哭！"学校的教科书，对众多学生的影响是很大的。

■ 案例三：

人教版小学语文教材，包含人物、拟人的课文共140余篇，涉及人物230余人次，其中女性人物共出现50余人次，约占23%，男性人物170余人次，约占75%。女性作为主人公的仅为19.2%，男性作为主人公的约占81%。

女性出场的场景大都局限于家庭。课文中的女性可分为两类，一是含辛茹苦、勤俭持家的妻子，另一种是充满温馨、亲情、疼爱孩子的母亲。男性人物大都是事业型、知识型、管理型的，活动场景则是社会的、职业的。男性人物哪怕不是革命家、科学家，只是朴实的渔夫或农民，也是有抱负、有主见、有独立个性的社会主体。而女性即使是出生入死的革命家，如邓颖超，也是为周总理缝补衣衫，以母亲或妻子的形象出现。

学业上，人们觉得男人逻辑思维能力强，进取心强，更适合当领导、去冒险、搞科研；女人柔顺，更服从，更有耐心，所以适合做文职秘书、教师、护士及从事服务业等。

■ **案例四：对论文评价的实验**

把一批学者随机进行两次分组，对一些大学生的论文进行评价。每一篇论文，如果在第一次分组时的署名作者显示是男性的，第二次分组时署名就改成女性。反之亦然。结果，学者整体对男性作者的论文评价高，认为有创新精神，逻辑性强。署名女性作者的，学者们评价论文逻辑不清，水平较低。同一篇论文，往往因为作者署名性别不同，而有相反的评价。

走入社会，男人没有功成名就，就会被认为没有能力，没有价值。而女人呢，则被认为相夫教子才是天职，要是没嫁出去而成为"剩女"，也一样会被嘲笑。

在恋爱时，人们觉得女孩应该矜持，男孩是主动追求的一方。男人不想要性，是不正常；女人想要性，是放荡。结婚了，男人要挣钱养家，女人要养娃顾家。妈妈不做饭，人们批评说这个妈妈连孩子都不管。爸爸偶尔做一次饭，全世界的人都认为这个爸爸多么能干。孩子犯错了，人们说，这个妈不会管孩子。当爸的对当妈的理直气壮地说，你不用工作专门管孩子，你还管不好孩子……就这样，下一代又开始了性别刻板印象的轮回。

性别刻板印象，从个人成长到家庭、学校、社会，影响到我们的姓名、兴趣爱好、衣着打扮、言谈举止、学业职业、个性交际、恋爱婚姻、家庭关系、社会形象地位等方方面面。

在我们长大的过程中，可能已经逐渐习惯了这些要求，接受了这些观念。但是，这些要求合理吗？这些观念正确吗？我们需要认真思考一下。

3. 性别刻板印象的危害

性别刻板印象既影响我们如何看待自己，如何看待他人，也影响着他人对待我们的方式。对个人和对社会的危害都是显而易见的。性别刻板印象，首先危害的是个人的发展。

A. 对个人的危害

a. 影响个人发展

有些家长、老师不让女孩踢足球，不让男孩学习织毛衣、化妆，这明显是因性别刻板印象而限制孩子的兴趣爱好，这会影响孩子的智力发育及个人未来的职业发展。

性别刻板印象把女性塑造成弱者、缺乏理性、不擅长操作机器……其实科学家、政治家、飞行员、宇航员中也不乏女性。性别刻板印象把男性塑造成缺乏感性、不擅沟通、不爱打扮、不擅家务……其实心理学家、厨师、服装设计师、发型师中不乏男性。

如果所有的人都符合性别刻板印象的要求，历史上将失去许多杰出的人物和有趣的故事。花木兰替父从军，千百年来一直被歌颂，如果她遵守"妇道"，又如何在关键时刻从军？武则天的统治"政启开元，治宏贞观"，如果她遵守"妇德"，又怎能当上女皇？梅兰芳，如果不会兰花指，又如何传神地扮演女性角色而成为艺术大师？

■ **案例五：**

法国著名时装设计大师伊夫圣洛朗，从小喜欢玩娃娃，喜爱花花绿绿的服装。四岁时，他已经成为母亲和阿姨们着装的参谋，她们参加晚宴的服饰，都要听他的建议。七岁时，他拿起来蜡笔、剪刀、卷尺，为自己的娃娃制造服装。21岁就成为克里斯汀-迪奥的首席设计师。

如果伊夫圣洛朗的父母不允许他玩娃娃，不允许他热衷于服饰打扮，或者他自己虽然喜欢，却不敢坚持，那么，时尚界就会少了这样一位大师。

b. 影响我们的家庭幸福

在性别刻板印象的影响下，我们对恋爱、婚姻、家庭往往有错误的认识，比如，有的女生因为信奉女孩要矜持，所以不敢表白；有的男生因为喜欢的女生学历高、职务高，就不敢爱慕；有的女生怕做"剩女"，降低择偶标准仓促结婚……人生只有一次，不管是错过自己喜欢的人，还是选错伴侣，一辈子都会后悔。

有的男生穷追猛打地追求，女孩明明不喜欢他，男生却以为女孩是矜持而不断追求、让人讨厌，最后连朋友都做不了。

在家庭中，很多丈夫以为多挣钱就会让妻子幸福，所以经常加班，却没想到，妻子宁愿他少加班少挣钱，多在家里陪伴左右。也有一些丈夫喜欢做家务，照顾家庭，却被妻子嫌弃挣不来钱，没出息。

古代强调"女子无才便是德""母以子贵，妻以夫贵"，现代有人说"女人干得好不如嫁得好"，这些都是塑造女性对男性的依赖性。受这些性别刻板印象的影响，女性容易放弃自我人生的追求，把希望寄托在伴侣身上，一有不如意，就抱怨伴侣，这会平添很多家庭矛盾。

当我们习惯了按性别刻板印象去思考，"女人都喜欢什么……男人都应该怎样……"我们就看不到每个人独一无二的特点，忽视去深入了解对方的内心。缺乏尊重，不善沟通，就会导致亲密关系中的种种误解，感到痛苦却不知道原因。大家可以观察下自己的父母，肯定有一些矛盾是性别刻板印象造成的。

提倡男人重视事业，男人整天加班，本身就失去了很多陪伴孩子成长的快乐。男人被塑造成坚强、内敛、不擅长表达情感的形象，限制了男性在家庭中发挥应有的作用。性别刻板印象不仅会造成父子关系的淡漠，对下一代的心理健康成长也很不利。那么多宣扬父爱如山的文章，可是，从孩子成长的角度看，孩子要的不是父亲挣很多钱，孩子要的是父母的陪伴。钱是挣不完的，而父母的陪伴、温馨的记忆，是比钱更宝贵的财富。

在座的各位，你们是否有个满意的父亲呢？如果满意，你真的要庆幸啊。如果不满意，你要知道，他很可能就是被性别刻板印象长期压抑自我而被剥夺了当一个好父亲的机会。

c. 影响我们的心理健康

当我们想做一些事，而这些事又不符合公认的性别角色，受性别刻板印象的影响，我们就纠结要不要做，别人嘲笑打击怎么办。人们常说"男儿有泪不轻弹"，传统性别气质要求男人坚强、勇敢、阳刚，认为男性不能婆婆妈妈地表达情感，要打碎牙往肚子里咽，不能露出丝毫的软弱，这使得很多男孩遇到困难不敢倾诉，无法寻求支持，情绪长期被压抑，内心非常痛苦。

反之，对女性也是一样，如果女孩特别活泼外向，就会被人批评为"疯疯癫癫"，很多女性也要努力压抑自己的天性以符合大众的评价。心理学的相关研究表明，不能做真实的自己、压抑自我会引发很多心理障碍和精神疾病。

当今社会普遍认为男人应把主要精力放在事业上，这些性别刻板印象会使事业不突出的男性自卑。而女性的依赖性强，又会使婚姻中男性心理负担重。每个人都应该为自己的人生负责，任何人，肩负自己的责任已经不易，再担起伴侣的人生责任，当然不堪重负。

社会要求男性要阳刚，有一些男性压抑太多的负面情绪，自卑、愤怒无法表达，心态扭曲，把暴力当作阳刚，就容易用暴力的方式发泄，往小的方面来说易形成校园暴力、家庭暴力，往大的方面来说易引发公共安全事件。

d. 影响我们的判断力

■ **案例六：**（来源：果壳网：医生的"性别刻板印象"，能造成多严重的后果？）

梅看了 6 次医生、花费了 18 个月的时间才找到愿意倾听她描述丛集性头痛症状的医生。丛集性头痛是疼痛程度最强的病症之一，它被称为"自杀性头痛"。这种头疼比偏头痛少见，女人的患病率比男人的低。20 世纪 60 年代，丛集性头痛男女患病的比率估计为 6∶1，而现在已经被认为是接近 2∶1 了。梅有典型的丛集性头痛症状，她从来没出现过偏头痛的症状。她的丈夫是位医生，建议她记录头痛的规律，后来发现是典型的丛集性头痛症状。"但是那些医生不听我的，"梅说，"当他们听见'头痛'这个词的时候，立马就认定我患有激素性的偏头痛，'就像所有的女人似的'。当我谈到症状的时候，两位权威的神经科医生——分别来自于我们城市重要的教学中心，都给出了几乎相同的措辞：'你不可能经历这些。'"这种说话不被当回事带来的彻头彻尾的沮丧感几乎与头痛带来的痛苦差不多了。"被告知我无法了解自己的感受这事让人愤怒。甚至比头痛还要糟糕。"如果没有一位学医的丈夫的帮助，如果不是居住在一个医学发达的大城市，如果没有经济实力，她很有可能一直得不到正确的诊断，而且活不过五年。

知名的神经外科医生，面对明显的症状，为什么会误诊？这是因为性别刻板印象影响了医生的判断力，医生自己屏蔽了女患者的重要症状，造成不该有的错误。判断力是思维能力的重要组成部分，是做出决策不可缺少的能力。

除了女性在男性多发病上被误诊，男性也会在一些女性更容易得的疾病上面临困境。现实中，男性得了乳腺疾病，往往他自己都不好意思去就诊。即使他下了很大的决心到医院，医生也准确确诊了，他也难于向家人、朋友公开。因为公开后，很可能面临的是周围人的不理解，甚至嘲笑。有人会说："你一个男人，怎么得了女人的病！"一个女性，可以理直气壮地向工作单位交出"乳腺疾病"的假条，而一个男性则会纠结很久，时间长了还会影响心理健康。

性别刻板印象是一种简单僵化的思维，是非此即彼的简单二元划分方法。这种"来自知识的偏见"不仅在医学领域危害病人，也在教育、经济、政治等许多领域无所不在地影响着我们，已经成为社会公害，每个人都有可能躺着中枪。

B. 对社会的影响

a. 男女人口比例失衡

近些年我国男女出生率已经严重失衡。正常没有人工干预的情况下，男女出生率一般是103∶100。因为男孩成长中的死亡率高于女孩，到婚恋年龄，男女人数基本会达到平衡。我国在"二孩"政策放开之前，男女出生比例已经高达117∶100。虽然国家禁止通过医学渠道了解胎儿性别，但还是有许多人从非法渠道了解胎儿性别，堕女胎保男胎。这都是千百年来重男轻女、男权主义观念根深蒂固的结果。我国人口基数大，这个比例失衡，会导致婚恋期男女人口差异巨大，造成男性恋爱难、择偶难。有一些农村，为了能够结婚，男方往往全家借债送女方家高额彩礼，造成婚后经济困难，还债多年，家庭不堪重负。

这些会造成很多严重的社会问题，影响到每个家庭的稳定与生活质量。

b. 公共资源分配不合理

在车站、旅游景点、电影院等公共场所，人们经常见到女厕所门口排着长队，男厕所却空着。有的公共场所没有单独卫生间，有些场所设计了单独的残障人士专用卫生间，却被清洁工用来存放工具，形同虚设。这也是性别刻板印象惹的祸。设计公厕时，仅简单考虑厕所面积的一致（表面的公平），不考虑便池数量，不考虑女性特点，也不考虑跨性别的存在。

性别刻板印象的观点认为，女生总要结婚生子才"正常"，所以，学校怕女生考上硕士、博士生之后不能坚持学术研究，精力转移到家庭中，往往提高女生的录取分数线。多所高校存在分性别划投档分数线的情况，女生分数线明显高于男生。我国整体科研人员结构中，女性人数少。优秀的女性比男性更难于进入高校学术机构，不仅是这些女性的遗憾，也是国家教育科研的损失。

很多用人单位招工时，愿意招男性，因为男性不休孕产假，不用单位支付产假工资。

农村有一些地区不给女孩分土地，却给男孩分两份，等于男孩可以提前使用未来妻子的地，女性不结婚就没有土地用。这是明显的性别歧视。

学校、土地、公共场所、工作岗位等，本属于全社会的资源，这些不合理不公平现象的存在，不仅造成一部分人生活的不方便，还会激发社会矛盾，影响社会和谐，对国家的发展非常不利。

c. 助长性别暴力与欺凌

受性别刻板印象影响，认为男人就要阳刚，有一些男人用打老婆来显示自己的阳刚。俗话说"清官难断家务事"，传统观念认为打老婆是家庭内部事务，警察是外人，不方便介入。也有一些孩子因为是女孩，从小遭受家庭暴力。性别刻板印象，助长了性别暴力与欺凌。

■ **案例七：特级老师性侵学生**

上海特级物理老师张兵（男，化名）邀请高一男生吴同学（15岁）到家里单独做竞赛辅导。辅导快结束的时候，讲到搞物理竞赛是一个非常艰苦的事情，要有毅力，而且身体要好，张老师说自己做过赤脚医生，略通医道，然后拿出一副听诊器，听了心肺，然后他要求吴同学站起来，把裤子脱下来……十多年后的2012年，吴同学30多岁了，在校友论坛中实名举报张兵，经相关部门介入调查发现，20多年来每届校友中都有多名被张兵猥亵的同学，都是高中男生。

大家普遍认为男孩子不会被性侵。听到女生被性侵、被骚扰，普遍会同情、惋惜、义愤填膺。听到男生被女生骚扰，有人认为那是男生占了便宜，甚至有人会忍不住笑出声来。"男生怎么会被性侵！"如果真是被性侵了，那是他软弱无能。"你还算个男人吗？你连自己都保护不了！"所以，男生被性侵、被性骚扰之后，往往比女生更不敢说，因为说出来很难得到帮助、同情，还要被耻笑，心灵承受更大的打击。张兵能够连续20多年性侵学生，没人举报，恐怕就和性别刻板印象有关。

吴同学是定居国外后，了解了国外的一些法律，才意识到当初老师做的事就是性侵。举报后，学校开除了已经当了副校长的张兵，但他一直逍遥法外。因为在当时施行的《刑法》中，对于猥亵罪的犯罪对象仅限于妇女和不满14周岁的儿童。

■ 案例八：台湾玫瑰少年叶永志

台湾男孩叶永志，他孝顺、懂事、体贴，却被同学和老师视作"不正常"，理由是"他喜欢做女孩子喜欢做的事"。老师对他家长说："你带他去看医生吧！"心理医生说：觉得他不正常的人才不正常！在学校，永志每天都被人欺负，同学们嘲笑他是娘娘腔，趁他上厕所时，强脱他的裤子侮辱他。从小学到初中，他总是提前几分钟离开课堂去上厕所，还要赶在下课之前离开厕所。愤怒的妈妈去学校理论，可是老师置若罔闻……2000年4月20日上午，15岁的永志又在下课前去上厕所，却倒在了血泊中再也没有起来……学校没有报警，他们冲干净厕所地上的血污，企图掩盖真相。叶妈妈把学校告上法庭，官司打了六年，最终学校的三位员工以业务过失致死被判刑。叶永志之死引起台湾社会高度关注，事件之后两年，台湾地方政府通过了"性别平等教育法案"。

如果叶永志身边有同学、老师能帮助他、支持他，也许悲剧就不会这样发生。也许他的人生会有更多快乐。生命是宝贵的。每一个生命都是平等的，每个人都应该受到尊重。不管什么性格，什么性别……都不应该受到歧视与欺凌。"叶永志们"没有伤害别人，他们没有错。但受性别刻板印象影响，总是有一些人以不符合性别规范的名义随意侮辱、伤害他人，杀人于无形之中。歧视与偏见，是个巨大的毒瘤，影响着社会的公平与和谐。

性别刻板印象，像一个大笼子，我们从小生活在里面，已经习惯了，不知道笼子外面的天空是那么辽阔。当这些观念阻碍了我们的成长，限制了人生的快乐，威胁了社会的和谐，阻碍着国家的发展，我们是否还要坚持这些观念呢？

无论是从个人幸福的角度，还是社会发展的角度，我们要向性别刻板印象宣战！

4. 颠覆性别刻板印象的目的

有人问,不提倡"男孩像男孩样,女孩像女孩样",难道要提倡"男不男,女不女",或者是提倡"男孩要像女孩,女孩要像男孩"?这都是对颠覆性别刻板印象的误解。

以往的性别教育有两个常见的错误:一是强化、固化男女两性差异,比如"男孩要有男孩样";二是忽视男女客观存在的差异,男女一刀切。比如,我国"文革"时期,提倡女性要做"铁姑娘",参加各种体力劳动,以女性达到男性的标准为荣,忽略生理差异,那是以平等为名对女性的压榨。这些错误做法都没有尊重个人的选择,也忽略了男女之外其他性别的存在。

颠覆性别刻板印象的目的是什么?不是要消除性别差异,也不是让性别交换,而是提倡性别平等,尊重多元。性别平等,应该是尊重不同性别之间客观存在的差异,尊重每个人的个性,赋予每一性别以平等的价值评判和对待,在此基础上寻求一种可包容和尊重性别差异的平等。

每个人都不必做社会标准下的男人、女人,而是可以自由选择做真实的自己,成为自己最想成为的人。大部分研究认为,具有男性女性兼性气质的个人具有较高的自尊、较少的心理疾病、较好的社会适应能力,更有成就,更受到欢迎。每个人都得到内心的和谐,有了更好的发展,创造家庭的幸福,才能增进社会的和谐与发展。

5. 怎么避免被性别刻板印象伤害

A. 用科学武装头脑

性别不只是男性和女性。现代研究表明,人类的性别是多元的。男女之外的性别称为"跨性别"。每个人都有三种性别:生理性别、心理性别、社会性别。三个性别内都存在着"跨性别"的人群。生理性别可以与心理性别、社会性别一致,也可以不一致。

一个人出生时,人们依据外生殖器,判断婴儿是男还是女,这是生理性别。其实医学研究表明,人的性别有很多种,不仅有外生殖器官的不同,也有内生殖器的不同,还有染色体的不同。因为数量少,以前常被当成畸形,进行手术改造。近些年的研究表明,这些性少数并不一定是畸形,即使做手术矫正成男或者女,也会不同于天生的男女。现在,把这些称之为第三性。变性过程中的人,不同于男女任何一个性别,也可作为第三性。目前,有一些国家身份证的性别,已经是三个选项。

美国某些大学新生入学表格中,性别的选项已经有七栏。这众多的栏目,不仅包括生理性别,也包含心理性别与社会性别。

心理性别是指个体对自己性别的认同。如舞蹈家金星,天生生理性别为男,心理性别为女。心理性别的"跨性别",主要包括易性者和异装者等。易性者想做手术改变生理性别。异装者则只想穿异性服装,并不想改变生理性别。

■ **案例九:异装者伦敦艺术大学校长格雷森·佩里**

格雷森·佩里,1960年生,2003年获得英国艺术界最高荣誉的特纳奖,英国皇家艺术学院院士,后任英国一流艺术学校伦敦艺术大学校长。他的陶艺作品价格昂贵,被很多博物馆收藏。他喜欢穿女装,不管是开学典礼,还是参加艺术展,他都经常着各式风格的女装,从淑女裙装到少女卡哇伊风格,一个不落。他是异性恋,已经结婚,有一个女儿。一家三口经常一起穿女装亮相各种活动。

社会性别指的是人们对男女两性不同的角色分工、期待和评价,它不是简单地指女性气质和男性气质,而且还指性别关系和社会构成方式。社会性别的"跨性别",指过于温柔的男性和过于阳刚的女性,经常分别被称为"娘娘腔""女汉子"。社会性别是社会和文化的建构,总是随着时代的发展而变化,它在不同社会和文化中也是不同的。如中国家庭中双职工非常普遍,而日本婚后女性大多数不工作。

在中国古代,很多重男轻女的家庭会溺死刚出生的女婴。女人缠足、不上学也是天经地义,婚姻听的是"父母之命,媒妁之言"。"男主外,女主内"是唯一的家庭模式。而今缠足用具进了博物馆;女孩上学是天经地义;男女平等、婚姻自由已经写进法律。很多家庭夫妻同样工作挣钱,大事一起商量。

欧美国家古代也是男主外,女主内。工业革命后,用机器生产,减少了对劳动者力气的要求,由此女性可以到工厂工作。两次世界大战,男人战死太多,很多工作岗位只有号召妇女进入,才能恢复生产,发展经济。因此,战后,女性走出家庭成为普遍现象。新西兰女总理杰辛达·阿德恩处理国家事务,丈夫在家带娃,大众也普遍接受。

性别刻板印象不是我们非遵循不可的规矩。性别平等才是所有人都应该遵守的规则。性别平等,不再是女人从男人手中夺回自己的权利或者把男人视为女人的敌人,而是由此发现每个人在性别刻板印象中都受到了压抑,都需要解放。

B. 用法律捍卫权利

同学们在学校已经学习了一些法律知识。自己的权利被侵犯,首先要考虑寻求法律的帮助。比如,不让女孩上学,不给女性分地,家庭暴力,买卖婚姻,干涉婚姻自由,招工招生不公平等,都可以用法律来捍卫权利。我国已经颁布的《妇女儿童权益保护法》《未成年人保护法》《婚姻法》等,可以找到许多与性别平等相关的内容。

国际上也有一些相关的公约。比如，联合国《消除对妇女一切形式歧视公约》，要求各缔约方必须努力改变个人行为的社会和文化模式，以消除"基于性别而分尊卑观念或基于男女定型任务的偏见、习俗和一切其他做法"（第五条）。第十条规定要修订教科书、教程及教学方法，以消除教育领域的一些定型观念。最后，将公共领域定为男性世界而将家务事归为女性活动范畴的文化模式，是《消除对妇女一切形式歧视公约》各条款大力抨击的内容，这些条款申明，男女双方在家庭生活中责任平等，而在教育和就业方面他们也具有平等的权利。总之，《消除对妇女一切形式歧视公约》对造成并维护基于性别的歧视行为的种种势力提出了全面的挑战。2014年10月，中国代表在接受联合国《消除对妇女一切形式歧视公约》审议时表示，同性恋等非异性恋与非顺性别者，在中国不被歧视。

C. 用行动影响世界

a. 自我塑造

■ **案例十：**

学者夫妻钱钟书和杨绛出身名门，本来都不会做家务。在牛津大学学习期间，钱钟书努力学习做饭，包揽了夫妻俩的早餐。1937年，杨绛生女儿时住院。钱钟书一个人在家常闯些小祸，愁兮兮地告诉杨绛：他打翻了墨水瓶，把房东的桌布弄脏了；他把台灯弄坏了；门轴两头的球掉了一个，门关不上了……杨绛总是回答说："不要紧。"钱钟书对杨绛说的"不要紧"总是又佩服又放心，因为这句话已屡次得到验证。这回也同样，杨绛出院回到家，果然把桌布洗得干干净净，看不出一点墨水迹印；台灯、门轴也一一修好。杨绛回家坐完最后几天的"月子"，一向不善料理生活的钱钟书，竟给她端上一碗他亲手炖的鸡汤。

想学的尽管去学，多尝试，多实践，才能找到自己喜欢做的事，才能发现自己的巨大潜能。不为自己设限，我们要做自己的主人，不做观念的奴隶。只有观念改变了，我们才可以塑造更完美的自我。

b. 带动他人

■ **案例十一：编织男孩**

巴西男孩 JoseIdeildodaSilva 在11岁时想学编织，最初也遇到家人反对、同学嘲笑，但他坚持向奶奶和婶婶学习编织。2年后，他织出很多美丽的作品，在网上教很多人学习编织，得到很多人的点赞，有来自世界各地的粉丝，吸粉34万，成为网红！他学校的老师也请求他为那些想学编织的学生开设相关课程，他的作品也为他创收不少。

坚持做真实的自我，必然可以带动身边的人，哪怕曾经反对的人，也会转而支持他。

  c. 改变世界

  ■ **案例十二**：

  2012年9月，武汉大学女生抗议学校组织选美，戴面具上街头砸花瓶，高喊不做花瓶，只做自己。

  近年来，为了争取性别平等，越来越多的志愿者走上街头，用温和而搞怪的形式表达自己的不满与诉求。除了"砸花瓶"，还有"占领男厕所""反地铁性骚扰""万人签名促发家暴立法"等，这些志愿者还主动联系媒体寻求舆论支持，联络学者、专家、人大代表，以表达诉求。正是这些活动，让人们察觉到，原来生活中还有那么多性别歧视的现象存在。

  我们不一定做这些影响很大的事，但是可以向周围的人多普及性别平等知识，可以用包容的心态，尊重性别多元的存在，尽自己的一分力量推动世界的改变、社会的进步。

  五、总结

  1. 我们每个人都是性别刻板印象的受害者。

  2. 时代在发展，性别观念在变化，我们要重新塑造自我，带动他人，影响世界。

  3. 每个人都不应该受性别刻板印象的束缚，而应该得到全面而自由的发展，每个人应该都成为完整的人。马克思说：任何一种解放都是把人的世界和人的关系还给自己。

  教学提示：

  性别平等包含尊重多元性别的内容，除了特殊案例，讲师要避免用"男女""两性"这样的词。

执笔：马文燕

第四章

亲密关系的多样性

教案：爱谁，是我与生俱来的权利

一、课名
爱谁，是我与生俱来的权利

二、时长
60 分钟

三、教学目标
认识和了解亲密关系的多样性（性多元：异性恋、同性恋、双性恋、无性恋、师生恋、老少恋等），能客观、理性地面对不同的恋爱形式，懂得尊重自己和他人。

四、教具、材料
视频（动画短片 *In a Heartbeat*），眼罩（数量是学生人数的一半），课件，写有四个情境的纸条，白板，多媒体设备，与分组数量相当的 A1 白纸，与分组数量相当的白板笔（黑色/蓝色）等。

五、教学过程

（一）导入

（1）活动名称：热身活动：被操控的机器人

（2）活动步骤

A. 课前将教室座位摆成 U 型，空出足够大的活动场地；

B. 将全班同学分成若干组，两人一组，一个人是 A，一个人是 B；

C. 讲师演示操作指令：拍左肩向左转，拍右肩向右转，触摸背向前走，触摸头向后退，不触碰的时候停止；

D. 先由 A 作为机器人，B 作为操作者进行游戏，机器人需要戴上眼罩；

E. 在规定的时间内，操作者操作机器人在场地内移动，要求保护好机器人不相互碰撞；

F. 一轮结束后，交换角色，再进行一次；

G. 全部体验后邀请学生分享感受。

教学提示：

如果有落单的学生，讲师可以邀请三个人组成一组，一个人同时控制两个机器人，这样可能会有更深刻的体验。

（3）讲师过渡与总结

我们的身体是属于我们自己的，如何使用是我们自己的权利，当我们被别人操控的时候，可能有些同学会觉得不舒服，有些同学会想要夺回自己的控制权，有些同学可能会拒绝被控制，这些都是我们的权利被剥夺时我们的不同感受。这样的权利，如果放在选择爱谁上呢？是该由我自己决定，还是由别人来决定呢？接下来，我们就一起讨论关于"爱上谁，由谁决定"的问题。

（二）活动

1. 活动1

（1）活动名称：情景剧：你会怎么办？

（2）活动步骤

A. 按报数"1、2、3、4，1、2、3、4，……"的方式，将全班同学分成4个小组；

B. 每个小组分别抽取一个情景题，进行表演；

C. 每组用8分钟的时间进行准备，表演时间为3分钟；

D. 表演结束后，讲师带领学生讨论，如果自己遇到这种情况，该怎么办；

E. 讲师在引导学生讨论的过程中，适时讲解亲密关系的多样性（性多元：异性恋、同性恋、双性恋、无性恋、师生恋、老少恋等），让学生思考是否有所不同。

■ **情景剧一：**

大学男女同学相爱，毕业后想去同一个城市结婚、工作、生活，女孩的妈妈以"女孩不可以远嫁"为理由强行拆散。

■ **情景剧二：**

相爱多年的情侣，觉得已经差不多可以考虑结婚问题了，于是去见了双方父母，但是男生的妈妈对女生不满意，觉得不适合结婚，要求男生分手，重新找结婚对象。

■ **情景剧三：**

乐天是一个独立自主的女生，她坚信爱情是可遇不可求的，所以一直没有刻意地寻找另一半。眼看已经30岁了，母亲非常担心自己的女儿再不结婚，可能就没人要了，于是以各种理由让乐天去相亲，看乐天毫不在意，无奈之下，以健康为由（身体越来越差），逼乐天赶紧找个男生结婚生子。

■ **情景剧四：**

小T和小X是相爱好几年的同性伴侣，长久的相处生活让两人觉得，可以考虑和家里说明情况，于是两人决定和父母坦白关系。但是小T的父亲知道后，坚决反对两人继续在一起，甚至还以断绝父子关系为由威胁小T。

（3）讨论话题

A. 如果是你的话，面对以上情景会怎么做？

B. 以同性恋和异性恋为例，它们有什么不同呢？

（4）学生讨论

A. 学生可能的选择：

a. 既然父母反对，肯定也是有道理的，虽然难受，但是觉得还是应该听父母的；

b. 父母的态度很没有道理，所以还是觉得应该坚持自己的意见；

c. 不知道该怎么做，觉得这个决定太难做了；

……

B. 以同性恋为例，同性恋情和异性恋情到底有什么不同呢？

学生讨论结果可能如下：

a. 肯定不同，因为爱上的是同性，肯定有些不一样的地方，比如要面临更大的社会舆论压力。

b. 是一样的，都是爱上一个人。爱是不分性别的，没有区别。

c. 说不清楚，要看具体情况。

d. 会被同学歧视、疏远。

e. 如果被家长知晓，家长会反对，会采取一些措施来限制孩子的行为。

f. 会被要求去看心理医生，进行矫正。

g. 会被贴上"不正常"的标签，被要求转学等。

h. 也可能自己无法接受，产生很大的困扰。

……

教学提示：

讲师需强调，同性间的爱和异性间的爱在本质上是一样的。爱本身并没有错，应受到尊重。如果讨论中出现一边倒的现象，要适时追问有无不同意见，努力给学生充分表达的空间。同时在学生表达时，要提醒注意保护个人隐私，避免造成不必要的伤害。

如果课堂时间比较充足，讲师可以进一步带领学生思考：同性间的表白和接受与异性恋的恋爱相比，有无额外的压力？如果有，是什么样的压力？为什么会有这些额外的压力呢？

所有导致这些压力的根源来自对同性恋的偏见和误解，当事人自己的个性也有一定影响。

讲师需强调，正是因为这些偏见和误解的存在，同性恋者及其他非异性恋群体才会有如此大的压力。

（5）讲师过渡与总结

就像我们刚刚讨论的一样，我们会发现，不论你爱上什么样的人，其实本质上都是没有区别的。但是就像我们表演的那几个情景剧一样，不同的恋情，都可能会遇到各种各样的"阻碍"，那我们在做决定的时候，可以做些什么呢？接下来，我们就一起讨论一下"爱上谁，由谁决定"这个话题吧。

2. 活动2

（1）活动名称：爱上谁，由谁决定

（2）活动步骤

A. 观看动画短片 *In a Heartbeat*（4′5″，可上优酷等视频网站搜索），学生分享观影感受。

短片介绍：

In a Heartbeat（心跳无限次）于2017年6月1日上映，是佛罗里达州罗林艺术设计学院的两位动画系学生 Esteban Bravo 和 Beth David 制作的一部以同志少年为主角的动画短片作为毕业作品，获得2018年奥斯卡最佳动画短片十佳提名。

故事梗概：

中学男生谢尔温（Sherwin）爱上了校草乔纳森（Jonathan），却苦于暗恋，不敢将自己心意表达的同时，也担心自己的性倾向被同学发现，只能将这份爱意深藏心底。

在乔纳森走过的小路上，担心被发现的谢尔温急忙躲在树林中。

然而，那颗涌动的心却停止不了，不听话地，跳向了那个喜欢的人手心里，由此而引发了一段关于表达自己感情的故事。

（3）讨论话题

A. 哪些影响因素可能导致我们的怦然心动变得戛然而止？

B. 面对可能发展的恋情，我们可以怎么办？

（4）学生讨论

A. 影响我们发展亲密关系的因素有哪些？

a. 父母反对；

b. 学校不允许；

c. 因为喜欢同性，怕遭受身边人的歧视；

d. 喜欢对方，对方不喜欢你；

e. 害怕被拒绝；

f. 担心影响学习，等等。

教学提示：

学生可能说出来的影响因素都是外界的因素，讲师应该适时引导学生思考一下是否有一些是自身原因带来的，比如自己犹豫不决、害羞不敢表白、担心遭受周围压力等。但是，讲师需要强调的是，不论是出于什么样的原因，只要是充分考虑了这些影响因素的，都是可以理解的，不能因此就说当事人没有勇气、不敢做自己之类的。讲师需要保护学生避免受到伤害。

B. 面对可能发展的恋情，我们可以怎么办？

a. 主动出击，获得真爱；

b. 主动放弃，继续原本的生活；

c. 犹豫不决，不知道该如何决定；

d. 找朋友商量，考虑下一步怎么办，等等。

教学提示：

讲师在引导学生思考和讨论的时候，也应该对不同的可能性进行思考讨论，如被不同性别的人表白怎么处理，包括对方单恋的情况以及互相有"心动"感觉的情况，喜欢上自己的老师怎么办，网恋了年长的成人怎么办等。并引导学生对不同的情况进行充分的讨论，以便做出更合适的决定。

3. 小结

爱上一个人是我们与生俱来的能力，这与对方的性别、年龄、职业等是没有直接关系的。爱上谁是我们与生俱来的权利，我们有权利决定如何处理这样一份感情，但是不论是怎样的选择，都应该在充分的考虑之后再做出决定。

同性恋与异性恋一样是正常的情感，需要得到尊重和理解，其他各种各样的恋情也是一样的。

目前，同性恋在社会上仍然遭受广泛的歧视，所以在处理和应对同性恋情时要更加慎重，充分理解和尊重对方，避免伤人伤己。

爱一个人或被人爱上，不论是同性还是异性，在表白或拒绝时，处理的原则都是一样的，即尊重对方、不伤害自己和他人。此外，由于同性恋及其他不符合传统期待的恋爱形式（如师生恋、老少恋等）没能得到社会普遍的理解和尊重，所以在处理时需要格外谨慎一些。尤其在拒绝同性的示爱时，应告知其自己并非歧视同性恋者，对其处境给予充分的理解。至于具体的应对措施，可鼓励学生发挥各自的创意，然后互相评点是否合适等。

教学提示：

随着时间的推移，学生对于同性恋的接纳程度可能越来越高，但是社会的接纳度相较于学生来说还是要低一些，所以讲师在和学生讨论多种不同的恋情时，可能会比较顺利，但是需要注意的是，要更多地引导学生思考不同的恋情人群可能面临的社会压力，以及作为同学我们可以做些什么之类的问题，让学生对未来如何能够促进性与性别少数人群的生存空间而有所思考。

六、知识与观点链接

1. 对各种性倾向的常见误解

（1）对同性恋的误解与真相

误解1：同性恋总是滥交？

许多人认为同性恋的性伴侣很多，但其实与异性恋相比，其性行为的频率相差并不多。一项针对同性恋伴侣关系的长期（12年跨度）研究表明，在排除极端数据的影响后，同性恋和异性恋的性伴侣数量大致相当，男同性恋的数据中伴侣数量与异性恋男性相比仅仅是+1而已。

误解2：同性恋情总是不长久？

相关的研究数据显示，有18%～28%的男同性恋伴侣以及18%～21%的女同性恋伴侣已经共同生活了10年或以上。试想一下，如果伴侣双方的关系不受社会认同、没有法律保障、不存在一个拥有你们共同血缘的第三者来调节关系时，一个人有多少把握能跟自己的伴侣走完10年，甚至更久？而且，在异性恋的伴侣关系中，即使是走入婚姻的，依然会出现50%的离婚率的情况，更有一些上午领结婚证下午领离婚证的情况，所以恋情的长久和走入何种亲密关系没有直接的关系。

误解3：LGBT是一种心理问题？

异性恋行为和同性恋行为是人类性态的自然差异的体现。同性恋曾一度被归为精神病，但研究发现：性倾向与精神病的病理之间并没有任何关系。主流心理/健康组织也早就摒弃了把同性恋归为精神病的做法。

误解4：同性伴侣抚养长大的孩子，也会变成同性恋？

研究表明，同性伴侣抚养长大的孩子，并不会比异性夫妻抚养大的孩子有更大可能变成同性恋。而我们对同性恋孩子的担忧通常是建立在针对同性恋者的偏见和刻板印象之上的。

误解5：由同性伴侣抚养大的孩子，容易有消极和负面情绪？

美国国家纵向女童家庭研究中心（NLLFS）的研究发现，在自尊水平、性别角色、性取向及与性别相关的其他心理问题上，同性家庭和异性家庭中长大的孩子并未表现出明显差异。另外一点是，女同性家庭抚养大的孩子在自尊、自信方面的发育程度比异性家庭孩子更高，而且更少有破坏性和侵略性的行为。

误解 6：儿童性侵者中大部分是同性恋？

大约有 90% 的儿童性侵者是异性恋，甚至许多对男童实施性侵的男人，在成人的亲密关系中也是异性恋。

误解 7：Les（女同性恋）都是因为和男人有过不愉快的经历，才变成女同的？

通常选项里有一个完全肯定（否定）的词，那这个选项基本上就可以排除了，就像上面这个标题。从 Gay 和 Les 所得到的信息表明，他们和异性的交往及其性经历往往都是积极和愉快的，只不过随后发现，与同性的经历会更愉快，更能产生本能的互相吸引而已。

误解 8：同性恋者见到每个同性都想"勾搭"？

不论是被同性吸引还是被异性吸引都是有一定原因的，如外貌、性格特质、人际交往能力、无法言说的感觉等，不论是同性恋还是异性恋或者是其他性倾向的人，都不会随随便便地就想要勾搭周围的任何人，这一点只要细心观察生活中的实际情况就可以发现。

误解 9：异性之间的关系"质量"比同性要好？

样本分析显示，与异性恋伴侣相比，男同伴侣更重视给彼此更多的自由空间，女同伴侣则在强调独立性的同时会表现得更亲密，更要求双方平等。

真相 1：同性恋的成因是什么？同性恋到底是先天的，还是后天的？

以往关于同性恋的研究当中，有大量的材料证实，同性恋是先天的，但是也有同样多的材料证实，同性恋是后天的。

先天论者提出同性恋者基因变异、染色体异常或者脑垂体与异性恋者不一样等论点；而后天论者提出诸如幼年被父母当异性抚养、少年时被同性性侵，甚至失恋创伤等观点。这些观点本质上都是将同性恋视为一种疾病，或是一种"错误教养"及"创伤经历"的结果。

到底同性恋是先天的，还是后天的，可以将其视为一个哥德巴赫猜想，也就是一个难以解开的题。如今，人们已经很少讨论同性恋到底是先天的还是后天的了，学术界反而经常要问这样一个问题：为什么我们不讨论异性恋是先天的还是后天的？

当我们讨论同性恋性倾向是先天的还是后天的时候，实际上我们潜意识里仍然把它当作一种疾病。正如我们去医院看高血压的时候，医生会问我们有没有高血压家族史，以此来判断我们的高血压是先天的还是后天的。同样，糖尿病、近视眼等很多疾病都是一样。今天我们还在讨论同性恋是先天的还是后天的，不一样是把它当作一种疾病吗？

同志运动界中，也有一些人反对"后天论"，认为坚持"先天论"可以使自己有"正统性",即我生来如此,所以我自己没有过错,你也不可以改变我。但是,即使我们是后天选择了做同性恋者,就有过错吗?你也不可以改变我。

笔者倒常想:其实异性恋倒更像是后天形成的。一个人出生在这样的异性恋文化下,不被建构成异性恋者才怪呢。

当我们不再讨论同性恋是先天还是后天之时,我们已经距离把同性恋当作普通的一种性倾向更近了一步。

真相2:同性恋能"治愈"或"改变"吗?

"治愈"一词本身便说明我们对同性恋者还是有歧义和偏见的。因为是疾病,是不好的,是有害的、危险的,所以才会想到去"治疗"它。

同性恋到底能不能变成异性恋?有大量的研究显示,同性恋者可以改变自己的性倾向;同样也有大量的研究显示,同性恋者无法改变自己的性倾向。我们又回到了同性恋是先天还是后天的逻辑上。如果说同性恋是先天的还是后天的,这是一个哥德巴赫猜想,那么同性恋者是否能够改变就是一个斯芬克斯之谜。

如果我们不把同性恋当作疾病去"治疗",只是当作一种性倾向,它是否会"改变"呢?按照酷儿理论(20世纪80年代初在美国形成的一种文化理论,是西方的一种关于性与性别的理论),人的性倾向是一个流动的过程,而不是僵死的状态。酷儿理论向性倾向与性别的二元划分进行挑战。按照这个理论,同性恋可能"流动"为异性恋,当然异性恋也可以"改变"为同性恋。

一些同性恋者反对酷儿理论,认为这可能会给那些试图"治疗"同性恋的人提供借口。但是,问题又来了:即使我能够改变,你有什么权力要求我改变呢?

如果每个人的情感与性爱都是自由选择,那么怎么变都应该是被接纳的;而如果是出于"矫正"目的,强行要求别人"改变",则是对基本人权的侵犯。

所以当我们讨论同性恋能否改变的时候,我们不妨问一下,我们为什么要改变?是因为他们真的有病吗,还是因为你作为一个异性恋者看不惯别人是同性恋,你觉得很恶心?如果是后者,那只是你自己的价值观在起作用,小心!不要让你的价值观伤害到别人。

真相3:同性恋普遍存在吗?

从古至今,同性恋一直存在。同性恋和异性恋一样,在人类历史上是普遍存在的,另外,同性之间的性行为在动物界中也是普遍存在的。

对人类的近亲黑猩猩和大猩猩的观察结果表明,它们之间同性性行为的发生率几乎是百分之百。在人类祖先留下的洞穴崖画中,我们也能够看到同性性行为的存在。

有调查显示，同性恋者占人类总人口的 3%~6%。其实，无论比例有多少，他们的平等权益都一样重要。少数人的权益更容易被忽视，所以我们要更重视少数人的权益。

如果以酷儿理论的观点，那么每个人都可能是"潜在"的同性恋者。

真相 4：同性恋分"夫妻"吗？

经常听到一种说法：一对同性恋情侣中，无论是男同性恋者，还是女同性恋者，一定是有一个人扮演男的，有一个人扮演女的。用所谓专业的术语来说，一定是有一个女同性恋的 T 和一个女同性恋的 P，一个男同性恋的 1 号和一个男同性恋的 0 号。

真的是这样吗？在很多时候是这样的，但这不是绝对的。曾经有一个同性恋女孩，就对笔者说过这样的话："我是遇 T 则 P，遇 P 则 T。"一些男同性恋者也说，他们其实可以既当 0 又当 1。

当我们假想同性恋一定有一个扮演男人、一个扮演女人的时候，仍然是用异性恋主流社会的思维方式和二元划分的思维模式来认识他们，我们忽视了人类性行为选择和人类性倾向的多元性。

相关的一个误区是，"男同都是娘娘腔，女同都是男人婆"，这也是一种种刻板印象，实际情况并非如此。其实，阳刚的男同性恋者和阴柔的女同性恋者并不少见，就像异性恋男性也可能有很脆弱的一面，异性恋女性也可能有坚强的一面。

真相 5：同性恋重性轻情，关系更难稳定吗？

一个关于同性恋的常见谎言是，同性恋者更重视性而非感情，关系非常不稳定，这在男同性恋身上表现得更突出。

能观察到的现象貌似是这样的。但是，这可能是被夸大了的"事实"。当一个群体被社会污名化的时候，能够呈现在公众视野中的信息，注定都是公众价值观的"负面"。

笔者接触过的同性恋者，他们实际上都渴望着一份稳定、长久的感情。但是，同性恋者的感情在歧视排斥同性恋的社会当中，有出路吗？

如果异性恋者被社会视为"变态"，他们不得不偷偷地恋爱，生怕被别人知道；他们不被许可结婚，他们的爱情不能有"结果"；他们的同居关系得不到法律保障……那么异性恋间的关系会"稳定"吗？

还有一个关于同性恋的常见谎言是，他们更容易犯罪。20 世纪 90 年代初期，笔者进行同性恋调查之始，能看到的所有关于同性恋的文字，全称他们是病，甚至是严重的犯罪。在那个时候，偶然能看到关于同性恋的媒体报道，也确实都是他们在犯罪的报道。比如，一对恋人，其中有一个提出分手，另一个无法忍受失恋就把 ta 杀了。但是我们不要忘记,异性恋者因为失恋而行凶杀人的情况同样存在,媒体会全都报道吗?为什么同性恋就会被报道出来?我们同样也不要忘记,同性恋当中也有根深蒂固的感情和浪漫的爱情故事,友好分手的人可能更多,为什么我们能够看到的报道却非常少?

原因如前,当某个现象和人群被整个社会污名化的时候,能够呈现在公众视野中的关于这一现象和人群的信息注定都是负面的。

例如在婚前性行为受贬损和文化偏见打击的时候,所有关于婚前性行为的故事都是怀孕、流产、堕胎、男人不要女人了等。同样,关于同性恋的故事也都是污名化的,只有当一个社会不再对这一人群、这一现象那么贬斥的时候,大家才能够接触到非污名化的信息。

真相6:同性恋者更容易得艾滋病吗?

恰恰相反,女同性恋者间的性行为,是最安全的性行为。男同性恋者间的性行为,传播艾滋病病毒的风险虽然比较大,但全程、正确使用可靠的安全套,就可将风险降到最低。所以,准确的说法是:非安全的性行为是艾滋病传播的祸首,与性倾向无关。所以不要把同性恋和艾滋病画等号。

20世纪80年代,艾滋病最早被发现的时候,最初的几个感染者恰好是男同性恋者。反同性恋势力借此大做文章,称艾滋病为"同性恋癌症",是"上帝对同性恋的惩罚",这是同性恋恐惧下的荒唐。

真相7:同性恋和异性恋有哪些不同?

同性恋者和异性恋者唯一的差别,就是同性恋者情感和性欲的指向是同性。除此之外,他们没有任何差别。他们有高的,有矮的;有胖的,有瘦的;有好人,有坏人;有内向的,有外向的;有性格暴烈的,也有温情脉脉的;有重性的,也有重情的;有富豪,也有贫民……有近视眼,也有高血压,有爱喝酒的,也有爱抽烟的。

我们偶尔会听到这样的信息,比如同性恋者的智慧比普通人更高,这貌似是表扬同性恋者的,这样的话笔者在20世纪90年代做同性恋调查的时候会经常听到,现在已经很少听到了。同性恋者就是普通人,他们有智慧高的,有智慧低的,他们是各种各样的人,社会生活中有什么样的人,就有什么样的同性恋者,只不过在一个人群被高度污名化的时候,这个人群为了证明自己,为了彰显自己积极正面的一面,他们会强调说"我的智慧更高""我更善良之类"的话,但这其实也是不准确的。

真相8:同性恋越来越多了吗?

近来常听到的一种说法是,随着社会对同性恋的接纳,同性恋者越来越多了。这其实是错误的认识。

国际学术界关于同性恋有这样的共识，在全世界所有文化中，都有同性恋的存在；无论一个社会如何对待同性恋者，其只是在一小部分人中发生。但是，如果社会对同性恋更加接纳，而不是歧视，便会有更多原本没有觉察自己是同性恋的人认识到自己的性倾向，会有更多一直"在柜中"的同性恋者"出柜"，也就是说，同性恋的"可见度"提高了，会给一些不明就里的人"同性恋越来越多"的印象。

要警惕担心"同性恋越来越多"背后的思想，这很可能仍然是一种同性恋恐惧。比如担心同性恋者多了，人类繁衍后代成为问题。这实在是杞人忧天，异性恋也有许多不要孩子的。

还有人说：同性恋这么多，对青少年影响不好。我们要反问：为什么异性恋多，对青少年影响就好？说这话的人，仍然认为同性恋是"坏事"，最好不要让青少年知道。

所以，如果真正将同性恋与异性恋视为平等的存在，即使同性恋真的"越来越多"，也不必大惊小怪。

真相9：世界各国对待同性恋的态度如何？

世界各国对待同性恋的态度不一，主要表现为五种情况：

①同性婚姻合法化。这包括荷兰、比利时、西班牙、加拿大、南非、挪威、瑞典、葡萄牙、冰岛、阿根廷、墨西哥墨西哥城、乌拉圭、新西兰、法国，以及美国马萨诸塞州、新罕布什尔州、纽约州等。

②承认同性伴侣之间的民事结合。这主要包括丹麦、法国、德国、芬兰、卢森堡、英国、安道尔、捷克、斯洛文尼亚、瑞士、匈牙利、奥地利、爱尔兰、新西兰、乌拉圭、哥伦比亚、厄瓜多尔、巴西，以及美国、澳大利亚和墨西哥的部分地区。

③承认其公民在海外或国内其他行政区合法登记的同性婚姻关系，但在本国本地区不进行登记。日本、以色列、墨西哥（要求全国其他地区须承认在首都合法登记的同性婚姻关系）、阿鲁巴（仅承认荷兰境内的同性婚姻关系和同性伴侣之间的民事结合）、美国的加州和马里兰州。

④同性恋并不触犯法律，但是同性伴侣的任何关系都不被法律承认。属于这类的国家和地区占了大部分，其中也包括中国。

⑤同性恋违法。据统计，法律认为同性恋违法的国家普遍分布于非洲、西亚及南亚等地区。其中判处有期徒刑的包括孟加拉国、不丹、马尔代夫、新加坡、乌干达、法属圭亚那，判处死刑的包括阿富汗、伊朗、巴基斯坦、毛里塔尼亚、尼日利亚、苏丹、沙特阿拉伯、阿拉伯联合酋长国以及也门。

真相 10：同性恋"非病理化"的过程是怎样的？

1973 年，美国心理协会、美国精神医学会，把同性恋行为从疾病分类系统中去除。

1990 年，世界卫生组织将同性恋从精神疾病名单中去除。

2001 年 4 月 20 日，《中国精神障碍分类与诊断标准》第三版出版，将同性恋从精神疾病鉴定标准中去除。

(选自方刚、杨志红著，《肯定性咨询法》，中国社会科学出版社 2005 年出版)

(2) 对双性恋的误解

误解 1：双性恋者的性生活十分混乱。

其实性伴侣的数量与性取向没有显著的相关性，每个人都有可能。

误解 2：双性恋者优柔寡断，难以对性取向做出选择。

有选择困难的人通常不会在喜欢同性还是异性这件事情上犹豫，毕竟感觉是无法选择的，他们更多是在喝牛奶还是喝豆浆的问题上难以做出抉择。

误解 3：双性恋在一夫一妻制的家庭中不会幸福。

相关研究数据显示，40% 的女人和 60% 的男人在婚后起码有 1 次出轨行为，这跟是双性恋还是异性恋没什么关系。

误解 4：双性恋是一种"实验"。

人们认为双性恋只是挖掘自己身份的"实验"，而不认可他们对自己的了解。其实双性恋并不意味着他们存在内心的混乱，或是"正在试图了解自己"。

误解 5：双性恋是一种"贪心"。

俗话说"鱼和熊掌不可兼得"，但是对欲望的追逐却是人类本性中的一部分，所以要说"贪心"任何人都可能如此，在爱里"贪得无厌"，在欲里"泥足深陷"，这本身也与性取向无关，而是关乎一个人对于自己欲望满足的问题。

误解 6：双性恋更容易出轨。

双性恋并不意味着他们更容易出轨追求其他人。一夫一妻制的定义随着夫妇的不同而不同，而非随着性取向的不同而不同。如果双方均同意开启一段承诺性的、一对一的关系，那么假设双性恋伴侣会不遵守承诺是不合理的。

误解 7：双性恋根本不存在，他们只是潜在的同性恋而已。

我国现在有多少双性恋目前还不太清楚，不过美国之前做过一项调查，发现双性恋人数至少占了总人数的 2%，也就是 300 万人左右，这说明双性恋并不是不存在的。

整个社会对男性形象的刻板定义，以及对双性恋的排斥，让很多人都不敢公开"出柜"，也不敢寻求医疗帮助。

误解 8：双性恋者承受的压力比同性恋要低。

事实上，有调查表明，相对于同性恋以及成年的异性恋人群来说，双性恋人群的自残行为或自杀概率都要高很多。而且，不像我们对同性恋的高度关注那样，双性恋人群常常被大家所忽视，这也很容易加剧他们的某些精神疾病风险，这点在女性身上尤其明显。

最近的一项调查就发现，有 37.3% 的双性恋表示自己曾经患过抑郁症，相对异性恋人群的 17.2% 来说，这一概率还算是很高的。因为整个社会对双性恋人群的忽视，他们也无法正常地向社会寻求帮助。

误解 9：双性恋者只要和异性在一起，他们就是"变直"了。

公开"出柜"的双性恋女演员埃文·蕾切尔·伍德，也就是《西部世界》的女主角，曾经说过一句很有名的话："记着，双性恋不代表我们处在直和弯的中间阶段。它有它自己的特征。"

不过也有人指出，很多双性恋者最后都选择了和异性在一起。对此，有人认为，这还是和整个社会对双性恋的恐惧和排斥有关。同时，双性恋者能约到的发生性行为人其实非常有限，所有 LGBT 人口大概占总人口的 4.1%，但不管是 Gay 还是 Les，他们也都很排斥双性恋者，不愿和他们约会，所以双性恋者能选择相伴终老的人其实是很少的。

误解 10：双性恋者更倾向于"多元之爱"。

"多元之爱"，通俗点讲，就是一种能接受任何形式感情的状态，但有些人总是有种误解，以为"双性恋"就相当于"三人行"，这种观念在某些直男❶中尤其常见。

从定义上讲，"多元之爱"是指：一种在同一时间和多个人保持浪漫的爱情关系的状态；而"双性恋"是指：对两种性别的人都会产生性吸引的状态。可以看出：两者真的没什么关系。任何性取向都有可能会发展成多元恋爱，但双性恋却不一定就倾向于"多元之爱"。

（3）对无性恋的误解

误解 1：无性恋＝柏拉图式恋爱

无性恋有两个特点：

①无法感受到性吸引（sexual attraction）的人；

②对于性没有任何欲望（sexual desire）的人。

什么是"柏拉图式爱情（Platonic Love is a type of love that is chaste and non-sexual）"？柏拉图式爱情是一种纯洁的、没有性的爱情。看起来两者十

---

❶ 直男，又称异性恋男性，指在任何情况环境下都只对女性产生爱情和性欲的男性。

分相像,但是本质上却大相径庭。首先,柏拉图式爱情的人是可以感受到性吸引,并且有性欲的。其次,柏拉图式爱情是主观上放弃了和性有关的事情,认为它是肮脏的,破坏了爱情纯洁性的东西。反观无性恋的特点就可以知道二者本质上的区别。

误解 2:无性恋=性功能障碍

百度百科中"性功能障碍是性行为和性感觉的障碍,常表现为性心理和生理反应的异常和缺失,是多种不同症状的总称。"也就是说,性功能障碍是一种疾病,可以通过药物治疗或者心理治疗来解除。一个有性恋(会受到性吸引/有性欲望的人)的人,可能因为性功能障碍而无法进行性行为,但是这并不影响 ta 可以感受到性吸引和对性的欲望,这对 ta 的生活有很大的影响。

但若一个无性恋有性功能障碍,这对 ta 来说几乎没有任何影响,因为 ta 本身对于性就没有任何欲望,也不会感受到性吸引,所以并不需要治疗。

从这个角度来看,二者可能有交集,但是并不一样。

误解 3:无性恋=性冷淡

这其实和"误解 2"十分接近,先来看看什么是性冷淡:"Hypoactive sexual desire disorder (HSDD) is a sexual dysfunction and is characterized as a lack or absence of sexual fantasies and desire for sexual activity."性欲减退功能障碍,属于性功能障碍中的一种,只不过"性冷淡"比其他类型的性功能障碍名字更有"格调"、更"cool"一些,所以很多不明真相的人喜欢用这个词语来形容自己。所以,其实无性恋和性冷淡并不是一回事。

(4)对跨性别的误解

针对跨性别的误解参考"洗冤录",讲师可利用百度网盘自行下载查阅:

链接:https://pan.baidu.com/s/1TKXAgebZmVfqtkDVjquwIg

提取码:cudr

2. 国际不再恐同、恐跨日

每年的 5 月 17 日为国际不再恐同日 (International Day Against Homophobia,简称 IDAHO 或 idahomophobia),该节日源于 1990 年 5 月 17 日世界卫生组织 (WHO) 将"同性恋"从精神病名册中除名。现在,为了进一步维护跨性别者的权益,这一天也被称为国际不再恐同日,设立这一纪念日的目标是创造一个没有同性恋恐惧也没有跨性别恐惧的世界,团结积极分子和热心民众为实现这一目标而共同奋斗,让所有人都能够自由地选择自己的社会性别身份。

执笔:李海琛

教案:"恐同症",怕的到底是什么

一、课名
"恐同症",怕的到底是什么

二、时长
60 分钟

三、教学目标
认识"恐同",了解会导致"恐同"欺凌的想法;识别与"恐同"欺凌有关联的观念和行为;演示防范"恐同"欺凌的措施;树立反歧视、反"恐同"、尊重多元价值观;友善对待同性恋同学,防止校园"恐同""恐跨"欺凌的发生,营造安全的学习生活环境。

四、教具、材料
1. 课件、多媒体设备等。
2. 每组一张 A1 白纸,一支水彩笔/白板笔。

五、教学过程
(一) 导入

■ 案例:

T 是学校足球队队长。一个新来的学生 Y 和 T 说想要参加球队选拔。T 仅仅看了 Y 一眼,就断定自己不喜欢 Y。T 认为 Y 看上去像是同性恋,他不想让自己的球队里有任何同性恋队员。所以,T 撒谎说球队已经不招人了。当 Y 来参观训练时,教练鼓励他参加球队选拔。最终 Y 加入了球队。训练的时候,T 经常侮辱和威胁 Y,希望 Y 会因此退出球队。一些队友也会在这时候大笑,有的甚至一起辱骂 Y。Y 没有退出,后来 T 和他的朋友在教练不注意的时候常常打 Y。

(二) 活动

1. 活动 1

(1) 活动名称:他们在想什么?

(2) 活动步骤

A. 全班同学按 1、2、3、4,1、2、3、4,……报数,将学生随机分成 4 个小组。

B. 总结"恐同"的概念。

讲师提问:大家对于"恐同"的理解是什么?

根据学生的回答，讲师记录并总结：恐同，即对于同性恋者及同性性行为的恐惧、排斥和厌恶。（"恐同"不仅仅是异性恋对同性恋的一种感受，同性恋人群自身可能也有这样的感受。）

C. 案例讨论，分组讨论导入的案例，将讨论结果写在自己组的纸上，供全班分享。

D. 引导学生对案例进行思考和讨论。

（3）讨论话题

A. T学生这么做是一种什么样的行为？

B. T学生和队友为什么嘲笑新来的学生Y？

C. 他们是怎么想的？

（4）学生讨论

学生可能思考的答案：

A. T是一种什么样的行为：

a. T的行为属于校园欺凌；

b. T就是欺负同学罢了；

c. T这种行为挺常见的啊。

B. T和队友这么做的原因：

a. 他们因为对可能是同性恋的新同学有所顾忌，所以想把他赶走；

b. 对同性恋有恐惧，所以他们对可能是同性恋的人也非常不友好；

c. 缺乏同理心；

d. 有控制别人的需求；

e. 性格暴躁；

f. 通过对他人实行身体上的攻击宣泄不良情绪；

g. 缺乏安全感；

h. 害怕自己被欺负（可能是怕自己被看作同性恋）；

……

C. 他们心中在想什么：

a. 他看起来那么像同性恋，同性恋太恶心了；

b. 同性恋就是一群不如我的人，我讨厌他们；

c. 就算他不是同性恋，谁让他那么像呢，他活该被欺负；

d. 能占别人便宜是个有意思的事；

e. 同性恋就是低人一等，所以我可以这么做；

f. 虽然我不反感同性恋，但是欺负ta可以赢得朋友的认同；

g. 想到同性恋就想到艾滋病，那多可怕，万一他是同性恋，我可不想被他传染，所以他不能留在球队里；

……

教学提示：

"恐同"是指对同性恋者和/或同性性倾向表现出非理智的恐惧、拒绝或者厌恶，通常表现为有偏见的态度或歧视性行为。

"恐跨"是指对跨性别者和被认为是跨性别者的人群表现出非理智的厌恶、焦虑、感觉不适或者憎恨。很大一部分"恐跨"言论针对的是目前并不认同、在以后的生活中也不会认同自己为跨性别者的人群。

（5）讲师过渡与总结

校园里存在各种各样的欺凌，"恐同"欺凌是校园中存在的各种校园暴力的一种。这种观念和行为通常是在后天生活环境中模仿习得的。因此，这样的行为是可以被纠正的，我们每个人都可以通过自身努力来避免欺凌的发生。

教学提示：

在讨论"恐同"欺凌之前，也许可以简单地说一下校园暴力，然后再进入到这个话题。不消除其他形式的校园暴力，仅仅消除"恐同"欺凌是不可能的。如果之前有涉及校园欺凌/暴力的课程，那么本节课会取得更好的效果。

2. 活动2

（1）活动名称："恐同"大作战

（2）活动步骤

A. 延续刚才的分组，每组学生通过角色扮演的方式，展现一场"恐同"欺凌现象的应对情景剧；

B. 8分钟时间准备，每组3分钟时间表演；

C. 要求：每组学生根据小组人数，至少有一个人扮演欺凌者，一个人扮演同性恋者或疑似同性恋者，或者是被大家认为是同性恋的人，一个人扮演旁观者，一个人扮演拔刀相助的人，一个人扮演煽风点火的人等。

教学提示：

讲师可根据小组成员的人数，安排更多可能的角色，如向老师报告的角色，得知真相的家长的角色等。尽可能让每一个小组成员都参与情景剧表演，体验自身角色带来的感觉。如果小组人数较少，则至少要有一个欺凌者，一个被欺凌者，一个旁观者/拔刀相助者/煽风点火的角色。

（3）讨论话题

有什么方法可以阻止"恐同"欺凌的发生呢？如果大家在校园里目睹此类行为，该如何阻止？

(4) 学生讨论

可能方法：

A. 尊重他人，尝试换位思考，站在对方的角度想问题；

B. 不以貌取人，不把自己的想法强加于人；

C. 主动调节自己的心情；

D. 合理宣泄不良情绪；

E. 学会与不同的人沟通合作；

F. 及时制止周围人"恐同"欺凌的行为；

……

教学提示：

讲师可板书记录阻止"恐同"欺凌的方法。

(5) 讲师过渡与总结

前面我们讨论了许多与"恐同"欺凌相关的内容，那么，回到我们自己身上，如果我们身边有同性恋的同学，我们可以怎么与他们更好地交往呢？接下来我们就来谈一谈这个话题吧。

3. 活动3

(1) 活动名称：你是我同学

(2) 活动步骤

延续刚才的分组，小组根据话题进行讨论，讨论结果写在自己组的纸上，在全班分享。

(3) 讨论话题

假如你的同学中有同性恋者，你的担忧会是什么？你会怎样与ta交往？

(4) 学生讨论

学生的担忧：自己是异性恋，被同性恋追求怎么办？与他们相处久了，自己是否会变成同性恋……

怎样交往：总体上的结论是像与其他同学一样交往，热情，真诚，尊重……

教学提示：

A. 跟同性恋者做朋友或看同性恋的书/电影会变成同性恋吗？

交朋友最快乐的是彼此的分享，看书虽然是单向接受，但经由阅读增长知识，与交朋友的确有异曲同工之妙。

与同性恋交往，或是阅读、观看同性恋相关的书籍、电影，恰恰是了解同性恋文化的重要途径，对于认识"差异"、自我探索以及多元文化观的培养，都有正面的帮助。

促使我们生活态度与人格养成的影响因素极为复杂，朋友及书籍只是其中之一二，与其说交了同性恋朋友或阅读了太多同性恋的书籍，观看了同性恋的电影，以至于成为同性恋者，倒不如说是透过这些因素，帮助自己发现了最真实的自我，以至于对自身的生活做了最诚实的抉择。

对看同性恋书籍及与同志交往的担心，实际上隐含着一种"恐同"心理，因为人们从来不会担心与异性恋同学交往、看异性恋的书，会不会成为异性恋。

B. 同性恋是不是看见一个同性就追求？

当然不是。"同性恋爱"指的是两位相同性别的人因为爱恋彼此而愿意共同经营一段情感和性关系的过程。这和异性恋爱一样，都是因为发现对方身上有自己钟爱或者追求的特质，才有进一步的关系发展。我们可以反问："异性恋是不是看到异性就追？"相信大部分的人也会摇头。因为我们在心中很确定，我们只受到某些人的吸引。——这样的问题背后其实隐含着对同性恋的妖魔化的认识。

C. 我需要为同性恋朋友保守 ta 是同性恋这个秘密吗？

如果你的同性恋朋友认为这是一个应该保守的秘密，你应该尊重他们的意愿，不向他人透露，这是作为朋友的责任与义务。你要知道，ta 向你公开了同性恋身份，这证明 ta 认为你是可以信赖的朋友。

D. 我只接受我的朋友是同性恋，但并不接受其他人是，这算"恐同"吗？

你当然可以给你的朋友任何"特权"，但你对他人的不接受，你有想过原因是什么吗？如果你的这些"理由"都站不住脚的话，那就给像你朋友一样的同性恋者一个微笑吧。你对其他人的接受与支持，也可以鼓励你的朋友，让 ta 生活变得更美好，并更加珍惜你们之间的友谊。

E. 与同性恋做朋友还需要注意什么？

同性恋者要面对和承受更多的压力与困难，因此，如果他们是你的朋友，请给予他们更多的支持与鼓励，给予他们和你的异性恋朋友一样的尊重，珍视你们作为朋友的友情。

4. 小结

同性恋的同学和我们一样，都是正常的，他们不比异性恋低一等；与别人不一样不是被歧视的理由，因此，我们不应该歧视同性恋者；我们应该尊重不同的爱。只有让每一个不同的生命个体都健康、快乐地生活，我们的社会才能越来越美好。

本次课程中，我们一起学习了什么是"恐同"，以及"恐同"引起欺凌的原因和想法，共同识别了与"恐同"欺凌有关的观念和行为，并演示了防范"恐同"欺凌的措施，讨论了如何与身边的同性恋同学相处。在今后的学习生活中，让我们共同梳理反歧视、反"恐同"的信念，尊重多元的价值观，为创造安全的学习生活环境而努力。

教学提示：

本节内容中，可能依然有相当一部分人对于包括同性恋在内的非异性恋人群不了解，以及存在长期污名化导致的误解，讲师在课前准备时应该更加充分，课堂中应及时觉察由刻板印象带来的不同理解，做好解释和澄清的工作。

（关于LGBT群体的误解可参考本书第四章的课程《爱谁，是我与生俱来的权利》中的内容。）

A. 本节课的内容，可能是讲师不太熟悉的范围，讲师可以在课前搜集学生关注的内容，同时自己提前了解相关的内容，以免出现知识上的错误。

B. 课堂中可能就有同性恋（或同性恋倾向）的学生，讲师需要积极创设尊重、和谐的氛围，避免学生受伤害，同时强调保密原则。

C. 讲师在课堂中需要提醒学生，本节课的目的是让大家对于"恐同"有深入的了解，同时学会善待身边在性别与性倾向上有差异的同学，而不是去给别的同学贴标签，或是努力找出身边的同性恋同学。

六、知识与观点链接

1. 关于"恐同""恐跨"欺凌

研究表明，"恐同""恐跨"欺凌会对遭受欺凌的青少年产生严重影响。"恐同"欺凌经常会导致受害者成绩下降，在一些较极端的案例中甚至导致辍学。"恐同"欺凌对同性恋、双性恋、跨性别以及间性人（LGBTI）青少年身心健康的潜在负面影响包括很高的自残倾向，以及由此导致的自杀高发率。相关调查结果也显示这些年轻人倾向于高危行为，诸如不安全的行为和药物滥用。

"恐同""恐跨"欺凌不仅针对LGBTI青少年，而且包括了每一个被传统二元性别划分排除在外的年轻人。它会在教育系统中的任何层级发生，小学也不例外。它破坏了性别平等，无视对他人的尊重，剥夺了每个人在安全环境下受教育的权利。

2. 为什么学生中的同性恋者比以前多

并不是学生中的同性恋多，或是比以前多，而是随着社会接纳程度的提高，更多的同性恋者可以通过各种渠道和信息，正确了解和判断自己的性倾向，并能够被看见。

3. 学校（教师）如果发现学生是同性恋者，怎么办

同性恋学生和异性恋学生一样，都应该得到你的关注与呵护。只是，你

更应该为同性恋学生保守这个秘密,特别是不应该直接向他们的家长或是其他的老师、学生干部"告发",也并不一定需要与 ta 面对面地确认和交流,因为这只是他们的个人隐私。有时,过分的关注和过分的"心理辅导"会增加同性恋学生的压力,会让他们感到不适。

当然,你完全可以"暗示"这些同学,如果有需要,你可以随时出现在他们身边,给予朋友般的帮助与支持。

4. 如何面对公开"出柜"的同性恋学生

如果有学生向身边的同学或教师公开了自己的同性恋身份,这应该是一件值得鼓励的事情,做真实的自己没有什么不好。你完全可以公开地力挺"出柜"的学生,给予 ta 认可和鼓励,并告诉其他知情者,ta 很勇敢,我们更应珍惜 ta 的信任。同时,对于那些针对"出柜"学生的质疑与攻击,你应该勇于进行回应或批评,表现出"为人师表"的正义与担当。

5. 同性恋学生会把其他同学"带成"同性恋吗

为什么那些大多数的异性恋学生没有把较少数的同性恋学生"带成"异性恋呢?这个问题背后实际上隐含着对同性恋的恐惧和偏见。

6. 同性恋学生的心理健康和身体健康问题要怎么处理

据统计,有一半以上"出柜"的同性恋学生受到过来自学校、教师或同学们的歧视甚至攻击,因此,作为培养人的学校更应关注同性恋学生的心理健康,要营建一个不歧视性少数学生的氛围,要完善心理救助与辅导的可及性,一些学校设有专门的心理医生或谈心室,是非常有效的。

开展全面的性教育(不是只针对同性恋者),也是帮助学生了解科学的性知识和培养友善对待性多元的意识的重要方式。

7. 如果有人举报学生"搞同性恋",怎么办?

有时候,这种举报也许只是好奇,或许并无恶意,需要告诉 ta,不要随便给他人贴标签,这会给人带来伤害。

你也可以告诉 ta,同性恋不是什么大不了的事情,这是他人的个人隐私,我们无权干涉与评论,并要提醒 ta,不宜扩散他人隐私,乃至对他人造成伤害。

对被"举报"的"同性恋学生",要一如既往地关心和呵护。

8. 如果学生在课堂上向我(教师)提问,我对同性恋怎么看,我应该怎么办?

如果你表示"我支持同性恋""ta 与异性恋一样正常",你会赢得学生们的掌声与尊重。

执笔:吕娜　王宏云　李海琛

教案：向"恐艾"说"不"

一、课名
向"恐艾"说"不"

二、时长
45/60 分钟

三、教学目标
打破"谈艾色变"的迷思，鼓励学生自主学习艾滋病相关知识，消除歧视，提高和促进人权理念。同时也要认识到，无知、污名等带来的"恐艾"，不仅造成对艾滋病病毒感染者和患者的歧视，也会严重地影响自己的生活。

四、教具、材料
1. 课件、多媒体设备等。
2. 打印好若干份案例（与分组数量一致）；纸、笔等。

五、教学过程
（一）导入

1981 年美国，世界上第一次有关于艾滋病的正式记载。1985 年，我国发现第一例艾滋病病例。30 多年过去了，对于大部分人来说，艾滋病还是恐怖、绝望、肮脏的代名词，对于艾滋病病毒感染者和艾滋病病人，我们可能也都选择退而远之，一时间"恐艾"盛行。可是近年来，却听说有人因为"恐艾"进了医院。

我们对艾滋病病毒、艾滋病病毒感染者和患者的恐惧和反感到底基于什么原因呢？希望通过学习今天的课程大家能弄清楚这个问题。

（二）活动

1. 活动 1

（1）活动名称：艾滋歧视知多少

（2）活动步骤

A. 将学生按每 4~6 人一组分组，小组围坐，发放纸、笔和案例。

B. 结合案例，小组讨论，将结论记录下来。

C. 小组派代表分享本组观点，其他组同学补充，讲师点评与总结。

■ 案例一：

2019 年 9 月 1 日，有媒体报道称，"河北艾滋第一案"女孩面临失学。1997 年出生的芳芳（化名），家住河北省武安市邑城镇。1999 年，母亲因输医院违规使用的"自采血"患艾滋病离世，当时只有两岁的她也被确诊感染了艾滋病病毒。父亲王军（化名）以芳芳的名义把违规使用"自采血"的医院告上了法庭，有媒体将此案称为"河北艾滋第一案"。

随着案件的胜诉和为了保护女儿免受不必要的困扰，2008年后开始王军带着女儿刻意远离各界聚焦。2019年7月，已过中考录取分数线的芳芳因感染艾滋病病毒而被武安市某中学拒于高中校门外，为此，这对父女多方奔走无果。

■ **案例二：**

2017年6月9日，在新单位正式工作了一个月的谢鹏（化名），被以"体检不合格"为由解除了劳动关系。谢鹏体检结果为HIV阳性，这意味着他是一位艾滋病病毒感染者。

这个消息无疑是晴天霹雳，他不接受这一点，"我只是一名艾滋病病毒携带者，不是艾滋病患者。只要没有发病，可以像正常人一样工作和生活"。于是，他以侵犯隐私为由，将医院和公司告上法庭。在法院的调解下，谢鹏和企业达成协议：被告支付原告此前工资的双倍作为赔偿，并且双方签订两年劳动合同。

■ **案例三：**

2012年孙立（化名）确诊感染艾滋病病毒，由于抵抗力低下，2014年11月，机会性感染的结核病引发左大腿根部处伴有脓包，肌肉的异常痉挛导致他难以正常行走。在社区医院输液一个月不见好转，孙立来到重庆公共卫生医疗救治中心就诊住院。由于传染病专科医院没有对症治疗的外科，无法手术治疗，医生提出帮忙联系其他综合性医院专家会诊，明确诊断及制定诊疗方案。

当孙立与当地多家综合性医院交流后，均被以"时间安排不过来""医疗条件不足""不愿意"等理由拒绝，"医生帮我给三甲医院重庆大坪医院的医务科发了介绍信，详细说明病因病情。最终邀请到重庆大坪医院骨科的主任医师来会诊，初步检查后，主任医师表示需要动手术"。转院到大坪医院之后，孙立和母亲商量再与医师沟通治疗方案。但完成术前检查后，却突然被告知无法手术。

早在2012年底，原卫生部发布《关于加强艾滋病患者和病毒感染者医疗服务工作的通知》，指出医疗机构要严格落实首诊（问）负责制。各医疗机构不得以任何理由推诿或拒绝诊治艾滋病患者、艾滋病病毒感染者，不具备诊疗条件的医院应及时转诊患者。"他们拒绝的态度很强硬，感觉像被骗了一样。"孙立很无奈，在被多家医院拒诊后，好不容易争取的手术机会也没了。在朋友的帮助下，孙立通过与成都的艾滋病援助组织交流，联系到成都市公共卫生医疗救治中心的相关医生，向其说明病情之后，医院很快接受手术请求，"当时情绪很低落，医生还鼓励我不要紧张，只是一个小手术，最终顺利完成了"。

■ **案例四：**

2014年12月11日，四川省人民医院医生李晓霞（化名）使用的艾滋病紧急预防用药已经停药一个多星期了。一个多月以前，她接诊了一位患有艾滋病的急诊孕妇，需要紧急助产。因为时间紧迫，输血全套的检查结果要第二天才能出来，她来不及等待结果，必须马上开始手术。而此时，家属和患者都隐瞒了患者的艾滋病病史。

手术期间，羊水和血液污染了李晓霞的脚，而恰巧她的脚上又带有伤口。她为此服用了28天的药物来预防艾滋病感染，而最终的结果还要等待4个月。

■ **案例五：**

刘武就要结婚了，日子都定好了。未婚妻收拾东西的时候，发现了刘武的化验单显示他感染了艾滋病病毒，追问之下，得知刘武是因为以前嫖娼时感染的，未婚妻坚决地悔婚了。

（3）讨论话题

　　A. 艾滋病病毒感染者和患者有可能在哪些方面面临歧视？

　　B. 造成这些歧视的原因是什么？

　　C. 这些歧视会给艾滋病病毒感染者和患者以及非感染者带来什么样的影响？

（4）学生讨论

　　A. 歧视存在于方方面面：就业、上学、就医、婚恋……

　　B. 原因是多方面的：对知识了解不足；将艾滋病等同于嫖娼；将艾滋病等同于同性恋；将艾滋病等同于道德败坏；将艾滋病等同于绝症、死亡……

　　C. 歧视带给艾滋病病毒感染者和患者的影响：自卑；病情加重；孤独；抑郁；不能升学；不能就业；自暴自弃；没有收入；没人爱；恶意传播；故意隐瞒；报复社会……

歧视对非感染者的影响：不小心被传染；被恶意传染；失去朋友；失去爱人；恐惧……

教学提示：

　　A. 大众对艾滋病的病理、传染途径和传染性都不够了解，造成恐惧放大。无知带来恐惧，恐惧带来误解。有很多人认为艾滋病很可怕，但其实艾滋病从传染性来说，它远远比肝炎低。而在医疗防护方面，只要按照一般传染病进行防护就能够起到防护的作用，关键是医务人员要具备正确防护意识。

B. 一些媒体对艾滋病的宣传有时有负面作用,有时是因为写稿的人本身对知识不够了解,有时是因为写稿的人本身对艾滋病有歧视,还有时是因为写稿的人为了追求新闻效果故意"危言耸听"。

a. 每年的12月1日是"世界艾滋病日",媒体上铺天盖地充斥着艾滋病的相关报道,数量是此前逾10个月的几十倍,但12月1日一过,防治艾滋病的报道便踪迹难寻。

b. 艾滋病病毒感染者并不等同于艾滋病患者,但几乎所有相关的报道都不会对这两点加以区分,并经常混用。

c. 在艾滋病相关报道中常见歧视性用语,如"艾滋女""艾滋村",称"易感人群"为"危险人群",把"HIV流行"叫作"艾滋灾难""世纪瘟疫"等。这样并不符合事实,反而加剧了公众对艾滋病的偏见,将艾滋病污名化、妖魔化。

d. 一些媒体对艾滋病的道德化也起了很大作用,如使用歧视性的语言,将艾滋病与嫖娼、出轨、吸毒等联系起来,或者强调同性恋者传播艾滋病病毒概率更高,造成对艾滋病病毒感染者的污名化。

C. 学生对案例五可能会有不同看法,允许多元观点呈现,但是不接受侮辱性、攻击性的语言和态度。讨论的是"是否歧视",不讨论得病原因。

(5)讲师过渡与总结

如同大家的讨论,社会上对艾滋病患者和艾滋病病毒携带者的歧视非常普遍,而且很多是基于对他人的道德判断,首先这对他人不公平,其次我们也没有这种对别人道德判断的资格,并且很多判断是基于不正确的信息。艾滋病病毒通过异性性行为传播的比例要远远高出同性性行为和吸毒这两种方式。

所以,一方面要增加艾滋病相关知识的普及力度,加强艾滋病的预防控制,另一方面,要努力消解社会对艾滋病病毒感染者与艾滋病患者不必要的歧视和排斥。

2. 活动2

(1)活动名称:"恐艾"知多少

(2)活动步骤

A. 维持刚才的分组,小组围坐,发放纸、笔和案例。

B. 结合案例,小组讨论,将结论记录下来。

C. 小组派代表分享本组观点,其他组同学补充,讲师点评与总结。

■ 案例六:

某艾滋病检测中心的一名医生说:十多年前,来门诊的十个人中有九个是艾滋病病毒感染者。现在，来门诊要求治病的十个人中有七个都是恐艾症恐友，三个是艾滋病病毒感染者。可是我发现，现在接待门诊比十年前累多了，也让人烦躁多了。恐艾的人老是要求我帮助他们分析艾滋病感染的风险，并且在得不到一个绝对肯定的答复前就不想离开。其中一个艾滋病患者就说道，还好没有得恐艾症。诚然，若是恐艾也不会轻易感染艾滋病，但是感染了艾滋病病毒的病人，很多也都在庆幸自己没有恐艾。在我们医生眼里，艾滋病病毒感染者按照我们的建议吃药和留意日常生活，医患关系都挺好的。反倒是艾滋病恐惊症患者，都有过在网络上搜索艾滋病相关知识的经历，很多人根本听不进去我们的话，或者觉得我的艾滋病专业知识对他们毫无益处。

■ **案例七：**

某疾控中心艾滋病专科门诊医生，接诊一位"恐艾"者。因一次高危性行为后，担心染病，反复去多家医疗机构检查。两年的时间，前前后后加一起做了 20 多次的检查，但还是坚信自己染病，认为自己所患的就是一种新型的艾滋病病毒，目前医学能力还不足以将其检测出。最后在家人的劝说下，这名"患者"才走进心理门诊接受治疗。

■ **案例八：**

首都医科大学附属某医院一名医生的咨询记录：从 2018 年 1 月 13 日持续到 2018 年 1 月 31 日，医生反复回答不是高危行为，没有传染风险，不需要检测。咨询持续了 18 天，并且没有停止……

症状自述：女，30 岁。在网上买了几条内裤，收到货后她就直接剪吊牌了，剪到最后一条时发现里面有根头发，怀疑是有人买回去试穿过，又寄回给卖家，然后又被她买到，跟卖家核实，的确他们内裤可以退换，现在害怕之前的买家有艾滋病，怕自己被传染了。"内裤每条都是用袋子独立包装的，所以接触空气不会很多吧，我拿在手上摸了很久，我手上有裂口，因为在网上查到艾滋病病人的体液都可以传染，所以觉得如果有白带在内裤上，又装到袋子没有接触空气，白带没有干，就会有传染性，再加上自己手指跟手背有裂口（因为自己洗手很严重），所以觉得更是增加了感染的概率。"

（3）讨论话题

A. 什么叫作"恐艾"？什么叫作"恐艾症"？

B. "恐艾"的原因有哪些？

C. 自己也因为某次的行为或某个事件，担心感染艾滋病病毒，怎么办？

D. 周围有同学表现出"恐艾"，我们可以怎样帮助他/她？

（4）学生讨论

A. "恐艾"是担心自己感染艾滋病病毒，而在日常生活中疑神疑鬼，同时伴有歧视艾滋病病毒感染者或患者。

严重的"恐艾"就会发展成为"恐艾症"。艾滋病恐惧症（获得性免疫功能缺陷综合恐惧症），简称恐艾症，是一种对艾滋病的强烈恐惧，并伴随焦虑、抑郁、强迫、疑病等多种心理症状和行为异常的心理障碍。患者怀疑自己感染了艾滋病病毒，或者非常害怕感染艾滋病，并有洁癖等强迫症表现。

B. 恐艾原因：无知；恐惧；有过高危行为；自身歧视艾滋病病毒感染者或患者；不相信科学；心理本来就有毛病；做过"坏事"担心遭"报应"；担心家人，尤其是孩子不会保护自己；自身道德交战；对自己、对艾滋病有羞耻感……

C. 马上去检测；吃阻断药物；检测有窗口期；窗口期之后再测一遍，阴性就不用担心了；想清楚到底是不是高危行为；别自己吓唬自己……

D. 陪他/她去检查；给他/她科普相关知识；安慰他/她；跟他/她一起吃饭、学习，让他/她放心；表示不会歧视他/她……

教学提示：

A. 艾滋病窗口期：从艾滋病病毒进入人体到血液中产生足够量的、能用检测方法查出艾滋病病毒抗体之间的这段时间，称为窗口期。在窗口期虽测不到艾滋病病毒抗体，但体内已有艾滋病病毒，可以通过HIV核酸检测查到，因此处于窗口期的感染者同样具有传染性。目前广泛采用第三代、第四代双原夹心法和酶联法以及化学发光法等检测手段，艾滋病的窗口期可以缩短到14~21天。因此，世界卫生组织WHO明确表示艾滋病窗口期为14~21天。

B. 发生高危行为或暴露之后，首先去检测，同时服用阻断药物，窗口期之后再次检测，如果是阴性，就安全了，说明没有感染，同时也不必再服用阻断药物了。

C. 没有保护的性交、共用注射器静脉注射吸毒、和他人共用其他可以刺破皮肤的器械、使用未经检测的血液或是血制品、艾滋病病毒阳性的女性怀孕并生育这几种行为是高危行为，其他的如吃饭、蚊虫叮咬、共用毛巾、打喷嚏、擤鼻涕等都不是高危行为。

D. 严重的"恐艾症"需要专业人士干预或治疗。

（5）讲师过渡与总结

对艾滋病病毒的恐惧，甚至可以发展成"恐艾症"，再这样下去，会不会发展出来一个"恐'恐艾'症"出来呢？听起来像个笑话，但是有人真实地因为"恐艾"而生活在痛苦之中，甚至周围的家人、朋友都深受其害。

正视艾滋病病毒，学习科学防艾知识，将艾滋病与道德、生活作风、羞耻等分开，消除"恐艾"基础，这才是从根本上解决问题。

3. 小结

我们的敌人是艾滋病病毒,而不是艾滋病病毒感染者或患者;同样的道理,我们的敌人是"恐艾",而不是"恐艾"的人。

歧视源自无知,科学带来尊重。我们不歧视艾滋病病毒感染者和艾滋病患者,也不歧视"恐艾症"患者。相信科学,消除歧视,相互尊重,才是解决之道。

六、知识与观点链接

1. 恐艾症

艾滋病恐惧症(获得性免疫功能缺陷综合恐惧症),简称恐艾症,是一种对艾滋病的强烈恐惧,并伴随焦虑、抑郁、强迫、疑病等多种心理症状和行为异常的心理障碍。患者怀疑自己感染了艾滋病病毒,或者非常害怕感染艾滋病,并有洁癖等强迫症表现。

艾滋病恐惧症者大多有过高度危险的婚前或婚外性行为,而性行为的对象常是地下性工作者或网上认识的一些性关系混乱的人。一方面,这些危险性行为确实会使艾滋病感染的机会大大增加;另一方面,由于这种行为是社会道德规范所不容许的,因而在内心深处他们经常受到道德的谴责和社会的压力。

理智与欲望、道德与本能的斗争常使他们产生矛盾感、羞耻感、负罪感,因而更容易出现艾滋病恐惧症。在这种情况下,他们看到或了解到一些艾滋病的相关知识,但又对其一知半解,因而夸大艾滋病的传染性,或把艾滋病可能存在的症状作为艾滋病的特异性症状,与自己的感觉一一对号入座,使自己陷入深深的恐惧当中。

从心理学的角度来分析,艾滋病恐惧症患者不仅仅是由于对艾滋病的临床表现和传播途径存在片面性认识和错误理解,相当一部分人也是因为本身的性格基础,并且有其他心理障碍,尤其与焦虑障碍关系尤为密切。艾滋病恐惧症患者可能是有过高危行为的人,也可能是没有过高危行为的人,恐惧完全出自自己的主观想象和联想。

疾病的几种表现:

(1)精神压抑,沉默寡言,恐惧焦虑,不能自我解脱。

每每谈及所患症状则痛不欲生,因而出现失眠、心悸、出冷汗、头昏等症状,有的甚至认为死亡就在眼前,世界到了尽头。

(2)扩散病情。

患者公开声称自己患有艾滋病,负罪心理严重,并动员家属做有关性病的检查。

（3）固执己见。

虽经多家医院检查无感染艾滋病病毒，但仍多方求医，要求治疗。

（4）基本症状。

强迫症状、疑病症状、恐病症状、抑郁症状。

2. 成都市恐艾干预中心（官网 http://www.for512.com/Default.aspx）

成都市恐艾干预中心于2009年3月正式成立，办公区位于成都市人民南路，是由成都市性病艾滋病防治工作者、临床心理工作者和热心于反性病艾滋病歧视恐惧的社会各界人士自愿组成的群众组织，是目前国内唯一从事性病艾滋病干预救助和恐艾干预人才培养教育的社会团体，是依法登记的学术性、公益性和非营利性的法人社会团体，是参与性病艾滋病科学防治工作宣传和针对艾滋病感染人群及性病艾滋病恐惧人群进行心理救助的一支重要力量，是向社会弘扬真善美的品质、抵制艾滋病感染途径、倡导和谐家庭、维护夫妻间关系稳定的公益组织。

执笔：王艺

教案：性玩具，谁可以用

一、课名

性玩具，谁可以用

二、时长

60分钟

三、教学目标

使学生了解性玩具，安全、正确地使用性玩具；认识到使用性玩具是个人的选择，使用性玩具是私密行为，要在私密空间使用；消除对使用性玩具的罪错感；使用性玩具要遵循安全、健康、尊重三原则，和伴侣一起使用时要尊重伴侣的选择。

四、教具、材料

1. 课件、多媒体设备等。

2. 卡片纸、笔、A1纸、打印好的案例。

五、教学过程

（一）导入

课件展示新闻截图。

京东大数据统计，2014—2017年，"成人用品"市场份额是计生用品的2

倍,"成人用品"市场规模 2015 年为 60 亿美元,2020 年预计可达 90 亿美元。性玩具(成人用品)在我国已经呈现出快速增长的趋势。

据统计,2019 年 2 月 14 日情人节当天,天猫超市成人用品消费暴涨 6 倍。

成人用品实体店数量也呈现快速增长趋势,在全国大中城市甚至县镇都可见各品牌成人用品实体店和成人用品无人售货机器。搜狐网站新闻里有多个关于成人用品店的报道,有人担心开在自己小区门口的成人用品店"辣眼睛",对自己的孩子成长不利而投诉至媒体,有人表示带孩子上学和放学路上孩子问起性相关的问题自己尴尬无法回答,也有人表示随着社会的发展不应该再谈性色变,而应该坦然处之。

性玩具的购买迅速增长说明人们对它的需求在增加,也趋向于发展为一种日常生活用品。那么,同学们知道有哪些性玩具吗?

(二)活动

1. 活动 1

(1)活动名称:认识性玩具

(2)活动步骤

A. 导入:性玩具的历史源远流长,我们可以在一些普通博物馆里看到从世界各地出土的性玩具。

图 1

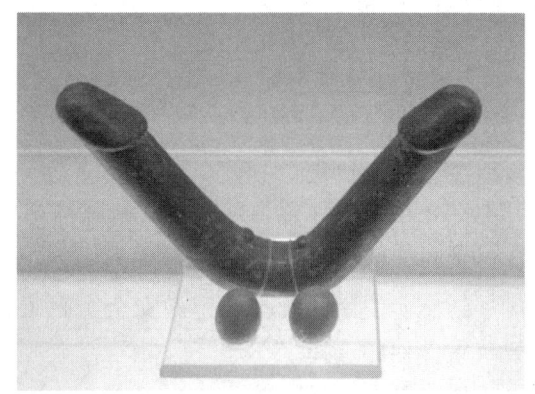

图 2

图 1 是波兰考古学家在波兰格但斯克城的一座古代茅厕中挖掘出的一根有 250 年历史的假阴茎,外面是皮,里面填了鬃毛,头部为木质。

图 2 是中山靖王刘胜(汉景帝刘启的第八个儿子,生于公元前 165 年)墓中出土的文物。

B. 请同学们在卡片纸上写出自己知道的性玩具,将同学们的卡片收集起来，在黑板上按照类别将同学们所写的性玩具进行分类，男用器具、女用器具、情趣内衣、情侣共用器具等。

（3）讨论话题

性玩具的主要分类和使用方法。

（4）学生讨论

一些性玩具的使用方法，有可能正确，也有可能错误。

教学提示：

A. 会有同学因为不好意思，或是没有见过、没有使用过或其他原因，拒绝参加这一活动，讲师不要强制学生参加活动，如果多数学生都拒绝参加这一环节也没关系，就改成在课件上展示，讲师讲解。

B. 除了常见的性玩具，同学们可能会列举一些小众化、"重口味"的性玩具，或者在生活中常见、一般不会认为是性玩具的物品，讲师也要对此进行引导。这是因为每个人对性欲的唤起和性欲的释放理解不同，在充满爱的人眼中，任何物品都可以作为性玩具。但是使用"性玩具"都要遵循基本的原则：安全、健康。

C. 如果学生提出的一些性玩具的使用方法是错误或危险的，讲师要及时介入，讲授正确的使用方法，并且提醒他们，认真阅读说明书，并认真执行，是很好的保证安全的方法。

（5）讲师过渡与总结

A. 一般来讲，性玩具分为3组：男用器具组、女用器具组和情侣共用器具组。

B. 性玩具使用者可以借助性玩具达到自己想要追求的愉悦和性快感，在选择和伴侣共同参与使用的性玩具时，需要尊重伴侣的意见。安全、卫生、尊重伴侣是使用性玩具的基本原则。

正确操作性玩具，要按照器具使用说明书进行。首先进行器具的清洁，必要的话使用前需要在器具表面或使用部位涂抹润滑剂，对于多次使用的性玩具，每次使用后都要做好清洁和保养，正确存放。对于插入式的性玩具，从卫生的角度考虑，可以选择佩戴安全套使用。

C. 安全、正确地使用性玩具可以给使用者带来愉悦，使用不当也可能给使用者带来伤害，那么使用性玩具的好处和坏处是什么？性玩具在社会中通常被命名为"成人用品"，那么谁可以使用性玩具？我们可以使用性玩具吗？

2. 活动2

(1) 活动名称：四维思维大辩论

(2) 活动步骤

在同学们对性玩具有了初步认识的基础上，引出对性玩具认识的四个维度的观点。

①性玩具有好处 我们可以使用	②性玩具有坏处 成人可以使用（我们不可以使用）
③性玩具有坏处 成人也不应该使用	④性玩具有好处 成人可以使用（我们不能使用）

在 A1 白纸或黑板上罗列上述 4 种观点，请同学们按照自己的理解进行选择，分组讨论并陈述理由。

教学提示：

如果四组人数悬殊，或是某一组没有人选，则按照1、2、3、4 报数的方法，随机分组。

(3) 讨论话题

A. 使用性玩具有好处，还是有坏处？有什么样的好处或坏处？

B. 性玩具谁可以玩？

(4) 学生讨论

请4组同学进行分组讨论后，首先分组陈述理由，然后请同学们按组别对其他3组陈述的理由分别进行评析。

教学提示：

A. 有可能有些同学会认为性玩具是"变态"的人才会使用，"正常人"不会选择使用性玩具。组织者可以根据做爱三原则（自主、健康、责任）进行评析。只要符合这三个原则，做爱的形式在双方自主选择的前提下，保证安全和健康，做一种负责任的选择。

B. 性玩具的分类有多种，如果同学们在讨论中涉及女生采用插入式震动棒"破处"的话题时，组织者可以顺势就性玩具的分类做分析，有体外使用和插入式性玩具两种。如果女生选择插入式性玩具，引导同学们进行分析，理解这一行为，可以讨论"贞操观"。

(5) 讲师总结与过渡

每个人对于性玩具的认知不一样，在遵循自主、健康、责任的前提下，可以选择使用性玩具，也有些人可能一生都不会使用性玩具。如果选择自己使用性玩具，要学会正确使用，做好清洁工作，保证安全使用。如果和伴侣一起使用性玩具，要征得伴侣的同意。即使使用了性玩具，也不代表淫荡、好色，是一种正常的性欲释放方法。如果不经意间发现其他人使用性玩具，也不要嘲弄他人，不要大肆传播，要尊重他人的隐私。

3. 活动3

（1）活动名称：别人发现了我的性玩具，怎么办？

（2）活动步骤

维持刚才的分组，各组对以下案例进行讨论，然后各组派一个代表，阐述本组讨论结果，讲师进行点评。

■ 案例一：

张名同学存放在卧室衣柜内的性玩具，被家长在整理房间的时候发现了，家长告诉张名使用这些性玩具很不好，会上瘾，并影响学习，要求张名将性玩具自行处理掉，张名同学对此很焦虑，不知道如何与家长沟通这件事。

■ 案例二：

张刚同学的学校是寄宿制，张刚同学将自己的性玩具带到了宿舍，有一次使用后没注意收纳好，被同宿舍的李佳同学发现了，李佳同学像发现了新大陆一样兴奋，将张刚同学使用性玩具的事情告诉了自己的几个好朋友，这件事情逐渐在班里传开。

（3）讨论话题

A. 如果你是案例一中的张名，你会如何与家长沟通？

B. 我发现同学使用性玩具，可以广而告之吗？

（4）学生讨论

A. 尊重家长的意见，丢弃性玩具，但是内心很舍不得；和家长进行沟通，表示使用性玩具可以解决生理需求，不会上瘾，更不会影响学习；表面上答应家长，然后将性玩具藏起来防止家长发现；说服家长，和家长一起寻找专业人士进行咨询，再做决定。

B. 应该尊重同学隐私，不应宣扬同学使用性玩具的事。

教学提示：

有可能有些同学会认为张名和李刚都是男生，有些同学认为张名和张刚都是女生。如果4个小组在讨论发言中都默认张名和张刚都是男生/女生，组织者要提问：如果张名和张刚都是女生/男生，你的选择是什么？选择的理由是什么？引导学生注重打破使用性玩具的性别双重标准。组织者可以根据活动具体情况控制讨论时长。

(5) 组织者总结

性玩具是隐私，要注意保护好自己的隐私。如果出现上述情况，要充分地分析，选择适当的沟通方式，即使遇到家长、同学或老师不理解和不支持自己的事情，也不要有心理压力，可以选择寻找专业人士或学校的心理老师进行咨询。

4. 小结

(1) 使用性玩具完全谈不上淫荡、好色，性玩具是性交的辅助器具，使用性玩具可以使自己和伴侣达到愉悦，也是一种探索身体感受的方式，是个人自主的选择。不必因为使用性玩具而感到羞耻，造成心理压力。如果家长或其他人发现自己的性玩具，要坦然应对。

(2) 不使用性玩具，也可以很快乐，有的人一生都不使用性玩具。

(3) 性玩具可以从专业成人用品店购买，也可以从网络上购买，要选择正品。

(4) 安全、卫生、尊重伴侣是使用性玩具的基本原则。按照使用说明书使用，注意清洁和保养，注意私密性，保护自己的隐私。

教学提示：

A. 注意对学生隐私的保护，并且要求学生也要保护同学的隐私，课堂上呈现的内容，仅限于课堂讨论，不得将同学的行为、活动和言语向外传播。

B. 根据活动2同学们的讨论用时情况，决定是否进行活动3，或将其作为作业留给同学们思考。活动3的两个案例可以根据教学实际情况自行取舍。

六、知识与观点链接

1. 包皮嵌顿

包茎或包皮外口狭小的包皮过长者，如将包皮强行上翻而又不能够及时复位时，狭小的包皮口会勒紧在阴茎冠状沟上，阻碍包皮远端和阴茎头的血液回流，致使这些部位发生肿胀，这种情况称为包皮嵌顿。包皮嵌顿多因性交或自慰引起，严重时若不及时处理，包皮和阴茎头就会发生缺血、坏死。一旦发生要尽快到医院就诊，及时将其复位。

包茎或包皮过长的男性在使用飞机杯等性玩具时，如果用力过猛、动作过大可能会出现包皮嵌顿的情况，如果出现这种情况，应第一时间去正规医院就诊，请医生帮助恢复。切勿因为害羞等原因延时就医或自己解决，包皮嵌顿若没有及时得到医治会引起非常严重的身体损伤。预防包皮嵌顿的最好办法是做包皮环切术。

2. SM

"虐恋"的英语词为"sadomasochism",是施虐(sadism)和受虐(masochism)两者的合成词,故虐恋更常见的非正式称呼为"SM"。

性虐恋包含施虐和受虐两个范畴,对他人施加痛苦可以导致自身的性快感、性兴奋或单纯的乐趣则属于前者,如果接受痛苦可以导致自身的满足感则属于后者。其中的疼痛既包括肉体痛苦(如鞭打导致的痛感),又包括精神上的痛苦(如羞辱、支配所导致的痛苦感觉)。

虐恋在很长一段时间里被主流社会视作精神疾病,根据世界卫生组织的《疾病和有关健康问题的国际统计分类(第十版)》,虐恋被定义为一种性欲倒错。1994年美国精神医学学会发行的《精神疾病诊断与统计手册(第四版)》改变了对性欲倒错的表述。

虐恋活动因涉及鞭打、捆绑等活动,法律风险较高。造成参与者死亡或重伤、非自愿强制实施的虐恋行为、与未成年人发生虐恋行为,在一些国家和地区属于严重犯罪行为,而在管制淫秽物品、禁止卖淫的国家和地区,虐恋活动有可能会触犯相关法律。媒体上有报道虐恋者因为提供付费服务而被捕或入狱,亦有虐恋者因为失手导致伴侣死亡或重伤而被判过失致人死亡罪。除此之外,还有虐恋活动涉及敲诈勒索、诈骗、胁迫等罪行。

3. 性高潮

性高潮是指性刺激之后,身体与心理对于性愉悦的反应,通常会有射精、脸红、抽搐等生理表现。男性和女性都能达到性高潮。只要有性方面的刺激,就可能有。例如,自慰、爱抚身体某些地方,尤其是性敏感带。达到性高潮可以使人身心愉悦。

4. 性健康用品政策法规

我国性健康用品行业发展已经步入正轨。1989年,国家解除成人健康用品广告禁令,人们开始看到安全套广告,性健康不再是生活中的禁忌话题。2003年以后,《国家食品药品监督管理局关于仿真式性辅助器具不作为医疗器械管理的通知(国食药监械〔2003〕220号)》发布,仿真类器具至今未确定明确的监管部门。2009年实施的《中华人民共和国增值税暂行条例》规定"生产、销售的避孕药品和用具免征增值税",表明了国家对产业的扶持,成人健康用品市场的空间将更为广阔。

自从国家食品药品监督管理局放宽了对计生用品和成人健康用品的广告宣传后,计生用品和成人健康用品开始走入公众视野,如电视、地铁等公众媒体和场所,超市和便利店的收银台等明显位置已有摆放与销售。每年我国政府及相关协会会举办百余场计生用品(两性健康用品)展览会等为广大人民群众传递两性健康理念，普及生殖健康常识，引导公民树立正确性观念，普及健康生育意识，远离艾滋病，促进家庭美满、社会和谐，为性健康用品市场健康、有序、快速发展注入新鲜活力。

执笔：王弘琦

教案：网络上的爱与性

一、课名

网络上的爱与性

二、时长

45/60 分钟

三、教学目标

1. 了解网络中的爱与性，相比现实中的爱与性，有其特殊的好处和弊端，但是本质对象仍然是网络中的人，而不是网络本身。

2. 面对网络，采取谨慎、乐观的态度，学习充分利用网络的优势，避免网络带来的危害，能正确面对和处理网络中的爱与性。

四、教具、材料

课件；多媒体设备；打印案例；纸、笔等。

五、教学过程

（一）导入

网络之中，一切都好像触手可及。移动互联，使得连最后一根网线的限制都不见了，"更自由、更便利、更快"成了这个时代的口号。爱情，似乎也是如此。

可是，一方面，与埃塞俄比亚小山村正在施工的男友都能保持联系，另一方面，身边的"单身狗"却越来越多。大家一边与从没有见过面的人谈"海阔天空"，一边将自己限制在方寸屏幕之前，当一个"肥宅"。

你向往的爱情呢，是在网络这一端，还是在公园的小凉亭？

（二）活动

1. 活动 1

（1）活动名称：网络恋情，是甜蜜还是陷阱？

（2）活动步骤

A. 将学生随机分为两大组，分坐在教室两侧，发放纸、笔。参考案例进行话题讨论，将己方观点和论据记录下来。

B. 请两方各派出 3 名代表，首先请两方代表分别阐述本组的观点和论据，轮流进行两轮辩论。

C. 讲师进行点评与总结。

■ **案例一：**

2014 年，来自洛阳农村普通农民家庭的璐璐，以优异的成绩完成了本科学习，毕业后求职屡屡被拒，因为她是一个"袖珍人"，她得知郑州康达能力训练中心正在招聘袖珍人教师后，就来到这里，一干就是 5 年。璐璐的老公李洲瑶也是这里的袖珍人特教。他们是在袖珍人的 QQ 群里认识的，网恋多年之后先后来到这里，2015 年结了婚，李洲瑶天性温柔细心，璐璐感觉生活幸福甜蜜。

■ **案例二：**

网友 D，女，27 岁。自述："高一的时候认识的，他家武汉的，我家贵州铜仁的，都忘了怎么加的 QQ 好友了，那时候学习压力大，就乱找人聊天，聊着聊着聊出感情来了，熬过了高中两年、大学四年的异地恋，费尽周折到同一个城市工作。今年三月份，我答应了他的求婚。"

■ **案例三：**

某高校一位男博士，在网上认识了姑娘"李婷"，在聊天中他慢慢喜欢上了这个照片里清纯可爱的姑娘。恋爱期间，女生以过生日、买手机、买车票等不同理由向男生索要红包，看似是撒娇，其实却全是套路。最让人"佩服"的是，李婷还编了一场去见博士男友、路上遭遇车祸被撞成植物人的狗血剧情，中间还用小号假扮同事，挑拨关系。这位男博士短短几个月被骗走 7000 多元。

■ **案例四：**

23 岁的大四女生小玮，家境优越，品学兼优，是一个温婉善良的女孩。一年前经同学介绍，小玮在 QQ 上认识了帅气的"军官"——朱军桥，他有一份"漂亮"的简历——维和部队军人。小玮看到照片后便对朱军桥产生了爱慕之心，她以为可以轰轰烈烈地谈一场浪漫的军恋，没想到一脚迈进了深渊。两个月后，朱军桥渐渐圆不住自己的谎，小玮才发现这就是一场合谋的骗局，从头到尾都是欺骗。他的身份也不是什么维和军人，而是某食堂的帮工，初中毕业后当过义务兵。小玮因此提出了分手，渣男的罪恶嘴脸此时露出来了，他嚣张地扬言："如果你不跟我在一起，我会杀掉你的父母，炸掉你们家厂子，灭你全家。"此后的一年中，小玮一直心惊胆战地活在渣男的威胁和暴力纠缠中。父母得知此事后，礼貌地去朱家沟通，说：女儿要出国留学了，一去几年，暂时这个事，就不要谈了。恼羞成怒的渣男，拿着半米长的西瓜刀冲进了小玮兼职的琴行，一刀刺中小玮脖颈，一刀刺中小玮动脉。

(3) 讨论话题

网络恋情，是甜蜜还是陷阱？一方讨论网络恋情的好处，另一方总结网络恋情的害处。

(4) 学生讨论

A. 网络恋情的好处：跨越地域、国界、民族、种族差距；给原本没有机会的人以机会；可以先了解，培养感情，再谈现实；超越现实的金钱、容貌等限制；先看心灵，才是真爱；成本低；对现实中不善交际的人有利；因为共同的兴趣、爱好走到一起，有共同语言……

B. 网络恋情的害处：不了解真实情况；可能会撒谎，欺骗；反而造成现实交往有障碍；不安全；泄露个人信息；爱上的是自己的"幻想"；鬼迷心窍……

教学提示：

A. 担心学生的观点一边倒，所以提供了几个案例作为参考。讲师可根据实际情况和社会热点新闻进行案例更换，只要保证观点有受益和受害两方面呈现即可。

B. 鼓励多元观点呈现，只要不出现暴力的、危险的和歧视性的言语就不需要干预，如果出现，及时引导和纠正。

C. 如果有学生现在正在网络交友或恋爱，被其他同学提起，要及时干预中断，提醒学生只讨论一般情况，不对个人经历进行评价或谈论。

D. 一些负面的、危险的方面，要引导学生讨论规避风险、保护自身安全的方法。

(5) 讲师过渡与总结

就像同学们说的，在网络中追求爱情，有的不切实际，有的上当受骗，也有的甜蜜幸福。那么网络中的性可就更加扑朔迷离了，一端是虚幻，一端是现实，用"性"联系在一起，会带来什么呢？

2. 活动2

(1) 活动名称：网络上的性，如何评价

(2) 活动步骤

A. 请学生自由发言，说出自己所知道的网络中的性有哪些表现形式、内容，又是如何遇到的等。不要求举手发言，直接说出来就可以，讲师听到就在黑板上或课件中记录下来，如果内容较多，可以请一名学生帮忙记录。如果学生一时说不出来，讲师可以适当地提示。

B. 维持刚才的分组，进行下面话题 B 的讨论，一方讨论和总结网络中的性积极的一面，一方讨论和总结网络中的性负面甚至有危害的一面。

C. 讲师进行点评与总结。

（3）讨论话题

A. 网络中的性有哪些表现形式？有哪些内容？你是如何知道/接触到这些信息的？

B. 网络中的性的利与弊。

（4）学生讨论

A. 学生可能会提到的网络中的性有：

a. 文字，如网络小说中关于性爱的描述、性技巧的讲解等；

b. 图片，如裸露的写真图片、性交的图片等；

c. 音频、视频、色情语音聊天、影视剧中的性爱片段等；

d. 色情网站、色情聊天室、视频性游戏等；

e. 各种婚恋、交友、约会 APP；

f. 网络聊天中谈到性的话题。

B. 网络中的性的积极有益的方面：方便购买性用具、成人用品等现实中不好意思买的东西；便捷地认识某人，进行性行为；虚拟性爱、音视频可以满足性欲的发泄，缓解内心的性渴求；平常羞于了解性方面的信息，通过网络可以了解更多的信息；学到老师不会教的性知识；满足对同性、异性、性方面的好奇心；一种娱乐；舒缓压力；不会得性病、艾滋病；不会怀孕；也会交到朋友……

C. 网络中的性的负面及有害的方面：涉嫌传播淫秽色情信息违法；可能上当、被骗；信息可能是错的；可能会学到有害的东西，受到坏影响；混淆网络、虚拟、幻想和现实；沉迷其中，无法自拔；费钱；不道德的；混乱、淫荡、羞耻；影响身心健康；转入现实也会怀孕和生病；影响家庭幸福；外遇、出轨；不真实接触，不能满足……

教学提示：

A. 如果学生没有提到这些资讯中的性别差异，讲师提醒学生关注和思考，是否存在性别刻板、性别歧视等现象。

B. 讲师要提醒学生关注，有些涉及儿童的性资讯应该如何看待和处置。

C. 讲师要提醒学生关注和思考性与道德的关系，性是不道德的？欺骗是不道德的？多性伙伴是不道德的？网络性是不道德的？道德的标准是什么呢？道德的标准总是在变化，并且与文化、历史、民族、宗教等密切相关，很难作为标准来评判人们的行为。

D. 网络性与其他的性和其他的人际交往一样，安全第一。网络中的人形形色色，有不同的年龄、不同的背景、不同的职业，我们需要擦亮眼睛，不要轻易相信别人。比如当别人要求你裸聊时，你要考虑到对方是否有可能拍下你的裸照，上传至网上，或把它作为威胁你的工具。

E. 一些负面的、危险的方面，要引导学生讨论规避风险、保护自身安全的方法。

F. 如果长时间、多次参与网络中的性，影响了现实中的生活，可以积极发展其他爱好，如体育锻炼、旅游等，转移注意力；也可以与亲密的朋友进行交流，缓解心中压力；还可以咨询专业人士，如性爱专家、心理咨询师等，寻求他们的帮助和意见。

(5) 讲师过渡与总结

互联网、移动终端使性信息传播进入了一个全新的境界，表现形式多种多样，带来的变化让人应接不暇，虽在普及性知识、帮助个体缓解性压抑上有其特殊贡献，但也存在很多问题。不过，真实世界中各种混乱、可怕的事情也不少，未必就比网络更安全，所以是否混乱主要是因人而异的，而不在于通过什么渠道交往。

面对网络中的性，我们应理性辨识，审慎对待，避免影响到正常的工作和学习。如果出现问题也不必紧张，可以通过与专业人士沟通、同伴交流等方式积极调整。此外，目前我国对淫秽色情品的传播是禁止的，需要了解相关法律，避免风险。

3. 小结

网络，究其本质就是一项中性的技术和工具，是好还是坏，并不取决于网络本身，而取决于网络中的一个个的人。但是不可否认的是，网络带给这个世界的变化太大又太快，不论是人们的观念还是处事方法，都被网络带着往前跑。原本就很复杂的爱与性的问题，再放到网络上，就更加难以应对。

在气喘吁吁追赶的时候，我们也要思考、审视，适应其变化，利用其优势，避免其危害。

本质是，爱与性的对象，是一个个的人，而不是网络。

六、知识与观点链接

查阅《最高人民法院、最高人民检察院关于办理利用互联网、移动通讯终端、声讯台制作、复制、出版、贩卖、传播淫秽电子信息刑事案件具体应用法律若干问题的解释》第一条至第六条，以及第九条。

执笔：王艺

教案：如何看待师生恋

一、课名

如何看待师生恋

二、时长

45/60 分钟

三、教学目标

通过讨论、分享、思考与活动体验，首先，使学生认识到恋爱包含的要素是什么，符合这些要素的都是恋爱；其次，了解师生恋也是平常的恋爱关系中的一种，是多元亲密关系的体现；最后，探讨下如果你有这样一份亲密关系，你会如何应对，让学生在同伴中发声和思考，学会思辨，学会为自己增能。

四、教具、材料

1. 课件、多媒体设备等。
2. 四色 A4 彩纸若干、打印的案例、笔。

五、教学过程

（一）导入

热身活动——打个招呼：

招手、问候、鞠躬、握手、击掌、碰臂、搂肩；对背、脚底、面颊、臀部、大腿、膝盖、后脑勺、肩膀、耳朵触碰；拥抱。

课前准备：

提前把课室桌椅座位排成 U 字形，让学生面向讲台按"U"形坐下，留出中间部分，便于热身游戏。热身结束后可以恢复正常的座位形式，便于小组讨论即可。

请各位同学在场地上自由地走动，越散乱越好，凌乱起来，这个时候可以放欢快的背景音乐。组织者引导同学们用不同的身体部位来打招呼；还可以让学生说出自己知道的其他国家的人们常用的打招呼方式，一起来体验不同的打招呼的方式带给我们的不同体验。

讲师引导语：每一种不同的打招呼的方式都带给我们不一样的交流体验，有的打招呼的方式是我们很熟悉的，比如说招手、握手、问候等，当用这些方式打招呼的时候，你有什么样的感受呢？另外一些打招呼的方式是我们不经常使用的，比如拥抱，当然有的比较亲密的朋友、家人之间可能也经常以拥抱的方式来打招呼。当用这些方式打招呼的时候，你的感受是怎样的呢？还有一些打招呼的方式可能是其他国家人们的习惯，比如鞠躬、贴面颊等。当然我们今天也体验了花式打招呼，一些曾经想到的、没有想到的打招呼的方式都用上了，可能时间原因我们不可能列出所有的打招呼的方式。当用到这些方式打招呼的时候，你的体验又是怎样的呢？

不管用什么样的方式来打招呼，我们都是在表达友好和尊重，还有见到朋友的喜悦。除了打招呼，生活中还有非常多的事情有很多我们不熟悉的呈现方式，而多样的呈现方式可能都是在表达一种事物或者情感，就像我们可以用不同的方式来解答一道数学题或者用不同的语言来表达一种意思一样，都是多样性的呈现。

（二）活动

1. 活动1

（1）活动名称：认识爱情

（2）活动步骤

A. 将全班学生按每组4~6人进行分组，每组给四种不同颜色（红、黄、蓝、绿）的A4纸各一张。

B. 小组讨论，形成观点。由四个人分别负责记录观点，写在纸上，每种颜色对应一个问题。

C. 每小组派一名代表分享观点。

D. 教师引导总结。

（3）讨论话题

A. 什么是爱情？（写在蓝色纸上）

B. 爱情的类型有哪些？（写在黄色纸上）

C. 恋爱中的人，会有哪些可能的情绪体验？（写在红色纸上）

D. 你心中的完美爱情是怎样的？（写在绿色纸上）

（4）讲师过渡与总结

通过大家的分享，老师发现每组同学对爱情既有自己独特的看法，也有一些共通的地方。共通的地方有三观一致、有共同语言等，当然也不是每一位同学都认为这些是必要的，每个人对爱情的理解是不一样的，对爱情的定义、憧憬也不同。当然，我们在爱情中也会遇到各种各样需要我们应对的情况，这就需要我们来出谋划策。

2. 活动2

（1）活动名称：出谋划策

（2）活动步骤

A. 维持方才的分组，给各小组呈现不同师生恋的案例（打印出来分给各组，同时在 PPT 上展示案例）。

  B. 邀请同学们分小组出谋划策，把观点写到便利贴纸上。

  C. 小组派代表陈述；

  D. 教师总结，引导。

教学提示：

如果时间允许的话，可以请同学们针对以下案例一到六讨论，并向下发展，简单排练之后表演出来。

■ **案例一：**

男生在夏令营的活动过程中向老师表白，如果你是这位老师，你会怎么做？这样做的原因是什么？

■ **案例二：**

高中女生喜欢自己的体育老师，一直不敢表白，你是她的闺蜜，她告诉你这件事，你会怎么做？这样做的原因是什么？

■ **案例三：**

1993 年，16 岁的马克龙爱上自己的老师布丽吉特（是马克龙的高中老师，也是马克龙同班同学的母亲）。2007 年，马克龙迎娶比自己年长 24 岁的布丽吉特，兑现了他的诺言。如果你是布丽吉特的孩子，你会怎么做？这样做的原因是什么？

■ **案例四：**

2008 年，张木易受张千巽父母的邀请，成为加拿大华裔张千巽（当时 8 岁）的音乐老师。张千巽 12 岁时两人在微博上公开恋情，张千巽许下誓言等到 16 岁时就嫁给张木易。后来 18 岁的张千巽与张木易在微博晒婚纱照。如果你是张千巽的父母（邻居、亲戚等），你会有怎样的态度和做法？这样做的原因是什么？

■ **案例五：**

18 岁的高三女生和 43 岁的语文老师产生了感情。两人彼此欣赏，但女生的母亲举报了他们，老师被迫去外地谋生，女生也没能顺利考上大学，他们之间断了联系，直到几十年之后才重新联系上。最后老师在 66 岁的时候穿着女生寄来的钱买的寿衣去世了。假设你是两位当事人，会怎样对待这份感情？

■ **案例六：**

学生为了学分和老师发展成恋爱关系，后来这件事被大家知道了，周围同学议论纷纷，学校领导也给了老师压力。如果你是 ta 的同学，你会如何看待？

■ 案例七：

2014年，教育部下发了《关于建立健全高校师德建设长效机制的意见》（以下简称《意见》），其中有一条是，教师不得"对学生实施性骚扰或与学生发生不正当关系"。假设《意见》还未出台，你现在是教育部工作人员（包括支持方和不支持方），请尽可能地丰富《意见》关于这一条的内容，并表演出来。

■ 案例八：

耶鲁大学严禁老师与自己直接授课及督导的学生发生性关系，老师不可以督导任何发生过性关系的学生，老师禁止与任何本科生发生性关系，老师如有违反将受到直接处分。你觉得这样做合理吗？假如你现在是拥护方或反对方，请尽可能地丰富此规定并表演出来。

（3）学生讨论

A. 不合适，影响不好；喜欢就接受；等活动结束再说……

B. 我们是闺蜜；告诉她这很危险，不想她陷入情伤……

C. 真爱无敌；年龄太小很尴尬……

D. 这是女儿的自由；女儿还小，怕被骗；年纪过小可能涉嫌违法……

E. 及时终止；不能在一起了，也没有当年的感觉了，为了不再继续牵扯，应该结束这段感情；为这份感情而努力；跨越了年龄和时间，是更加值得珍惜的感情……

F. 不公平，ta以这样的方式换学分，那努力学习的人岂不是很受伤；这样破坏了规则；不做评论，只要不在我们班就行；如果我们不知道这件事就永远也没机会谈公平……

G. 可以保护学生，因为有《意见》这样的规定；不能从根本上保护学生，反而可能扼杀学生和老师之间的感情……

H. 让学生更安全，有权利差异的性是不平等的；学生和老师都失去了选择权……

（4）讲师过渡与总结

各位同学对于如何应对上述情况都做了充分的思考、讨论，同时还进行了演绎，老师发现大家的观点也不是完全一致的。在上一个活动中，我们了解了大家认为的爱情是什么，还有爱情的类型，爱情中可能有的情绪情感体验以及各位同学心中理想爱情的样子。大家觉得，师生恋可能是你所期望的理想爱情吗？

其实师生恋所经历的情感体验，在其他的恋爱类型中可能也会体验到，所以师生恋可能只是普通的恋爱类型中的一种。就像今天课程一开始我们做的那个热身游戏一样，我们平常打招呼的方式可能是握手，但是其他的打招呼的方式，比如碰脚面这样的方式，可能也是一种打招呼的方式，只是我们平常不会经常遇到，我们感觉少见这样的方式就是不寻常的方式，是因为我们习惯一种打招呼的方式太久了。师生恋不常见也是这个道理，并非师生恋就是不寻常的恋爱。

一些与师生恋有关的法律法规，在一定程度上保护着学生的权益，但是这样做并不能从根本上保护学生的权利。要想从根本上保护学生的权利，其实需要帮助学生增长更多的能力，学会分辨和负责，对自己的能力进行评估，当学生真的有能力处理自己的感情和保护自己的时候，教育者的工作就是有效的。因为不只是师生恋，学生之间的恋爱也要求同学们有这样的能力来处理和应对。其实，没有"早恋"这一说法，只有正在成长中的恋爱的人。

3. 小结

生活中恋爱的形式是多样的，比如忘年恋、跨国恋、同性恋等，当然也有人恋的不是人类，而是动物或物品，虽然这样的人在所有人当中所占的比例很小，但是我们要知道，如果我们所见的超出了我们的经验范围和认知，不一定就是变态的。当然，任何一种恋爱的形式都必须建立在双方自愿以及不损害他人利益的基础上，如果是被迫的，那也一样是违背人权和尊重的。同时，我们也不能利用爱情做违法的事情。

这个世界的美丽在于万物和而不同，看到不同，看到多样，多一份包容就多一分色彩。同学们接下来也可以花一点时间来回顾一下，你在这节课当中有哪些体验和收获。（也可以请学生做总结性的发言，说一说自己对课堂中的哪些环节和问题是比较喜欢的，觉得有益的收获是什么，还愿意听到与哪些内容相关的内容等。也可请同学们以纸条的形式提交，择少量来分享。如果有问题递上来，也可以根据剩余的时间来回答或者下节课回答。）

执笔：张琴琴

教案：残障者也有爱的权利

一、课名

残障者也有爱的权利

二、时长

45/60 分钟

三、教学目标

了解身心障碍者以及他们的性需求、性行为，反对针对身心障碍者的歧视。

四、教具、材料

课件、多媒体设备、纸、笔等。

五、教学过程

（一）导入

在我们的社会生活中，有一些人，看起来他们更加需要来自社会的关心和帮助，他们的身体或者精神和普通人不太一样，因为种种原因，他们在学习、生活、成长中也会遇到比普通人更多的困难，他们就是身心障碍者。有些人会因为这些人身体的"特殊性"而认为我们普通人所需要和拥有的权利，在他们身上就是不太重要的，比如性。今天，我们就来探讨身心障碍者的性权利的话题。

教学提示：

提前将学生分为三组，做预习，分别收集有关身心障碍者的定义、分类和相关法律法规的资料信息。了解目前我国身心障碍者的定义、分类、相关法律法规等。

如果班级中有身心障碍的学生，可能在部分内容上要进行调整，更多考虑他们的参与性，避免对其造成伤害；如果是在特殊学校，也需要在部分内容上进行调整，考虑到学生具体的障碍情况，有针对性地进行辅导、引导等。

（二）活动

1. 活动1

（1）活动名称：认识身心障碍者

（2）活动步骤

A. 三个小组现场讨论，互相交流自己收集到的信息，每组选出一名进行归纳总结。

B. 每组有一名代表在班上分享自己组收集到的资料，其他组可以补充、修正。

C. 讲师进行点评与总结。

教学提示：

尽可能让学生较大程度地呈现有关知识，讲师适当补充。注意在分享的时候，避免用带有歧视和偏见的语气或者态度进行评论和描述，讲师要强调身心障碍者在生活上的不便，很大程度上是因为我们社会提供的支持性资源不够,因此,本课程强调身心障碍者也同样具有性的权利。

(3) 讲师过渡与总结

身心障碍者,在我国被称为"残废""残疾"等,因其有歧视含义,已招致多方批评。目前我国更多使用"残障"这个词,但也有一些意见,认为"残"有负面含义,希望对此进行修正。国际上更多使用"障碍"一词,强调活动及能力发展受限。有很多人认为他们不是"残",也不是"疾",只是一种不同的生命存在状态。我国台湾目前使用"身心障碍"一词,相对较好,本课程也选用这个词。

2. 活动2

(1) 活动名称:辩一辩

(2) 活动步骤

A. 维持刚才的分组,形成辩论三方,第一组认为女性身心障碍者更弱势,第二组认为男性身心障碍者更弱势,都不同意的为第三组。

B. 三个小组首先分小组讨论出核心观点,然后,每组派3人参加辩论。第一轮,列举出本组的主要观点;第二轮,每组分别对其他两组的观点进行反驳和质疑;第三轮,每组进行总结发言。

C. 讲师进行总结,并让其他学生进行适当补充发言。

(3) 讨论话题

身心障碍者中的不同性别(男、女),谁更弱势?

(4) 学生讨论

A. 第一方可能的观点:当今社会男女并不平等,女性处于弱势,女性身心障碍者的处境更为艰难,因为她们面临着女性、身心障碍的双重歧视。目前相关的统计数据都显示,女性身心障碍者在学历、收入上都远低于男性,且多数女性身心障碍者无法就业,这难道还不能说明她们的弱势地位吗?至于女性身心障碍者的婚姻,有调查数据显示多迫于生活,如果可能她们宁愿不结婚,所以这种婚姻并不能说明其生活更幸福,也许情况正相反。

B. 第二方可能的观点:根据相关统计数据,残障人中男性未婚者更多,这说明男性身心障碍者在婚姻市场上更为弱势。至于工作和收入,这是因为社会、家庭对男性的要求更高所致,有工作并不说明就不弱势,如果这份工作非常辛苦且收入不高,从事这类工作本身就是弱势地位的一种体现。女性相对而言就轻松多了,可以找个好人家嫁了,衣食不愁。

C. 第三方可能的观点:是否弱势,除了生理性别,还要看残障人士的社会地位、学历、家庭环境、社会环境、经济能力等,所以简单地认为男性强势、女性弱势或者相反,是不够全面完整的。更何况,还有跨性别等性别多元人士，在性取向上也有同性恋、双性恋等。残障人士中也有酷儿。所以，应该说，他们的地位取决于各种社会因素的综合。

教学提示：

辩论只是为了加深学生对此议题中性别差异的认识，并不是一定要分出对错。提醒学生友好辩论，最后总结时可对双方论述较清晰、有力的观点进行表扬。

（5）讲师过渡与总结

虽然有很多身心障碍者通过自己的努力和外界的帮助，获得了很好的经济条件、社会地位，也有很多进而结婚生子，或者即使单身，似乎也不用担心他们的"性事"问题。

但是，更多的时候，"身心障碍"这几个字一出现，就代表着"弱势"，如果再加上"女性""同性恋""跨性别"等这些原本就在传统价值观中被压抑、被歧视、被边缘化的字眼，其生存压力可想而知。而他们的涉"性"问题，更是被有意无意地忽略掉了。

3. 活动3

（1）活动名称：他们的性

（2）活动步骤

A. 维持刚才的分组进行分组讨论，然后再在全班分享，将要点呈现出来。

B. 讲师进行总结，并让其他学生适当补充发言。

（3）讨论话题

A. 你认为身心障碍者的性与普通人有区别吗？是什么区别？

B. 身心障碍者的性欲应该通过什么途径来得到满足？

（4）学生讨论

A. 有区别，能力、方式都不同；没有区别，人性都是一样的；不清楚他们的生活；有些障碍程度严重的应该没有性欲吧……

B. 自己解决；找男/女朋友；上网约人；找小姐；严重的没办法；忍着……

教学提示：

A. 需要注意的是，这里的性权利并不局限在性交上，而是作为人对性的基本需求的权利，残障者也同样拥有。比如，无论是肢体残障还是智力残障者，都不同程度地有表达性的欲望、追求性愉悦的权利，有体验性爱的权利——他们不仅有这个权利，也有这个能力。他们能通过各种方式感知、体验性的愉悦和欲望的满足，也能够表达性感的体验，表达对他人的爱和欲望。

B. 身心障碍者与普通人一样，一般都有性的需求，只是因为受到歧视和偏见，很少能得到满足。在一些发达国家（如德国），有专门的机构会雇用人为身心障碍者提供性方面的服务，但更多的国家没有这样的服务。身心障碍者也有性权利，也可以自主选择性爱，我们不能否定他们的选择权，而是要引导他们学习自我选择，提高他们的能力。他们虽然身体残障，但在选择权上与健全人是一样的。

C. 女性身心障碍者可能更容易受到性侵犯和剥削，如媒体报道中见到的智障的女子被当作泄欲工具，被当众强奸、公开侮辱；男性智力障碍者容易遭到劳动剥削，比如被拐卖为奴工。可以让学生讨论，是否是这样？这是为什么？

时间允许的话，可以讨论以下案例：

■ 案例一：

2006年南京《金陵晚报》报道，为避免智障女儿受异性侵犯种下无法收拾的苦果，一位妈妈含泪将女儿送上手术台为她做全子宫切除手术。

■ 案例二：

2005年，南通某福利院送两名严重智障女童去医院做子宫全切手术，手术是在福利院工作人员的再三要求下做的，福利院的人说，两名女孩最近来了初潮，收拾起来非常麻烦，她们自己生活不能自理，怎样处理月经也教不会，将来性成熟之后会更麻烦，反正她们也不能结婚生育，现在切了她们的子宫，省去许多麻烦。

■ 案例三：

某女精神病患者，已经生了一个女孩，第二次怀孕，做剖宫产之前医生建议直接将双侧输卵管结扎，避免再次怀孕。丈夫说："知道她是个神经病，我是肯定不会要她的，这次生完了我就离了她，你们给她结扎了她以后生不了了，我怎么丢得掉她？别的男的怎么会要她？你们绝对不能给她结扎！"

很多女精神病患者被赋予人妻的价值，好像只是给丈夫生小孩，沦为生育工具，有的甚至被多次转卖。

■ 案例四：

2018年，广州某家庭综合服务中心，其中的一个服务对象，因在运动当中损伤了脊椎骨，高位截瘫，只有头可以动。他的经济条件非常好，他每个月有国家固定的津贴。他还非常年轻，在受伤之前没恋爱过，也没有过性经验，但是他心里特别向往，特别想尝试那种亲密关系，因此他对社工说："你可不可以想办法帮我找到性工作者？"

D. 讲师需引导学生从差异（而不是能力匮乏）的角度来理解残障者与

普通人的区别。普通人因为个体差异，对性的感知和认知也各有不同，这都是很正常的。涉及身心障碍者，其实也差不多，他们与我们不同，并不代表他们与我们有本质上的差异，一些器官的感受障碍可以通过别的器官功能来进行弥补。此外，我们必须认识到任何感知都不是必需的，对于性快感而言，我们需要相信每个人的适应能力和创造能力。

（5）讲师过渡与总结

了解不同，是为了更好地沟通、交流，便于互相增进理解，消除歧视和无知，便于身心障碍者融入整个社会中，而不是要将他们分割出来另眼看待，或者以关爱的名义孤立他们，认为他们不能与普通人恋爱、发生性关系，这会对他们造成伤害。

4. 小结

了解身心障碍者以及他们的性需求、性行为，意识到身心障碍者并不是"无性之人"，可能的话，应该采取可行的措施帮助他们，并反对针对身心障碍者的歧视。

六、知识与观点链接

1. 从事残障人服务和权利倡导的公益组织"一加一（北京）残障人文化发展中心"出版的杂志《有人》，其中有专门章节介绍残障人及他们的性，可以作为参考。

2. 有关残障的各种定义

世界卫生组织：从事某种活动的能力受到限制或有所缺乏，而这种活动对一般人来说，是可用正常方式或在正常能力范围内做到的。

《中华人民共和国残疾人保障法》：残疾人是指在心理、生理、人体结构上，某种组织、功能丧失或者不正常，全部或者部分丧失以正常方式从事某种活动能力的人。

3. 身心障碍的分类

我国大陆：残疾人包括视力残疾、听力残疾、言语残疾、肢体残疾、智力残疾、精神残疾、多重残疾和其他残疾的人。

我国台湾地区：台北市身心障碍服务手册中将"身心障碍"分为18个类别：视觉障碍、听觉机能障碍、声音机能或语言机能障碍、肢体障碍、智能障碍、多重障碍、重要器官失去功能、颜面损伤、植物人、失智症、自闭症、染色体异常、先天代谢异常、其他先天缺陷、慢性精神病患者、平衡机能障碍、顽性（难治型）癫痫症者及经台湾地方卫生主管机关认定，因罕见疾病而致身心功能障碍者。

4. 相关法律法规

《中华人民共和国残疾人保障法》，是为了维护残疾人的合法权益，发展残疾人事业，保障残疾人平等地充分地参与社会生活，共享社会物质文化成果，根据宪法而制定的法规。于2008年4月24日修订通过，自2008年7月1日起施行。内容包括总则、康复、教育、劳动就业、文化生活、社会保障、无障碍环境、法律责任、附则等。

《残疾人权利公约》于2006年12月13日由联合国大会通过，是国际社会在21世纪通过的第一个综合性人权公约，也是首个开放供区域一体化组织签字的人权公约。其标志着人们对待残疾人的态度和方法发生了示范性转变，中国是最早发起国之一，并于2007年3月首批签署《残疾人权利公约》。

5. 女性主义身心障碍研究（feminist theory of disability）

女性主义理论的发展过程，和身心障碍运动的轨迹有许多相似的地方。然而过去女性主义对身心障碍议题缺乏兴趣，且经常以非障碍者的眼光来看待障碍者；而身心障碍运动和身心障碍研究则被批评是以"男性身心障碍者"为中心，以至于女性身心障碍者处于双重弱势的地位。因此，女性身心障碍研究者提出"女性主义身心障碍研究"，以跨越身心障碍研究与女性主义研究疆界，了解各种压迫形式间的联结。

参考阅读邱大昕（台湾学者）所著的论文《为什么需要女性主义身心障碍研究》。

执笔：陈亚亚

电影教学：《请以你的名字呼唤我》

一、课名

《请以你的名字呼唤我》赏析

二、时长

观影时间132分钟，讨论点评30/60分钟

三、教学目标

引导学生思考青春期对情感、性倾向的探索中可能存在的困扰，学习做更有责任感的决定，认识亲密关系的多样性，消除因不同的性倾向所带来的歧视，建立多元尊重的观念。

四、教具、材料

《请以你的名字呼唤我》电影视频，纸（A1大小的纸，数量与分组数量

一致)、笔(黑蓝红白板笔各一支,与分组数量相一致的白板笔)。

五、教学过程

1. 电影放映

(1) 电影简介

《请以你的名字呼唤我》,由卢卡·瓜达格尼诺执导,提莫西·查拉梅、艾米·汉莫、迈克尔·斯图巴主演的同性恋情题材影片,于2017年1月22日在美国圣丹斯电影节上映。曾获2018年第90届奥斯卡金像奖最佳改编剧本奖。

(2) 剧情梗概

该片改编自安德烈·艾席蒙的同名小说,讲述了24岁的美国博士生奥利弗在意大利结识了17岁的少年艾里奥,两人从而发展出一段超越友情关系的故事。

故事发生在20世纪80年代的意大利里维埃拉,每年夏天,艾里奥都会跟家人一起来此地度假。这一年,艾里奥17岁,作为考古学教授的父亲邀请24岁的毕业生奥利弗一起共度整个暑假,并协助他的学术文书工作。

艾里奥在奥利弗逗留期间要让出自己的房间给他,因此从一开始就对其感到不满。艾里奥暑假大部分时间都在阅读、弹钢琴和女朋友玛琪雅相处,奥利弗被当地一名女孩吸引,这让艾里奥也很烦恼。

随着时间的推移,艾里奥和奥利弗进入了一段引人入胜的求爱期:他们一起游泳、长途跋涉到城中,并随同艾里奥的父亲参加考古之旅。艾里奥开始与玛琪雅发生性关系,并吹嘘自己来试探奥利弗的反应。这样做不但没用,反而增加了他对奥利弗的情愫。经过一番思想斗争之后,艾里奥向奥利弗表白了,奥利弗告诉他,他们之间不应该发生些什么。其后,艾里奥和奥利弗亲吻,但是奥利弗不愿意更进一步。两人之间逐渐生隙。

两人辗转反侧、反复试探,后来奥利弗在艾里奥的桌上留下一张纸条告诉他在午夜相见。艾里奥与玛琪雅相处整日,但是心里渴望见到奥利弗。午夜,奥利弗碰触艾里奥并与其发生性关系。在接下来的几天,他们在身体和情感上更加亲密,他们一边保守秘密,一边维持着他们的亲密关系。

奥利弗离开的日期越来越近,但两人的感情却日渐深厚起来。艾里奥的父母意识到了两人的关系,因此建议奥利弗回美国前与艾里奥一起去贝尔加莫游玩。在一起尽情游玩、欢愉地相处了三日后,艾里奥目送着奥利弗离开,他彻底心碎,打电话给母亲让接他回家。他的父亲看见他的忧伤,告诉他已意识到他们之间的关系,坦白他年轻时几乎也有相同的恋情,并敦促艾里奥要从悲痛中学习和成长,而不是快点开始新生活。

光明节这天，奥利弗打电话给艾里奥一家，说他已经订婚，并即将结婚。奥利弗清楚地告诉艾里奥，他"记得一切"，挂断电话后，艾里奥在父母准备晚餐时，独自坐在壁炉前哭泣。故事在这里结束了。

2. 观影之前思考题

（1）电影中的主人公是如何处理他们的感情的？对你有什么样的启发？

（2）对于主人公艾里奥的感情，他的父母是什么样的态度？对主人公有什么样的影响？

3. 赏析活动1：情感的多种多样

（1）讨论话题

A. 电影中，你看到了几段感情？

B. 影片从头到尾都是用"友谊"来形容艾里奥和奥利弗的感情，他们自己也未对彼此的关系给出一个明确的定义，你怎么看待这样的情况？

C. 影片一开始，艾里奥和玛琪雅在一起，但影片的后来艾里奥和奥利弗走到了一起。艾里奥是同性恋吗？艾里奥是异性恋吗？为什么？

D. 电影的尾声，奥利弗搭上回美国的火车之后，艾里奥回到家中，和父亲有一段对话，你从中看到了什么？

E. 我们还可能爱上谁？

（2）学生讨论

A. 艾里奥的父母、艾里奥父母的男同性恋朋友、艾里奥和奥利弗、艾里奥和玛琪雅、奥利弗和另一个本地女孩。

B. 在当时的年代，同性恋是不被接受的，所以他们只能用"友谊"来掩饰他们的关系，以免遭到不好的事情。在那个年代，同性恋是禁忌，虽然艾里奥的家人是接受的，但是并不是所有人都像他们家人一样接纳，所以他们不能直接表明他们的关系。因为他们相处的时间比较短，又没有办法有一个承诺，所以他们就没有给彼此一个更加明确的身份（恋人身份）。

C. 艾里奥是同性恋，因为他喜欢的奥利弗是男生/艾里奥是异性恋，因为他只是碰巧喜欢上了奥利弗这个男性而已/艾里奥可能是双性恋，他既喜欢男性，也喜欢女性/这个问题和性别无关，和性倾向无关，只是因为你爱上了一个人，而这个人恰好是个男的，你看艾里奥对女生也是有感觉的/搞不清他到底是啥情况，一会儿喜欢男的，一会儿喜欢女的……

D. 说明他父亲之前也有和艾里奥类似的经历/他父亲可能也是同性恋……

E. 我们还可能爱上自己的老师、家人（兄弟姐妹甚至是长辈、晚辈）、年龄差距比较大的人、残障人士、幼童、父母的朋友、流浪汉、宠物、动漫人物、明星等。

教学提示：

酷儿理论认为，人的性取向是流动的，不存在同性恋者或异性恋者，只存在此一时的同性间的性行为，以及彼一时的异性间的性行为，只存在着一个个具体的、活生生的人。酷儿理论认为人在性行为与性倾向上均是具有多元的可能的。

酷儿理论反对二元划分的方法，反对非此即彼的思维方式。

讲师可以在讲课前，搜集和了解关于酷儿理论的相关知识，也可以将此作为作业布置给学生。了解酷儿理论，将有助于学生理解艾里奥和奥利弗的性取向问题，避免陷入非同性恋即异性恋的二元观念中。

（3）讲师过渡与总结

A. 通过这一环节的讨论，我们发现人类的情感可能是多种多样的，无论是哪一种情感，都应该被我们所尊重。

B. 到目前为止，当我们谈到爱情的时候，可能留在脑中的印象依然是美好、向往等，但是爱情是一帆风顺的吗？接下来我们就通过电影中主人公的感情来进行讨论和思考。

4. 赏析活动2：爱情是美好的，但不是一帆风顺的

（1）讨论话题

A. 电影中，主人公的爱情经历了怎样的过程？

B. 电影的结尾，虽然两个主人公经历了一段刻骨铭心的感情，但最终却依然要面临分开的结局，奥利弗还选择了结婚。这样的发展，会让你对爱情有怎样的看法？

C. 如果你是艾里奥，接下来你准备怎么做？

（2）学生讨论

A. 厌烦→暗恋→试探→表白→热恋→分离。

B. 爱情是很美好的，但是可能并不能一直持续下去/爱情是很美好的，但是失去的时候也是痛彻心扉的/爱情诚可贵，恋爱需谨慎/如果我能承担后果的话，那么我只是在享受爱情带给我的美好感觉罢了，等等。

C. 给自己一些时间，让自己从这份痛苦中走出来/多和家人在一起，获得家人的支持，让自己不会感觉太孤单/可以和自己的好朋友一起出去放松一下，缓解一下内心的痛苦/反思这段感情带给自己的感受，慢慢地学会如何更好地去爱一个人，学会更好地爱自己，等等。

教学提示：

讨论"接下来你准备怎么做"时，讲师可将学生分组，进行小组讨论，

并梳理出一些可能的应对失恋的策略。讨论结束后，可以按小组顺序，一个小组展示一条，重复的方法不再说出来，以此类推。这样既可以让每个小组的成员都有发言的机会，也节约了大家重复说明的时间。

(3) 讲师过渡与总结

爱情可能是美好的，但却不一定是一帆风顺的，所以我们在做爱情与性的决策时，常常需要更加谨慎。接下来，我们就讨论一下关于爱情与性决策的话题吧。

5. 赏析活动3：爱情与性决策

(1) 讨论话题

A. 电影中，艾里奥因为奥利弗的拒绝，转而去找玛琪雅，并且和她发生了性关系，但是因为奥利弗态度的转变，艾里奥又放弃了和玛琪雅一起，你怎么看待艾里奥这样的做法？

B. 艾里奥和奥利弗的感情，并不是发现之后就立刻发展的，中间也经历了挣扎、试探以及自我反思。这是为什么呢？

C. 电影中，玛琪雅对艾里奥是什么样的感情？如果你是玛琪雅的话，你会怎么做？

D. 当我们经历与主流文化所倡导的不一致的爱情（同性恋、双性恋、师生恋、忘年恋等）时，可能面临哪些压力？我们可以怎么做？

(2) 学生讨论

A. 艾里奥这样的做法很不负责任，既然要和别人发生性关系，就应该考虑清楚自己能否承担相应的责任/艾里奥这样做没有错啊，毕竟这也是你情我愿的事情/艾里奥明显是利用了玛琪雅啊，这对女生太不公平了，没有做到尊重女性/玛琪雅最后不是也和艾里奥和好了吗，我觉得只要当事人不觉得有什么就没什么事儿，等等。

B. 文化不允许/同性恋不被社会所接纳/他们想太多了，没有直接沟通/任何一段感情在做决定的时候，都应该谨慎一些，他们有诸多顾虑，除了和社会文化有关，也有考虑到实际情况（奥利弗会离开）/他们的沟通出现了问题，两个人都回避了直接谈论这个话题，而且互相暗示、试探，这样并不利于两个人对彼此间的感情做决定，等等。

C. 玛琪雅对艾里奥也是/不是爱情。

你会怎么做：我可能会像她一样，这样对艾里奥/我可能会更谨慎一些，不会像她那样轻易地就和艾里奥发生了关系/我也不知道我会怎么做，因为我还没遇到过这种感情/我可能以后都不会再和艾里奥联系了，我觉得被他欺骗了，虽然我很喜欢他/我可能会先和艾里奥确定清楚，我们发生关系意味着什么，我的想法是怎样的，同时了解他的想法是怎样的，最终做出负责任的决定，等等。

D. 压力：社会的不接纳与反对/家人的不接纳与反对/身边朋友的不接纳与反对/污名化本身带来的对自身认可的影响/关系无法长期维持下去，等等。

可以这样做：提升自我的意识，感情是自己的事儿，应该由自己来决定/和伴侣一起来面对外界的压力，不要独自承担/寻求相关群体的支持，不要孤军奋战，等等。

教学提示：

关于讨论话题 A，如果时间允许的话，可以邀请学生进行辩论，认同艾里奥这样做的站一方，不认同的站另一方，然后双方总结讨论己方的观点，并进行辩论，这样可以提高课堂的活跃度。

需要尽可能多地引导学生思考，关于一段感情是否要开展或者继续，我们需要经过许多的思考，最终做出决定，而不是轻易地做出决定。

话题讨论 C 和 B 相似，但是更多的是需要决定思考，性决策应该也是经过深思熟虑的，也是需要和对方去仔细商量最终做出决定的。

在应对压力方面，学生可能会忽略自己身边可利用的社会资源，讲师需要在讨论过程中引导学生互相交流，必要时提示学生更多地看到自己身边可利用的资源，让自己尽可能自主地做出决定。

(3) 讲师过渡与总结

A. 面对不同的爱情形式，我们需要以更多的思考来应对，充分的思考讨论有助于我们在面对爱情的时候做出更有利的决策。

B. 与爱情的抉择一样，发生性关系也需要更多的思考和准备，良好的决策能力有助于我们做出更适合自己的选择。为自己的决策负责任，正是我们需要学习的。

接下来，我们讨论一个不一样的话题，关于婚姻的另一种形式"同直婚"。

6. 赏析活动 4：关于同直婚的讨论与思考

(1) 讨论话题

A. 电影的结尾，奥利弗结婚了，艾里奥的爸爸也结婚了，他们算不算同直婚？

B. 你会如何评价他们的婚姻？

C. 关于同直婚，你怎么看？

(2) 学生讨论

A. 不能算同直婚，因为其实不清楚他们两个人的伴侣是同性恋、异性恋、双性恋，又或者是其他性取向的人士/当然要算啊，他们如果不告诉自己的伴侣的话，就算是一种隐瞒，而且他们和伴侣在一起的目的主要还是完成主流文化所需要的结婚生子/感觉说不清楚啊，毕竟给的信息有些不足，不能充分确定他们的关系到底是怎样的，等等。

B. 艾里奥爸爸的婚姻看起来特别幸福，夫妻也很恩爱，和艾里奥的关系也特别好，很羡慕/感觉奥利弗不应该屈从于主流文化而选择结婚，你看艾里奥爸爸的那两个同性恋朋友，就没有选择走入异性恋婚姻/如果奥利弗走入异性恋婚姻后能够和妻子幸福地生活的话，也是一个不错的选择/我觉得他们当初都应该走心一点儿，不要被那些世俗文化所影响，应该去努力追求自己的幸福，等等。

C. 我觉得同直婚是对婚姻的一种亵渎，充满了欺骗，很难获得幸福，对双方都不是一件好事儿/我觉得同直婚可能是同性恋者出于无奈而做出的选择，是可以被理解的/我觉得，任何婚姻，都是当事人自己的事、自己的感受，外人没有权力去批评和指责/我不赞成同直婚，一旦开始说谎，就会停不下来，不仅伤害自己和结婚的伴侣，还会伤害家人以及未来可能出生的孩子，等等。

教学提示：

A. 同直婚：即同性恋与异性恋的婚姻。通常将与男同结婚的女性叫作"同妻"；将与女同结婚的男性叫作"同夫"。

形婚：即形式婚姻，就是婚姻只有形式，无实质内容。表面上是个由一男一女组成的正常家庭，实际上"夫妻"双方在生理和经济、人格上保持相对独立，一般在婚前会约定好。

B. 同直婚是一个备受争议的话题，老师在引导学生思考的时候应该尽可能多角度地呈现，让学生有更多的思考，而不至于只看到"同直婚"中的欺骗、伤害、无性等问题，尽可能以更加多元的视角看待这些问题。

7. 小结

（1）通过今天的这部电影《请以你的名字呼唤我》，相信大家对爱情也有了新的认识，很多时候爱情无关性别，只是恰好我们爱上的是那个人而已。无论是哪一种情感，都应该值得被尊重、被接纳。

（2）所以，我们可能经历着相似的过程，不论是正面的感受，还是负面的感受，都可能对我们产生各种各样的影响，因此，我们在决定开展一段恋情的时候，可能也需要有更多的考虑，以便做出最适合自己的决定。

执笔：李海琛

电影教学：《绿洲》

一、课名
《绿洲》赏析

二、时长
观影时间 132 分钟，讨论点评 30~60 分钟。

三、教学目标
通过两个社会边缘人物——无法融入主流社会的刑满释放人员和重度脑瘫患者的爱情故事，认识到身心残障者也有爱与性的需求与权利，应该得到尊重；我们应该努力健全社会保障机制，给他们提供更多的保障、援助和支持，而不是压制他们的需求。

四、教具、材料
电影视频，纸、笔等。

五、教学过程

1. 电影放映

（1）电影简介

《绿洲》，韩国电影，于 2002 年 8 月 9 日在韩国上映。影片获第 59 届威尼斯国际电影节金狮奖提名。是由李沧东编导，薛景求、文素丽主演的爱情电影。影片讲述了刑满出狱后无所事事的边缘人与重度脑瘫患者之间的爱情故事。

（2）剧情梗概

替哥哥顶罪的忠都（薛景求饰）刑满出狱后却始终无所事事，他不能适应社会生活，即便找到工作也都无疾而终。他出狱后去看望被撞死的清洁工的家属，遇到了死者的女儿——重度脑瘫患者恭洙（文素丽饰），并对她一见钟情。原本和恭洙一起生活的兄嫂，霸占了残疾人公寓，把她一个人留在旧房子里，交由邻居照管。恭洙屋里有幅名叫"绿洲"的挂毯，而落在上面的树枝的阴影总让她觉得恐惧。忠都在看望恭洙的时候，由于一时冲动而强暴了恭洙。后来，恭洙却给忠都打来电话，他们开始像情侣一样交往，逛街、吃饭、聊天，他帮她做家务，并且用"魔法"消除挡在"绿洲"挂毯上的阴影。

忠都在与恭洙亲密的时候，被突然回来的恭洙的兄嫂看到，他们认定是忠都在强暴恭洙，于是忠都再次被关进监狱。在被警察押送之前，他跑到恭洙楼下，砍去了那些挡住"绿洲"的树枝。

2. 观影之前思考题

（1）身心障碍者，尤其是重度身心障碍者，离爱情有多远？

（2）身心障碍者，尤其是重度身心障碍者，离性爱有多远？

3. 导入

大家看完了电影，估计心情都很复杂，这样两个在社会上完全边缘化的人，很难将命运掌握在自己手里，很少有人会真正在意他们内心的需求。

电影的主人公之一，是一个重度的脑瘫患者，面目扭曲，口齿不清，肢体痉挛。相信很多人在电影中第一次看到这个形象时，"残废"一词就出现在脑海里，好一些的，会称他们"残障"。大家是不是会感觉这样的词语不那么"好听"呢？

在我们的社会生活中，有一些人，看起来他们更加需要来自社会的关心和帮助，他们的身体或者精神与普通人不太一样，因为种种原因，在学习、生活、成长中也会遇到比普通人更多的困难，他们就是身心障碍者。

身心障碍者，在我国被称为残废、残疾等，因其有歧视含义，已招致多方批评。目前我国更多使用"残障"这个词，但也有一些意见，认为"残"有负面含义，希望对此进行修正。国际上更多使用"障碍"一词，强调活动及能力发展受限。本课程全程使用"身心障碍"一词，希望同学们对此加以注意。对身心残障者的尊重，请从称呼开始。

4. 赏析活动1：身心障碍者有爱情吗？他们需要爱情吗？

（1）讨论话题

A. 电影里恭洙爱忠都吗？忠都爱恭洙吗？

B. 身心障碍者，尤其是重度身心障碍者，最需要的是什么？需要爱情吗？爱情对他们来说有多重要？

C. 身心障碍者的爱情和普通人的爱情相比，有什么不同？

D. 身心障碍者追求爱情途中所遇到的困难与障碍，有没有办法解决？

（2）学生讨论

A. 爱；不一定，要是没有身体障碍，好好受教育，就不会爱忠都；忠都很没出息、没本事，也只能爱这样的残障者。

B. 需要人照顾，生活不能自理；得照顾一辈子；需要医疗服务；照顾他们很忙很辛苦，再满足他们的爱情很困难；对爱情的需求肯定比不上生活；他们需要爱情也没办法；谁会喜欢身心障碍者；他们当中有的人沟通都很困难，怎么谈恋爱；身心障碍者中还有智力低下的，内心知道如何爱别人吗……

C. 当然有很大不同；行动困难，交流困难，怎么谈恋爱；根本没有机会遇到外人谈恋爱；爱和怜悯、同情很难分清；爱情面临很多障碍……

从感情上讲，应该没什么不同吧；从心里、脑里发出的情感，肢体是限制不了的；也许有人就是爱残疾人呢；他们也有爱人的能力……

D. 增加无障碍设施，让他们能出门；他们也有受教育的权利；建特殊教育学校；有的可以上普通学校；还有残疾人考大学的呢，挺多的呢；网络可以帮助他们认识别人；开阔眼界，学习和娱乐；家人要尊重他们爱人的权利……

（3）讲师过渡与总结

对于身心障碍者，不可否认的是由于身体或精神上的一些限制，他们生活、出行、交流和受教育都存在困难，当然也包括爱情。而他们的爱情，往往被照顾他们的亲人和整个社会忽视。我们要认识到，他们的障碍，有一部分是可以通过提供更多的社会支持来解决的。他们也不是只要吃饱穿暖有人照顾那样活着就行，他们也有情感的需求，也有爱人和被爱的权利。

5. 赏析活动2：身心障碍者有性需求吗？有性权利吗？

（1）讨论话题

A. 恭洙有性需求吗？

B. 身心残障者有性需求吗？他们有性需求的权利吗？

C. 如何保障身心残障者的性需求？

（2）学生讨论

A. 恭洙有性需求；看到护工和邻居做爱，也唤起了恭洙自己的性需求；也许以前也有，只是电影这样表现罢了……

B. 身心残障者也会有性需求；当然会有性需求；轻度的身心残障者还好，可以与人交往；视觉障碍的、听力障碍的、肢体障碍的，都听说过有爱情、结婚甚至生孩子的；高位截瘫的那种就没有了吧；智力低下的就没有需求吧；可以自己解决嘛；有没有什么药，让他们用了就没有性需求的；那太残忍了吧；那样是不是侵犯人权啊……

C. 鼓励他们走出去，参加活动、工作，交朋友；教他们自慰；给他们找性工作者；加强社会保障；家人支持也很重要……

教学提示：

A. 即使是高位截瘫、失去部分身体功能的人，也是有性需求的，只是不是一般意义的"性交"而已。

B. 电影中，是恭洙主动要求的"我要和你做爱"，中文翻译版本没有这句话。

C. 学生有可能会说"瞎""聋""瘸"这样的词，要纠正他们改成"视觉障碍""听力障碍""肢体障碍"这样不带负面意义的词汇。

D. 学生不太可能说出"教他们自慰""给他们找性工作者"这样的话，可以根据实际情况，考虑是否做这样的引导。

（3）讲师过渡与总结

身心障碍者也有自己的性权利。这性权利并不局限在性交上，而是作为人对性的基本需求的权利，表达性的欲望、追求性愉悦的权利、体验性爱的权利——他们不仅有这个权利，也有这个能力。但是因为受到歧视和偏见，很少能得到满足。我们不能否定他们的选择权，要引导他们学习自我选择，提高他们的能力，并在可能的情况下，提供一定的帮助。

6. 赏析活动3：如果自己的亲朋中有身心障碍者，我该如何做？

（1）讨论话题

A. 如何评价恭洙的兄嫂对恭洙的态度和做法？

B. 如何评价忠都与恭洙在饭店受到的对待？如何评价忠都的家人在母亲生日宴上对恭洙的态度？

C. 如果自己的亲朋中有身心障碍者，你该如何做？

（2）学生讨论

A. 恭洙的兄嫂占恭洙的便宜，住残疾人福利房，却把恭洙留在老房子；没有不管她，请了人照顾她；还会去看望她；长期照顾这样的人就是很难的；还买了生日蛋糕去给她过生日；知道她被"强奸"，心里也是心疼和气愤的；不尊重恭洙的权利；不给恭洙说话的机会；根本不听恭洙说话；他们认为照顾恭洙吃、喝、穿等就完成任务了；他们认为恭洙也只需要吃、喝、穿这些……

B. 饭店也许是真的停止营业了；饭店就是不想招待恭洙；还以为当时忠都会生气、会闹的；忠都的家人歧视恭洙；是因为瞧不起忠都，所以连带忠都带来的朋友也瞧不起；认为忠都带来的朋友比忠都更差；忠都也没有照相，很硬气；忠都陪着也不照合影，表达了对恭洙的平等与尊重……

C. 我也做不了什么，只能在生活中提供照顾；帮 ta 找工作、交朋友；鼓励 ta 走出去，参加社会活动；多挣钱才能帮 ta；请专业人士照顾 ta；送 ta 去专业机构康复；倾听 ta 的声音；了解 ta 的真实需求……

教学提示：

A. 长期照顾这样的家人是劳心劳力的，要避免对恭洙的兄嫂做道德评判，尤其是后面认定忠都为强奸的行为。

B. 不同形式和程度的身心障碍者，需要的帮助是不同的，最基础的是要尊重 ta。

(3) 讲师过渡与总结

长期照顾有身心障碍的家人是非常辛苦的，我们国家的社会保障机制还不太健全，对这样的人的照顾重担基本上都压在家人身上，这样更使得他们的爱情和性的需求被忽略和压制。我们在自己尽力帮助他们的同时，还应该努力促成社会进步，完善社会保障体制，这样才能从根本上解决问题，才能够保障身心残障者的基本权利。

7. 赏析活动4：强奸，是严重的暴力，永远是不对的

(1) 讨论话题

A. 电影中忠都和恭洙的两次性关系有什么区别？

B. 如何看待忠都对恭洙的强奸？

(2) 学生讨论

A. 第一次是强迫的，是强奸；第二次是双方自愿的、快乐的、美好的。

B. 恭洙没有在意；后来忠都对恭洙那么好，就无所谓了；忠都有过强奸的前科，是惯犯了；忠都是无法得到别人，所以就找这样无法反抗的人。

教学提示：

A. 不知道会不会有"对恭洙来说，强奸是慈善"这样侮辱的声音出现，如果出现，要及时介入、打断、制止，暴力、侮辱和歧视是不可容忍的。

B. 不论后面忠都和恭洙如何发展，都不能抹杀他们第一次的性关系中，恭洙被忠都强奸，任何情况，暴力都是不可接受的。如果有学生说这次强奸对后面感情的发展有好处，请他们好好想想，将这一段删掉的话，会影响他们慢慢地相爱吗？只能说，是后来忠都发生了转变，从对恭洙的暴力、歧视发展为尊重和爱，但是第一次，就是错了。

(3) 讲师过渡与总结

不论怎样，暴力是不对的，我们对暴力的态度是"零容忍"，即使后来相爱，也不能掩饰曾经的暴力。当事人可以有自己的权利来选择如何对待，但是我们要有这个意识——不要暴力！

8. 小结

《绿洲》并不是一部美丽的电影，既没有精致、唯美的画面，也没有异常浪漫、纯情的爱情故事，影片处处流露出导演的写实风格，生活的本真、现实的残酷就在不加修饰的微微晃动的镜头中缓慢流泻。片名叫"绿洲"，实际上男女主人公的爱情与性都在荒漠之中。忠都在进监狱之前，拼命跑出来，就为了锯掉恭洙害怕的树枝，是在困苦中带有美丽温情的闪光。

作为我们，看完他们的爱情故事，更应该思考的是，身心障碍者的爱与性，有没有这样的需求？有没有这样的能力？有没有这样的权利？有的！

身心障碍者在生活、学习、社会交往方面当然会有很大的不便,但是,这些不变,很多是可以克服的,之所以没能得到解决,很大程度上是因为我们社会提供的支持性资源不充足,我们和整个社会应该做的,是给他们提供更多的保障、援助和支持,而不是压制他们的需求。

执笔:王艺

讲座:亲密关系,从暴力到尊重

一、讲座名

亲密关系,从暴力到尊重

二、时长

90/120 分钟

三、教学目标

1. 理解亲密关系暴力的含义与表现形式。
2. 理解亲密关系暴力的本质。
3. 分析亲密关系暴力的特点。
4. 学会如何应对亲密关系暴力。

四、讲座内容

1. 导入

"亲密关系",一听就是一个甜蜜的、带着"小心心"的那种关系,但是后面加一个"暴力",是不是就有点看不懂了呢?既然是带着"小心心"的,好像就应该与"暴力"不相关啊。

给大家看两个案例:

■ 案例一:日本江歌案

日本当地时间 2016 年 11 月 3 日,就读于日本东京法政大学的中国留学生江歌被闺蜜前男友陈世峰用匕首杀害,12 月 20 日,日本法院以故意杀人罪和恐吓罪判处被告人陈世峰有期徒刑 20 年。陈世峰是江歌闺蜜的前男友,因不愿与江歌闺蜜分手,数次纠缠,最终以暴力和悲剧收场。

■ 案例二:男子在书店对黄衣女生一见钟情,苦等 50 天想告白

2018 年 12 月,孙某在一书店偶遇一黄衣女子,对视 10 秒钟左右,认为自己一见钟情,爱上了她。从此不上班,向亲戚借钱维持生活,在书店蹲守 50 天,还张贴寻人启事,后来还去法院起诉"黄衣女子",以求女子现身,法庭表明:建议不要起诉,起诉也将不受理。孙某称这一切的原因是"她活

在了我心里"。

案例一发生的根源是前男友的分手暴力,往往打着"我爱你,我不舍得离开你"的旗号。案例二中的男子已经涉嫌跟踪和被爱妄想。这两个案例让你有什么感觉?也许你感到恐怖、毛骨悚然,很遗憾,亲密关系有时就是伴随暴力的,甚至可能是非常严重的暴力。也许你认为这两个案例只是特殊情况,非常少见,其实亲密关系暴力还有很多种形式,有时候当事人深陷其中,十分痛苦,却还不自知已遭受了暴力。

亲密关系暴力距离我们并不遥远,调查数据显示,每5个人中,就有1人曾在亲密关系中遭受过暴力。

下面,我们就来全面认识一下,什么叫亲密关系暴力。

2. 亲密关系暴力的含义与表现形式

(1) 亲密关系暴力的含义

A. 亲密关系,本意是指不限性别、年龄的两人之间和谐融洽的关系。本次讲座中,亲密关系是一种比较狭义的概念,指夫妻、伴侣、男/女朋友、约会对象、性伙伴等关系。

B. 暴力:以殴打、捆绑、禁闭、残害或者其他手段,对他人从身体、精神、性等方面进行伤害和摧残的行为。

请大家判断下面行为是否属于亲密关系暴力,请同学们用手势表示你的答案:四指握拳、拇指向上点赞的手势代表"是",小臂在胸前交叉代表"不是",双手向前平摊代表"不确定"。

判断题:

a. 你的伴侣想和你有深一步的性接触,你不愿意,他/她说"不同意就分手"。

b. 你的伴侣想和你有深一步的性接触,你不愿意,他/她说"很遗憾,也许下一次"。

c. 你和朋友出去玩,穿了条小黑裙,你的伴侣说"不许穿这么暴露,给谁看呢"。

d. 你和朋友出去玩,穿了条小黑裙,你的伴侣说"这一条没有那条红色的好看"。

e. 你的伴侣经常说"你这么丑,除了我还有谁会要你"。

f. 你的伴侣经常说"小丑孩儿,出去玩喽"。

g. 你的伴侣睡觉前一定要检查一遍你的朋友圈、短信等。

h. 你的伴侣睡觉前一定要检查一遍你的朋友圈、短信、留言,作为交换,ta 也给你看 ta 的。

i. 你的伴侣不喜欢你见你其他朋友甚至家人，总是说"爱我就要陪我"。

j. 你的伴侣在你们亲热的时候拍了照片，拿给你看，说"你可有把柄在我手里了"。

k. 你俩一起参加朋友聚会，都喝了酒，之后去开了房间，发生了性关系。

l. 你的伴侣特别爱你，从来不会动你一根手指，特别生气的时候，就会捶墙，有一次手都弄出血了。

m. 约会时候，你问 ta "今天吃什么"，ta 回"你就别管了，听我的就行了"。

n. ta 总是出现在你周围：下班，ta 等着接你；你与朋友聚会，ta 也出现在同一个饭店；坐火车回老家，ta 出现在同一个车厢。

我发现，大家对好多问题的态度都不一致，这很正常，大家对亲密关系暴力还不是十分了解，另外，有些题目的设计就是介于暴力和非暴力之间，需要有具体情境才能判断。

下面，我们看看亲密关系暴力都有哪些形式。

（2）亲密关系暴力的形式

A. 肢体暴力：

a. 殴打残害；

b. 限制人身自由。

B. 精神暴力：

a. 冷暴力：通过轻视、放任、疏远和漠不关心，致使亲密关系另一方精神上和心理上受到侵犯和伤害。

■ 案例三：

小云跟男朋友已经约好下午一起出去玩。后来，男朋友下午临时有点事情，给她打了一个电话，说明来不了的原因。结果，没等男朋友说完，她就直接挂掉了电话。男朋友也知道她的性格，所以，忙完下午的事情，就立刻赶过来陪她。当男友出现在她面前时，她却对他置之不理。男友问她的任何事情，她都不理睬。面对男友对她的邀请，她也一次次拒绝。最后，到傍晚的时候，男友提议说："我们一起出去吃饭吧。"她心里有些松动了，想去吃饭，但是转念一下，如果现在答应了他，等于原谅了他。为了惩罚他，她还是果断地选择了拒绝。最后的结果是，男友出去吃饭，然后，顺便给她带回来一些食物。虽然男友带回来了一些食物，但她内心还是生气的。其实，她想去，但又不想便宜他。因此，她在心里责怪男友，为什么不再多坚持一会，不再多问一句，为什么男友只顾着自己，不顾她的感受……

小云对待男朋友的方式就是冷暴力，通过冷漠、不理睬，达到让男朋友在意、重视的目的，是一种惩罚和控制方式。

b. 身体暴力：就是使用谩骂、诋毁、蔑视、嘲笑等侮辱歧视性的语言，使人的精神上和心理上遭到侵犯和损害。

c. 自伤、自残：简单地说，ta 不打你，ta 打自己，扇自己耳光、用拳头捶墙都是常见的行为。但实际上，使用这种方式让你恐惧，逼迫你"听话"，从而实现控制你的目的。

d. 社交控制：限制你的社交行为，限制或不许你与同学、朋友、同事甚至家人交往；检查你的手机、社交网络、休闲娱乐。但是嘴里说的往往是"我爱你，希望你在我身边""爱我就只爱我"之类的情话，而且程度也是由浅入深，不知不觉中被 ta 控制。

C. 经济控制和经济剥削：限制你花钱，甚至限制你的基本花销；控制你的经济来源；经济上完全依赖你，但是不给你相应的尊重与感激，反而剥削、压榨你。

注意，这个问题要具体分析，对于经济收入不同的伴侣来讲，500 块钱的意义很明显是不一样的。另外，这还与当事人的消费观念、消费习惯有很大的关系。

■ **案例四：**

小丽和男朋友是大学同学，毕业之后两个人一起租了房子，小丽很快开始工作，可男朋友一直没有找到合适的工作。毕业半年多了，小丽的男朋友天天在家睡懒觉、打游戏，他们的房租、水电花销、出去吃饭、看电影、买衣服，都是小丽花的钱，连男朋友游戏充值都要小丽拿钱。小丽压力很大，一旦她让男朋友去找份工作，男朋友就大吵大闹，说小丽瞧不起他，说小丽也不是处女了，分手也没人要了。

D. 性暴力

a. 性骚扰：不受欢迎的身体接触、言语挑逗，屡次拒绝、不堪其扰的追求，不合时宜的当众求爱，都有可能构成性骚扰。

b. 性虐待

有少部分人通过疼痛、捆绑或侮辱他人获得性兴奋，这作为一种偏好，完全没有问题。但是 SM 应该是同好之间进行，彼此协商，双方都能从中获得愉悦。

c. 强奸：强迫性性行为，不论发生在夫妻之间还是男/女朋友、同居伙伴之间，都是强奸。

（3）两种特殊的亲密关系暴力形式

A. 约会暴力与约会强奸

a. 约会强奸，在所有强奸案件中比例高达 70%。到 20 世纪 70 年代，学者们逐渐意识到"约会强奸"占到强奸案件中的大多数。

在"男性主导性行为"的观念中，女性不想发生性行为，就会被当作"半推半就"。在《精子战争》中，作者罗宾甚至还给这种情况起名，叫作女性的"抵抗测试"。然而在约会强奸的案件中，"抵抗测试"的概念实际上成了施暴者自欺、自我鼓励的利器，以及强奸发生之后施暴者开脱罪行的最佳借口。

在这样的性文化中，强奸对于一个女性的主观感受可能是"我并不想和他做爱，但是我不得不"，"我做爱的时候阴道受伤了，他还打了我，我只要一想起这件事就很痛苦"。她很可能会认为"女性在性行为中本来就是容易受到伤害的、痛苦的"，而不是认为自己实际上是被强奸了。

在遭受符合法律定义的性侵害受害者中，仅有 27% 的受害者意识到自己被强奸了，42% 的受害者从没将这件事告诉任何人。

b. 还会有人将约会强奸说成是酒精、药物的作用，或者说"你太迷人了""我一时冲动"，这些都是借口，本质是不尊重，是暴力。

■ **案例五：**

很多人不理解为什么情侣之间发生关系还会被称作强奸？于是推特上有个女生 Nafisa Ahmed，用借钱做例子简洁粗暴地告诉人们什么行为算是强奸：

我不是很懂为啥强奸对有些人来说这么难理解，但是如果用接下来的比喻来说，他们也许会懂。

如果你跟我要 5 块钱，我喝醉了所以没有跟你说 no，那你也不能从我的钱包里拿走那 5 块钱，仅仅因为我没有说 no。

如果你拿枪指着我，叫我给你 5 块钱，那 5 块钱还是你偷的，即使是我亲手递给你的。

如果我答应借给你 5 块钱，那并不意味着你朋友可以从我的钱包里拿走 5 块钱，然后还问我说"你可以给他，为什么不可以给我?"

如果你偷走了我的 5 块钱，但是我无法向法官证明你偷了，那也不意味着你没有偷我的钱。

我以前给了你 5 块钱，不代表我以后也要给你 5 块钱。

有一个人说："她坐在他的大腿上，她还跟他回家"，好吧，如果我叫你帮我拿着我的钱包，不代表你可以拿里面的钱，好吗?!

如果你能理解上面的全部内容，那么你们肯定也能理解强奸的定义。

B. 分手暴力

当你想要离开一段令你不舒服的关系时，对方百般阻挠，四处纠缠；对方用暴力威胁你和你的朋友、家人；用暴力限制你的人身自由；用自残、自虐的方式逼迫你；用从前的私密照片、录音、录像胁迫你，甚至将这些发给你的朋友、同事、家人和公开在网络上。最开始介绍的"日本江歌案"就是分手暴力导致的恶性事件。

3. 亲密关系暴力的本质

（1）亲密关系暴力的本质

A. 亲密关系暴力的本质是控制。

看了之前那么多的案例，不知道大家有没有注意到有一个词的出现频率很高，那就是"控制"。

亲密关系暴力的本质就是强势与控制，是处于强势的一方通过某种方式控制另一方，以求另一方对自己的完全臣服。

B. 亲密关系暴力的解决办法，是尊重。

知道了亲密关系暴力的本质是控制，那么在亲密关系中，暴力的反义词是什么？

是尊重，与强势和控制对应的是尊重。尊重是我们建立一段健康的亲密关系的基础，也是反抗亲密关系暴力的基本理念。

（2）吃醋、嫉妒的本质

吃醋似乎是亲密关系中难免的事情，我知道有很多同学，认为吃醋代表"他/她爱我""他/她在乎我"，我还知道，有些时候，有的人还会故意做点什么事情让对方"吃个小醋"来试探、考验对方，每当这种试探成功了，就会非常有成就感，并且能感受到满心的"爱意"。我们来看看这两个词是什么意思：

吃醋——产生嫉妒情绪。

嫉妒——对才能、名誉、地位或经济等胜过自己的人心怀怨恨。

是的，这两个词是一样的意思，大家是不是有点惊讶？我们总感觉"吃醋"带着点小可爱的感觉，是吧？嫉妒就不太好了，但实际上，"吃醋"，只不过是一只披着羊皮的狼。

A. 如果"吃醋"的结果是激起了竞争和努力，让自己变得更好，更有竞争力，那么适当地吃醋，有一定的积极意义。

B. 遗憾的是，大多数时候，"吃醋"代表"忌恨"，它的本质是限制与控制，只是很多时候是这样表现的：

"你跟 ta 出去玩，我会伤心的。"

"你微信里还留着ta的号码,你就是忘不了ta。"

"你爱我,就不应该让我难过。"

"不要穿这么短的裙子,我的女人,只能给我一个人看。"

听出来了吗?满满的占有欲和控制感。

(3)亲密关系暴力中的性别因素

先给大家看一段对话:

(甲——女主人公、乙——女主人公的男朋友、丙——女主人公的闺蜜)

甲:今天我们吃什么?

乙:小傻瓜,你就别操心了,我定了日料你乖乖跟着我吧。

乙:记住,你是我的女人,以后就都听我的。

甲:(微笑满足脸)

丙:哎,你这男朋友怎么样?

甲:他呀,简直就是霸道总裁,对我可保护了,那天一个男同学给我发了个微信,他看到立马拉黑了。

丙:啊?拉黑,这会不会有点过分了?

甲:你懂什么,霸道总裁的本质啊,就是占有你!

你们看呢,霸道总裁的本质是什么?是不尊重你,是显示权威。

播放动画短片《对家暴零容忍》2′02″(讲师提前准备好视频资料)

大家从这个短片中有没有看到,暴力从温柔的爱开始,从一点点小事隐蔽地升级,是个逐渐控制的过程。

A. 在性别歧视的社会,男性的暴力是被教育成这样的,是被忽视的,甚至是被鼓励的。对于施暴者而言,社会也赋予了太多的权力和许可,使得他们不会意识到自己行为的危害,而且在一定程度上社会是允许的,也使得他们在认知层面上就不会认为自己的行为是错误的。

男性被教育成要阳刚,要主动,要控制,要占有,女性是男性的附属,是男性魅力的炫耀品,是男性的性对象。

而女性被教育成要温柔,要顺从,要忍耐,要走进婚姻,要以家庭为重,女性就自然地成为被控制和占有的"物品",甚至遭遇暴力也会认为是自己的错,认为是件丢人的事。

B. 男权社会性的双重道德标准,对男人的性是宽容和鼓励的,对女人的性是苛刻而压制的。这也是为什么只有"荡妇羞辱",而从来没有"荡夫羞辱";为什么"处女"这么重要,而"处男"少有人提。

在亲密关系的性暴力中,你经常会听说男性威胁女性要公开其裸照的新闻,但你很少听说女性威胁男性要公开其裸照的新闻。

C. 传统性别气质，使得男性受暴者更加无法启齿求助，甚至说出来或即使求助遭受到的也是侮辱和嘲笑，而不是同情和帮助。

有20%以上的男性，在亲密关系中受到至少一次的暴力，但是社会性别刻板印象已经内化到男性的价值观中，使得受暴男性成为更沉默的群体。

目前，男性受暴者的报告案例确实比女性少，但我们无法得知，这是因为男性受害者更少，还是因为男性受害者更加沉默，或者是因为援助机构对男性受害者的求助不予以重视、干预不足？

4. 亲密关系暴力的特点

（1）特定性：很多施暴者，只是在亲密关系当中才表现出暴力，所以当受暴者说出来的时候，往往被人惊呼"怎么可能""万万没想到""无法相信"。

（2）隐蔽性：一是因为发生在亲密关系里往往不为外人知道，二是因为受暴者也认为这是私事，并且有"家丑不可外扬"的心理。

（3）欺骗性：很多非肢体暴力，是隐藏在"爱你才……"的外衣下面的，难以识别。

（4）周期性、渐进性：亲密关系暴力具有明显的周期循环的特性，并且程度逐渐加强，如果不能在最初就识别出来并加以制止，就会发展到很严重的程度。

（5）手法多样，取证困难，后果严重。

5. 如何应对亲密关系暴力

结合亲密关系暴力的本质和特点，我们要认识到，反抗和应对亲密关系暴力，关键是两点：一是亲密关系暴力的本质是权力和控制，就要"平权"，不认可对方的控制，将关系建立在尊重和平等的基础上；二是在暴力开始之初，程度还比较轻的时候就抵制暴力，打破循环。

（1）不施暴：提到应对，大多数人想的都是"我被暴力了怎么办"，我们很少审视自己身上的暴力行为。刚才讲过的暴力、控制、占有的种种形式，相信有些人以前也有过。希望我们首先做一个不施暴的人，人人都不施暴，就没有受暴者了，不是吗？

（2）在初期阶段：识别——协商。

A. 分辨与识别是否被暴力、控制或占有的情况或趋势。

a. 复印机：ta 心中有一个完美伴侣，时时要求你按照那个标准行事，例如"我希望你……""我认为你……比较好"。

b. 北斗导航：要求你时时汇报自己的行踪，ta 要掌握/知道你的一切行动，但是常常会这样说"因为我担心/关心你"。

c. 沙袋：对你有过拳脚相加的暴力行为，也许并不重，并且会道歉，甚至忏悔、赌咒发誓、痛哭流涕、送贵重礼物。

d. 宠物：好吃好喝，小心呵护，但是专属一人。

e. 电视和遥控器：你发现不知不觉间，你的情绪完全随 ta 的行为改变。

f. 提款机：你存款 ta 取款，从送 ta 礼物开始，到 ta 跟你要求礼物，到 ta 的日常花销都由你承担。

g. 尖叫鸡：经常冲你大喊大叫，或用侮辱、讽刺的话说你，你抗议，ta 就说是"开玩笑"。

h. 情趣用品：随时满足 ta 的欲望，不论你愿不愿意、舒不舒服，性生活的节奏、方式完全 ta 说了算。

B. 正式地协商，寻求解决办法，并要求对方履行承诺，做出行动。

(3) 对方没有按照协商好的方法做，还变本加厉，暴力逐渐加强。

a. 自保：安全是第一位的，判断形势，没有成功的把握就不要正面冲突。被肢体暴力的时候护住眼、头等要害部位，可以采取手抱住头、蜷缩身体的姿态以求自保。

b. 离开：在可以离开、不受对方控制的时候，离开危险的地方，去到安全的地方。

c. 求助：妇联（妇女维权公益服务热线 12338）、公安机关、学校、白丝带热线（4000110391）以及其他一些公益组织都可以求助；家人、朋友、老师、邻居或其他可以信赖的成年人，都可以求助。如果求助没有得到回应，换一个人继续，一直到得到有效的帮助为止。

d. 留存证据：照片、视频、聊天记录、就医记录、报警记录，保存好作为证据，如果需要的话。

C. 冷静之后，综合考虑，计算成本收益，决定是继续交往还是分手。

a. 如需见面，请人陪同，在公共场合见面。

b. 如果决定继续，与对方协商好今后相处的方式，最好在心里定下一个决定离开的"止损点"，同时做好安全计划以防备日后对方不守信用再遭遇暴力。

①一些钱、证件、钥匙、银行卡等放在一个只有自己知道的随时可以拿取的地方；

②想好可以去哪里（最好不止一个地方）以及交通方式；

③与非常信任的家人、朋友做个约定，约好一个暗号，如果你用任何方式发出这个暗号，即代表你有危险；如果长时间没有联系，也代表你有危险。

c. 如果决定离开，以对方可以接受的方式，和平理性并有技巧地谈分手。如果需要的话，寻求家人、朋友、律师、警察的帮助。

d. 分手之后,暂时避免去从前在一起时经常一起去的区域,如商场、饭店、酒吧等。

e. 若受到心理创伤,长期影响学习和工作,寻求专业的心理咨询师的帮助。

五、总结

1. 发生在夫妻、伴侣、男/女朋友、约会对象、性伙伴等关系中的暴力,我们称之为亲密关系暴力,这种暴力有很多表现形式,但其本质都是关系不平等带来的控制。

2. 亲密关系暴力带有特定性、隐蔽性、欺骗性和周期渐进性,并且普遍存在手法多样、取证困难、后果严重的情况。

3. 如果遭遇亲密关系暴力,要敏感识别,冷静判断,理智协商。如果对方不能改变,要寻求帮助,摆脱控制;同时注意保存证据,必要的话用法律来保护自己。

4. 不论遭遇怎样的伤害,请相信,乌云总会过去,阳光总会回来。要勇敢地摆脱控制和影响,继续追求美好的生活。

执笔:王艺